Petra Hammesfahr, geb. 1951, lebt als Schriftstellerin in der Nähe von Köln. Ihr gelangen mit den Romanen «Der Puppengräber» (rororo 22528 und Wunderlich Taschenbuch 26459), «Die Sünderin» (rororo 22755), und «Die Mutter» (rororo 22992) große Bestsellererfolge.

Im Rowohlt Taschenbuch Verlag liegen ferner vor: «Der gläserne Himmel» (rororo 22878), «Lukkas Erbe» (rororo 22742), «Das Geheimnis der Puppe» (rororo 22884), «Meineid» (rororo 22941), «Die Chefin» (rororo 23132 und Wunderlich Taschenbuch 26461), «Roberts Schwester» (rororo 23156), «Merkels Tochter» (rororo 23225 und Wunderlich Taschenbuch 26460), «Der stille Herr Genardy» (rororo 23030), «Das letzte Opfer» (rororo 23454) sowie die Erzählungen «Der Ausbruch» (rororo Großdruck 33176). Ihr neuer Roman «Die Lüge» erschien im Wunderlich Verlag.

PETRA HAMMESFAHR

Meineid

Roman

Wunderlich Taschenbuch

Neuausgabe November 2003

Veröffentlicht im Rowohlt Taschenbuch Verlag GmbH,
Reinbek bei Hamburg, März 2001
Copyright © 2001 by
Rowohlt Taschenbuch Verlag GmbH,
Reinbek bei Hamburg
Umschlaggestaltung any.way, Barbara Hanke/Cordula Schmidt
(Foto: Photonica/Kamil Vojnar)
Alle Rechte vorbehalten
Satz Sabon von Pinkuin Satz und Datentechnik, Berlin
Druck und Bindung Clausen & Bosse, Leck
Printed in Germany
ISBN 3 499 26462 5

Die Schreibweise entspricht den Regeln
der neuen Rechtschreibung.

Meineid

1. Kapitel

Es gab einen Moment bei der Beerdigung, da musste ich an das denken, was Greta im vergangenen Jahr so oft gesagt hatte: «Es ist nicht wahr!» Tatsächlich gab es mehr Lügen als Blumen in der Trauerhalle. Und die Blumen konnte man nicht zählen.

Mein Platz war in der ersten Reihe, knapp zwei Meter von dem Berg entfernt, unter dem ihr Sarg fast verschwand. Dunkelrote Rosen, gepaart mit Lilien. Das Zeichen der Liebe und der Unschuld, die größte Lüge, in einem üppigen Gebinde zusammengefasst. Zwei Männer waren notwendig, um es abzunehmen und zur Seite zu legen, weil sie den Sarg sonst gar nicht hätten ins Grab lassen können.

Kränze gab es kaum. Das macht man nicht mehr, hatte man mir in der Gärtnerei gesagt. Vielleicht hätten Kränze mir eher das Gefühl von Realität vermittelt, dass es ein endgültiger Abschied war. So hatte es etwas Unwirkliches. Ich rechnete fast damit, dass der rotweißgrüne Berg vor mir plötzlich in Bewegung geriet, dass sie den Sargdeckel von sich stieß, sich aufrichtete und all die Menschen anlächelte.

Es müssen mehr als hundert gewesen sein, die ihr die letzte Ehre erwiesen. Sie war sehr beliebt. Mit ihrem Charme, ihrer Energie, ihrem Temperament und ihrer Ausstrahlung hatte sie überall rasch Anschluss gefunden und jeden für sich begeistert. Und jetzt standen sie da, die meisten schwarz gekleidet, Leichenmienen und zerrupfte

Papiertücher in den Händen. Viele standen im Regen, weil die Trauerhalle sie nicht alle fasste. Einige weinten.

Ich fühlte mich völlig ausgetrocknet und wäre am liebsten gegangen. Ein paar Mal war ich nahe daran, den Laienprediger zu unterbrechen, der all das von sich gab, was in solchen Fällen üblich ist. «Viel zu früh aus dem Leben gerissen durch ein grausames Verbrechen!»

So musste man es sehen, wenn man nur die drei Messerstiche betrachtete, an denen sie gestorben war. Aber die Stiche waren nur die Oberfläche, darunter war so viel mehr, dass es mir zeitweise unerträglich wurde, dem weichen, betulichen Tonfall noch länger zuzuhören.

Um es irgendwie zu überstehen, las ich die Sprüche auf den Bändern. «In tiefer Trauer», «In stillem Gedenken», «Ein letzter Gruß», «Ich werde dich nie vergessen!»

Wie sollte ich sie vergessen!? Und wie sollte ich einem Menschen erklären, was ich verloren habe? Den Glauben an ein fest gefügtes Weltbild; das Vertrauen, dass die Dinge sind, was sie zu sein scheinen.

Die letzten Tage waren grausam, nichts war mehr so, wie ich es lange Zeit gesehen hatte. Alles kippte ins Gegenteil, als hätte sie mit ihrem Tod einen Kübel geöffnet, in dem alle Scheußlichkeiten langsam verrotteten, alle Widerwärtigkeiten, die ein Hirn sich nur auszudenken vermag. Und denen, die zurückblieben, wurde der gesamte Unrat vor die Füße gekippt.

Als wir die Trauerhalle verließen, regnete es heftiger, als wolle die Natur mit einem kräftigen Schauer alle Spuren beseitigen. Wenn es nur so einfach wäre. Nicht alles lässt sich abwaschen wie das Blut von einem Messer, die Schuld auf keinen Fall. Und schuldig geworden war jeder von uns auf seine Art. Jan und Tess, Greta und ich, Niklas Brand.

Wir waren ein seltsames Quartett. Zwei Paare, gute

Freunde in den Augen der Öffentlichkeit. Zwei Männer, die sich dem Anschein nach ausgezeichnet unterhielten, wenn sie zusammentrafen, die sich tatsächlich aber vom ersten Tag ihrer Bekanntschaft an belauert und sich gegenseitig keinen halben Meter über den Weg getraut hatten. Und an ihrer Seite zwei Frauen, die seit dreißig Jahren befreundet waren und daran festhielten, sich nicht auseinander bringen ließen – nicht von Außenstehenden, und in diesem Fall war jeder außenstehend –, nicht einmal von ihren eigenen Gefühlen.

Tess war immer ein fester Bestandteil in Gretas Leben gewesen. Sie war die Schwester, die Greta nie hatte, die sorglose, leichtlebige Schwester, die nichts auslassen wollte. Tess war Gretas buntes Ich, ihr Paradiesvogel. Greta hat Tess geliebt. Bei all den Lügen ist das eine Wahrheit, die einzige, die ich bereit wäre, jetzt noch zu beschwören.

Es haben sich im Laufe der Zeit viele Leute gewundert, dass Gretas Beziehung zu Tess so beständig war. Wie oft habe ich gehört, sie hätten doch absolut keine Gemeinsamkeiten. Die hatten sie auch nicht.

Solange sie Kinder gewesen waren, hatten sie zumindest die gleiche Basis gehabt. Sie stammten beide aus einfachem Elternhaus, konnten beide nicht mithalten, wenn es um die schicken Autos der Väter oder um tolle Urlaubsreisen ging. Aber sie hatten die guten Noten und die aufregenden Träume. Sie wollten beide raus aus der Enge des Kleinbürgertums, wollten die große, weite Welt erleben.

Es hatte jedoch auch während der Schulzeit schon gravierende Unterschiede gegeben. Gretas Vater stand bei Ford am Fließband. Er kam aus Italien, hatte dort eine große Familie, viele Brüder, Schwestern, Onkel, Tanten, Vettern, Kusinen, Neffen, Nichten und seine Mutter nicht zu vergessen. Und Gretas Vater wollte, dass es allen gut ging. Da war es im eigenen Haushalt oft knapp. Üppig war es bei Tess auch nicht, doch ihr Vater war ein selbständiger Geschäftsmann, der seiner Familie sogar ein altes, aber eigenes Haus bieten konnte.

Greta war immer der festen Überzeugung, sie habe als Kind nichts vorzuweisen gehabt. Ihr Vater hatte sich Söhne gewünscht, viele Söhne, und dann musste er sich mit einer Tochter begnügen. Sie musste sich hundertmal in der Woche anhören, dass ein Mädchen nur die Hälfte wert sei und deshalb die doppelte Leistung bringen müsse. Tess wurde nie gezwungen, einen Aufsatz zweimal zu schreiben, wenn die erste Fassung nicht brillant war.

Greta sah sich bis weit in die Pubertät als ein dürres, unscheinbares Ding mit einer Brille, hinter der die Augen wie Stecknadelköpfe erschienen, mit schiefen, zu großen und zu allem Überfluss auch noch vorstehenden Zähnen. Gegen die stark gekrausten Haare konnte auch der stärkste Festiger nichts ausrichten.

Tess war schon als Kind ausnehmend hübsch. Als Frau war sie eine Schönheit. Ein makelloses Gesicht, perfekt geschnitten, hohe Wangenknochen, gerade Nase, üppige Lippen, grüne Augen. Das alles umrahmt von leicht gelocktem, rotem Haar, dieser warme Rotton, der in der Sonne Funken sprühte.

Vom ersten Schultag an waren sie unzertrennlich. Vom zweiten, um genau zu sein. Sie saßen nebeneinander an einem der vorderen Tische im Klassenraum. Greta war wegen ihrer extremen Kurzsichtigkeit auf diesen Platz angewiesen, sonst hätte sie trotz Brille kaum etwas von der Tafel ablesen können. Bei Tess war es das In-der-ersten-Reihe-sitzen-Wollen. Sie hatte sich, im Gegensatz zu Greta, ihren Platz selbst ausgesucht.

Am ersten Schultag hatten sie auf dem Schulhof ein paar Feierlichkeiten über sich ergehen lassen müssen.

Anschließend hatte man ihnen den Klassenraum gezeigt, sie probeweise an den Tischen Platz nehmen lassen. Tess hatte drei oder vier Stühle ausprobiert und sich dann für den an Gretas Seite entschieden.

Am zweiten Schultag begann der Ernst des Lebens. Tess war bestens darauf vorbereitet. Ihr älterer Bruder Joachim hatte sie bereits durchs Alphabet und die Wunderwelt der Zahlen geführt. Sie war die Einzige in der Klasse, die schon am zweiten Tag ihren Namen schreiben konnte. Tessa Damner.

Zu Anfang profitierte Greta stark von Tess. Zum einen zogen die Schönheit, Lebhaftigkeit und überschäumende Phantasie andere Kinder an wie ein Magnet. Plötzlich war auch Greta von einer Horde umgeben, die sich vor Bewunderung und manchmal vor Neid überschlug. Zum anderen hatte Tess nicht den Ehrgeiz, ihren Vorsprung an Wissen und Können für sich allein zu nutzen. Schon in der ersten Woche weihte sie Greta ein.

Während die anderen sich noch mühsam jeden Buchstaben erarbeiteten, schrieben sie bereits Sätze auf ihre Tafeln. Rechnen konnten sie auch alleine. Tess warf einen Blick auf die Zahlen, winkte gelangweilt ab, verdrehte die Augen mit der Überheblichkeit der Wissenden. «Das ist doch leicht.»

Alles war leicht bei ihr. Alles fiel ihr in den Schoß. Und da Greta stets neben ihr war, fiel für sie genügend ab. Doch das war kaum der Grundstein für diese feste und andauernde Beziehung. Es müssen die Sätze gewesen sein, die Tess am zweiten Schultag sagte, nachdem sie Greta eine Weile von der Seite gemustert hatte. Es muss der Hauch von Bewunderung, Andacht und Ehrfurcht in ihrer Stimme gewesen sein. «Du hast aber viele Haare. Und so eine schöne Brille. Darf ich mal durchsehen? Mein Bruder hat auch eine. Die ist aber nicht schön. Er

will sie mir auch nicht borgen, weil sie immer kaputt-
geht. Dann kriegt er Ärger mit Vati, weil er nicht aufge-
passt hat.»

Greta hasste ihre Haare, dieses krause Gewimmel, das
auch dann noch in alle Richtungen vom Kopf abstand,
wenn ihre Mutter morgens den Versuch unternommen
hatte, ihr stramme Zöpfe zu flechten. Sie hasste die mor-
gendliche Tortur, wenn man ihr mit Kamm und Bürste
drohte. Zweimal hatten sie die Mähne kurz schneiden
lassen. Danach sah Greta aus, als hätte sie Läuse. Ihre
Haare mussten eine bestimmte Länge haben, damit sie
wenigstens vom Gewicht unten gehalten wurden.

Auch ihre Brille hasste Greta. Und Tess fand sie schön,
weil sie stark genug war, um als Mikroskop eingesetzt zu
werden. Tess borgte sich die Brille immer dann, wenn sie
wieder einmal früher fertig waren als ihre Mitschüler und
ihr langweilig wurde. Sie betrachtete ausgiebig die Holz-
fasern in den Kratzern auf der Tischplatte und stellte fest:
«Die sind dick wie Balken.»

Und Greta war nett, weil sie sich nicht so zickig an-
stellte wie Bruder Joachim, der seine Brille nicht heraus-
rückte, wenn Tess damit spielen wollte. Außerdem war
Greta toll, weil sie nicht lamentierte, wenn sie wie blind
neben Tess saß.

Greta sagte einmal, es sei ihr anfangs schwer gefallen,
zu glauben, dass es Tess ernst war mit dem, was sie sagte.
Aber es kam ein Zeitpunkt, da war sie überzeugt, dass
Tess es mit ihren Komplimenten ehrlich meinte, wenn sie
es auch sonst mit der Wahrheit nicht genau nahm.

Es war damals noch nicht so, dass Tess in böser Absicht Lügen verbreitete. Sie erzählte nur Geschichten,
schauerliche, wilde Geschichten. Für sie war das die
Würze im Alltag. Und mit der Zeit würzte sie eben stärker. Tess hat sich vermutlich nie bewusst gemacht, was

andere dabei empfanden, und nie darüber nachgedacht, dass eines Tages ein Punkt erreicht sein könnte, an dem ein Mensch verzweifelt und sich weigert, zu schlucken, was sie servierte.

*

Da war eine Episode, mit der sich deutlich machen lässt, was ich meine. Greta hat mir oft davon erzählt. Es war in der dritten Grundschulklasse, Religionsunterricht in der Vorweihnachtszeit. Auf jedem Tisch stand ein kleines Gesteck. Die Wände waren mit Zeichnungen geschmückt, Tannenbäume mit bunten Kugeln und gelben Kringeln. Die Lehrerin hatte sich viel Mühe gegeben, ihnen den Begriff Advent nahe zu bringen. Warten, sich besinnen, die kleinen Flammen der Hoffnung. «Wenn ein Lichtlein brennt», sangen sie zu Beginn der Stunde.

Die Lehrerin ging vor der Tafel auf und ab und erzählte von armen Kindern in anderen Ländern, die nicht zur Schule gehen durften, nicht einmal jeden Tag satt wurden. Dann kam sie auf ihre Schäflein zu sprechen, die genug von allem hatten und immer nur noch größere Ansprüche stellten. Anschließend verlangte sie, dass alle ihre Wünsche für das Weihnachtsfest in die Hefte schrieben.

Tess hatte mit gebanntem Gesichtsausdruck an den Lippen der Lehrerin gehangen. Ihre Augen waren feucht geworden von all dem Elend, das vor ihnen ausgebreitet wurde. Als die Lehrerin schwieg, griff Tess zum Stift und schrieb zwei Sätze in ihr Heft. Greta war etwas schneller fertig als sie. So kam sie dazu, einen Blick auf die Herzenswünsche ihrer Freundin zu werfen.

«Ich wünsche mir, dass mein Vati mich genauso lieb hat wie meinen Bruder Joachim. Und ich wünsche mir, dass mein Vati mich nicht mehr so feste haut.»

Im ersten Moment verschlug es Greta die Sprache. Was Tess sich tatsächlich wünschte, hatte sie ihr ein paar Tage vorher gezeigt; ein Wunschzettel wie die Bestellung eines Spielwarenladens. Und gut die Hälfte davon, das wusste Greta, bekam Tess garantiert. Greta kannte die Familie Damner zu dem Zeitpunkt schon sehr gut, sie war oft genug bei ihnen.

In der Wohnung ihrer Eltern gab es zum Spielen nur ihr kleines Zimmer, in dem gerade Platz war für ein Bett, den Schrank und einen Schreibtisch. Bei Damners gab es einen Schuppen, den Hof und die Werkstatt. Bei schlechtem Wetter stand ihnen das gesamte Haus zur Verfügung. Es wurden auch keine Einwände erhoben, wenn sie sich mit den Puppenmöbeln im elterlichen Schlafzimmer ausbreiteten.

Tess war das Nesthäkchen, wurde gehätschelt und gehütet wie ein Augapfel. Herr und Frau Damner waren liebe, einfache und freundliche Menschen, die niemandem etwas zuleide taten. Sie mühten sich redlich ab, den Lebensunterhalt mit ihrem kleinen Laden in Ostheim zu verdienen, und konnten schon damals gegen die Konkurrenz der großen Warenhäuser nicht viel ausrichten. Sie verkauften und reparierten Waschmaschinen, Fahrräder und Radios. Ihre Mutter verkaufte, ihr Vater reparierte. Und er verwöhnte Tess nach Strich und Faden, soweit seine bescheidenen Mittel es ihm erlaubten. Greta hatte es oft genug erlebt.

Ebenso oft hatte Greta erlebt, dass Joachim hin und wieder eine Ohrfeige bekam, trotz seines Alters. Er war zehn Jahre älter als Tess und machte zu der Zeit bereits eine Lehre. Nicht in der väterlichen Werkstatt, aber er sollte eines Tages das Geschäft übernehmen. Und wenn er sich nicht so benahm, wie Herr Damner sich das wünschte, dann klatschte es schon mal.

Auch sonst wurde Joachim eine Menge abverlangt. Er musste seinen Lohn abliefern und bekam ein bescheidenes Taschengeld. Greta hatte ihn in dem Sommer, bevor Tess diese beiden Sätze in ihr Heft schrieb, unzählige Male bei Frau Damner um ein paar Mark zusätzlich betteln hören, weil er sonntags mit seiner Freundin ins Kino oder in eine Eisdiele gehen wollte.

Frau Damner hätte ihm wohl gerne etwas gegeben, aber entweder konnte oder durfte sie nicht. Sie schickte Joachim zum Vater, und da hieß es meist: «Was hast du dir denn fürs Taschengeld gekauft? Zigaretten? Wenn ich dich mal mit einer erwische, dann gnade dir Gott.»

Joachim versicherte auf der Stelle, dass er nicht rauche. Und Herr Damner fuhr fort: «Wenn du vernünftig bist! Aber trotzdem! Du musst dir dein Geld besser einteilen. Jeder muss lernen, mit Geld umzugehen. Wer es früh nicht lernt, kann es später gar nicht.»

Dann kam Tess in die Werkstatt, erwähnte beiläufig, dass es draußen furchtbar warm und sie entsetzlich hungrig sei. Und schon wurde die vorletzte Mark aus der Hosentasche gefischt. «Magst du ein Eis, Tessi? Bis zum Abendessen dauert es ja noch. Und was ist mir dir, Greta? Magst du auch ein Eis?»

So war das bei Familie Damner, für Greta gab es die letzte Mark aus der Hosentasche. Dann liefen sie zu dem kleinen Lebensmittelladen nur ein paar Häuser weiter. Dort gab es Eis am Stiel. Greta kaufte sich ein Vanilleeis mit hauchdünnem Schokoladenüberzug, es kostete dreißig Pfennig. Tess kaufte sich für ihre Mark eine Tafel Schokolade, weil sie von einem so kleinen Eis nicht satt wurde.

Sie setzten sich auf die Stange vor dem Schaufenster in die Sonne. Greta aß ihr Eis, Tess ihre Schokolade. Danach klagte sie über Durst und fragte, was Greta mit den verbliebenen siebzig Pfennig tun wolle. «Kaufen wir uns dafür eine Limo?»

Als Gegenleistung für Gretas Opfer versprach Tess, ihr etwas zu erzählen, was sie noch keinem Menschen anvertraut hatte. Also gingen sie zurück in den Laden und kauften eine Zitronenlimonade, die nie richtig kalt war, weil die Kästen unter dem Schaufenster standen. Aber die Flaschen hatten einen Schraubverschluss. Sie konnten sie ohne Hilfe öffnen, setzten sich draußen wieder auf die Stange. Und während sie abwechselnd aus der Flasche tranken, vertraute Tess Greta ein Geheimnis an. «Du darfst es aber keinem weitersagen, versprich mir das.»

Anfangs waren es Geschichten, über die jeder Erwachsene geschmunzelt hätte. Mal hatte ein Adler Tess verfolgt, nachdem sie Greta heimgebracht hatte. Sie brachte Greta jeden Abend heim. Wenn sie vor Gretas elterlicher Wohnung angekommen waren, brachte Greta Tess heim. Meist ging es vier-, fünfmal hin und her. Und regelmäßig, wenn Tess den letzten Weg alleine gemacht hatte, waren die unglaublichsten Sachen passiert.

Der Adler! Oder ein Gespenst, das sich erst in Luft auflöste, als Tess drohte, ihren Vater und ihren großen Bruder zu rufen. Einmal war es ein Löwe, der aus dem Zoo ausgebrochen sein musste und Tess beinahe gefressen hätte.

Als bei Greta die ersten Zweifel erwachten, kamen alte Frauen mit stechendem Blick und Warzen im Gesicht, die Tess ein schwarzes Kätzchen schenken wollten, wenn sie mitging. Und später waren es fremde Männer, die Tess nach dem Weg fragten und sie mit einer Belohnung in ihre Autos locken wollten. Spätestens da wäre auch ein Erwachsener zusammengezuckt. Doch bis zu den beiden Sätzen im Religionsheft waren es nur Fremde gewesen, die Tess an Leib und Leben bedrohten.

Die Sache sorgte für erheblichen Wirbel. Noch während der Unterrichtsstunde wurde Tess nach vorne gerufen. Die Lehrerin flüsterte mit ihr. Tess begann zu weinen, warf Greta Hilfe suchende Blicke zu und beteuerte: «Ich wollte das nicht schreiben. Ich weiß gar nicht, wie es gekommen ist. Erzählen Sie es bitte nicht meinem Vati.»

Nun war die Lehrerin eine verantwortungsbewusste Frau. Die unter Tränen vorgetragene Bitte bestärkte sie in der Ansicht, dass Tess misshandelt wurde und sich aus Furcht vor weiteren Schlägen nicht zur Wahrheit bekennen mochte. Die Lehrerin hielt es für ihre Pflicht, die Sache zu klären.

Zuerst führte sie ein Gespräch mit dem grausamen Vater. Der arme Herr Damner muss aus allen Wolken gefallen sein. Er begriff gar nicht, dass seine süße kleine Tessi so eine Behauptung locker aus dem Ärmel schüttelte. Da Herr Damner energisch bestritt, seiner Tochter auch nur ein Haar gekrümmt zu haben, was seine Frau, der halbwüchsige Joachim, die gesamte Nachbarschaft und Greta bestätigten, da Tess darüber hinaus auch keine Anzeichen von Misshandlungen aufwies, verlief die Angelegenheit im Sande.

Aber sie hinterließ Spuren – bei Greta, nicht bei Familie Damner. Ihnen erzählte anschließend Greta die Geschichte von dem Jungen am Nebentisch, der jede Handschrift nachahmen konnte und sich einen Spaß daraus machte, kleine Mädchen zu ärgern. Dieser Junge hatte Tess, unbemerkt von der Lehrerin, das Heft weggenommen und die beiden Sätze hineingeschrieben.

Herr Damner war erschüttert. «Warum hast du das denn nicht der Lehrerin gesagt, Tessi?»

«Weil der Junge uns auf dem Heimweg auflauert und verprügelt, wenn wir ihn verpetzen», antwortete Greta.

17

Tess schluchzte nur und stammelte: «Haust du mich jetzt, Vati?»

Er schüttelte den Kopf und erklärte bestimmt: «Das geht aber nicht. Da muss man was unternehmen. Wie heißt der Junge?»

Tess schluchzte lauter, rieb sich die Augen und erkundigte sich noch einmal: «Haust du mich wirklich nicht, Vati?»

«Nein», versicherte Herr Damner.

Und Greta antwortete mit fester Stimme: «Das möchte ich nicht sagen. Wenn Sie ihn bei der Lehrerin melden oder zu seinen Eltern gehen, wird das nur schlimmer. Am besten lässt man den Jungen in Ruhe. Dann tut er einem auch nichts.»

Lügen! Greta hasste Lügen, hasste sie mehr als ihr krauses Haar, ihre vorstehenden Zähne und ihre Brille. Aber für Tess tat sie es das erste Mal. Allzu oft musste sie für Tess jedoch nicht lügen. Ihre Freundin wurde nach dem Theater etwas vorsichtiger.

Sadistische Familienangehörige gab es lange Zeit nicht mehr. Es waren nur noch Außenstehende, die für die nötige Aufregung sorgten. Zum Beispiel ein Einbrecher, zwei oder drei Jahre später. Sie gingen bereits aufs Gymnasium, als die Familie Damner im Schlaf überfallen wurde. Mutter, Sohn und Tochter wurden in die Toilette gesperrt, Herr Damner mit Waffengewalt gezwungen, den Eindringling frühmorgens zur Bank zu begleiten, um das Ersparte abzuheben. An dem Tag fehlte Tess in der Schule.

In dem Entschuldigungsschreiben, das sie am nächsten Morgen vorlegte, ging es nur um eine plötzlich erkrankte Großmutter, zu der man in der Nacht gerufen worden war. Frau Damners Mutter starb kurz darauf. Und vermutlich zehrte ihre Beerdigung die Ersparnisse auf, sodass es in dem Jahr nicht möglich war, dem Nesthäkchen ein paar Herzenswünsche zu erfüllen.

Greta war die Einzige, der Tess offenbarte, dass ihr Vater sich viel zu sehr geschämt hatte, die Wahrheit einzugestehen. Weil er nicht in der Lage gewesen war, seine Familie zu schützen. Außerdem hatte der Einbrecher gedroht, zurückzukommen und alle umzubringen, falls der Überfall bekannt wurde.

Zu diesem Zeitpunkt war es schon fast unmöglich, Tess zu widerlegen. Beim Einbrecher versuchte Greta es. Wenigstens ihr als der besten Freundin musste Tess die Wahrheit sagen, fand sie und fragte Frau Damner, als sie für einen Moment allein in der Küche waren. Und nur zu gut erinnerte sie sich an den entsetzten Ausdruck auf Frau Damners Gesicht und an ihr Stammeln: «Um Gottes willen, Greta, erzähl es keinem Menschen.»

Das konnte ein Beweis für die Geschichte sein. Weil nun der Überfall bekannt war und man damit rechnen musste, dass der Bösewicht seine Drohung wahr machte. Ebenso gut konnte es Erschrecken über die blühende Phantasie des Töchterleins sein.

Es ist anzunehmen, dass Tess sich daraufhin ein paar Ermahnungen anhören musste. Sie war einen ganzen Vormittag lang fürchterlich böse mit Greta. «Dir erzähl ich nie mehr was, wenn du deinen Mund nicht halten kannst.»

Greta konnte, Tess nicht. Es ging schon bald weiter mit der nächsten Geschichte. Wie viele es waren im Lauf der Jahre, weiß niemand. Mit der Zeit wurden sie diffiziler, waren so mit Tatsachen verflochten, dass man sie nicht mehr durchschauen konnte. Es gab für Greta nur eine Möglichkeit, sich damit auseinander zu setzen: Alles, was Tess erzählte, zu einem Ohr herein- und zum anderen wieder hinauszulassen.

«Du redest dich eines Tages um Kopf und Kragen», warnte Greta viel später manchmal, ließ es aber dabei bewenden.

*

Bis zum Abitur waren sie unzertrennlich. Einmal fuhr Tess sogar mit Familie Baresi in Urlaub – zu der zahlreichen Verwandtschaft nach Pisciotta. Während der langen Fahrt hielt sie Gretas Vater wach, weil sie als Einzige bemerkte, dass man von einem Wagen mit vier Männern überholt worden war.

Das an sich wäre nicht bemerkenswert gewesen. Sie wurden, wie Greta mir später schmunzelnd erzählte, ständig überholt, weil ihr Vater fast am Steuer einschlief und entsprechend langsam fuhr. Aber Tess war hundertprozentig sicher, beim Beifahrer eine Maschinenpistole gesehen zu haben. Die beiden Männer im Wagenfond trugen ihrer Meinung nach Schnellfeuergewehre. Es konnte sich nur um Mitglieder der Mafia handeln.

Gretas Vater stellte augenblicklich das Gähnen ein, steigerte die Reisegeschwindigkeit und war voll konzentrierter Wachsamkeit, um als rechtschaffener Mann das Autokennzeichen bei der nächsten Polizeistation zu melden. Den Wagen holten sie natürlich nicht mehr ein. Und Greta tat nichts, um ihren Vater zu bremsen.

Sie machten zwei Abstecher zum Tyrrhenischen Meer. Tess erzählte anschließend in der Schule, dort gäbe es weiße Haie. Einer habe ihr fast das linke Bein abgerissen. Zum Beweis zeigte sie ein paar Kratzer am Oberschenkel.

Zu dem Zeitpunkt waren sie bereits siebzehn, und keiner ihrer Mitschüler tippte sich an die Stirn. Mit halb offenen Mündern hingen alle an Tess' Lippen und gruselten sich. Und Greta amüsierte sich über die Dämlichkeit, von der sie umgeben waren.

Dann begann für Greta der Ernst des Lebens. Das Studium. Sie hatte schon mit sieben oder acht Jahren den dringenden Wunsch gehabt, ihrem Vater und aller Welt zu beweisen, was in ihr steckte. Sie wusste auch schon früh, was aus ihr werden sollte. Ihre Mutter, eine gebürtige Kölnerin, hatte sie auf den Geschmack gebracht.

Um auszugleichen, was ihr Mann seiner Verwandtschaft in Pisciotta zukommen ließ, putzte Frau Baresi frühmorgens in einer Rechtsanwaltskanzlei. Sie erzählte Greta oft, wie viel Geld man als Jurist verdienen könne.

Schon mit zehn Jahren hatte für Greta festgestanden, dass sie eine berühmte Rechtsanwältin, nach Möglichkeit eine Strafverteidigerin werden würde. Selbstverständlich wollte sie nur Unschuldige verteidigen. Mit zehn Jahren hat man hehre Prinzipien.

Aber auch mit achtzehn glaubte Greta noch, dass schwarz und weiß leicht voneinander zu unterscheiden seien. Tess war für sie zu dieser Zeit blütenweiß, immer noch die einzige, beste und wahre Freundin, die bei aller Phantasie niemandem etwas Böses und keinem Menschen einen Schaden zufügen, die nur leben wollte – gut und aufregend.

Tess machte wie Greta ein glattes Einser-Abitur. Während Greta um den Studienplatz in Köln zitterte, weil ihr Vater bei seinen Verpflichtungen nicht auch noch eine Wohnung in einer anderen Stadt hätte finanzieren können, erklärte Tess: «Ab jetzt tu ich nur noch, was mir Spaß macht.»

Nachdem sie ihren Studienplatz sicher hatte, stürzte Greta sich mit ihrer gesamten Energie auf dicke Paragraphenwälzer. Tess half stundenweise im elterlichen Geschäft, mal im Laden, mal bei der Buchführung, aber nur, wenn ihr Bruder Joachim den nötigen Druck machte. Manchmal jobbte sie als Animateurin in Kaufhäusern und auf Wochenmärkten, um sich ein bisschen Geld dazuzuverdienen.

Mit zwanzig träumte Tess von einer Karriere als Fotomodell, von Scheinwerferlicht, den Titelseiten großer Magazine und fünfstelligen Gagen. Mit einundzwanzig zog sie mit einem Koffer von Tür zu Tür und drehte biederen Hausfrauen überteuerte Kosmetik an, immer mit dem Hinweis auf das eigene Gesicht. «Ich benutze diese Creme regelmäßig.» Was sie garantiert nicht tat und auch nicht tun musste.

Später, als Greta geschäftliche Verträge ausarbeitete und die ersten, noch unbedeutenden Pflichtverteidigungsmandate vom Gericht zugewiesen bekam, verkaufte Tess Töpfe, in denen man ohne Fett garen konnte. Und sie verkaufte gut. Sogar Gretas Mutter ließ sich von ihr ein Set für achthundert Mark aufschwatzen und ärgerte sich anschließend, weil es keine Soße gab, wenn man ohne Fett garte. Frau Baresi schimpfte ein wenig auf Tess. «Warum macht sie nicht etwas Vernünftiges?»

Vernünftig – das Wort war für Tess der blanke Horror. Sie war nicht unvernünftig, sie war auch nicht faul. Sie war nur nicht versessen darauf, ihr Dasein in Alltäglichkeiten aufzureiben. Wenn sie etwas tat oder lernte, musste es außergewöhnlich sein.

Tess belegte exotisch anmutende Fortbildungskurse wie Ikebana, orientalische Tänze, Sanskrit und ägyptische Mythologie. Sie stopfte ihr Hirn mit Dingen voll, die sie im praktischen Leben nirgendwo anwenden konnte. Doch für das praktische Leben waren ihrer Meinung nach auch andere zuständig.

Die gegensätzliche Richtung, in die sie sich entwickelten, brachte es mit sich, dass der enge Kontakt mit den

Jahren lockerer wurde. Doch sie sahen sich auch während Gretas Studienzeit anfangs noch beinahe täglich. Meist kam Tess am späten Nachmittag zu ihr, erzählte von den Aufregungen, die sie am Vortag hatte bewältigen müssen, und von den Männern, mit denen sie den Abend und die halbe Nacht verbracht hatte.

Ein Flirt nach dem anderen. Ein Tanz, vielleicht noch ein Kuss auf dem Heimweg. Wer mehr von Tess haben wollte, musste etwas Besonderes bieten. Er musste zumindest sämtliche ägyptischen Götter kennen, genau wissen, wo, wann und von wem ein neues Bakterium entdeckt worden war und welche Muskeln man für ein Lächeln brauchte. Das wussten die wenigsten, damit war die Sache für Tess schon erledigt, ehe sich die Frage nach Beruf und Einkommen gestellt hatte.

Tess verachtete Dummheit und bedauerte Greta, weil sie so viel Spaß versäumte und über Paragraphen einstaubte. «Eines Tages bist du eine vertrocknete alte Schachtel. Vormittage in stickigen Gerichtssälen, Nachmittage mit schwitzenden Mandanten. Und was machst du abends? Akten lesen. Das kann doch nicht dein Leben sein. Pack den Kram zusammen und zieh dich um.»

Sie drängte unentwegt, Greta solle mit ihr ausgehen. Ein paar Mal ließ Greta sich überreden. Dann stand sie neben Tess, irgendwann tauchte aus der Masse jemand auf, machte ihr Komplimente. Und Greta wusste genau, dass er sie nur als Umweg benutzte, um die Aufmerksamkeit ihrer schönen Freundin zu erregen.

Man sollte meinen, es habe Greta gestört oder sogar verletzt. Aber das tat es nicht. Sie hatte nicht vor, ihr Leben von einem Mann abhängig zu machen. Sie wollte sich ausschließlich auf ihr Ziel und ihr Studium konzentrieren.

Bis ich kam. Niklas Brand, ein Jahr älter als sie, geboren in einer Villa in Marienburg. Mein Elternhaus steht auf einem riesigen Grundstück mit schönem, altem Baumbestand. Mein Vater gab den Beruf vor. Rechtsanwalt. Renommierte Kanzlei in der Innenstadt, nahe dem Appellhofplatz. Das war Gretas Traum.

Ich muss eine Offenbarung für sie gewesen sein und ein Wunder. Dass ausgerechnet ich mich in sie verliebte! Wer war sie denn mit zweiundzwanzig? Nur Greta Baresi, Tochter eines italienischen Gastarbeiters und einer deutschen Putzfrau. Immer zu klein und zu dünn, kein Geld, die Zähne richten zu lassen oder sich einen guten Friseur zu leisten. Der Gedanke, die Brille gegen Kontaktlinsen zu tauschen, war ihr auch noch nicht gekommen. Aber da wir uns in einem Hörsaal kennen lernten und nicht in einer Diskothek, tauchte nicht der Verdacht auf, ich könne sie als Sprungbrett benutzen wollen, um Tess zu erreichen.

So war es auch nicht, weil ich zu diesem Zeitpunkt noch nicht wusste, dass Tess existierte. Und vielleicht sieht Liebe tatsächlich mit anderen Augen. Zu klein und zu dünn, man konnte es auch zierlich nennen. So sah ich Greta, ein zierliches Persönchen mit einer zugegebenermaßen äußerst üppigen Haarpracht und einem Ehrgeiz, von dem mein Vater einmal sagte, es wäre ihm lieb gewesen, ich hätte mir eine Scheibe davon abgeschnitten.

Und es war nicht nur ihr Ehrgeiz. Greta strahlte schon in jungen Jahren eine Kraft aus, eine Unbeugsamkeit, die vieles überlagerte und die Illusion weckte, sie sei unverwundbar. Hinter ihrer Brille spiegelte sich der eiserne Wille, das Milieu, in dem sie aufgewachsen war, weit hinter sich zu lassen. Völlig verstanden habe ich ihre Einstellung nie. Ich sah nichts, wofür sie sich schämen musste.

Als ich sie zum ersten Mal ausführte, verbot sie mir, sie zu Hause abzuholen. Eine schäbige Mietwohnung in Ostheim. Während des Studiums lebte sie noch bei ihren Eltern. Triste, graue Fassaden, ein Haus wie das andere. Sie wollte verhindern, dass ich das sah. Ich fuhr trotzdem hin, ging sogar hinauf in die Wohnung. Die Einrichtung war noch älter als Greta. Ihre Eltern hatten sich nie etwas gegönnt in all den Jahren. Alles, was nicht unbedingt zum Lebensunterhalt benötigt oder nach Pisciotta geschickt wurde, hatten sie in die Tochter investiert. Unsere Greta soll es einmal besser haben, lautete das Motto. Unsere Greta hat einen klugen Kopf unter ihrer Löwenmähne. Unsere Greta ist fleißig und ehrgeizig, nicht so leichtfertig wie ihre Freundin Tess, leider auch nicht so hübsch.

Deshalb war es müßig, sich Hoffnungen auf einen passablen Schwiegersohn zu machen. Und dann brachte *unsere* Greta einen Sohn aus gutem Haus ins kleine Wohnzimmer. Einen von den Lümmeln, die mit dem goldenen Löffel im Mund geboren waren, nicht wussten, wie es war, mit Mark und Pfennig rechnen zu müssen, und sich eine Menge einbildeten auf ihren Charme und ihr gutes Aussehen. So sah ihre Mutter mich.

Mit Papa Baresi unterhielt ich mich zwanglos. Gretas Mutter dagegen war sehr skeptisch. «Ich weiß nicht, Greta. So ein Mann, was will er von dir? Er könnte jede haben. Vielleicht will er nur mit dir ins Bett. Er wird dich ausnutzen und wegwerfen.»

In einem Punkt hatte Frau Baresi Recht. Ins Bett mit Greta wollte ich unbedingt. Aber ausnutzen und wegwerfen wollte ich sie nicht. Es war mir wirklich ernst. Ich hatte mehr als ein halbes Jahr Zeit gehabt, sie an der Universität zu studieren. Es war mir so ernst, dass ich sie noch am selben Abend meinen Eltern und meinen Brüdern Horst und Armin vorstellte.

Greta wunderte sich, dass alle so freundlich zu ihr waren, dass niemand sie schief von der Seite anschaute, dass sie akzeptiert wurde, weil ich mir sicher war: Sie war die Frau, mit der ich leben und arbeiten, vierundzwanzig Stunden täglich zusammen sein konnte, ohne jemals das Gefühl zu haben, dass sie mir auf die Nerven ging oder ich bei ihr etwas vermisste.

Ich erfuhr bald, dass sie eine Freundin hatte. Schon in den ersten Wochen erzählte sie die kleinen Episoden aus der Kindheit und frühen Jugend. Manchmal entstand bei mir der Eindruck, dass sie von jeher jede Art von Lebensfreude nur über Tess bezog. Das machte mir Tess sympathisch, obwohl ich sie vorerst nicht kennen lernte.

Ich ließ Greta nicht viel Zeit, die Freundschaft zu pflegen und Tess auf diese Weise einmal persönlich zu begegnen. Um ehrlich zu sein, ich war ein wenig eifersüchtig auf die Intensität dieser Beziehung. Ich wollte Greta ganz und ausschließlich für mich allein.

Wir hatten große Pläne – beruflich und privat –, zwei Jahre lang. Das Dachgeschoss meines Elternhauses sollte für uns ausgebaut werden, fünf Räume, zwei Bäder. Die Arbeiten hatten bereits begonnen. Greta sollte selbstverständlich in die Kanzlei Brand eintreten. Mein Vater legte großen Wert darauf. Zu Weihnachten wollten wir uns verloben. Im nächsten Frühjahr sollte die Hochzeit sein, damit auf ihrer Dissertation gleich der richtige Name stand. Frau Doktor Greta Brand.

Ihr Vater war glücklich, ihre Mutter immer noch überzeugt, dass Greta es nicht bis vor den Altar schaffte. Manchmal erklärte Greta mit diesem kleinen Lächeln, das ich so liebte an ihr, weil es ihr Gesicht so weich machte, sie könne ihre Mutter würgen für den Pessimismus. Aber Frau Baresi hatte leider Recht.

*

Ich fühle mich immer noch schäbig und erbärmlich, wenn ich darüber nachdenke. Erklären lässt sich das nicht, nicht mehr aus heutiger Sicht und nicht nach all der Zeit, die ich bereits mit Greta zusammen war. Eine Zeit, in der ich viel von Tess gehört hatte. Gesehen hatte ich sie schließlich auch einige Male, aber nur sehr flüchtig, wenn ich Greta daheim abholte.

Meist lief Tess mir im Treppenhaus über den Weg. Sie ging, kurz bevor ich kam. Ob Greta sie wegschickte oder ob sie aus eigener Initiative das Feld räumte, kann ich nicht beurteilen. Und dann lernte ich Tess endlich näher kennen.

Dreizehn Jahre ist das her. Es war Ende Oktober. Ihr Bruder Joachim war zum ersten Mal Vater geworden, seine Frau Sandra wollte Greta unbedingt als Taufpatin. Die Taufe war an einem Sonntagnachmittag. Ich war nicht eingeladen und fand das lächerlich. Ich wollte nicht einen ganzen Nachmittag auf Greta verzichten und konnte mir keinen noch so triftigen Grund vorstellen, der mich davon abhalten sollte, sie zu begleiten.

Greta suchte nach Ausflüchten. Dass es keinen guten Eindruck mache, wenn ich uneingeladen erschiene. Doch so viel Wert auf Etikette legte die Familie Damner nicht. Sie hatte mir oft genug erzählt, dass es dort recht zwanglos zuging. Ich solle ihr ein paar Stunden mit Tess alleine gönnen, meinte sie, wo sie sich doch nur noch so selten sähen. Aber sie seien ja nicht allein, gab ich zurück, und bei all den Gästen könne es auf einen mehr oder weniger nicht ankommen.

Mir kam nicht der Verdacht, Greta könne Angst haben. Sie hatte an der Seite von Tess gelernt, dass sie immer nur die zweite Wahl war. Aber ich hatte ihr bis dahin niemals Veranlassung gegeben, anzunehmen, dass für mich noch eine andere Frau in Frage komme. Und dann passierte es.

Es traf mich wie der berüchtigte Blitzschlag aus heiterem Himmel. Das soll keine Entschuldigung sein, ich will mich auch nicht entschuldigen. Es war ein höllischer Nachmittag. Zuerst die Zeremonie in der Kirche, dann die beiden Stunden bei Kaffee und Kuchen in diesem beengten Wohnzimmer. Seltsamerweise fand ich das Zimmer bei Damners entschieden enger als das von Gretas Eltern. Es lag wohl daran, dass Tess den Raum völlig ausfüllte, sodass für andere keine Luft blieb zum Atmen.

Sie hatte kaum einen Blick für mich. Zur Begrüßung reichte sie mir nur die Hand und brachte eine Floskel über die Lippen. Natürlich wusste sie von unserer geplanten Hochzeit. Als wir die Kirche verließen, drückte sie kurz ihr Bedauern über das triste Los aus, das Greta bevorstand. Nicht nur Anwältin sein, auch noch mit einem Paragraphenreiter verheiratet! Aber wenn Greta sich davon nicht gestört fühlte. Nach diesem beiläufigen und keineswegs scherzhaft vorgebrachten Kommentar existierte ich für Tess nicht mehr. Sie kannte ihre Wirkung, und ich denke, sie wollte nichts, absolut nichts tun, um ihrer Freundin so kurz vor dem Ziel noch in die Quere zu kommen.

Es war wirklich die Hölle. Greta an meiner Seite, neben ihr Tess, und in mir die Gewissheit, dass ich dabei war, den größten Fehler meines Lebens zu begehen.

*

Einige Wochen quälte ich mich mit dem Bewusstsein, dass Tess die Frau war, von der ich bis dahin nicht einmal hatte träumen können, weil ich nicht gewusst hatte, dass es solch eine Frau gab. Tess war wie einer der exotischen Falter, die mein Großvater mit Hingabe gesammelt und bewundert hatte. Sie war eine Fahrt auf der Achterbahn.

Und mir kam nicht der Gedanke, dass man die Falter nur aufgespießt hinter Glas betrachten und nicht ein Leben lang Achterbahn fahren kann. Dass man nach zwei oder drei Fahrten dankbar ist für den festen Boden unter den Füßen.

Greta war dieser feste Boden. Bei ihr wusste ich jederzeit, was mich in der nächsten Stunde, den nächsten Tagen und Wochen erwartete. Und plötzlich reichte das nicht mehr. Ich suchte nach Vorwänden, ihr aus dem Weg zu gehen. Sie machte es mir auch noch leicht, war dankbar für die Abende, an denen ich Verzicht übte und sie sich ihren Büchern widmen durfte.

Vier Wochen später entschloss ich mich zu einer offenen Aussprache, obwohl ich nicht wusste, wie ich ihr das erklären sollte. Verletzen wollte ich sie auf keinen Fall. Sie sollte unbedingt wissen, dass sie mir immer noch sehr viel bedeutete, dass ich sie eben nur nicht heiraten konnte.

Es war ein ekliger Tag, wie geschaffen, das eigene Leben zu zerstören und ein anderes gleich mit. Um halb vier holte ich Greta daheim ab. Sie wollte die Ausstattung für die beiden Bäder aussuchen. Meine Schweigsamkeit während der Fahrt fiel ihr nicht auf. Sie war so sehr mit ihrer Vorstellung von einem märchenhaften Bad beschäftigt, schwärmte mir vor, wie phantastisch alles aussehen sollte.

Dann standen wir in diesem Ausstellungsraum. Und sie geriet außer sich beim Anblick von hundertzwanzig verschiedenen Arten von Wasserhähnen. Wie ein Kind vor dem geschmückten Christbaum wirkte sie. «Ich darf mir aussuchen, was ich will? Und wenn ich es ausgesucht habe, ziehst du dein Scheckheft aus der Tasche und finanzierst meinen Größenwahnsinn?»

Sie lachte leise. «Noch vier Schritte», sagte sie. «Verlobung, Aufgebot, Trauung und dann als Frau Brand in eine Villa.»

Ich konnte ihr nicht antworten. Sie verstand es falsch, legte mir eine Hand auf den Arm. «Es ist nicht so gemeint, wie es klingt, Niklas. Ich kann nur nicht arm sein. Wenn man Geld hat, ist es vielleicht nicht so tragisch, wie eine Kreuzung aus Hamster und Löwe auszusehen. Aber arm, unbedeutend und hässlich ist ein bitteres Schicksal. Da braucht man Luxus um sich herum und einen Menschen an der Seite, der automatisch die Blicke aller anderen auf sich zieht.»

«Du bist nicht hässlich oder unbedeutend», widersprach ich.

Sie zuckte mit den Achseln, zeigte auf eine große runde Wanne und sagte: «Die will ich. Darin ist Platz für uns beide. Wir werden Orgien darin feiern. Wir verbringen unsere Hochzeitsnacht nicht im Bett, sondern in dieser Wanne.»

Es dauerte so lange, bis sie bemerkte, dass etwas nicht stimmte. «Hey», sagte sie leise, klang unsicher und verwirrt. Ich hatte sie noch nie zuvor unsicher und verwirrt erlebt. «Was ist los mir dir? Habe ich dich erschreckt? Willst du es lieber spartanisch? Gut, beschränken wir uns für den Anfang auf eine Dusche. Du wirst es bald bereuen. Liebe im Stehen ist anstrengend.»

Sie versuchte zu lächeln. Es misslang ihr kläglich. Ich denke, sie wusste es, lange bevor ich den Mund aufmachte. Nach einer Ewigkeit nickte sie mehrfach und sagte nur: «Tess!»

Später sagte sie einmal: «Ich hatte plötzlich nur noch Luft im Kopf und das dringende Bedürfnis, aufzuwachen. Aber es tat nicht weh. Es war kein Schmerz, kein Zorn, nicht einmal Enttäuschung, nur ein hohles Gefühl im Innern. Ich wollte diese große runde, elegante Badewanne.

Ich wollte fünf Zimmer und zwei Bäder im Dachgeschoss einer Villa in Marienburg. Ich wollte an Sonntagnachmittagen im Sommer unter alten Bäumen im Schatten auf dem gepflegten Rasen sitzen und sonst nichts.»

Und nichts war alles, was sie bekam, weil sie eine Freundin hatte.

Ich brachte sie zurück ins Freie. Es regnete und war so windig, dass man keinen Schirm aufspannen konnte. Ich weiß noch, dass ich sie am Arm hielt, als ich sie zurück zum Wagen führte. Ich weiß auch noch, dass sie flüsterte: «Lass mich los, Niklas. Ich brauche keinen Halt. Ich bin nur gestürzt, vom Himmel zurück auf die Erde. Kleine Leute fallen häufig auf die Nase, wenn sie den Sprung von ganz unten nach ganz oben ohne Anlauf schaffen wollen. Aber ich kann allein aufstehen.»

Als wir meinen Wagen erreichten, hob sie das Gesicht in den Regen und betrachtete den Novemberhimmel. «Er ist so eng und verschimmelt wie das Badezimmer meiner Eltern», sagte sie. «Aber ich lasse das hinter mir. Und eines Tages fahre ich auch einen Mercedes, aber der ist dann von meinem Geld bezahlt.»

Sie zitterte am ganzen Körper, als sie einstieg.

«Es tut mir Leid, Greta», sagte ich endlich.

«Das muss es nicht», erwiderte sie, atmete tief durch und fragte: «Hat Tess etwas gesagt oder getan? Ich meine, hat sie dir Veranlassung gegeben oder dir Hoffnungen gemacht?»

Als ich den Kopf schüttelte, lächelte sie wieder. «Das wusste ich. Mach die Tür zu, mir ist kalt.»

Ich brachte sie zurück nach Ostheim. Mit hinauf in die Wohnung ihrer Eltern ging ich nicht mehr.

*

Ich ließ ein paar Wochen verstreichen, von Greta sah und hörte ich nichts in dieser Zeit. Und all meine Versuche, mich mit Tess zu verabreden, scheiterten kläglich. Als ich sie das erste Mal anrief, bekam ich nur ihre Schwägerin an den Apparat. Während ich mit Sandra Damner sprach, hörte ich Tess im Hintergrund reden. Sag ihm dies, sag ihm das. Und Sandra richtete mir aus, was Tess verlangte, obwohl ihr die Situation peinlich war.

Wie nicht anders zu erwarten, wusste Tess, was geschehen war. Und von mir wollte sie nur eines: Ich sollte Greta um Verzeihung bitten. Ich hätte es tun sollen, aber so weit war ich noch lange nicht. Ich telefonierte mich monatelang quer durch die gesamte Familie Damner. Es gab Tage, da rief ich mehrmals an. Am Vormittag sprach ich mit Joachim, mittags mit Sandra, am Nachmittag mit Herrn Damner und am Abend mit seiner Frau. Mit ihr unterhielt ich mich besonders gut.

Es war entwürdigend. Tess war meist in der Nähe und dirigierte die Unterhaltungen, die ich mit ihrer Familie führte. Häufig wurden die Gespräche dann familienintern fortgesetzt, und ich hing nur noch als Zuhörer in der Leitung. Da konnte es geschehen, dass Frau Damner in den Hintergrund sagte: «Nun sprich doch einmal selbst mit ihm. Er ist so ein netter, kultivierter Mensch.»

Nur fühlte ich mich in solch einem Moment weder nett noch kultiviert. Ich fühlte mich wie ein Trottel, wenn Frau Damner für mich verhandelte: «Du kannst doch wenigstens einmal mit ihm ausgehen, Tess.»

«Sag mal, spinnst du, Mama?», kam es aus dem Hintergrund. «Hast du eine Ahnung, was ich Greta damit antue?»

«Aber Greta will ihn doch nicht mehr. Das hat sie gesagt.»

«Ich weiß, was Greta gesagt hat, Mama. Greta versucht, sich und aller Welt einzureden, sie hätte nicht ihn geliebt, nur das Prestige, das Haus seiner Eltern, die Kanzlei seines Vaters, den Namen Brand und die Möglichkeiten, die sich damit verbinden. Mit Liebe hätte das nicht viel zu tun gehabt.»

«Ja, aber wenn Greta es so sieht», sagte Frau Damner hilflos.

Und irgendwo hinter ihr sagte Tess: «Dir ist wirklich nicht zu helfen, Mama.»

Und Greta wollte keine Hilfe, keine Entschuldigung, keine Erklärung, nur ihre Ruhe. Ich traf sie noch ein paar Mal an der Universität. Sie ging mir nicht direkt aus dem Weg, nur hatte sie auch nie Zeit für eine kleine Unterhaltung. Sie war vollauf damit beschäftigt, sich auf das zu konzentrieren, was sie ursprünglich gewollt hatte: aus eigener Kraft das Ziel zu erreichen, das ihr durch die Heirat mit mir in den Schoß gefallen wäre.

Für Greta Brand hätte es keine Rolle gespielt, ob sie mit Bravour oder mit Ach und Krach durchs zweite Staatsexamen gekommen wäre. Greta Baresi dagegen musste etwas vorweisen. Und sie schaffte es. Sie schaffte sogar den Eintritt in die Kanzlei Brand und damit den Zutritt zur höheren Gesellschaft.

Meine Eltern hatten unsere Trennung mit unbewegten Mienen zur Kenntnis genommen und lange darauf gehofft, dass ich zur Vernunft käme. Diese Hoffnung hatten sie in der Zwischenzeit aufgegeben. Meine Mutter bemühte sich sogar, ein wenig Verständnis für meine Gefühle zu entwickeln. Hin und wieder erlaubte sie sich allerdings den dezenten Hinweis, dass ich einer Utopie nachjagte. «Niklas, diese Frau will doch absolut nichts mit dir zu tun haben. Wann begreifst du das endlich?»

Ich wollte es nicht begreifen. Ich weiß, es klingt schäbig, aber im ersten Jahr nach unserer Trennung hoffte ich tatsächlich auf Gretas Einfluss, auf den Tag, an dem sie Tess klarmachte, wir seien als Freunde auseinander gegangen. Im Prinzip waren wir das, keine Tränen, keine hässliche Szene, kein Flehen. Ich hoffte auch, dass meine Eltern sich irgendwann für Tess ebenso begeisterten wie für Greta.

Mein Vater war davon weit entfernt, sah es jedoch pragmatisch. Ich hatte ihm mit meinen Gefühlen einen Strich durch seine Rechnung gemacht, der Kanzlei eine ehrgeizige Schwiegertochter zuzuführen. Nun bestand er darauf, dass ich die Sache bereinigte. Er wollte zumindest die ehrgeizige Rechtsanwältin.

Als ich mit seinem Anliegen bei Greta auftauchte, war ich fest überzeugt, dass sie mich hinauswarf. Aber anscheinend freute sie sich, weil mit der Anstellung in der Kanzlei meines Vaters immerhin einer ihrer Träume in Erfüllung ging. Sie hatte sich nicht verändert, war immer noch fünfzig Kilogramm reine Energie, hundertsechsundfünfzig Zentimeter Kraft und Unbeugsamkeit, gekrönt von dieser Löwenmähne. Eine andere Frisur hätte gar nicht zu ihr gepasst. Ob sie überrascht war oder sich geschmeichelt fühlte, ließ sie nicht erkennen. Sie akzeptierte unser Angebot unter der Bedingung, dass wir ihr genügend Raum für Strafrecht ließen.

Auch den bald folgenden privaten Einladungen kam sie gerne nach. Meine Eltern gaben sich Mühe, durch die Hintertür eine Versöhnung herbeizuführen. Greta war jederzeit ein willkommener Gast und nutzte jede Gelegenheit, wichtige Leute kennen zu lernen. Nur an einer Bindung war sie nicht mehr interessiert.

Sie nahm die erste eigene Wohnung. Es war nicht ganz das, was ihr vorschwebte, stellte auch nur eine Übergangslösung dar. Die zweite Wohnung kam ihrer Vorstellung schon etwas näher, die dritte war genau nach ihrem Geschmack. Es gab zwar keinen Park mit gepflegtem Rasen und schönem, altem Baumbestand, nur eine Dachterrasse mit Ausblick auf den Rhein. Aber es wäre ja auch mit mir nur das Dachgeschoss einer Villa gewesen.

Das Bad ließ sie auf ihre Kosten umbauen. Eine runde Wanne! «Ich weiß, es ist kindisch», sagte sie, als sie mir davon erzählte. «Vielleicht musste ich mir nur selbst etwas beweisen.»

Wenn ich tagsüber in der Kanzlei mit ihr zusammen war, fragte ich mich häufig, was in ihr vorging. Sie wirkte stets ruhig und ausgeglichen, nicht einmal sonderlich distanziert. Sie ging mit mir um wie mit jedem anderen Kollegen, als hätte es niemals diese beiden Jahre und private Pläne gegeben.

Ich tat mich erheblich schwerer, nicht nur, weil Tess mir absolut keinen Raum für Hoffnungen ließ. Es war wohl viel mehr die Erinnerung an gemeinsame Stunden, Tage und Nächte mit Greta. Sie wieder jeden Tag in unmittelbarer Nähe zu haben – ich wusste noch so gut, wie sie sich anfühlte, sah noch ihren verträumten Blick vor mir, wenn ich ihr die Brille abgenommen und sie mich angeschaut hatte. Es mochte hundertmal nur eine Folge der Kurzsichtigkeit sein, für mich war es Sinnlichkeit gewesen. Ich vermisste sie, auch wenn ich mir das nicht eingestehen wollte.

Sie hatte vor mir keinen Mann gehabt. Und nach mir – sie sprach ganz offen darüber. Ein paar kleine Affären, die sie als Windeier bezeichnete. Einige hätten sich benommen wie Pfadfinder, als sei ihre gute Tat für den Tag gewesen. Da hätte sie wohl anschließend noch danke sagen müssen für die Fummelei; als ob ein Frauenkörper nur aus zwei Fixpunkten bestünde.

Ob es ihre Offenheit war, ihre Nähe oder meine Erinnerungen, ich weiß nicht, woran es lag. Es ergab sich eben so. Zwei Jahre nach unserem Besuch der Ausstellungshalle trafen wir unser hirnverbranntes Arrangement.

2. Kapitel

Es war wieder im November, in der Woche nach Allerheiligen, ein glasklarer und sehr kalter Tag. Greta kam morgens mit einem Taxi in die Kanzlei. Ihr Wagen war nicht angesprungen. Damals fuhr sie noch einen Gebrauchtwagen und hatte keinen Garagenplatz. Die Batterie war alt, in der frostigen Nacht auf der Straße hatte sie den Geist aufgegeben.

Abends wurde es sehr spät. Ich erinnere mich nicht mehr, woran wir so lange saßen, es war eben wichtig und dringend, musste unbedingt noch erledigt werden. Es war schon zehn vorbei, als Greta sich ein Taxi für die Heimfahrt rufen wollte. Ich bot ihr an, sie zu fahren. Und sie nahm an.

Sie hatte sich äußerlich sehr verändert, seit sie in der Kanzlei meines Vaters arbeitete, die Brille gegen Kontaktlinsen getauscht, mit viel Aufwand und Schmerzen ihre Zähne begradigen lassen und sich den besten Friseur der Stadt gesucht. Ihre Verwandlung hatte sie zu einer äußerst attraktiven jungen Frau gemacht, deren Ausstrahlung nicht vergleichbar war mit der Schönheit einer Tess Damner, sie war entschieden intensiver.

Und wie sie da neben mir im Wagen saß, spürte ich diese Intensität bis in den letzten Nerv. Während der Fahrt zu ihrer Wohnung sprachen wir nicht viel. Es mag verrückt klingen, aber ich hatte Herzklopfen. Ich wollte Greta um jeden Preis. Nur wusste ich nicht, ob ich sie zurückhaben, mit anderen Worten, ob ich sie fürs Leben oder für eine Nacht wollte; ob es vielleicht nur darum ging, mir selbst zu beweisen, dass meine Erinnerung an gemeinsame Nächte und die relativ enthaltsame Zeit danach, in denen auch ich mir nur unbedeutende und unbefriedigende Affären geleistet hatte, der Sache ein Gewicht verliehen, das tatsächlich niemals vorhanden gewesen war.

Als ich vor dem Haus hielt, sie sich bedankte und aussteigen wollte, sagte ich: «Bekomme ich noch einen Kaffee? Das fragt man doch in solchen Fällen.»

Ich wartete auf ein Kopfschütteln oder ein schlichtes Nein. Greta lächelte nur, nicht einmal spöttisch. «Warum nennst du die Dinge nicht beim Namen, Niklas? Du trinkst doch um diese Zeit keinen Kaffee mehr. Du willst mit mir ins Bett.»

«Und du willst nicht», stellte ich fest.

Ihr Lächeln verstärkte sich. «Doch. Gegen guten Sex habe ich noch nie Einwände erhoben. Und bei dir darf ich sicher sein, anschließend nicht gefragt zu werden, ob es schön für mich war. Nichts hasse ich mehr als dämliche Fragen. Wenn sie nicht einmal merken, wie sie einen langweilen, vielen Dank!»

Sie stieg aus, zog ihren Schlüsselbund aus der Tasche und ging auf das Haus zu. Während sie die Tür aufschloss, erklärte sie. «Aber wir sollten vorher etwas klarstellen, Niklas. Du bist allein. Ich bin allein. Du brauchst hin und wieder eine Frau, ich brauche hin und wieder einen Mann. Du hoffst auf Tess, und ich habe keine Lust, mir einen Trottel nach dem anderen zu suchen. Wir sind beide erwachsen und keinem Menschen Rechenschaft schuldig. Keine Liebe, Niklas, nur Sex. Wenn wir uns auf dieser Basis einig werden, können wir hinaufgehen.»

Ich hätte mich in diesem Moment auf jeder Basis mit ihr geeinigt. Nur glaubte ich nicht, dass sie es ernst meinte. Wir gingen hinauf in ihre Wohnung. Es war wie früher, wenn wir in mein Zimmer gegangen waren. All die vertrauten Zärtlichkeiten, die Empfindungen dabei. Schon nach einer halben Stunde wusste ich, dass mich meine Erinnerung nicht getäuscht hatte. Vielleicht ist es tatsächlich so, dass manche Menschen füreinander geschaffen sind, dass sie sich in jeder Hinsicht ergänzen und einander etwas geben können, was sie bei keinem anderen finden.

Später lagen wir nebeneinander auf dem Bett. Ich glaube, wir waren beide gleichermaßen zufrieden. Ich war darüber hinaus auch bereit, einen dicken Strich unter jede Illusion zu ziehen. «Denkst du immer noch so wie eben?», fragte ich.

«Ja!», sagte sie knapp.

«Und du bist sicher, dass es nicht nur eine Art später Rache ist?»

«Absolut sicher.»

«Na schön», sagte ich. «Ich verstehe, dass du mich schmoren lassen willst. Ich habe mich dir gegenüber nicht fair benommen.»

«Du hast mich nicht verstanden», sagte sie. «Schmoren lassen will ich dich nicht. Das überlasse ich Tess.»

Sie drehte sich auf den Bauch, stützte das Kinn mit einer Hand ab und erkundigte sich: «Soll ich ein gutes Wort für dich einlegen? Vielleicht geht sie mal mit dir aus, wenn ich ihr die Sache schmackhaft mache.»

«Das würdest du tun?» Ich hielt es für einen Scherz.

Greta lächelte. «Ich habe es schon getan. Mehr als ein gutes Wort. Ich weiß nicht, wie oft ich ihr in den ersten Monaten nach unserer Trennung deine Vorzüge in glühenden Farben geschildert habe. Wenn du sie angerufen hast, kam sie zu mir und regte sich auf. Du würdest es noch bitter bereuen, dafür wollte sie sorgen. Immer wieder habe ich ihr erklärt, dass es mir nichts ausmacht, wenn sie dir nachgibt. Ich habe sogar ausdrücklich betont, dass du ein exzellenter Liebhaber bist.»

«Vielen Dank», sagte ich.

Greta seufzte. «Sie hat mir kein Wort geglaubt. Dabei dachte ich immer, ich wäre überzeugend. Ich dachte auch, wenn du mit ihr zusammenkommst durch meine Vermittlung, hättest du dich zu gegebener Zeit revanchiert. Ich konnte ja nicht ahnen, dass dein Vater so viel Wert auf meine Mitarbeit legt.»

Das klang noch, als sei es ihr nur um die Kanzlei gegangen. Als sie weitersprach, schwand dieser Eindruck. «Und manchmal dachte ich, wenn Kollegen abends ein paar Überstunden absolvieren, denkt sich niemand etwas dabei. Ab und zu ein wichtiger Mandant, dazu hätte ich dich wahrscheinlich überreden können. Tess hätte es nicht erfahren. So beschäftigt, wie sie immer ist, wäre ihr vermutlich nicht einmal aufgefallen, dass du hin und wieder sehr müde bist, wenn du heimkommst.»

Sie legte sich wieder zurück, verschränkte die Arme unter dem Nacken und begann zu erzählen. Es klang, als fühle sie sich verpflichtet, mich gründlich zu informieren und mit ein paar guten Ratschlägen auszustatten, die mich ans Ziel meiner Träume bringen sollten.

Den Verkauf von Töpfen, in denen man ohne Fett garen konnte, hatte Tess kürzlich wieder aufgegeben. Sie war auf der Suche nach einem neuen Job, vertrieb sich die Zeit, bis sie fündig wurde, in diversen Kursen und notgedrungen im väterlichen Geschäft, das inzwischen ihr Bruder Joachim führte.

Es sei ein günstiger Zeitpunkt für einen neuen Anlauf, meinte Greta und versicherte noch einmal, dass es sie in keiner Weise störe, wenn aus Tess und mir ein Paar würde. Es müsse ja nicht gleichzeitig bedeuten, dass wir beide füreinander tabu wären. Wie es schien, hatte Greta sich mit den Gegebenheiten abgefunden.

Und sie kannte Tess, die jede Art von Zwang und Gewohnheit hasste, fünfundzwanzig Dinge gleichzeitig tun wollte, um nichts zu verpassen. Alles, was nur irgendwie zur Routine werden konnte, war für Tess ein Gräuel. So hatte Greta sie gesehen all die Jahre. Und so war es zu verkraften, dass ich mich in Tess verliebte. Ein trockener Jurist, der sich von einer phantasiebegabten Schönheit den besonderen Touch versprach.

Es wäre die ideale Lösung – und sie für mich die perfekte Geliebte, fand Greta. Eine Frau, die keine Ansprüche stellt, niemals auf Trennung drängt. Und für die Öffentlichkeit passten Tess und ich besser zueinander als wir beide. Sie stelle sich das häufig vor, behauptete sie. Die Villa in Marienburg an einem Sommerabend, eine illustre Gesellschaft unter den alten Bäumen auf dem Rasen verteilt. Tess schlendert mit einem Glas Champagner in der Hand von einem Grüppchen zum nächsten. Überall trifft sie aufmerksame Zuhörer. Und am Ende eines solchen Abends mit mir hinauf ins Dachgeschoss. Im Bett sei ich doch alles andere als trocken und stinklangweilig, fand Greta. Tess hatte mich offenbar so beurteilt.

Als ich mich verabschiedete, fragte ich: «Wirst du mit Tess über uns reden?»

Sie schüttelte nachdrücklich den Kopf. «Weder mit Tess noch mit sonst jemandem. Und du wirst es auch nicht tun, Niklas. Du kannst jederzeit zu mir kommen, wenn dir der Sinn danach steht. Oder ich komme zu dir. Aber sobald ein Mensch davon erfährt, ist es vorbei.»

Ich nickte. Als ich in meinen Wagen stieg, dachte ich noch, dass sie es sich in ein paar Wochen anders überlegen würde.

Aus den Wochen wurden acht Jahre. Manchmal tat es weh, zu erleben, wie Greta unsere Beziehung vor aller Welt verborgen hielt. Niemandem kam der Verdacht, wir könnten mehr sein als gute Kollegen. Meine Eltern waren vielleicht die einzige Ausnahme. Manchmal erschien mir der Blick, mit dem meine Mutter uns nachschaute, wenn wir hinauf in meine Wohnung gingen, wissend und zufrieden. Aber das mochte täuschen, es konnte ebenso gut Wunschdenken sein.

Wer Greta kannte wie Tess, war der festen Überzeugung, dass ich von ihr nicht einmal mehr den kleinen Finger bekäme. Und wie Greta gesagt hatte, wenn sich zwei Kollegen häufig am Abend zusammensetzen, wer will ihnen beweisen, dass sie nicht an einem wichtigen Fall arbeiten? Wir hatten viele wichtige Fälle.

Unser Klientenstamm bestand zum größten Teil aus mittelständischen Betrieben, die sich keinen Firmenanwalt leisten wollten. Doch während unserer Studienzeit war es Greta gelungen, mich ebenfalls zum Strafrecht zu überreden. Ich hatte ein Jahr mehr an der Universität in Kauf genommen und meinen Vater überzeugt, dass jeder Mensch ein Hobby brauchte.

Vater schätzte es nicht, wenn einer unserer Hobbymandanten persönlich auftauchte. Aber er drückte beide Augen zu, solange wir darüber nicht die Arbeit vergaßen, die er uns zuteilte. So wurde das Strafrecht meist in die Abendstunden verlegt.

An unzähligen Abenden haben wir zusammengesessen, die oftmals dürftigen Ermittlungsunterlagen durchgesehen und die Strategien beider Seiten besprochen. Greta arbeitete sich hoch, vom Taschendieb zu bewaffnetem Raubüberfall und Totschlag. Ich war nie mit ihrem Engagement bei der Sache, konnte mich nicht begeistern für Menschen, die sich über die Rechte anderer hinwegsetzten und nach Hilfe schrien, wenn sie gefasst worden waren. Den wahrhaft Unschuldigen, für den sich jeder Einsatz lohnt, findet man selten in Untersuchungshaft.

So benutzte Greta mich häufig nur als juristischen Berater, weil es nicht schaden konnte, eine zweite Meinung zu hören. Da meine Einstellung meist identisch war mit der des Staatsanwalts, trainierte sie mit mir ihren Auftritt. In solchen Situationen war sie unwiderstehlich. Ich war ihr Feind und sie kämpfte.

Anschließend gab es ein wenig Entspannung. So bezeichnete sie es. Und sobald ich auch nur den Anschein erweckte, ich könne noch einmal das Wort Hochzeit in den Mund nehmen wollen, blockte sie ab.

Da war es irgendwann Tess, die ein gutes Wort für mich einlegte. Tess hatte wohlwollend zur Kenntnis genommen, dass eine Versöhnung auf beruflicher Ebene stattgefunden hatte. Und da Greta ihr stets suggerierte, der Beruf sei ihr Leben, legte sich Tess' abweisende Haltung mir gegenüber.

Wir kamen uns näher mit den Jahren, so nahe, dass sich zwischen uns etwas entwickelte, was entschieden mehr war als Freundschaft. Es war Kameradschaft, fast eine Art Geschwisterliebe. Als Mann war ich für Tess inakzeptabel, daraus machte sie keinen Hehl. «Sei mir nicht böse, Niklas. Ich mag dich wirklich. Du bist ein netter Kerl, aber das reicht mir nicht.»

Tess sah die Lage entschieden anders als Greta. Für sie ergaben zwei Juristen ein vortreffliches Gespann. Der Vorschlag, Greta aus der Reserve zu locken, kam von ihr.

«Verzeihen war noch nie Gretas Stärke. Aber gleichgültig bist du ihr nicht, Niklas. Eifersucht ist ein profanes und sehr wirksames Mittel. Manchmal begreift man erst, was man hätte haben können, wenn es endgültig verloren ist. Also, versuchen wir es.»

Tess war mit einem verheirateten Mann liiert, als sie diesen Vorschlag machte. Am Wochenende hatte sie Zeit und Langeweile. Leider verfehlte das wirksame Mittel bei Greta den Zweck. Sie wusste natürlich von der Affäre ihrer Freundin. Und es störte sie gewaltig, wenn ich erklärte, dass ich am Samstag mit Tess in die Oper oder ins Theater und am Sonntag mit ihr in ein Restaurant wollte. Aber Greta fürchtete nur, dass ich ausgenutzt und verletzt würde. Das hatte ich ihrer Ansicht nach nicht verdient.

Ich sah in ihren Befürchtungen und der Art und Weise, wie sie versuchte, mir die Augen zu öffnen und mich vor einer herben Enttäuschung zu bewahren, ein gutes Zeichen. Ich hoffte auch, sie irgendwann davon zu überzeugen, dass ich aufrichtig bedauerte, was ich ihr angetan hatte, und dass ich alles tun wollte, es sie vergessen zu lassen.

Vielleicht hätte ich es irgendwann tatsächlich geschafft. Immerhin waren wir inzwischen seit fast fünf Jahren ein Paar, wenn auch nicht offiziell, weil sich das nicht mit Gretas Stolz vereinbarte. Aber vielleicht hätte sie ihren Stolz irgendwann begraben und mir doch noch verziehen, wäre nicht Jan aufgetaucht. Jan Tinner! Der vierte in unserem unseligen Bund. Er war Gretas Nachbar – achtzehn Monate lang.

*

In der ersten Januarwoche vor dreieinhalb Jahren sah sie ihn zum ersten Mal, an einem Donnerstag. Es war einer von diesen feuchtschmuddeligen Tagen, die zu warm sind für den Winter. Nieselregen und sieben Grad über null.

Den Vormittag verbrachte Greta mit einer Strafsache in einem schlecht geheizten Gerichtssaal. Der Richter hatte Schnupfen, die Schöffen husteten, von den Zuschauerbänken kamen vereinzelte Nieser. Dem Angeklagten tränten die Augen, aber mehr wegen des Urteils. Vier Jahre! Er hatte mit weniger gerechnet. Greta auch.

Sie war schlecht gelaunt, als sie zurück in die Kanzlei kam. Es war ein ungünstiger Zeitpunkt, ihr meine Pläne zu unterbreiten. Ich tat es trotzdem. Ich wollte ein paar Tage Urlaub mit ihr machen, nur ein verlängertes Wochenende.

Wir hatten bis dahin regelmäßig unseren Jahresurlaub zusammen verbracht, unter strikter Geheimhaltung, versteht sich. Getrennte Flüge, getrennte Zimmer, meist kam Greta erst einige Tage nach mir am Ziel an, oder sie flog voraus und ich bildete die Nachhut. Für eine halbe Woche lohnte das nicht.

Sie behauptete prompt, sie könne sich kein verlängertes Wochenende leisten. Zu viel Arbeit. Ich kannte ihr Pensum für die nächsten Wochen und hielt es für eine Ausrede. «Hast du Angst, es könnte jemand erfahren, dass wir …» Ich sprach den Satz nicht zu Ende, lachte leise. «Greta, sei nicht kindisch! Nach acht Jahren. Was ist dabei, wenn jemand Wind davon bekommt, dass du von Zeit zu Zeit menschliche Bedürfnisse hast und dich wie eine Frau fühlst? Es wird dein Image nicht ankratzen.»

Sie hasste es, wenn ich das Wort Image in den Mund nahm. Greta, die Unnahbare, die Frau, die von Technik und Chemie spricht, wenn sie Liebe meint. Ich wusste, dass sie es hasste, vor allem, wenn wir miteinander geschlafen hatten. Aber gerade in solchen Momenten war ich es oft leid, mich zu benehmen wie ein Eisschrank. Aufstehen und heimfahren oder aufstehen und sie zur Tür begleiten.

Ich hatte sie seit ewigen Zeiten nachts nicht mehr neben mir gehabt, auch im Urlaub nicht. Ich hatte beinahe vergessen, wie sie aussah, wenn sie schlief. Ihr verwuscheltes Haar auf dem Kissen, die Brille auf dem Nachttisch. Auch wenn sie seit Jahren diese perfekte Frisur und Kontaktlinsen trug, nachts, stellte ich mir vor, musste sie noch so sein, wie sie früher gewesen war.

«Tu mir einen Gefallen, Niklas», bat sie. «Leg eine neue Platte auf. Ich habe keine Lust, mir ein Wochenende, auch noch ein verlängertes, spitze Bemerkungen über meine Fassade anzuhören. Es ist keine Fassade, und es wäre entschieden besser für uns beide, wenn du das endlich begreifst. Wenn ich in einem Restaurant ausgezeichnet essen kann, will ich auch nicht gleich den ganzen Laden kaufen. Es reicht mir völlig, zweimal in der Woche ein ausgezeichnetes Menü zu mir zu nehmen.»

Ich bedankte mich für den Vergleich, mag sein, dass ich ironisch klang. Und Ironie vertrug Greta ebenfalls nicht. Sachlichkeit schien ihr zwischen uns beiden angebrachter. Es ging eine Weile hin und her. Ich machte den Fehler, ihr nicht eben sachlich, dafür jedoch offen meine Meinung zu sagen.

Dass mir unser Versteckspiel zum Hals heraushing. Dass ich meinen Eltern endlich den Gefallen tun und eine Schwiegertochter ins Haus bringen wollte. In dieser Hinsicht sah es düster aus. Mit dem Hinweis auf meine Eltern verärgerte ich Greta endgültig und hätte mich dafür ohrfeigen mögen.

Warum sagte ich ihr nicht einfach, dass ich sie liebte? Weil sie es für eine Lüge gehalten hätte! Und Lügen hasste Greta mehr als alles andere, das erwähnte ich ja bereits. Für sie liebte ich Tess. Es mochte eine unerfüllte Liebe sein, doch das ändert nichts. Warum sonst ging ich – immer noch – häufig am Wochenende mit Tess aus?

Weil ich mir Hoffnungen machte, basta! Weil ich auf den Tag wartete, an dem Tess von ihrem verheirateten Geliebten genug hatte und endlich begriff, dass sie nicht jünger wurde.

Kurz nach sechs fuhr Greta heim – alleine. Ursprünglich hatten wir an dem Abend noch einen wichtigen Fall besprechen wollen.

Erst Wochen später erfuhr ich von ihrer ersten Begegnung mit Jan Tinner. Am nächsten Morgen hörte ich von ihr nur, dass sie auf dem Weg von der Tiefgarage zu ihrer Wohnung flüchtig mit dem Gedanken gespielt hatte, mir einmal nachzugeben. Es könne durchaus seinen Reiz haben, einige Tage in der Sonne zu liegen. Und einige Nächte mit mir im Bett. Aber dann hatte Greta an den Morgen gedacht. An das halb blinde Tasten nach den Kontaktlinsen. An den ersten Blick in den Spiegel. Löwe Leo lässt grüßen. Mit vierundzwanzig habe es ihr nichts ausgemacht, wie ein in Panik geratenes Huhn mit gesträubten Federn neben mir aufzuwachen. Mit dreiunddreißig ziehe sie es vor, morgens allein zu sein, erklärte sie.

Dass es tatsächlich nur das war, was sie zu einem erneuten und diesmal entschiedenen Nein zu einem verlängerten Wochenende in trauter Zweisamkeit veranlasste, bezweifle ich nicht. Da wir später ausführlich über alles gesprochen haben und ich jedes noch so winzige Detail erfuhr, weiß ich genau, was sich an dem Donnerstagabend zwischen ihr und Jan Tinner abgespielt hat. Nichts!

Die erste Begegnung fand auf dem Flur vor ihrer Wohnungstür statt. Die Nachbarwohnung war seit zwei Monaten frei. Die Tür stand offen, als sie vorbeiging. Sie achtete nicht darauf. Manchmal kam der Hausmeister und inspizierte die leeren Räume.

Während sie den Schlüssel einsteckte, trat Jan auf den Flur hinaus, und sie hielt ihn für einen Handwerker. Er trug ein dunkles Wollhemd und eine bequeme Kordhose. Über dem Arm hielt er eine Lederjacke. Er grüßte mit einem flüchtigen Kopfnicken, zog die Tür zu, verschloss sie und ging zum Lift. Nach drei oder vier Schritten blieb er noch einmal stehen und drehte sich zu ihr um. Er schien zu überlegen, ob er sie ansprechen sollte. Ihre Tür war inzwischen offen. Sie hätte hineingehen können. Aber sie wollte nicht unhöflich sein.

Später behauptete sie immer, sie habe sich nicht auf Anhieb in Jan verliebt. Verliebt in ihn sei sie nie gewesen. Das Gefühl sei allmählich gewachsen und deshalb so tief und beständig geworden. Das glaube ich sogar. Greta war nie der Typ, der sich auf Anhieb für etwas begeisterte. Sie musste alles hundertmal durchdacht, jedes Für und Wider sorgfältig abgewägt haben, ehe sie sich entschied.

Anfangs war es vermutlich sein Zögern, die Unsicherheit, die er ausstrahlte, besser gesagt das, was sie für Unsicherheit hielt. Ich nenne es Zwiespältigkeit. Aber wie auch immer, es machte sie neugierig.

Sie hatte viel mit Männern zu tun, Staatsanwälte, Richter, Kollegen, selbstbewusste Männer, jeder kannte seinen Wert. Keiner hätte überlegen müssen, ob er es wagen durfte, die neue Nachbarin anzusprechen.

Sie versuchte es mit einem Lächeln. Als Kind hatte sie einmal ein kleines Schild gesehen mit einem Spruch, den sie nicht vergessen konnte: «Ein Lächeln ist der erste Weg zwischen zwei Menschen.» Und es funktionierte.

Jan Tinner lächelte ebenfalls, sehr flüchtig nur, aber immerhin kam er dabei langsam auf sie zu. Er reichte ihr nicht die Hand, als er sich vorstellte, schaute ihr auch nicht ins Gesicht, richtete den Blick stattdessen auf das

Namensschild an ihrer Wohnungstür. «Doktor Greta Baresi».

Ihr Vater hatte ihr das Schild geschenkt, es eigens anfertigen und gravieren lassen. Er war so stolz, dass «unsere Greta» es ohne fremde Hilfe zu etwas gebracht hatte. Nichts genoss er mehr als die Augen der Nachbarn am Fenster, wenn «unsere Greta» im dreihundertfünfziger Benz vorfuhr, um in kleinbürgerlicher Enge den Sonntagskaffee zu nehmen und sich anzuschauen, was sie hinter sich gelassen hatte.

Strafverteidigerin stand auf ihrem Türschild unter dem Titel und dem Namen. Papa Baresi hoffte, dass sie sich irgendwann einen großen Namen machte mit einem spektakulären Mordprozess. Sie hoffte ebenfalls, obwohl sie mir häufig erklärte, Morde und Mörder seien für sie etwas Bizarres, Unheimliches. Sie sei nicht sicher, ob sie sich damit auseinander setzen könne.

Jan Tinner hat ihr beigebracht, sich damit auseinander zu setzen, sehr gründlich sogar.

Ich weiß nicht, worüber sie bei der ersten Begegnung im Hausflur sprachen. Es waren wohl nur ein paar Floskeln. Aber er beeindruckte sie vom ersten Augenblick an. Die halbe Welt lief mit wund gescheuerten Nasen herum. Und er wirkte so gesund, so kraftstrotzend, als könne ihn nichts und niemand aus der Bahn werfen.

Bis zum Sonntag sah und hörte sie nichts mehr von ihm. Sonntags kam er dann, kurz nach elf in der Nacht. Er muss ihr förmlich aufgelauert haben. Sie hatte den Nachmittag bei ihren Eltern und den Abend bei mir verbracht. Und kaum hatte sie ihre Wohnungstür hinter sich geschlossen, klopfte er auch schon.

Er hatte ein kleines Problem mit der Heizung, sein Bad wurde nicht richtig warm. Und statt den Hausmeister um Hilfe zu bitten, fragte Jan eine Frau, die er erst einmal gesehen hatte, mit einer Aktenmappe unter dem Arm, nicht etwa mit einem Werkzeugkasten in der Hand.

Er grinste verlegen. Er grinste immer verlegen, es muss ihm angeboren gewesen sein, dieses Grinsen. Den Blick wieder auf ihr Türschild gerichtet, entschuldigte er sich für die späte Störung, wirkte dabei nervös und unbeholfen und erklärte ihr seine Nöte.

Greta ging mit ihm in seine Wohnung. Der Heizkörper im Bad musste entlüftet werden, das war alles. Jan staunte, wie einfach die Sache erledigt werden konnte. Greta staunte ebenfalls, hatte sie sein Anliegen doch für den plumpen Versuch gehalten, mit ihr anzubandeln, was ihr natürlich geschmeichelt hatte.

Er sah gut aus, genau der Typ, auf den eine bestimmte Sorte Frau fliegt. Zu dieser Sorte gehörte Greta allerdings nicht, jedenfalls hatte sie mich das die ganzen Jahre glauben lassen. Sie hatte nie Geborgenheit gesucht, wollte nicht versorgt sein, brauchte keine abendliche Schmusestunde auf der Couch und keine Schulter zum Anlehnen.

Greta war keine Emanze, sie war – guter Gott, ich weiß es nicht. Sie war mit zweiundzwanzig ein Energiebündel, das mich mitriss durch jede Vorlesung. Sie war mit ihren fünfzig Prozent italienischem Temperament ein Naturtalent in Sachen Zärtlichkeit und Leidenschaft. Sie war mit vierundzwanzig noch ein Kind, das in einen Freudentaumel geriet beim Anblick einer runden Badewanne. Sie war mit dreiunddreißig meine Frau, auch wenn es keinen Trauschein gab und niemand etwas davon erfahren durfte.

Tess, das war Verliebtheit, ein Anfall von hohem Fieber. Von Zeit zu Zeit verhindert es einen Abend lang, dass man klar denkt. Ich will nicht leugnen, dass mich das Fieber gelegentlich noch ein wenig geschüttelt hatte. Wenn ich einen Abend mit Tess verbrachte, prickelte es im Magen.

Das tut es immer, wenn man Achterbahn fährt. Wir hatten viele Abende miteinander verbracht. Erst ein halbes Jahr vor Jan Tinners Einzug hatten wir damit aufgehört.

Tess erlitt Schiffbruch mit ihrer Affäre, wurde schwanger, erhielt einen Tritt von ihrem verheirateten Liebhaber und kämpfte darum, ihn zurückzugewinnen. Es hätte bei ihm ein falscher Eindruck entstehen können, wenn sie noch mit mir ausging.

Es hätte auch bei ihren Eltern der Verdacht aufkommen können, dass ich verantwortlich zeichnete für ihren Zustand. Das wollte ich verhindern. Ich wünschte Tess von ganzem Herzen Erfolg bei ihren Bemühungen, was Greta mir nicht glaubte. Sie verstand auch nicht, dass ich mich von Tess zurückzog in einer Situation, in der ich leichtes Spiel gehabt hätte.

Vielleicht hätte ich Tess tatsächlich für mich gewinnen können während ihrer Schwangerschaft. Aber man lernt mit den Jahren, die Fieberanfälle zu fürchten. Ich mochte Tess, ich liebte sie sogar in gewisser Weise und hätte eine Menge für sie getan. Aber mit ihr leben wollte ich schon lange nicht mehr.

Leben wollte ich mit Greta, sie war Beständigkeit, Alltag, Gewohnheit. Es so auszudrücken klingt nicht fair, trifft es aber auf den Punkt. Wir waren seit so langer Zeit ein Paar, trotz der getrennten Wohnungen, dass ich mir gar nicht mehr vorstellen konnte, es könne sich daran noch einmal etwas ändern. Und sie verfiel diesem elenden Hund, war schon bald von Jan Tinner ebenso besessen wie von ihrem Beruf.

*

Es ist schwer, aus heutiger Sicht, mit dem Wissen, das ich in den letzten beiden Jahren zusammengetragen, mit den

Bestätigungen, die ich in den letzten Tagen erhalten habe, alles kontinuierlich so zu schildern, wie ich es erlebte. Ich war kein Hellseher, ich war nur rasend eifersüchtig. Und wenn es zutrifft, dass Liebe blind macht, mag Eifersucht zu besonderer Scharfsichtigkeit führen. Mir fielen schon früh ein paar Besonderheiten in Jan Tinners Verhalten auf, die zur Vorsicht mahnten. Nur war es unmöglich, mit Greta offen darüber zu sprechen.

Mehrfach machte Greta unmissverständlich klar, dass wir beide nur ein unverbindliches Abkommen hatten, welches von jeder Partei ohne Angabe von Gründen gekündigt werden konnte. Wenn ich mich nicht an die Spielregeln hielt, hatte ich das Nachsehen. Also schwieg ich zu Anfang, versuchte nur zu begreifen, was für eine Frau wie Greta an Jan Tinner so faszinierend war.

Dass er sie allein mit seiner Statur und der zur Schau getragenen Hilflosigkeit im praktischen Bereich nicht derart beeindruckte, lag auf der Hand. Aber er hatte auch intellektuell etwas zu bieten. Er war Autor, schrieb Drehbücher fürs Fernsehen – harmlose Serien fürs Vorabendprogramm. Detektivgeschichten und heitere oder besinnliche Episoden aus dem Alltag von Großfamilien, Tierärzten und Landpfarrern. Alles, wovon man annimmt, es könne dem Zuschauer die Welt zeigen, wie er sie gerne hätte, heil, überschaubar, niedlich, putzig, witzig. Eine Welt, in der es von edlen Menschen nur so wimmelt und Probleme in den fünfundvierzig Minuten gelöst werden, in denen sie auftauchen.

Das füllte Jan natürlich nicht aus. Er träumte davon, einen großen Roman zu schreiben. Sein Vorbild war der amerikanische Erfolgsthriller «Aus Mangel an Beweisen», von Scott Turow. Am besten gefiel Jan, dass der Anwalt Sandy Stern seinen Mandanten Rusty Sabich nicht fragte, ob er schuldig oder unschuldig sei.

Die Geschichte, die Jan schreiben wollte, hatte mit seinem Vorbild herzlich wenig zu tun. Wenn man davon absah, dass auch bei Jan eine junge Frau sterben musste und die Handlung in Form eines Prozesses angelegt sein sollte. Nur wollte Jan keinen Strafprozess schildern, ihm schwebte ein Revisionsverfahren vor, in dem ein unschuldig Verurteilter rehabilitiert wird.

Scheu und zurückhaltend, wie es nun einmal seine Art war, erkundigte er sich, ob Greta bereit sei, ihm ein paar Auskünfte zu geben. Von Juristerei habe er keine Ahnung, es helfe ihm auch nicht, sich in Gerichtssäle zu setzen und dort zuzuhören. Ihm gehe es für seinen Roman ja mehr um das, was sich hinter den Kulissen abspiele. Selbstverständlich war Greta bereit.

An wie vielen Abenden sie zusammengesessen und über das Konzept für seinen Roman gesprochen haben, kann ich ziemlich genau sagen, mindestens viermal pro Woche. Schon kurz nach seinem Einzug schrillten bei mir sämtliche Alarmglocken. Greta hatte kaum noch Zeit, einen Abend mit mir zu verbringen.

Sie musste Jan unbedingt die Unterschiede zwischen dem deutschen und dem amerikanischen Strafrecht erklären. Und dass sie nicht so dachte wie der exzellente Romananwalt Sandy Stern. Sie wollte wissen, ob ein Mandant getan hatte, was die Staatsanwaltschaft ihm vorwarf. Dass es aber unbestreitbar ein paar Vorteile für das eigene Gewissen haben mochte, sich nur auf die Fakten zu konzentrieren, welche die Gegenseite vorbringen konnte. Vor allem, wenn es um Mord ging.

Und jeden Abend hoffte sie, mit ihm vom Wohnzimmer oder der Terrasse ins Schlafzimmer zu wechseln. Dazu kam es glücklicherweise nicht. Greta glaubte zu wissen, woran es lag. Als Jan die Wohnung neben ihr bezog, war er allein. Ein gut aussehender Mann im selben

Alter wie ich. Vierunddreißig Jahre, mittelgroß, leicht untersetzt, dichtes, dunkles Haar, graue Augen. Ein markantes Gesicht, das zur Hälfte unter einem Vollbart versteckt lag, kräftige Hände, breite Schultern. Dafür prädestiniert, einer Frau das Gefühl zu geben, dass sie sich auf ihn verlassen konnte. So ein Mann ist normalerweise nicht allein. Es sei denn, er hätte gerade eine böse Enttäuschung erlebt und Angst vor einer neuen Bindung. Diese Angst, fand Greta, sei bei Jan offensichtlich.

Ich sah nie etwas an ihm, was auch nur entfernt irgendeiner Form von Angst gleichgekommen wäre. Auf mich wirkte er anfangs wie ein gehetzter Hund. Er sprach in knappen, stockend vorgebrachten Sätzen. Und die Erfahrung mit unseren Hobbymandanten hatte mich gelehrt, wo man sich diese Art zu sprechen vorzugsweise aneignet – in Polizeiverhören. Der Rest passte auch dazu.

Jan rauchte sehr viel, eine der starken, filterlosen Marken. Er schaffte es nicht, einem Blick länger als zwei Sekunden standzuhalten, betrachtete die meiste Zeit seine Hände, wenn man sich mit ihm unterhielt. Nur wenn er sich unbeobachtet fühlte, schaute er einen an – unter halb gesenkten Lidern.

Aber egal, was er tat oder unterließ, Greta sah in allem sichere Anzeichen für ihre Vermutung, dass man ihn sehr verletzt hatte. Seine Wohnung schien seinen seelischen Zustand widerzuspiegeln. Sie war mehr als dürftig eingerichtet. Sie war vom Schnitt her fast identisch mit ihrer, hatte nur ein Zimmer weniger, sodass Jan den Wohnraum auch als Arbeitszimmer nutzen musste. Da ich Greta mehr als einmal bei ihm abholen durfte, hatte ich ausreichend Gelegenheit, mich bei ihm umzuschauen.

In der Ecke beim Fenster stand ein billiger Schreibtisch mit dem Computer und einem bequemen Stuhl. Darüber hing ein Regal mit der Diskettenbox und ein paar Büchern, viele waren es nicht. Der leidige Scott Turow, die Strafprozessordnung und Computerhandbücher. Ansonsten gab es im Wohnraum nur noch die Sitzgarnitur mit einem niedrigen Tisch.

Die Oberfläche des Tisches sah wie abgeschliffen aus. Die Sitzgarnitur verströmte einen intensiven Brandgeruch. Es gab ein paar kleine Schmorlöcher von Zigaretten in den Couchpolstern. Sie konnten nicht die Ursache sein.

Ich fragte mich schon bald, warum Jan bei seinem Einkommen an diesen Dingen festhielt, ob den Möbelstücken eine für ihn angenehme Erinnerung anhaftete oder ob ihm, wie Greta vermutete, nicht viel an materiellen Werten lag. Greta sah in seiner spartanischen Einrichtung ein Zeichen von Askese. Aber auch einem Asketen musste dieser Brandgeruch in die Nase stechen.

Anfangs war ich überzeugt, dass Jan mehr ihre Anwaltsseele als sonst etwas ansprach und sie das über kurz oder lang begreifen würde. Wenn ich sie bei ihm abholte oder ihn bei ihr antraf, waren sie meist mit ein paar Manuskriptseiten beschäftigt.

Es war die erste Szene für seinen Roman, immer dieselbe Szene in unendlichen Variationen. Jan behauptete, nicht so recht zu wissen, wie er seine Gedanken formulieren und das, was ihm vorschwebe, ausdrücken solle. Er wollte einen Hammer für die erste Seite. Etwas, das die Leser aufwühlte, ihre Nerven peitschte.

Mehrfach kam auch ich in den Genuss einer Leseprobe. Und mit meinen Nerven hatte Jan Erfolg. Es war ein widerwärtig perverses Geschmiere. Das Opfer war eine hübsche Frau, gerade neunzehn Jahre alt, als sie sich den falschen Mann für einen amüsanten Abend aussuchte. Sie wurde erwürgt, erstochen, erschlagen, auf alle nur denkbaren Arten zu Tode gebracht und vorher regelmäßig auf bestialische Weise misshandelt.

Jan beschrieb das in allen Details. Mir drehte es den Magen um. Auch Greta konnte sich nicht vorstellen, dass jemand so etwas mit Freude lesen mochte. Ein paar Mal sagte sie ihm das wohl auch. Und manchmal war ihr danach, abzuwinken, wenn er mit einem neuen Entwurf vor ihrer Tür stand. Aber das sagte sie nur mir.

Es wäre ihr entschieden lieber gewesen, Jan hätte einmal über sich gesprochen. Doch sobald es persönlich wurde, verschloss er sich. Sie erfuhr nichts über ihn, absolut nichts von Bedeutung. Nicht, wann, wo und mit wem er vorher gelebt hatte, wann und wo er geboren war, wer seine Eltern waren, ob sie noch lebten, ob es Geschwister gab. Nicht den allerkleinsten Ansatzpunkt lieferte er, der es erlaubt hätte, ein wenig Licht in seine Vergangenheit zu bringen.

Manchmal fragte ich mich, ob es das war, was Greta so an ihm reizte. Ob sie hinter seiner Verschwiegenheit das große Geheimnis vermutete oder ob seine sexuelle Zurückhaltung sie rasend machte. Für Letzteres war ich ihm dankbar – und das nicht nur, weil ich die Konkurrenz fürchtete.

Für mein Empfinden beschäftigte Jan sich entschieden zu intensiv mit den diversen Möglichkeiten, einer Frau richtig weh zu tun. Es gab für ihn kein anderes Thema als der grauenhafte Tod dieser armen Neunzehnjährigen. Und welcher einigermaßen normal empfindende Mensch mag sich denn am laufenden Band immer dieselben Scheußlichkeiten ausdenken?

Wenn man als Autor sein Geld damit verdient, mag es noch angehen. Aber selbst dann müsste man bemüht sein, eine Erklärung zu liefern. Warum muss diese junge Frau auf so furchtbare Weise sterben? Wer ist ihr Mörder? Was treibt ihn an? Hat er sein Opfer zufällig gewählt oder gibt es ein persönliches Motiv? Mit den Antworten auf diese

Fragen, die jeden Leser ebenso brennend interessieren mussten wie mich, hätte man etliche Seiten füllen können. Das tat Jan nicht.

Und welcher einigermaßen vernünftige Mensch investiert Monate, sogar Jahre in eine Arbeit, von der er weiß, dass sie ihm niemals einen Pfennig einbringt, weil er nie über die ersten fünf oder sechs Seiten hinauskommt? Ein Künstler mag andere Maßstäbe anlegen als ein Anwalt. Aber auch einem Künstler musste daran gelegen sein, seine Arbeit voranzutreiben. Jan Tinner tat alles andere als das.

Greta hielt ihn für sensibel und übte sich in Geduld. Sechs lange Monate verkniff sie sich den Hinweis, dass sie entschieden mehr für ihn tun könne, als seine widerlichen Mordszenen zu begutachten. Ich durfte sie besuchen, nur wurde ihre Wohnung zur sexfreien Zone erklärt. Die beiden Bäder grenzten aneinander. Da hätte der sensible Jan hören können, dass Greta nicht völlig enthaltsam lebte, solange er noch zögerte.

Es war eine furchtbare Zeit für mich. Ich hatte ihre Offenheit immer geliebt, nun begann ich sie zu fürchten. Sie berichtete regelmäßig von ihren vermeintlichen Erkenntnissen. Innerhalb dieser sechs Monate lernte sie Jan so gut kennen, bildete sich das jedenfalls ein, und war sich ihrer Sache völlig sicher.

Er war der Mann, mit dem sie leben konnte und wollte. Er hatte etwas an sich, was einerseits den Eindruck von Stärke vermittelte: der Mann, in dessen Arme man flüchtet, wenn man das Bedürfnis nach Ruhe hat; der Mann, der die Stärke zurückgibt, die man nach einem hektischen Tag oder einer Niederlage vor Gericht verloren hat. Andererseits war er schutzbedürftig wie ein verstörtes Kind, das nur darauf wartet, von der Mutter in die Arme genommen und getröstet zu werden.

Ich konnte mir das nur anhören, weil der starke, schutzbedürftige Mann keine Anstalten machte, Greta näher zu kommen, als das Lesen seiner grauenhaften ersten Romanszene es erforderte.

*

Als Greta endlich aufs Ganze ging, wurde es ein Reinfall erster Güte. Ich erfuhr sowohl von ihren Plänen als auch von der Ausführung und dem Ergebnis. Ihr schwebte eine romantische Verführung vor, alles war bis ins kleinste Detail durchdacht. Anfangs schien sie damit sogar erfolgreich zu sein.

Sie machte eine zarte Andeutung und überließ ihm die Initiative. Die ergriff er. Es kam zu zwei oder drei Küssen auf der Couch. Zurückhaltende Küsse, vorsichtig und scheu, nicht so, wie sie es erwartet hatte. Mit den Händen war er noch zurückhaltender, er ließ sie an ihrem Hals, was ihr irgendwie merkwürdig erschienen sein muss, sonst hätte sie es kaum so eigenartig betont.

Nach einer halben Stunde erhob Jan sich abrupt und verabschiedete sich mit den Worten: «Es tut mir Leid, Greta, aber ich glaube nicht, dass es viel Sinn hat. Ich bin nicht in der richtigen Stimmung. Mir geht die Szene nicht aus dem Kopf.»

Mit der Szene hatte wie üblich ihr Abend begonnen. Als sie ihm die Tür öffnete, hielt er ein paar Seiten in der Hand und verkündete, diesmal habe er es. Greta musste sich augenblicklich auf ihre Couch setzen und lesen. Und kaum hatte sie die ersten drei Sätze überflogen, fragte er bereits: «Na, wie ist es diesmal?»

«Und wie war es?», fragte ich, als sie mir den Abend schilderte.

Sie zuckte mit den Achseln. «Scheußlich wie immer.»

Diesmal waren es zur Abwechslung zwei Männer, die sich über die Neunzehnjährige hermachten. Einer brach ihr im Wagenfond genüsslich sämtliche Finger und flößte ihr gewaltsam Unmengen von Alkohol ein, während der andere das Auto an ein einsames Plätzchen chauffierte. Dort wurde sie von beiden Männern vergewaltigt, bewusstlos geprügelt, hinter das Lenkrad des Wagens gezerrt und angezündet. Und das in allen Einzelheiten.

Greta hatte ihn gefragt, ob ihm eigentlich nichts Besseres einfalle, was man mit einer jungen Frau tun könne. Rückblickend fand sie, so zart sei ihre Andeutung wohl doch nicht gewesen. Aber immerhin habe er verstanden und hoffentlich auch begriffen, wie viel er ihr bedeute.

Ich wollte verhindern, dass sie einen zweiten Versuch unternahm, und wagte ebenfalls eine Andeutung. Aber der Verdacht hatte sich mir schon vor einer Weile aufgedrängt und begründete sich nicht allein in meiner Eifersucht. Seine Hand an ihrem Hals würgte mich. «Ist dir noch nie der Gedanke gekommen, dass es eine konkrete Vorlage für die Neunzehnjährige gegeben haben könnte?»

Greta schaute mich verständnislos an. «Du meinst, dass er einen realen Kriminalfall zur Grundlage nimmt?»

«Genau das», sagte ich.

Sie schüttelte den Kopf. «Das hätte er mir längst gesagt, in der Hoffnung, dass ich ihm Einblick in die Akten verschaffen könnte.»

«Vielleicht kennt er die Akten», sagte ich. «Oder der Fall ist nie aktenkundig geworden.»

Greta stutzte, ihre Tonlage wurde um eine Spur schärfer. «Wie meinst du das, Niklas?»

«Wie ich es sage. Vielleicht kommt er nur über die erste Szene nicht hinaus, weil es keine weiteren Szenen gibt. Vielleicht liefert er nur keine Erklärung zur Motivation des Täters, weil er der Ansicht ist, dass seine Motive uns einen Dreck angehen. Es soll Autoren geben, die autobiographisches Material verarbeiten.»

Greta lächelte kühl. «Und es soll Anwälte geben, die sich auf den Spatz in ihrer Hand besinnen, wenn sie erkennen, dass die Taube auf dem Dach nicht erreichbar ist. Fürchtest du um meine Verfügbarkeit?»

«Ich fürchte nur, dass du eine böse Überraschung erlebst, wenn Jan seine Hemmungen eines Tages fallen lässt.»

«Das lass nur meine Sorge sein», erklärte sie und probierte ihr Glück einige Wochen später aufs Neue.

Diesmal kam sie etwas weiter als beim ersten Versuch. Dennoch war sie am nächsten Tag ziemlich frustriert. Bis zum Ende waren sie nicht gekommen. Jan hatte sich für sein Versagen entschuldigt, mehrfach beteuert, es liege nicht an ihr, und gefragt: «Warum können wir nicht Freunde bleiben?»

«Das sind wir doch», hatte sie gesagt.

Und das blieben sie auch notgedrungen. Hin und wieder bemühte Greta sich, mehr daraus zu machen. Sehr weit kam sie nie. Vielleicht hätte sie es irgendwann doch noch geschafft, hätte sie nicht den Fehler begangen, Jan zu ihrer Silvesterparty einzuladen.

Er lebte sehr zurückgezogen, hatte nie Gäste, keine Freunde, nicht einmal gute Bekannte, nur ein paar Kollegen, die ebenfalls an diesen harmlosen Vorabendserien schrieben. Er musste sie zwangsläufig treffen, um Konzepte und Plots zu besprechen. Private Kontakte unterhielt er nicht mit ihnen.

Frauen gab es nicht in seinem Leben. Davon war Greta fest überzeugt, obwohl sie nicht wusste, wie er sich tagsüber die Zeit vertrieb. Ich vermutete, dass er zu Prostituierten ging. Wenn er gut dafür bezahlte, durfte er wohl auch spezielle Neigungen ausleben. Und für seine Neigungen hätte ich meine Hand gehoben.

Es musste einen Grund geben, der ihn bei Greta versagen ließ. Ein fast fünfunddreißigjähriger, allein lebender Mann, dem von einer attraktiven Frau offene Avancen gemacht wurden, da hätte sogar ein Fünfzehnjähriger zugegriffen, wenn er normal veranlagt war.

Greta war besessen von dem Gedanken, in der Neujahrsnacht ihr Ziel zu erreichen. Ein Abend in Gesellschaft und lockerer Atmosphäre, ein Tanz, ein Kuss um Mitternacht, unverfänglich und zwanglos. Bestimmt nicht so direkt wie das, was sie bis dahin veranstaltet hatte.

Damit es in keiner Weise nach Absicht aussah, lud sie außer Jan die üblichen Gäste ein. Mich natürlich, wenn auch widerwillig. Und selbstverständlich Tess. Sie gehörte einfach dazu, war witzig, charmant und geistreich. Außerdem hatte sie diese überschäumende Phantasie. Keine Haie mehr im Tyrrhenischen Meer, keine Männer mit Schnellfeuergewehren auf der Autobahn, kein gewalttätiger Vater, keine Adler, Löwen und Hexen auf dem Heimweg. In intimer Runde erzählte Tess nur noch von bösen Männern, die Belohnungen versprachen, wenn man ihnen zu Willen war.

*

Neun Monate zuvor, im März, hatte Tess eine Tochter bekommen. Mandy. Offiziell war Mandys Vater unbekannt, nicht einmal Greta und ich wussten, wer er war. Vom ersten Tag dieser Beziehung an hatte Tess alles getan, um seine Identität geheim zu halten. Etwas anderes hätte auch nicht zu ihr gepasst. Dass sie wie Zigtausende andere Frauen nur dazu diente, etwas Abwechslung in einen ehelichen Alltag zu bringen, solch ein Geständnis hätte Tess nie über die Lippen gebracht. Ihr Liebhaber war selbstverständlich kein gelangweilter Ehemann, er war die große Ausnahme, etwas ganz Besonderes.

Für Tess war er das tatsächlich. Sie war nicht nur verliebt. Wie ausgewechselt war sie in den beiden Jahren, die er ihr widmete. Sie vergaß alles, was ihr bis dahin wichtig gewesen war, sogar Greta zeitweise. Sie hatten in dieser Zeit kaum Kontakt gehabt.

Tess zog zu Hause aus, nahm eine Wohnung in Braunsfeld und erklärte unmissverständlich, dass Greta sie dort nicht besuchen könne. «Sei mir nicht böse, ich muss allen Eventualitäten vorbeugen. Er hat nicht viel Zeit für mich und kann sich nicht immer vorher anmelden. Es könnte peinlich werden, wenn wir beide im Wohnzimmer sitzen und er hereinkommt. Es wird bestimmt einmal anders, wenn er seine persönlichen Verhältnisse geklärt hat. Aber bis dahin ...»

Das war deutlich. Aber Greta war es unbegreiflich. «Was hat dieser Kerl mit ihr gemacht? Sie ist doch kein naives Mäuschen, das noch an den Weihnachtsmann oder das Klären der persönlichen Verhältnisse glaubt. Sie muss ihn abgöttisch lieben, wenn sie auf solch einen abgedroschenen Spruch hereinfällt.»

Abgöttisch lieben, genau das tat Tess. Er bot ihr auch einiges. Wenn ich sie am Wochenende ausführte, war sie teuer gekleidet und trug dezente Schmuckstücke. Zudem fuhr sie ein Auto, das auch seinen Preis gehabt hatte. Sie machte bei mir keinen Hehl daraus, wer ihren Lebensunterhalt finanzierte.

Aber es waren nicht nur materielle Werte, die sie in den Bann zogen. Tess hoffte, betete, zitterte bei dem Gedanken, es könne ihr ergehen wie anderen Frauen in dieser Situation. Ständig suchte sie Bestätigung, dass bei ihr alles ganz anders und auf eine gemeinsame Zukunft ausgerichtet war.

Von Greta durfte sie keine Zustimmung erwarten. Greta präsentierte sich ihr immer noch als die Frau, der man an einem nasskalten Novembertag das Herz aus der Brust gerissen hatte. Herzen wuchsen nicht nach. Also fragte Tess mich, den guten Freund und ehemaligen Verehrer, der möglicherweise immer noch interessiert war, weil er dem Anschein nach seine alte Liebe nicht zurückerobern konnte.

Ich sagte schon, dass es prickelte, wenn ich mit Tess zusammen war. Sie muss das gespürt haben, zog vielleicht falsche Schlüsse daraus und wollte verhindern, dass ich mir unberechtigte Hoffnungen machte. Manchmal kam von ihr eine Andeutung in diese Richtung, immer scherzhaft oder beiläufig vorgebracht.

Als ich sie einmal nach einem Besuch der Oper heimbrachte, sagte sie: «Es hat schon Vorteile, sich mit einem Mann in der Öffentlichkeit zeigen zu können. Es müsste nur der richtige sein.» Dann betrachtete sie mich lächelnd von der Seite. «Du nimmst mir meine Offenheit doch nicht übel?»

«Keine Spur», sagte ich. «Ich kenne meine Rolle. Wenn sie bei Greta ihren Zweck auch nicht erfüllt, vielleicht haben wir bei dir mehr Erfolg. Könnte doch sein, dass ein gewisser Herr plötzlich Konkurrenz wittert. Ich bin prädestiniert, einen Mann nachdenklich zu machen und seine Entscheidung in die richtigen Bahnen zu lenken. Im richtigen Alter, attraktiv, ein exzellenter Liebhaber, wie Greta dir gerne bestätigen wird, und das entsprechende Einkommen ist auch vorhanden.»

Tess lachte amüsiert. «Vor dir eingenommen bist du wirklich nicht. Ach, du bist ein Schatz, Niklas.»

Zum Dank für den netten Abend bekam der Schatz

dann einen schwesterlichen Kuss vor der Haustür. Und dabei spürte ich, Tess war mit ihren Gedanken bereits beim Montag, Dienstag oder Mittwoch, bei der Stunde, die der Göttliche für sie erübrigen konnte. Und außer dem Kuss gab es nur endlose Erörterungen der Verhaltensweisen ihres Geliebten. Tess wollte von mir nichts weiter als ein wenig Unterhaltung, Ablenkung von ihren Ängsten und Interpretationen. Wie war diese Geste oder jenes Wort zu werten? Welche Bedeutung maß ich als Mann der Tatsache bei, dass er mit ihr über seine Geschäfte sprach? Das musste doch ein gutes Zeichen sein.

Nach der Trennung schien es dann ein denkbar schlechtes Zeichen. Wenn Tess erzählte und man ihr Glauben schenkte, schwebte sie plötzlich in Lebensgefahr. Im Zorn der ersten Enttäuschung bezeichnete sie ihn als einen Kriminellen. Natürlich war er kein kleiner Gauner. Er war einer von den großen Bossen, schreckte nicht davor zurück, einen Menschen zu zerstören, wenn ihm dieser Mensch gefährlich werden konnte.

Greta hielt das für eine maßlose Übertreibung. Da Tess schon zu Beginn ihrer Beziehung von einem einflussreichen Mann gesprochen hatte, dessen Gesicht häufig durch die Medien ging, tippte Greta auf einen Politiker. Tess hatte sich, kurz bevor die Affäre begann, plötzlich für Politik begeistert und kurzfristig in einem Parteibüro gearbeitet. Aber ebenso gut, meinte Greta, könnte er in der freien Wirtschaft tätig sein, in gehobener Position und mit der Möglichkeit, dem Fiskus ein paar Steuergelder vorzuenthalten. Letzteres nur für den Fall, dass er mit Tess tatsächlich über Geschäfte gesprochen haben sollte, die sich im Nachhinein als krumm darstellten. Doch bei Tess' Phantasie müsse man in jeder Hinsicht gewaltige Abstriche machen, meinte Greta.

Ich wollte eine Bedrohung nicht so völlig von der Hand

weisen. Es hatte schon mehr als ein Ehemann verhindert, dass sein Seitensprung bekannt wurde, erst recht, wenn er Folgen getragen hatte. Und wenn die ursprünglich dafür vorgesehenen Mittel versagten, mochte es auch zu Gewaltaktionen kommen.

Als Tess schwanger wurde, winkte er mit einer großen Summe, um sie zur Abtreibung zu bewegen. Das dürfte den Tatsachen entsprechen. Tess war nicht in der Verfassung, ihre Berichte mit zusätzlicher Dramatik anzureichern. Ihre Illusionen schwanden. Er ließ ihr nicht das kleinste Fünkchen Hoffnung auf eine gemeinsame Zukunft. Es war Erpressung in reinster Form. «Wenn du das Geld nimmst, kann alles bleiben, wie es ist. Wenn nicht, stehst du auf der Straße.»

Ich rechnete fest damit, dass sie das Geld nahm. Weil sie verrückt war nach ihm. Weil sie wie ein Hündchen auf Kommando sprang, wenn er pfiff. Weil sie bei allem, was sie tat oder nicht tat, zuerst überlegte, ob es in seinem Sinne war. Die Rendezvous mit mir schienen in seinem Sinne gewesen zu sein. Darüber mokiert hatte er sich jedenfalls nie. Aber eine Frau, deren Bauch allmählich dicker wurde, ein greinendes Baby, das ein leidenschaftliches Tête-à-tête unterbrach, nein danke!

Tess war am Boden zerstört und zum ersten Mal wütend auf ihn. «Was bildet er sich ein? Er ist doch nicht Gott, dass er über jedes Leben entscheiden könnte! Ich hätte mich schon darum gekümmert, dass ihn das Baby nicht stört. Was soll ich jetzt tun, Niklas? Ich kann es nicht abtreiben lassen. Ich sehe überall nur noch Frauen mit Kinderwagen. Es hätte so schön sein können. Ich war so oft allein. Mit dem Kind hätte ich eine sinnvolle Aufgabe für die Wartezeit. Und er macht mir die Hölle heiß. Ich liebe ihn. Wenn er mich verlässt, werde ich verrückt.»

Verrückt wurde Tess nicht. Irgendwie schaffte sie es

sogar, sich mit dem Vater ihres Kindes zu arrangieren. Kurz vor Mandys Geburt erklärte er sich angeblich bereit, ihr monatlich eine beachtliche Summe zu zahlen, vorausgesetzt, sein Name erschien nicht auf der Geburtsurkunde. Als sie mir das erzählte, sprach bereits wieder die alte Tess.

«Das hat er mir schriftlich gegeben. Er zahlt für fünfundzwanzig Jahre, da ist sogar das Studium finanziert. Man kann ja nicht wissen, vielleicht setze ich ein Genie in die Welt. Bei dem Vater ist das nicht ausgeschlossen. Für den Anfang bekomme ich dreitausend jeden Monat. Wenn die Lebenshaltungskosten steigen, wird er entsprechend aufstocken. Und ich bin ein freier Mensch. Da er mich nicht einmal mehr mit einer Kneifzange anfassen wird, darf ich sogar eine neue Bindung eingehen. Großzügig, oder?»

Das konnte ich mir nur schwer vorstellen. Zum einen dürfte ein Mann, der seinen Namen nicht auf der Geburtsurkunde seines Kindes sehen will, nichts Schriftliches aus der Hand geben, was ihn erpressbar macht. Zum anderen waren fünfundzwanzig Jahre eine lange Zeit und dreitausend Mark jeden Monat eine Menge Geld, auch für einen, der genug hatte. Dass er sich für den Anfang bereit erklärt hatte, für Tess und das Kind zu zahlen, glaubte ich noch. Aber dass er weiterzahlte, wenn sie eine neue Beziehung einging, vielleicht sogar heiratete, konnte ich mir nicht vorstellen.

Doch ehe ich Zweifel anmelden konnte, sagte Tess: «Das Angebot konnte ich nicht ablehnen. Und wenn er eines Tages nicht mehr freiwillig zahlt, habe ich etwas in der Hand gegen ihn. Diesen Wisch, mit dem er sich freigekauft hat. So weit hat er anscheinend nicht gedacht, als er mir den in die Hand drückte.»

Seit Beginn ihrer Schwangerschaft lebte sie wieder im

Haus ihrer Eltern, zwangsläufig, zuerst stand sie vor dem Nichts. Und nach Mandys Geburt reichte der freiwillig gezahlte Unterhalt ihres ehemaligen Liebhabers zwar für das Auto und die Garderobe. Davon aber auch noch eine Wohnung und den Lebensunterhalt zu finanzieren war nicht möglich bei den Ansprüchen, die Tess stellte.

Es gefiel ihr nicht, dass sie ihr eigenes Reich hatte aufgeben müssen, seitdem wieder täglich mit Vater und Mutter, Bruder und Schwägerin, Neffe und Nichte am Tisch sitzen und sich die eine oder andere Ermahnung anhören musste. Das wusste Greta ebenso gut wie ich. Wir wussten auch beide, dass Tess nach der Geburt ihrer Tochter mehrfach versucht hatte, die alte Ordnung wiederherzustellen. Eine eigene Wohnung und ein oder zwei Besuche des Göttlichen pro Woche. Mandy könne solange bei den Großeltern untergebracht werden. Er sollte nur kurz vorher anrufen. An Heirat dachte Tess nicht einmal mehr im Traum.

Das glaubte ich ihr nicht so unbesehen. Ich war überzeugt, dass Tess nach dem ganzen Arm greifen würde, sobald Mandys Vater ihr den kleinen Finger reichte. Greta stimmte in diesem Punkt mit mir überein. Deshalb sah sie keine Gefahr darin, Jan und Tess für eine halbe Nacht zusammenzubringen.

3. Kapitel

Jan und Tess kannten sich bereits flüchtig, waren sich ein paar Mal in Gretas Wohnung begegnet, wenn Tess abends erschien, während Jan und Greta bei einem Espresso und einer Szene mit der übel zugerichteten Neunzehnjährigen saßen. Jan hatte sich jedes Mal sofort verabschiedet. Tess hatte nicht auf ihn reagiert. Sie war vollauf mit ihrem Ehemaligen beschäftigt, der sich allen Versprechungen und heiligen Schwüren zum Trotz auf nichts einließ.

Mit wem Greta sich beschäftigte, wusste nur ich. Ich weiß nicht, warum sie nie mit Tess über ihre Gefühle für Jan gesprochen hat. Vielleicht weil es schwierig war, bei Tess zu Wort zu kommen. Vielleicht war sie auch zu stolz, Tess zu erzählen, dass es einen Mann gab, um den sie sich seit Monaten vergebens bemühte. Sich von Tess anzuhören, wie einfach es im Prinzip sei, einen Mann dahin zu bekommen, wohin man ihn haben wolle. Als Teenager hatte Greta sich das anhören können und auf gute Ratschläge gehofft. Da war sie als vermeintlicher Hamster mit Brille neben Tess hergelaufen, weil an deren Seite auch ein bisschen männliche Aufmerksamkeit für sie abfiel. Als Frau brauchte sie das nicht mehr.

Ihr wurde genug männliche Aufmerksamkeit zuteil, wenn auch nicht unbedingt in sexueller Hinsicht. Doch dafür hatte sie mich. Und darüber hinaus hatte sie sich einen großen Bekanntenkreis geschaffen, der in der Hauptsache aus Männern bestand. Sogar ein Oberstaatsanwalt war darunter. Luis Abeler.

Luis war sozusagen Gretas Lieblingsfeind. Sie hatte ihn kurz nach ihrem Eintritt in die Kanzlei bei meinen Eltern kennen gelernt. Mein Vater und Luis waren seit langem befreundet. Und wie mein Vater hatte auch Luis Abeler auf Anhieb Sympathien für Gretas Ehrgeiz entwickelt. Ihm imponierte vor allem, dass sie dem wenig einträglichen Strafrecht viel Zeit widmete. Eine Zeit, wohlgemerkt, in der sie mit Zivilrecht das Zehnfache hätte verdienen können. Beruflich hatten sie vor zweieinhalb Jahren noch nichts miteinander zu tun gehabt. Aber Greta träumte davon, Luis Abeler eines Tages vor Gericht gegenüberzustehen. Er vertrat nur die großen Fälle. Als Gegner war er gefürchtet.

Er neckte Greta gerne mit ihrem Engagement: «Ich warte auf den Tag, an dem du deinen ersten richtigen Fall bekommst. Du willst doch einen richtigen Fall, oder? Natürlich willst du. Es juckt dich in den Fingern. Du bist nicht der Typ, der sein Leben auf Möchtegernganoven verschwendet. Warten wir auf deinen ersten Mörder. Dann zeige ich dir, wer von uns beiden der Meister ist.»

Sie antwortete meist: «Sei dir deiner Sache nicht zu sicher, Luis. Einen selbstherrlichen Macho zerpflücke ich mit der linken Hand.»

Nun konnte man Luis weiß Gott nicht als Macho bezeichnen. Er war Anfang fünfzig, etwas zu klein geraten, ein drahtiges Kerlchen mit einer lebhaften Gestik, was ihm oft als Nervosität ausgelegt wurde. Ständig fuchtelte er mit den Händen herum, geriet dabei auch schon mal auf die Beine seines Gegenübers, vorausgesetzt, es war weiblich. Bei Männern beschränkte er sich auf Schultern und Arme.

Das klingt nach einem Grapscher, aber das war Luis nicht. Es war nur seine Aktivität. Er konnte nicht zwei Minuten stillsitzen, fiel anderen ins Wort, wenn die Rede nicht so flüssig ging, wie sie es bei ihm tat. Doch bei aller Hektik, die er um sich verbreitete, war er die Ruhe in Person.

Daheim stand er tüchtig unter dem Pantoffel. Hella Abeler war entsetzlich eifersüchtig, was niemand verstand. Hella war eine attraktive Frau mit einer Menge Geld im Rücken. Sie konnte ihrem Mann ein derart angenehmes und sorgenfreies Leben bieten, dass sein eigenes Einkommen für Luis praktisch das Taschengeld darstellte. Und Luis betete sie an. Trotzdem mangelte es Hella offensichtlich an Selbstbewusstsein. Sobald sich ihr Göttergatte in die Nähe eines anderen weiblichen Wesens begab, war Hella zur Stelle. Auch wenn Luis nur neben meiner Mutter stand, Hella ließ ihn nicht für eine Minute aus den Augen.

Gretas Partys, es waren meist zwei pro Jahr, Silvester und ihr Geburtstag, versäumte Luis Abeler nie. Fünf Jahre vor dieser verhängnisvollen Neujahrsnacht hatte er Tess bei ihr kennen gelernt. Und es war schon beim ersten Mal amüsant gewesen, die beiden in einer Unterhaltung zu erleben. Tess' Phantasie und sein Temperament, es war die richtige Mischung für einen gelungenen Abend.

Luis war ein exzellenter Menschenkenner, er hatte Tess innerhalb weniger Minuten durchschaut. Jedes Mal, wenn er mit ihr zusammentraf, tat er, als glaube er unbesehen jedes Wort, das sie über die Lippen brachte. Er konterte auf seine Art. Wenn Tess es blendend verstand, ihre Märchen als Tatsachen zu schildern, Luis beherrschte das Spiel ebenso gut. Er verpackte seine ironischen Spitzfindigkeiten in blanke Anteilnahme.

Hella und Luis Abeler waren natürlich auch zu Gretas Silvesterparty eingeladen. Luis hätte ihr nie verziehen, wenn sie ihn um einige unterhaltsame Stunden in Gesellschaft ihrer aparten Freundin betrogen hätte.

Diese verfluchte Party! Gretas Hoffnungen wuchsen sich in den letzten Dezembertagen zu einem Berg aus – und das gleich in zweifacher Hinsicht. Dass ich Tess seit Beginn ihrer Schwangerschaft nicht mehr ausgeführt hatte, war für Greta der Beweis meiner verletzten Gefühle. Da hatte sie mich nun unentwegt gewarnt vor dem schäbigen Spiel, das Tess mit mir trieb, aber ich hatte ja nicht hören wollen. Bis ich mit dem Baby den Beweis serviert bekam, dass ich nur gut gewesen war, die Lücken zu füllen.

Ich ließ Greta in dem Glauben, Tess habe mich furchtbar verletzt. Ihre zeitaufwendige Tätigkeit als juristische Beraterin für einen Roman verschaffte mir ausreichend Gelegenheit, Tess in der Stadt zu treffen, ohne dass Greta davon erfuhr. Wenn Tess bei ihr erschien und ich ebenfalls anwesend war, stand ich pflichtschuldigst auf und verabschiedete mich.

Sie besuchte Greta nach der Trennung von ihrem Liebhaber häufig, nach Mandys Geburt machte sie zwei Abende in der Woche zur Regel. Worüber sie sich unterhielten? Nicht über Jan Tinner, da bin ich sicher, sonst wäre wahrscheinlich alles anders gekommen. Ich nehme an, sie sprachen über mich, meine Geduld, Ausdauer, Gefühle und die Fähigkeit, dass ich alles vergeben und vergessen konnte, wenn man mir nur genug Zeit einräumte.

Sie müssen über mich gesprochen haben, weil Greta plötzlich behauptete, mit Mandy auf dem Arm stehe Tess einer Zukunft als Frau Brand nicht mehr so abgeneigt gegenüber. Sie begreife nun allmählich, dass sie ihr Traumziel abschreiben müsse, und der schlechteste Partner für Tess sei ich nicht. Immerhin konnte ich ihr das Leben bieten, das sie für sich beanspruchte. Eine noble Behausung in gepflegter Umgebung, das passende Einkommen und als Zugabe eine Mutter, die sich seit langem nach einer Schwiegertochter sehnte und sich gewiss darüber freuen konnte, wenn gleichzeitig ein Baby ins Haus kam.

Es wäre für alle Beteiligten die beste Lösung, fand Greta, wenn ich über meinen Schatten sprang und die letzten zehn Jahre aus meinem Gedächtnis löschte. Ich solle mir doch einfach vorstellen, wir seien gerade erst aus der Ausstellungshalle ins Freie getreten, und ich hätte nichts Eiligeres zu tun, als sie heimzubringen und Tess anzurufen. Greta schien ehrlich besorgt, ich könne einsam und verlassen auf der Strecke zurückbleiben, wenn sie Jan in ihr Bett bekam.

Es war verrückt. Wir waren derart eingesponnen in die Vorspiegelung falscher Tatsachen, dass es unmöglich war, diesen Kokon noch mit ein oder zwei Sätzen zu durchbrechen. Auch eine längere Erklärung hätte nach all der Zeit nichts mehr gebracht. Ich war überzeugt, dass andere wesentlich besser wussten, wie es um uns stand. Jan wusste es mit Sicherheit. Blöd war er nicht.

Ich hatte mir, als Greta uns im Frühjahr miteinander bekannt machte und mich als Kollegen vorstellte, den dezenten Hinweis erlaubt: «Kollege ist nicht ganz korrekt. Partner ist der treffende Ausdruck.» Damit er verstand, was ich meinte, hatte ich sie an mich gezogen.

Sie hatte zwar meinen Arm gleich wieder von ihrer Taille gelöst, aber gesehen hatte er es. Ich hatte auch danach keine Zweifel gelassen, dass mich mit Greta mehr verband als der Beruf. Ich hatte ihm sogar zu verstehen gegeben, dass ich mich von seiner Romanmasche nicht täuschen ließ.

Manchmal dachte ich, dass er nur aus einem Grund an seiner scheußlichen ersten Szene festhielt, weil er genau wusste, wie ich darüber dachte. Ich musste es nicht offen aussprechen. Unsere Unterhaltungen liefen stets nach demselben Muster. Ich erkundigte mich nach Fortschritten und drückte meine Bewunderung aus. Dass ein Mann so viel Zeit und Geduld aufbrachte und an seine Arbeit so hohe Ansprüche stellte, dass er auch die fünfundsiebzigste Fassung wieder verwarf. Ich musste nur sein Mienenspiel beobachten, um seine Antwort zu erfassen. Du kannst mir gar nichts! Und wenn ich es noch tausendmal schreibe, beweisen kannst du es nie!

Es war jedes Mal ein Kräftemessen, das Greta mit Argusaugen überwachte. Nachdem ich ihr einmal erklärt hatte, dass ich die misshandelte und ermordete Neunzehnjährige für real hielt, hatte ich noch einige Vorstöße in diese Richtung unternommen. Doch auf dem Ohr war sie taub.

«Du bist verrückt, Niklas. Red keinen Unsinn.»

Mehr hörte ich dazu nicht von ihr. Sie befürchtete allerdings, ich könne den armen Jan mit einem offenen Wort erschrecken. Am Abend vor der Party wären wir deshalb beinahe in Streit geraten. Greta erteilte mir Verhaltensmaßregeln. Wehe mir, wenn ich ihr mit irgendeiner ironischen Spitzfindigkeit dazwischenfunkte. Jan hielt mich doch wahrhaftig für einen freundlichen Zeitgenossen, mit dem man sich gut unterhalten konnte. Ich verwirrte ihn nur häufig. Er hatte sich schon mehrfach bei ihr erkundigt, wie ich diesen oder jenen Satz wohl gemeint haben könne. Da ihm selbst jede Art von Falschheit fremd war, durchschaute er meine perfide Vorgehensweise natürlich nicht.

«Was verstehst du unter perfider Vorgehensweise?», fragte ich.

«Das weißt du genau. Manchmal benimmst du dich wie ein durchtriebener Verhörspezialist. Nun sprich dir mal deine Untaten von der Seele, Junge. Du wirst sehen, danach ist dir leichter. Ich warne dich, Niklas. Ein falsches Wort, und ich werfe dich hinaus.»

«Dann solltest du mir ein paar richtige Worte empfehlen.»

«Halt einfach den Mund, das dürfte am besten sein. Du verunsicherst Jan. Er spürt, dass du auf irgendetwas hinauswillst.»

«Das muss an seiner Sensibilität liegen», sagte ich und versprach in einem Atemzug: «Aber ich werde deine Kreise nicht stören. Sei nur ein bisschen vorsichtig. Stille Wasser sind nicht immer tief. Oft sind sie nur flach, und meist sind sie sehr trübe. Ehe man sich versieht, steckt man im Morast fest.»

Sie schaute mich an mit einem Blick, der einer Ausladung gleichkam. Ich zog sie an mich und sagte: «Schon gut, kein Wort mehr. Lass mich nur unseren letzten Abend genießen. Wenn du morgen Erfolg hast, ist es doch der letzte.»

An ihren Erfolg glaubte ich nicht mehr, aber das musste ich ihr ja nicht sagen. Eine halbe Stunde lang war sie nur Greta und ich der Mann, der die Knöpfe kannte, auf die er bei ihr drücken musste. Anschließend gab sie sich redlich Mühe, mich auf Tess einzuschwören. Ein wenig ägyptische Mythologie und einen kleinen Lobgesang auf die niedliche Mandy, damit käme ich ohne Zweifel einen großen Schritt weiter. Wie sie bei Jan vorgehen sollte, wusste sie noch nicht genau.

«Drücke ihm doch einen Gürtel in die Hand», sagte ich. «Oder kauf dir eine niedliche kleine Peitsche. Vielleicht klappt es damit.»

«Fang nicht wieder an, Niklas.»

Also hörte ich auf. Und sie hoffte weiter – auf den Preis der Geduld, auf die lockere Atmosphäre, vielleicht auch ein wenig auf Tess. Wer solch eine Schönheit zu seinem

Gefolge zählte, musste doch ebenfalls besondere Eigenschaften haben, die es zu entdecken lohnte.

*

Tess erschien erst nach zehn als letzter Gast und ein wenig echauffiert auf Gretas Party. Sie hatte fest zugesagt, um sieben zu kommen und bei den letzten Vorbereitungen zu helfen. Ihre Verspätung erklärte sie in einer wilden Verfolgungsjagd. Noch ehe sie den Wohnraum erreichten, war Greta umfassend informiert. «Sei mir nicht böse. Ich bin pünktlich daheim losgefahren. Du glaubst nicht, was mir passiert ist, mir zittern jetzt noch die Knie.»

Ein düster aussehender Bursche in einem dunklen Wagen war Tess gefolgt, seit sie das Haus ihrer Eltern verlassen hatte. Greta stellte nur fest: «Das sind drei Stunden!»

«Ich weiß, Greta, ich weiß. Ich bin kreuz und quer durch die Stadt gefahren, um ihn abzuschütteln. Er fiel mir schon auf, als ich aus dem Haus kam. Zuerst habe ich mir nichts dabei gedacht. Aber dann ist mir doch mulmig geworden. Wie du schon sagst, drei Stunden, da kann man kaum noch von Zufall sprechen.»

Von Zufall nicht, aber laut genug, um im Wohnzimmer verstanden zu werden. Tess fand augenblicklich Publikum. Luis – dicht gefolgt von Hella Abeler – und ein paar andere gingen zur Dielentür, als Tess mit dem Satz schloss: «Ich konnte tun, was ich wollte, ich wurde ihn nicht los.»

Ich gesellte mich dazu, als Greta lakonisch meinte: «Dann steht er jetzt wohl unten vor dem Haus. Soll ich hinuntergehen und nachschauen? Vielleicht kann ich ihn überzeugen, dass es besser für ihn ist, wenn er sich die

Wartezeit in einer Kneipe vertreibt. Es wird eine lange Nacht.»

«Ich mache das schon», sagte ich. Wenn Tess wirklich verfolgt worden war, versprach ich mir von meinem Erscheinen mehr Abschreckung.

«Nun mal langsam», mischte Luis sich ein. Er sah die Sache offenbar mit Gretas Augen und grinste mich an. «Was willst du denn machen, wenn da unten tatsächlich jemand steht? Es ist nicht verboten, hier zu parken. Und einer schönen Frau durch die halbe Stadt zu folgen ist auch erlaubt und nur zu verständlich.»

Sein Blick wanderte zu Tess, aus seinem Grinsen wurde ein sanftes Lächeln. «Ich hätte mich auch nicht abschütteln lassen. Wenn ich Sie so ansehe, Frau Damner.»

Zuletzt gesehen hatte Luis sie vor einem Jahr, da war sie im sechsten Monat schwanger gewesen und hatte kein anderes Thema gehabt als ihr Leben, das sie für die Zukunft ihrer ungeborenen Tochter riskieren wollte. Dass sie ein Mädchen bekommen würde, wusste sie vom Ultraschallbild. Bei Gretas Geburtstag hatte Tess gefehlt. Mandy war erkältet, und ein acht Wochen altes Baby, das dem Erstickungstod nahe war, in der Obhut von Großmutter und Tante zurückzulassen, hatte Tess nicht gewagt.

Luis zwinkerte ihr zu und erkundigte sich: «Warum haben Sie nicht kurz angehalten? Der Ärmste hätte sich bestimmt über ein nettes Wort gefreut.»

Die Reaktion ihrer Zuhörer war nicht, was Tess erwartete. Greta und den Rest ihres Publikums würdigte sie keines Blickes, Luis dagegen wurde fast durchbohrt. «Finden Sie das witzig, Herr Abeler? Tut mir Leid, dass ich nicht mitlache. Wenn es nur der Kerl im Auto wäre, könnte ich mich vielleicht auch amüsieren.»

Aber es war nicht nur der Kerl. Tess war so richtig in

ihrem Element und bot als Zugabe ein wenig Telefonterror. Sie bekamen seit Wochen merkwürdige Anrufe. Nicht die üblichen Obszönitäten, niemand stöhnte ihr, ihrer Mutter oder Sandra Damner etwas ins Ohr. Wenn Tess nicht selbst an den Apparat ging, meldete sich der Anrufer gar nicht. Aber er legte auch nicht wieder auf. Vorgestern war die Leitung den halben Tag blockiert gewesen.

«Ein hartnäckiger Verehrer», meinte Luis. «Und was passiert, wenn Sie den Anruf entgegennehmen?»

Tess seufzte, hob die Schultern und ließ sie in einer resignierenden Geste wieder sinken. «Dann kommt auch nicht viel. Meist nur der Satz: Du weißt, was ich will.»

«Und», erkundigte Luis sich zögernd, «wissen Sie es?»

Noch einmal zuckte Tess mit den Achseln. «Drücken wir es so aus: Ich kann es mir denken. Da es sich bei dem Anrufer nur um den Vater meiner Tochter handeln kann, gibt es nur zwei Möglichkeiten. Er fürchtet Publicity. Ich habe ihm erklärt, dass er sich keine Sorgen machen muss.»

Sie schaute Luis nachdenklich an. «Ich habe schon daran gedacht, die Polizei einzuschalten. Meinen Sie, das hätte Sinn, Herr Abeler?»

«Ich glaube nicht, dass Ihnen das etwas bringt», erklärte Luis. «Unsere Freunde und Helfer brauchen immer zuerst eine hübsche Leiche, ehe sie aktiv werden. Und dazu wird es doch hoffentlich nicht kommen. Aber Sie sprachen von zwei Möglichkeiten. Dass er sich keine Sorgen machen muss, ist eine. Das haben Sie ihm gesagt, und es hört trotzdem nicht auf. Da sollten wir davon ausgehen, dass er sich keine Sorgen macht, sondern etwas anderes von Ihnen will. Was könnte das sein?»

Tess lächelte. «Etwas, was er sich von mir aus im Ehebett holen kann. Von mir kriegt er es nicht mehr! Ich hatte genug Ärger und denke nicht daran, mich noch einmal auf irgendwelche Spielchen einzulassen.»

Nur Greta und ich wussten, dass die energischen letzten Sätze die frechste Lüge waren, die Tess je über die Lippen gebracht hatte. Sie hätte sich augenblicklich und mit Freuden auf jede Art von Spielchen eingelassen. Ob am Rest, der Verfolgungsjagd und den mysteriösen Telefonanrufen, etwas dran war, konnte ich nicht beurteilen. Doch ich mochte es nicht wie Greta völlig ausschließen. Tess war nicht mehr sechs und nicht mehr siebzehn. Dass sie manchmal zu dick auftrug, war mir durchaus bekannt. Aber dass sie sich eine Bedrohung durch ihren ehemaligen Liebhaber aus den Fingern sog, nur um Gretas Gäste zu unterhalten, die Vorstellung gelang mir nicht, gerade weil ich Tess kannte.

Es war doch im Prinzip eine simple Sache. Sie wollte diesen Mann unbedingt und hatte sich noch nie großartige Gedanken über die Konsequenzen ihres Handelns gemacht. Wenn sie ihn unter Druck setzte, verlor er vielleicht die Nerven und brachte sie zum Schweigen. Wie Greta einmal gewarnt hatte: «Du redest dich eines Tages um Kopf und Kragen.»

Tess atmete tief durch. Es klang wie der Schlusspunkt. Dann widmete sie sich für ein paar Minuten dem Rest der Gästeschar. Die meisten hatte sie längere Zeit nicht gesehen. Jan beachtete sie kaum. Wenn ich mich recht erinnere, begrüßte sie ihn nur mit einem flüchtigen Nicken. Mir dagegen wurde mehr Aufmerksamkeit geschenkt, als Greta zu träumen gewagt hatte.

Tess freute sich sehr, mich zu sehen. Es stellte sich später heraus, dass Greta erklärt hatte, es sei nicht sicher, ob ich an ihrer Party teilnehmen würde. Sie muss bis zur letzten Minute im Zweifel gewesen sein, ob es ratsam war, mich an diesem Abend in Jans Nähe zu lassen. Was sie zu sehen bekam, beruhigte sie endgültig.

Tess begrüsste mich noch einmal ganz besonders und

überschwänglich mit Umarmung und einem Kuss, der seine Zeit dauerte. Dann zog sie mich zur Sitzgruppe, erzählte mir von ihrer Tochter und zeigte Fotos. Es war ihr seit Mandys Geburt sehr wichtig, von allen Seiten die Bestätigung zu hören, dass sie einen süßen Fratz in die Welt gesetzt hatte. Doch darum allein schien es diesmal nicht zu gehen. Es sah eher so aus, als ginge Gretas Rechnung auf. Tess belegte mich derart mit Beschlag, dass ich kaum die Zeit fand, Greta auch nur mit den Augen zu folgen.

Jan wich ihr nicht von der Seite. Sie tanzten ein paar Mal. Tess hielt mich auf der Couch fest. Luis Abeler gesellte sich zu uns, seine Frau folgte. Es dauerte nicht lange, da waren wir von einem Kreis gespannt lauschender Zuhörer umgeben.

Tess brillierte mit einem Revisionsverfahren, über das sie in der Tagespresse gelesen hatte. Luis wurde zwei Zentimeter größer, er hatte im ersten Prozess eine Verurteilung erreicht und war überzeugt, in der Revision eine Bestätigung zu bekommen. Aber Tess hatte etwas über neue Beweise gelesen. Sie war wirklich gut informiert. Ich wunderte mich über ihr plötzliches Interesse an der Juristerei. Sie hatte sich bis dahin noch nie für Paragraphen begeistern können.

Greta und Jan kamen ebenfalls herüber – allerdings nur kurz. Jan fand Tess ziemlich anstrengend, wie er Greta in der Küche offenbarte, wo das Büfett aufgebaut war. Er wunderte sich über ihre Freundschaft, wie sich schon so viele vor ihm gewundert hatten. Sie standen immer noch in der Küche, als es mir gelang, mich loszueisen und ihnen ein wenig Gesellschaft zu leisten. Greta erzählte ihm gerade von ihrer Schulzeit.

«Das habe ich noch nie gehört», meinte er, «dass eine Kinderfreundschaft so lange hält. Und dann bei zwei so gegensätzlichen Frauen.»

Ich kam gerade dazu, als er das sagte. «Vielleicht hält die Freundschaft deshalb», antwortete ich an Gretas Stelle. «Es ist nie langweilig mit Tess.»

Das war nun wirklich keine perfide Vorgehensweise, es war die Wahrheit. Greta räusperte sich zwar verhalten, doch sie widersprach mir nicht.

Jan lachte. «Das kann ich mir vorstellen.»

Wir gingen zusammen zurück ins Wohnzimmer, nachdem sie ihre Teller geleert hatten. Tess hatte mich bereits vermisst. Sie hatte genug erzählt und wollte tanzen. Auch Greta und Jan tanzten noch einmal. Um zwölf stießen wir alle auf das neue Jahr an, wünschten uns viel Glück, Erfolg und alles, was wir sonst noch brauchten. Tess küsste mich, während Greta Jan küsste und Hella ihren Luis, während reihum ein paar andere Paare das Gleiche taten. Das machte es erträglich.

Wir gingen dem kalten Wind zum Trotz hinaus auf die Terrasse, schauten uns das Feuerwerk an. Greta hatte sich einen Mantel übergezogen, sie zitterte trotzdem ein wenig in Erwartung der Dinge, die noch kommen sollten. Jan legte ihr einen Arm um die Schultern und zog sie fest an sich. Minuten lang standen sie so, er lächelte sie an, sie lächelte zurück. Sie war glücklich in diesen Minuten und überzeugt, sie hätte es geschafft. Aber noch war ihre Party nicht zu Ende.

*

Kurz nach drei verabschiedeten sich die meisten Gäste. Luis und Hella Abeler blieben bis zum Schluss. Greta war mit ihrem vermeintlichen Erfolg beschäftigt. Stellvertretend begleitete ich Luis und Hella zur Tür.

Als er mir die Hand reichte, fragte er: «Täusche ich mich, oder bahnt sich da etwas an zwischen deiner geschätzten Kollegin und diesem Bärtigen? Wer ist das überhaupt?»

«Nur ihr Nachbar», sagte ich. «Sie hat ihn herübergebeten, weil er ohnehin nicht hätte schlafen können bei dem Lärm.»

«So laut waren wir doch nicht.» Luis grinste. «Aber es beruhigt mich, das zu hören. Ich hatte schon Angst, dass unsere tüchtige Greta es ihrer reizenden Freundin gleichtun und in Familie machen will. Es wäre ein herber Verlust für die Gerechtigkeit.»

Dann klopfte er mir auf die Schulter. «Viel Spaß noch. Aber such dir das richtige Bett aus. Lass dich nicht vor einen Karren spannen, wenn du nicht weißt, wer ihn beladen hat.» Er blinzelte mir verschwörerisch zu und fügte hinzu: «Wir wollen doch nicht, dass dir eines Tages ein Mafioso in den Wagen schießt.»

Mit diesen Worten zog er Hella zum Aufzug. Noch während sich die Tür hinter ihnen schloss, war seine Hand in ihrem Ausschnitt verschwunden. Hella bemerkte, dass ich es noch sah, und klopfte ihm lachend auf die Finger.

Wir blieben zu viert zurück, saßen noch bis fünf in der Küche, klaubten die Reste vom Büfett und unterhielten uns. Es ging vom Krabbensalat über Luis' penible Sorgfalt bei der Vorbereitung einer Anklage zu Hella Abelers aufwendigem Perlencollier, ein Geschenk von Luis. Greta fand, dass Hella derartigen Schmuck tragen konnte bei ihrem Dekolleté. Sie selbst hätte es nicht gewagt, sich drei Reihen Perlen um den Hals zu hängen.

«Damit sähe ich aus wie an den Pranger gestellt.»

Sie ließ mir keine Chance, die Sprache auf Jans Roman zu bringen. Das tat er schließlich selbst. Ohne Zweifel genoss er meine perfide Vorgehensweise und beherrschte sie so gut wie ich.

Tess schwieg und hörte scheinbar aufmerksam zu. Doch ihr verträumter Gesichtsausdruck zeigte, dass sie nicht bei der Sache war. Hin und wieder streifte sie mich mit einem Blick, bei dem mir alles andere als wohl in meiner Haut war. Mir ging die Bemerkung nicht aus dem Kopf, die Luis gemacht hatte. Natürlich war der Mafioso purer Spott und Tess als einen Karren zu bezeichnen ziemlich abfällig gewesen. Aber in Familie machen! Das klang so nach Hochzeit.

Luis hatte sich, während ich in der Küche war, alleine mit Tess unterhalten, soweit man bei einer wachsamen Ehefrau von alleine reden konnte. Tess musste in dieser Zeit etwas gesagt haben, was ihn zu dem kameradschaftlichen Schulterklopfen und seiner Warnung veranlasst hatte.

Jan erzählte in knappen Sätzen die neunzigste Fassung seiner Einstiegsszene und fügte an: «Greta meint, es wäre wieder zu brutal. Ich fürchte, wenn ich bei der Neunzehnjährigen als Opfer bleibe, wird das nie etwas.»

Greta versuchte, mir mit Blicken den Mund zu verschweißen. Aber wenn er es doch so wollte. Ich war nicht bereit, kampflos aufzugeben. «Einsicht ist der erste Weg zur Besserung», sagte ich. «Und die arme Neunzehnjährige hat sich wahrhaftig eine Erholungspause verdient. Warum nehmen Sie nicht zur Abwechslung eine Vierunddreißigjährige? Eine selbstbewusste, energische Person, die Beschützerinstinkte für den Mörder entwickelt, ihn für liebenswert und sensibel hält und nicht begreift, warum sie es nicht schafft, ihn in ihr Bett zu ziehen.»

Wie Greta auf meinen Vorschlag reagierte, sah ich nicht. Ich ließ Jan nicht aus den Augen. Sein Grinsen erlosch – für den Bruchteil einer Sekunde. Und für diesen Bruchteil war da etwas in seinem Blick. Ich weiß nicht, wie ich es beschreiben soll. Kälte ist nicht der passende

Ausdruck. Lauernd trifft es auch nicht. Es war eine ganz besondere Art von Überheblichkeit.

«Das wäre eine Überlegung wert», meinte er. «Aber es müsste da eine besondere Beziehung geben, wenn die Vierunddreißigjährige nicht der Typ ist, der den Mörder normalerweise anspricht.»

«Eine besondere Beziehung gab es bei der Neunzehnjährigen bisher auch nicht», sagte ich. «Aber da hätte ich einen Vorschlag. Die Vierunddreißigjährige hat seit langer Zeit ein Verhältnis mit einem Anwalt.»

«Das reicht, Niklas», sagte Greta.

Jan dagegen schien sehr interessiert. «Lass doch», bat er. «Das klingt gut.» Er fixierte mich mit dem für ihn typischen, verlegen wirkenden Grinsen. «Und der Anwalt vertritt den Mörder.»

«Nein», sagte ich. «Das wird er auf gar keinen Fall tun. Stellen Sie sich einen Typ vor wie Turows Sandy Stern, cool, brillant, gut aussehend und sehr beherrscht wirkend. Ein Mann, dem niemand heftige Gefühlsausbrüche zutraut.»

Jan behielt sein Grinsen bei, während ich den Faden weiterspann. «Der Anwalt nimmt es natürlich nicht tatenlos hin, dass seine Geliebte sich völlig von ihm abwendet. Er ist durchaus zu leidenschaftlichen Reaktionen fähig.»

«Aber in welcher Beziehung steht der Anwalt zum Mörder?», erkundigte sich Jan. «Es muss da eine Verbindung geben.»

«Der Anwalt vertritt den unschuldig Verurteilten», sagte ich. «Er ist überzeugt, dass sein Mandant die arme Neunzehnjährige nicht getötet haben kann. Und er lässt nicht locker, kommt dem wahren Mörder auf die Spur. Für den geht es plötzlich um Kopf und Kragen. Deshalb macht er sich an die Geliebte des Anwalts heran.»

«Das reicht jetzt wirklich, Niklas!» Nun klang Greta sehr wütend.

Der sensible Künstler beachtete ihren Einwand nicht und hielt sich an mich. «Das ist unlogisch. Wenn die Gefahr von dem Anwalt ausgeht …»

«Der Mörder will die Geliebte als Druckmittel benutzen», sagte ich, als er nicht weitersprach. «Oder besser noch als Informationsquelle. Nur spricht der Anwalt mit seiner Geliebten nicht mehr über den Fall, nachdem er bemerkt, dass sie dem Mörder verfallen ist. Für den Anwalt ist es eine dramatische Situation, aber natürlich bleibt er Herr der Lage. Scheinbar gibt er seine Geliebte frei, um endlich einen schlüssigen Beweis in die Hand zu bekommen.»

«Die Idee reizt mich», meinte Jan grinsend. «Ein geistiges Duell zwischen zwei Männern, wobei der Anwalt natürlich den Kürzeren ziehen muss, weil der Mörder noch eine Spur cooler ist.»

«Dann wird aber nichts aus Ihrer ursprünglichen Idee», sagte ich. «Der Anwalt muss gewinnen, sonst gibt es kein Revisionsverfahren.»

«Da haben Sie auch wieder Recht», stimmte Jan zu. «Aber darauf könnte ich zur Not verzichten. Dann wird es sogar noch dramatischer. Der unschuldig Verurteilte begeht Selbstmord, weil sein Anwalt nach dem Verlust seiner Geliebten zum Alkoholiker wird. Die Frau muss natürlich sterben, das ist klar. Ich werde mir das mal durch den Kopf gehen lassen. Und dann fange ich richtig an. Ich habe ein paar Rücklagen, damit kann ich mir ein oder zwei Jahre Pause vom Fernsehen genehmigen. Es wird einigen Leuten nicht gefallen, aber die können mich mal. Man vererbt den Enkeln ungern nur ein paar Videokassetten.»

Greta wollte etwas sagen, Tess kam ihr zuvor. Sie war

aus ihren Träumen erwacht, pustete eine Haarsträhne aus dem Gesicht und erkundigte sich bei Jan: «Habe ich das richtig verstanden, Sie sind Schriftsteller?»

Jan nickte nur. Tess neigte den Kopf zur Seite. In dieser Pose war sie unwiderstehlich. «Sie wirken so bodenständig», sagte sie und betrachtete seine Hände. «Gar nicht wie ein Künstler.»

Er lachte, ob geschmeichelt oder überheblich, könnte ich nicht sagen. «So fühle ich mich auch nicht. Aber es können ja nicht alle mit durchgeistigtem Blick herumlaufen.»

Ich kam nicht mehr dazu, den Dialog wieder aufzunehmen. Greta erhob sich ohne weitere Warnung und rief ein Taxi für Tess und mich. Sie hatte es plötzlich sehr eilig, uns loszuwerden. In der Diele zischte sie: «Darüber reden wir noch.»

Jan blieb bei ihr. Als sie die Tür für uns öffnete, stand er neben ihr, mit einem Arm um ihre Schultern und einem selbstgefälligen Grinsen im Bart.

Tess hatte nur die Hälfte mitbekommen und wunderte sich über den abrupten Aufbruch, zu dem wir genötigt wurden. Auf dem Weg nach unten erkundigte sie sich: «Was hatte Greta denn plötzlich? Es fing gerade an, gemütlich zu werden.»

Ehe ich ihr das erklären konnte, verlor sie das Interesse an unserem Rauswurf. Schon im Taxi ließ sie keinen Zweifel aufkommen, dass ihre Entscheidung zu meinen Gunsten ausgefallen war. Leicht melancholisch sann Tess zehn verlorenen Jahre nach und schloss mit der Erkenntnis: «Ich weiß, dass es nicht fair war, dich zwei Jahre lang vor der Haustür abzuspeisen und dir auch noch in allen Einzelheiten zu erzählen, was ich mir in den Kopf gesetzt hatte. Warum hast du nicht mal ein bisschen Druck gemacht? Hin und wieder brauche ich das.»

Als ich ihr nicht antwortete, sprach sie weiter – fast mit Gretas Worten. Wir seien beide erwachsen, machten uns keine großartigen Illusionen mehr. Und wenn alle Welt überzeugt sei, dass wir vortrefflich zueinander passten, sollten wir der Welt endlich den Gefallen tun.

Ich war nicht in der Stimmung, mich mit ihr auseinander zu setzen. Es prickelte nicht, es brannte nur beim Gedanken an das, was sich jetzt möglicherweise in Gretas Wohnung abspielte. Irgendwann sagte ich: «Tut mir Leid, Tess, ich bin keine Notlösung. Ein paar Illusionen brauche ich. Vielleicht weiß ich einfach zu viel über das, was du dir in den Kopf gesetzt hattest. Jedenfalls weiß ich genug, um davon auszugehen, dass du es so rasch nicht aus dem Kopf bekommst.»

Tess lächelte, verletzt und stolz, gemischt mit mühsam unterdrückter Wut. Aber Letzteres wirkte vielleicht nur so in der Dunkelheit des Wagens. In ihrer Stimme schwangen weder Zorn noch Enttäuschung, nur ein wenig Ironie. «Also zahlt Ehrlichkeit sich doch nicht aus.»

Als sie sich vor dem Haus ihrer Eltern von mir verabschiedete, reichte sie mir nur noch die Hand. Sie lächelte erneut, diesmal war es spöttisch. «Dann werde ich wohl nie erfahren, ob Greta bei deinen Qualitäten als Liebhaber übertrieben hat. Schade! Übertreibungen entsprechen eigentlich nicht ihrer Art. Geschieht mir recht. Das hat man davon, wenn man glaubt, im Loseimer müsse mehr sein als der große Teddybär.»

*

Erst montags erfuhr ich, dass Greta ihr Ziel wieder nicht erreicht hatte. Jan hatte nur noch beim Aufräumen geholfen. Um sechs war er gegangen. Und bevor er gegangen war, hatte er sie an sich gezogen und gesagt: «Ich sollte öfter unter Leute gehen. Du machst das richtig, Greta. Wenn man sich mit lustigen Vögeln umgibt, ist man selbst auch guter Laune. Es war ein toller Abend. Wirklich, ich habe mich lange nicht mehr so gut gefühlt.»

Greta fühlte sich überhaupt nicht gut. Natürlich war das Desaster meine Schuld. Ich hatte ihr mit meinen blödsinnigen Bemerkungen alles zunichte gemacht. Das wollte sie mir nie verzeihen, tat es auch nicht. Ihre wichtigen Fälle wurden ab Januar ausschließlich von ihr allein in der Kanzlei bearbeitet. Jede Überstunde in meiner Wohnung war gestrichen, jeder Besuch bei ihr unerwünscht. Für sie gab es nichts mehr, was wir nach Feierabend noch hätten erledigen müssen. Sie brauchte ihre knappe Freizeit, um Jan zu überzeugen, dass mit meiner hirnrissigen Anspielung nicht sie gemeint gewesen war. Es war vorbei.

Was sich in den folgenden Monaten zwischen ihr und Jan abspielte und welche Rolle Tess übernahm, erfuhr ich erst im April. Und bis dahin gab es auch für Greta nichts, was sie hellhörig hätte machen können. Tess hatte nichts anderes im Sinn als ihren Verflossenen. Davon war Greta auch dann noch überzeugt, als es mit den zufälligen Begegnungen anfing.

In der letzten Januarwoche kam Tess abends auf den üblichen Sprung bei ihr vorbei. Schon in der Diele sprudelte sie über: «Rate mal, wem ich heute Nachmittag über den Weg gelaufen bin. Ich war mit Mandy in der Stadt. Sie brauchte ein paar neue Sachen, wächst so schnell aus allem heraus. Als wir zurück ins Parkhaus kamen, wer steigt da drei Meter von uns entfernt aus seinem Wagen? Dein Nachbar. Er ist ein richtiger Kindernarr, was? Hat gleich mit Mandy geflirtet. Das hättest du sehen müssen, Greta. Hätte ich ihm nicht zugetraut. Er wirkt so trocken.»

Greta wartete darauf, dass Jan ihr ebenfalls von dem zufälligen Treffen im Parkhaus erzählte. Aber anscheinend war es ihm nicht wichtig genug. Er unterhielt sie weiterhin mit seinem Roman.

Mein Vorschlag, die Geliebte eines Anwalts als Opfer zu nehmen, hatte ihn so weit inspiriert, die perversen Gewaltaktionen durch feinsinnigere Todesarten zu ersetzen. Nun bastelte er an sorgfältig platzierten Messerstichen. Einen in den Kehlkopf, der keine Zeit mehr ließ für einen Schrei. Einen seitlich in den Hals, der die Schlagader öffnete und die Frau in den Genuss eines bei vollem Bewusstsein erlebten Sterbens brachte. Schließlich der erlösende Stich ins Herz, unter den Rippen angesetzt und schräg nach oben getrieben. Die detaillierten Kenntnisse von der Stichführung hatte er angeblich bei Ärzten bezogen. Bei einem guten Roman mussten die Fakten stimmen, erklärte er Greta.

Über die Begegnung mit Tess verlor er kein Wort. Auch das zweite Treffen war ihm keine Erwähnung wert. Tess dagegen ließ sich ausführlich darüber aus, allerdings war die Begegnung mit Jan nicht das Wesentliche. Das war nur eine angenehme Randerscheinung.

Tess war allein in der Stadt gewesen; eine Verabredung mit Mandys Vater. Der Göttliche höchstpersönlich hatte darum gebeten und als Treffpunkt das Parkhaus der Ladenstadt vorgeschlagen. Voller Hoffnungen war Tess hingefahren und hatte zugestimmt, ein einsames Plätzchen für ein vertrauliches Gespräch aufzusuchen. Und dann war es sehr dramatisch zugegangen.

Tess wollte ihm ein Foto von Mandy zeigen. Sie dachte, es interessiere ihn vielleicht. Mandy war doch so niedlich. Tess hörte von allen, dass Mandy ein süßes Baby sei. Und Mandys Vater hatte nicht einmal einen Blick auf sein Meisterwerk geworfen.

Er wollte nur seine Vaterschaftserklärung zurück. Tess hatte sie nicht bei sich, wollte sie ihm auch nicht mit der Post schicken, weil sie das Stück Papier selbst brauchte. Daraufhin hatte er gesagt: «Jetzt zeige ich dir mal, was du brauchst.»

Nach diesen Worten hatte er sie misshandelt und vergewaltigt. Zum Beweis knöpfte Tess ihre Bluse auf, einen Büstenhalter trug sie nicht. Auf ihrer rechten Brust verteilten sich mehrere blaurote Schwellungen, als sei das empfindliche Gewebe mit aller Kraft zusammengepresst worden. Auf der linken sah es so ähnlich aus, nur gab es dort zusätzlich kranzförmige blutunterlaufene Abdrücke – wie von Zähnen ins Fleisch gedrückt.

Greta wurde bei diesem Anblick übel. Und es war noch nicht alles. Tess schürzte den Rock. Die Blutergüsse und Kratzer an den Innenseiten ihrer Oberschenkel waren sogar durch die Strümpfe zu erkennen. Dabei trug sie dunkle Strümpfe. Mit diesen Spuren am Körper klang Tess' Erklärung, sie habe panische Angst gehabt, dass er sie umbringe, keinesfalls nach einem Märchen.

«Was soll ich machen?», fragte sie.

«Anzeige erstatten», riet Greta.

Tess schüttelte den Kopf. «Kann ich mir nicht leisten. Was soll aus Mandy werden, wenn ich nächste Woche unter ein Auto gerate oder mir sonst was passiert?»

Mandys Vater hatte angeblich etwas in diese Richtung anklingen lassen, als er zurück ins Parkhaus fuhr und sie aus seinem Wagen warf.

Danach war Tess dann über Jan gestolpert, vielmehr er über sie. Sie war nicht fähig gewesen, sofort nach Hause zu fahren, lief in der Stadt herum. Vor einer Galerie in der Nähe des Doms, schaute sie sich ein modernes Gemälde an, um sich zu beruhigen. Jan kam aus dem WWF-Gebäude an der Ludwigstraße und erkundigte sich umgehend nach Mandy. Es war genau das, was Tess in dieser Situation brauchte. Damit war Jan bereits zum netten Kerl aufgestiegen.

*

In der Woche darauf gab es wieder Neuigkeiten von Mandys Vater. Die Unterhaltszahlung für den laufenden Monat war eingetroffen. Damit hatte Tess nicht gerechnet nach der brutalen Behandlung. Natürlich wollte sie es sofort Greta erzählen, leider traf sie Greta beim ersten Versuch nicht an und klingelte an der Nachbartür. Aber da war Greta auch nicht. Und Jan war ein höflicher Mensch. Er fragte, ob Tess bei ihm warten möchte, Greta komme sicher bald heim. Ein halbes Stündchen Wartezeit konnte Tess sich leisten. Und sie bemerkte überhaupt nicht, wie die Zeit verflog. Als es ihr auffiel, war es zu spät, um noch einmal bei Greta zu klingeln.

«Wie spät war es denn?», wollte Greta wissen, als Tess ihr am nächsten Abend berichtete.

Tess hob die Schultern an. «Eins vorbei. Ich habe einen richtigen Schreck bekommen und bin dann auch sofort los.»

Als Greta Jan nach den Stunden fragte, die Tess in seiner Wohnung verbracht hatte, bekam sie beiläufig Auskunft. Sie hätten sich gut unterhalten. Tess habe eine pfiffige Idee für einen Fernsehkrimi gehabt. Ihr eigenes Leben, der große Unbekannte, der seiner ehemaligen Geliebten einen bezahlten Killer auf den Hals hetzte, weil sie um der Zukunft des gemeinsamen Kindes willen nicht bereit war, die Vaterschaftserklärung herauszurücken, und es ihm nicht gelungen war, sie mit eigenhändiger Brutalität einzuschüchtern.

Tess hatte Jan gründlich in ihre Probleme eingeweiht,

ihm sogar von der Vergewaltigung und der Misshandlung berichtet. Wie oft sie sich danach noch in seiner Wohnung oder anderswo getroffen haben, um sich besser kennen zu lernen, hat Greta nie erfahren. Ich weiß es auch nicht. Das konnten sie tagsüber tun, da waren wir beide beschäftigt. Und Tess hatte Zeit, stets eine Großmutter oder die liebevolle Tante Sandra zur Verfügung, um Mandy zu hüten. Jan konnte sich die Arbeit ebenfalls einteilen. Was er am Tag nicht schaffte, wurde nachts erledigt.

Weil Jan seine Treffen mit Tess geheim hielt, vermutete Greta später, er habe sie nicht verletzen wollen. Sie habe ihm wohl einmal zu oft und zu deutlich signalisiert, was er ihr bedeutete.

Ich sehe das anders. Er hatte Tess in der Neujahrsnacht mit mir gesehen. Dabei musste zwangsläufig der Eindruck eines Liebespaares entstanden sein. Und mir in die Quere zu kommen, traute er sich wohl nicht. Es ist anzunehmen, dass er eine Weile brauchte, ehe er Tess die Story abnahm, dass ich seit zehn Jahren mein Glück bei ihr versuchte, dass ich ein netter Kerl war, aber leider nicht der richtige Mann für sie.

Ob die Initiative von ihm oder von Tess ausging und wer wen bat, vorerst zu schweigen, ist nicht mehr nachvollziehbar. Nicht einmal die Skepsis, die Tess an den Tag legte, lässt sich noch einem bestimmten Grund zuordnen. Ob Jan mit ihr über Greta gesprochen oder ob sein Verhalten sie stutzig und misstrauisch gemacht hatte, ich weiß es wirklich nicht. Obwohl Tess ausgerechnet zu mir kam, um sich Gewissheit zu verschaffen, Greta nicht ein zweites Mal in die Quere zu kommen.

Ich weiß, wie es aussehen muss. Als hätte ich eine günstige Gelegenheit beim Schopf ergriffen und dafür gesorgt, einen Rivalen auf elegante Weise auszuschalten. Oder anders betrachtet, als hätte ich Tess geopfert, obwohl ich mir sicher war, dass mit Jan Tinner etwas nicht stimmte. So war es aber nicht.

Ich begriff gar nicht, worum es ging, als Tess Anfang März in der Kanzlei auftauchte, um Greta einen kurzen Besuch abzustatten. Da Greta gerade in einer Besprechung war, vertrieb Tess sich die Wartezeit in meinem Büro und erkundigte sich im Verlauf der Unterhaltung nebenher: «Läuft da etwas zwischen Greta und ihrem Nachbarn?»

«Nein», sagte ich.

«Und warum sitzt er dann ständig bei ihr? Jedes Mal, wenn ich komme, ist er schon da. Was treiben sie denn die ganze Zeit?»

«Was habe ich mit dir getrieben, wenn wir zusammen waren?», gab ich zurück. «Warum sollen ein Mann und eine Frau nicht ebenso befreundet sein können wie zwei Frauen oder zwei Männer? Man muss doch nicht immer gleich an Sex denken.»

Tess zuckte mit den Achseln. «Ich habe aber das Gefühl, Greta denkt an nichts anderes.»

Vielleicht hätte ich ihr sagen sollen, dass ihr Gefühl sie nicht trog. Vielleicht hätte ich ehrlich sein und zugeben müssen, dass ich seit Jahresbeginn nicht mehr wusste, was sich abends in Gretas Wohnung abspielte. Dass ich nur jeden Morgen versuchte, es von Gretas Miene abzulesen, dort nichts fand, was nach einem Erfolg aussah, und daraus meine Sicherheit ableitete.

Stattdessen sagte ich: «Du hattest auch das Gefühl, du hättest mit Mandys Vater das große Los gezogen. Und was hast du? Eine Menge Ärger.»

Tess nickte in Gedanken versunken. «Der Punkt geht an dich.» Dann erzählte sie vom Terror der letzten Tage. Sie hatten wieder einmal nicht telefonieren können. Joachim war fast verrückt geworden. Er musste dringend ein Ersatzteil bestellen und jedes Mal, wenn er den Hörer abnahm, war die Leitung blockiert.

Inzwischen wusste ich, dass sie in diesem Punkt flunkerte. Sie war nicht auf dem neuesten Stand der Technik. Ich hatte mich bei der Telekom kundig gemacht, wie man solchen Belästigungen begegnen konnte.

«Legen Sie auf und warten Sie ein paar Minuten», hatte man mir geraten. «Früher konnte man auf diese Weise einen Anschluss lahm legen, so lange man wollte. Das geht längst nicht mehr. Nach etwa fünf Minuten wird die Leitung wieder aufgeschaltet.»

Ich wies Tess nicht auf die Weiterentwicklung hin. Sie schloss mit dem Hinweis: «Es wird allmählich Zeit, dass ich meine Einstellung ändere, nicht wahr? Nach dem letzten Beisammensein brauche ich mir wohl keine Hoffnungen mehr zu machen.» Mit einem spöttischen Lächeln fügte sie an: «Und da du nicht mehr willst, muss ich eben in eine andere Richtung schauen.»

In welche Richtung sie schauen wollte, erklärte sie mir nicht. Mit keiner Silbe gab sie zu verstehen, dass sie beabsichtigte, Jan Tinner in die engere Wahl zu ziehen. Dem Anschein nach erging es ihr mit ihren Bemühungen zu Beginn nicht anders als Greta.

In der ersten Aprilwoche mokierte sie sich einmal über Jan. Sie kam am Nachmittag in die Kanzlei, um Greta zu einem Einkaufsbummel abzuholen. Greta saß noch mit einem Mandanten zusammen, Tess leistete mir Gesellschaft. Es dauerte, sie wurde ungeduldig, schaute im Sekundentakt auf ihre Armbanduhr. «Wenn Greta nicht bald erscheint, können wir es lassen. Das lohnt ja fast nicht mehr.»

Es war nicht einmal vier, und ich sagte: «Die Läden sind noch mindestens zweieinhalb Stunden offen.»

«So viel Zeit hat Greta aber nicht. Sie muss ja noch duschen, ehe ihr Privatunterhalter auf der Matte steht.» Es klang frustriert, als fühle Tess sich von Jan um Gretas Zeit betrogen. «Komischer Typ», murmelte sie. «Ich habe nicht den Eindruck, dass es ihn großartig interessiert, ob unsereins frisch geduscht ist.»

Nur eine gute Woche später stellte sie Greta vor vollendete Tatsachen. Sie trafen sich am Samstagnachmittag im Café an der Oper. Und Tess erzählte, sie habe am vergangenen Abend mit Jan geschlafen.

«Es war ein hartes Stück Arbeit und nicht gerade ein umwerfendes Erlebnis», erklärte sie. «Aber ich muss an Mandy denken und ein paar Abstriche machen. Wenn man ein Kind hat, sollte man sich einen zuverlässigen Partner suchen. Einen Mann mit Verantwortungsgefühl, der mit Kindern umgehen kann.»

Mit einem Augenzwinkern fügte Tess an, sie wolle am Abend den zweiten Angriff starten. Sie war mit Jan verabredet – in seiner Wohnung. Mit wissendem Lächeln meinte sie, es gebe ein paar Tricks, auch einen schwerblütigen Mann auf Trab zu bringen.

Greta war nicht fähig, darauf irgendetwas zu antworten. Sie war nicht verzweifelt, sondern restlos am Boden zerstört. Es sei anders gewesen als bei mir, sagte sie später. Sie habe nicht atmen können, nicht schlucken, nicht denken. Aber das gehörte wohl dazu.

*

Greta kam direkt vom Café aus nach Marienburg. Ich saß mit meinen Eltern, Hella und Luis Abeler auf der Terrasse. Luis und mein Vater diskutierten über eine Gesetzesänderung. Meine Mutter und Hella unterhielten sich über meinen älteren Bruder Horst, der sich in Japan – seinen dezenten Andeutungen am Telefon nach zu schließen – verliebt hatte.

Als Greta so unvermittelt auftauchte, freute meine Mutter sich. «Wie schön, dich zu sehen, Greta. Du hast dich so rar gemacht in letzter Zeit. Setz dich doch. Magst du einen Kaffee?»

«Vielen Dank», sagte Greta. «Ich hatte schon einen.» Das klang, als hätte sie statt eines Kaffees einen Schlag in den Magen bekommen. Sie schaute mich an. «Hast du ein paar Minuten Zeit für umwerfende Neuigkeiten?»

Schon ihr Besuch – nach vier Monaten – machte deutlich, dass etwas ganz und gar nicht in Ordnung war. Zudem sah sie aus, als hielte sie sich nur mit Mühe aufrecht. Ich entschuldigte uns und brachte sie hinauf in meine Wohnung. Als ich die Tür hinter uns schloss, sagte sie nur: «Jan und Tess.»

Im ersten Moment war ich grenzenlos erleichtert, daraus will ich gar keinen Hehl machen. Ich legte ihr einen Arm um die Schultern und führte sie in die Küche. «Nimm es dir nicht so zu Herzen. Nach mehr als einem Jahr war doch keine Hoffnung mehr für dich. Ich mache uns einen guten Kaffee, wir kippen uns einen kräftigen Schluck Cognac in die Tassen. Davon haben wir mehr, als über Tess und Jan zu diskutieren. Man muss erkennen, wann das Spiel gelaufen ist.»

Sie reagierte nicht, ließ sich auf einen Stuhl niederdrücken, saß da wie erstarrt. Beim Kaffee ertrug ich ihr Schweigen nicht länger. «Wenn man die Gefühle außen vorlässt», sagte ich, «sind die Kombinationen doch nicht schlecht. Ein Autor mit einem Hang zur Perversion und eine Frau mit Phantasie und entsprechender Erfahrung. Tess wird ihm seine erste Szene schon in die endgültige Form bringen. Sie wird ihm so lange den Fuß ins Kreuz setzen, bis der Roman fertig ist. Dann liefert sie ihm noch

Stoff für ein paar weitere. Groß und berühmt wird sie ihn machen.»

Greta rührte sich nicht. Ich war nicht sicher, ob sie mir überhaupt zuhörte, und griff nach ihren Händen. «Und wir beide, Greta, zwei trockene Juristen. Wir hätten damals heiraten sollen. Wir hätten uns eine Menge erspart und wären heute glücklich und zufrieden. Aber wir können es nachholen. Niemand hindert uns daran.»

Da kam endlich Leben in ihr Gesicht. Sie lächelte kurz und sehr abfällig. «Was kommt als Nächstes? Ich habe nie aufgehört, dich zu lieben, Greta! Tief in meinem Innern wusste ich immer, dass du die richtige Frau für mich bist.»

Sie stieß die Luft aus. «Mach dich doch nicht lächerlich! Ich weiß, was du denkst. Wenn eine Frau noch Jahre nach der geplatzten Verlobung mit dem Mann ihrer Träume ins Bett steigt, muss sie rein theoretisch auch etwas für diesen Mann empfinden. Du irrst dich, Niklas. Aus Träumen erwacht man und trauert ihnen nur kurz hinterher. Jan war nie mein Traum. Jan ist …»

Sie brach mitten im Satz in Tränen aus. Ich ließ sie weinen, hätte nicht gewusst, was ich sonst mit ihr tun sollte. Jan! Ich fragte mich, ob sie damals um mich geweint hatte – heimlich und unbeobachtet in ihrem winzigen Zimmer. Ein Vermögen hätte ich gegeben für die Antwort. Allein die Vorstellung, dass ihr Stolz damals jede Träne verhindert haben könnte, ließ meine Augen feucht werden.

Ein paar Minuten saßen wir da, ich schaute in meinen Kaffee, weil ich mir ihre Auflösung nicht ansehen mochte. Von meiner anfänglichen Erleichterung war nichts übrig. Irgendwann stand ich vom Stuhl auf, ging zu ihr und zog sie hoch.

«Du hörst jetzt besser auf zu weinen», sagte ich. «Sonst magst du morgen nicht in den Spiegel sehen.»

Auf dem Weg ins Schlafzimmer flüsterte sie: «Warum hat Mandys Vater sie nicht umgebracht? Ich wünsche mir, er hätte es getan.»

«Nein, das wünschst du dir nicht», sagte ich. «Du bist verletzt. Aber das gibt sich wieder. Sie ist doch deine Tess. Und wenn du Jan wirklich liebst, kannst du nichts wünschen, was ihn unglücklich macht. Wahre Liebe, Greta, kann verzichten. Mag sein, dass das Herz dabei in Fetzen geht. Aber bei mir brauchst du kein Herz. Ich bin mit dem Rest zufrieden. Du weißt doch, wie deine Mutter es damals gesehen hat. Ich will nur das eine von dir. Gehen wir ins Bett. Nach all den Monaten habe ich es bitter nötig.»

Sie war in der Nacht nicht viel anders als sonst, nur unersättlicher, als wolle sie die vier Monate nachholen. Am nächsten Morgen brachte ich ihr einen Kaffee ans Bett und erkundigte mich, wie sie sich fühlte. Sie antwortete nicht. Es gab wohl noch keine Worte für ihre Gefühle. Für meine auch nicht.

Ich bemühte mich vergebens darum, noch einmal die Erleichterung der ersten Minuten zu empfinden. Jan und Tess! War es wirklich eine gute Kombination? Ich sah uns in Gretas Küche sitzen, hörte Tess fragen: «Habe ich das richtig verstanden? Sie sind Schriftsteller?»

Dass Tess sich aus Liebe für ihn entschieden hatte, glaubte ich nicht. Ich hatte auch, als es in der Neujahrsnacht um mich ging, nicht eine Sekunde lang an Liebe geglaubt. Ich dachte an kühle Kalkulation, an das, was Greta für sich nie in Anspruch nehmen wollte: versorgt sein.

Jan hatte von Rücklagen gesprochen und damit signalisiert, dass er nicht unvermögend war. Darüber hinaus bestand an der Seite eines Schriftstellers die Möglichkeit, ebenfalls in ein bisschen Ruhm zu baden. Nur glaubte ich

kaum, dass Jan ihr den Gefallen tat und aus seinem Un-
vollendeten einen Bestseller machte.

Es wäre vielleicht fair gewesen, ein offenes Gespräch
mit ihm zu suchen. Aber der Gedanke, Jan Tinner vor
Tess zu warnen, kam mir nicht. Ich machte mir nur Sorgen um Tess, was nicht heißen soll, dass ich ihr Verhalten guthieß. Das tat ich nicht. Doch ich mochte sie auch
nicht so einfach ihrem Schicksal und ihrer Lebensgier
überlassen. Für mich war sie immer noch der exotische
Falter. Ich wollte sie nicht aufgespießt sehen, sondern
geschützt hinter Glas, damit ihr niemand die Flügel
brach.

Montags versuchte ich, sie anzurufen. Sie war nicht
daheim, ich bat um Rückruf. Tess meldete sich erst am
späten Nachmittag, ausgerechnet in der halben Stunde,
die Greta brauchte, um in meinem Büro einem Vertrag
den letzten Schliff zu geben. Sie hörte, wer am Telefon
war, verfolgte mit zusammengekniffenen Augen das kurze Gespräch und erkundigte sich anschließend: «Was hast
du vor?»

«Nichts», sagte ich.

«Und für nichts musst du Tess unbedingt sprechen?»
Greta lachte kurz. «Bildest du dir ein, du kannst sie noch
umstimmen? Tu dir einen Gefallen und lass es, Niklas. Sie
wird dich auslachen.»

Tess lachte tatsächlich, als ich sie am nächsten Abend
traf. Sie hörte mir anfangs ungläubig, später amüsiert zu.
Dass ein Mann sich seit vierzehn Monaten damit beschäftigte, den Anfang für seinen Roman zu finden, dass er
hundertzwanzig Fassungen der ersten Szene ent- und wieder verwarf, ausgesprochen klang es, als versuche ich, mit
Gewalt etwas zu konstruieren. Das hörte ich selbst. Und
dass ich sein Grinsen nicht mochte, dass ich dahinter die
Überlegenheit eines Mannes vermutete, der sich durch-

schaut fühlte und genau wusste, man konnte ihm nichts beweisen ...

Als ich endlich wieder schwieg, meinte Tess spöttisch: «Was denn, habe ich jetzt den schwarzen Mann aus dem Loseimer gezogen? Und ich dachte schon, es wäre eine Niete. Er ist ziemlich schwer von Begriff. Sollte man gar nicht glauben, dass ein Schriftsteller so phantasielos sein kann. Damit begründen sich vermutlich seine Schwierigkeiten mit dieser Szene.»

«Witzig finde ich das nicht», sagte ich.

Und Tess lachte noch einmal. «Aus deiner Sicht ist es auch nicht spaßig. Da taucht jemand aus dem Nichts auf und schafft binnen weniger Wochen, was dir in zehn Jahren nicht gelungen ist. Dabei hast du entschieden mehr zu bieten.»

Vielleicht hätte ich ihr sagen müssen, dass sie sich irrte, dass ich sie seit langem nicht mehr wollte. Vielleicht hätte ich ihr sogar sagen müssen, dass sie dabei war, zum zweiten Mal Gretas Zukunftspläne zu durchkreuzen und diesmal mit einem Mann, den Greta mehr liebte, als ich begreifen konnte. Aber eher hätte ich mir auf die Zunge gebissen, als das auszusprechen.

Als ich nicht antwortete, meinte Tess: «Du hattest deine Chance, Niklas, und hast sie nicht genutzt. Jetzt bekommt Jan eine, und er scheint mir die bessere Wahl. Wir beide hätten uns vermutlich rasch angeödet, weil wir uns zu lange und zu gut kennen. Mit ihm dagegen könnte es interessant werden. Ein Mann, der nicht über sich selbst spricht, ist für manche Überraschung gut. Das konnte man von dir nie behaupten, und ich liebe Überraschungen.»

«Hoffentlich gibt es nicht eines Tages eine böse», sagte ich.

Tess lachte erneut. «Lieb von dir, dass du dir Sorgen

machst. Falls er irgendwann mit dem Messer auf mich losgeht, wirst du der Erste sein, der es erfährt, das verspreche ich dir. Vielleicht sollte ich mir für den Notfall ein Tonband vorbereiten. Ich meine, falls der erste Stich in den Kehlkopf geht und ich nicht mehr dazu käme, es dir zu sagen.»

Geglaubt hat sie mir kein Wort.

4. Kapitel

Anfang Mai stürzte Jan sich in Schulden, nahm eine hohe Hypothek auf und kaufte ein Haus in Lindenthal. Sie bestellten das Aufgebot, erkundigten sich, ob wir als Trauzeugen fungieren wollten. Ich sehe das noch vor mir, als wäre es gestern gewesen. Wir saßen in Gretas Wohnung, Jan und Tess auf der Couch. Er hatte einen Arm um ihre Schultern gelegt, sie lächelten sich an, wie sich das für ein verliebtes Paar gehört. Jan wirkte gelöst wie ein Mann, der voll Optimismus in die Zukunft schaut. Nur wenn sein Blick auf Greta traf, wurde er skeptisch.

Sie kauerte auf der Kante eines Sessels wie ein zum Sprung bereites Tier und sprach kaum ein Wort. Mehrfach nickte sie, als gäbe sie Tess auf diese Weise ihre Zustimmung.

Auch Tess beobachtete sie irritiert. Hin und wieder schaute sie mich an, gab mit Stirnrunzeln und Achselzucken zu verstehen, dass sie nicht wusste, was mit Greta los war, dass sie es aber gerne erfahren würde. Als Greta das Zimmer einmal für ein paar Minuten verließ, meinte sie: «Habt ihr gestritten? Ich finde, hier herrscht ziemlich dicke Luft.»

Ich nickte nur, damit gab Tess sich zufrieden. Sie hatte wohl auch Wichtigeres im Kopf, als sich Gedanken zu machen über die Gründe für Gretas scheinbar schlechte Laune.

Sie plante eine Hochzeit, die einer Fürstin zur Ehre gereicht hätte, und machte die ersten Abstriche, weil ihre Eltern den Größenwahn nicht finanzieren konnten, ihr Bruder sich weigerte und Jan es lieber still und bescheiden wollte.

Es wurde eine sehr kleine Feier, im Juni vor zwei Jahren, die Familie Damner, das Brautpaar und wir als Trauzeugen. Dass Gretas Hand nicht zitterte, als sie die Urkunde unterschrieb, lag nur an den beiden Valium, die ich ihr aufgenötigt hatte. Es war das erste Mal, dass sie solch ein Mittel einnahm, danach tat sie es häufiger.

Schon sehr früh am Abend schlug ich vor, uns zu verabschieden. Ich wollte mit Greta zu meiner Wohnung fahren, sie weigerte sich. Also fuhren wir zu ihr. Da saßen wir dann auf der Couch. Ins Bett gehen mochte sie nicht. «Ich kann nicht. Wenn ich nur daran denke, sehe ich ihr Schlafzimmer.»

Tess hatte das Haus eingerichtet, sich mit Wonne auf Jans Rücklagen gestürzt und ihrem Ideenreichtum freien Lauf gelassen. Sie hatte einen erlesenen Geschmack, ein Innenarchitekt hätte es nicht besser gekonnt. Das große Wohnzimmer war in Weiß und Hellgrau gehalten. Mandy zum Trotz, die mit ihren fünfzehn Monaten noch ein bisschen unsicher auf den Beinen und grundsätzlich mit einem Schokoladenkeks bewaffnet war.

Über der Couch hing ein abstraktes Ölgemälde in schlichtem Rahmen, das sich harmonisch ins Ganze einfügte. Das Hochzeitsgeschenk eines ungenannten Gönners. Mandys Vater, wie Tess mir zwei Tage vor der Hochzeit anvertraut hatte.

Ich wusste nicht, was ich von dieser Behauptung halten sollte. Mir erschien es äußerst widersprüchlich, dass ein Mann wie ein Tier über seine ehemalige Geliebte herfiel und sie dann mit einem überaus großzügigen Präsent bedachte. Andererseits war sonst niemand in Sicht, der ein so teures Geschenk hätte machen können. Es schien auch, als habe er seinen Willen bekommen.

Tess sagte: «Im Gegenzug habe ich ihm seine Erklärung zurückgegeben. Er hat versprochen, freiwillig zu zahlen. Wenn er das nicht tut – ich habe eine Kopie. Er soll sich nur nicht zu sicher fühlen, sonst werde ich es ihm zeigen.»

Und Jan wollte sie zeigen, was sie sich unter einem erfüllten Eheleben vorstellte. Das Schlafzimmer balancierte auf einem schmalen Grat zwischen nächtlicher Bequemlichkeit und sinnlichem Versprechen. Natürlich hatten wir uns alles ansehen müssen, Greta sogar dreimal. Und dann sah sie es eben vor sich. Jans Hochzeitsnacht!

Auf dem Weg zu ihrer Wohnung erzählte sie mir unentwegt, dass sie sich jetzt nicht benehmen dürfe wie ein trotziges Kind, das seinen Willen nicht bekommen hatte. Jeder Mensch habe das Recht, einen Partner oder eine Partnerin nach seinem Geschmack und seinem Gefühl zu wählen. Jan habe ihr niemals auch nur ein Fünkchen Hoffnung gemacht. Im Gegenteil: Warum können wir nicht Freunde bleiben? Das konnten sie, das mussten sie sogar.

Sie wollte Jan nicht völlig verlieren, Tess natürlich auch nicht. Beide sollten nicht den geringsten Grund bekommen, sie aus ihrem Leben zu verbannen, weil die Freundin der Frau in einer erfüllten Ehe nichts zu suchen hatte, speziell dann nicht, wenn sie den Mann gerne für sich gewonnen hätte. Und es musste doch jemand aufpassen, dass Tess ihn nicht zugrunde richtete mit ägyptischer Mythologie, Schleiertänzen, ihren Ansprüchen und ihrer Unersättlichkeit.

«Ich weiß, wie ich klinge», sagte Greta, «wie ein eifersüchtiges Luder. Das bin ich im Moment auch, sie hat mir zwei Männer weggenommen. Aber das ist es nicht allein.

Ich kenne Tess. Man hat ihr nie beigebracht, dass es Grenzen gibt.»

Es dauerte etliche Wochen, ehe Greta sich mit den Gegebenheiten arrangiert hatte und in der Lage war, ihnen aufrichtig und von ganzem Herzen all das zu wünschen, was sie sich vom Leben erhofften. Für Tess immer genügend Geld auf den Bankkonten, einen berühmten Ehemann und ein bisschen mehr Leidenschaft. Da haperte es anscheinend. Noch zwei Monate nach der Hochzeit klagte Tess, es sei ein hartes Stück Arbeit. Das glaubte Greta ihr unbesehen.

Und Jan wünschte sie eine harmonische Ehe. Dass seine kleine Stieftochter, in die er völlig vernarrt war, ihn so bald als möglich Papa nannte. Erfolg im Beruf, dass er irgendwann die zweite, dritte und vierte Romanszene schrieb. Ihre guten Wünsche kamen zu diesem Zeitpunkt von ganzem Herzen, davon bin ich überzeugt. Nur hatte Greta seit langem kein Herz mehr, wie hätte sich da einer ihrer Wünsche erfüllen können?

Äußerlich schien es monatelang, als seien Jan und Tess das ideale Paar. Greta fuhr regelmäßig zweimal in der Woche am Abend nach Lindenthal, meist am Dienstag und am Donnerstag. Sie sah und hörte eine Menge, ich erfuhr davon knapp die Hälfte und grundsätzlich nur das, was Jan als liebenden und treu sorgenden Familienvater zeigte.

Gemeinsam besuchten wir sie jeden zweiten Sonntag. Manchmal gingen wir zusammen essen. Mandy wurde solange bei den Großeltern deponiert. Aber Jan verbrachte seine Freizeit lieber in den eigenen vier Wänden und mit dem Kind. Und mit Freunden essen oder feiern, fand Tess, konnte man auch daheim.

Sie gab Partys. Zur ersten, einige Wochen nach ihrer Hochzeit, lud sie auch zwei von Gretas Stammgästen ein,

Luis und Hella Abeler, sowie ein paar von Jans Kollegen, um mit anschaulichem Material zu demonstrieren, dass ihr Mann mit Abstand der kreativste Kopf in dieser Runde war.

Der Abend endete damit, dass sich eine Gruppe in Jans Arbeitszimmer verzog, um am Computer ein paar Überstunden mit einer Fernsehserie zu absolvieren, während die andere Gruppe über Präzedenzfälle und Revisionsurteile plauderte.

Tess versuchte, mit Hella Abeler ins Gespräch zu kommen. Aber Hella war nicht interessiert an Funden von Saurierknochen in der Taiga. Sie achtete lieber darauf, dass Luis nicht ein zweites Mal im Eifer des Wortgefechtes die Hand auf Gretas Knie legte.

Ab der zweiten Einladung beschränkte Tess sich auf das Publikum, das sie dirigieren konnte, Leute aus ihren Kursen und dem Fitnessstudio, Greta und mich. Und wenn die letzten Steaks oder Schnitzel vom Grill genommen waren, animierte sie Jan: «Erzähl mal die Szene, die du gestern geschrieben hast, Schatz.» Und zu uns: «Jan hat eine umwerfende neue Szene geschrieben. Ich hatte eine Gänsehaut, als ich sie las.»

Auch nach der Hochzeit teilte Jan seine Zeit in Pflicht und Kür. Meist arbeitete er bis zum Spätnachmittag fürs Fernsehen, danach noch einige Stunden am Roman. Und einmal im Monat leistete er sich einen freien Tag, um ungestört von Frau, Stieftochter und Telefon bei einer Fahrt über Land Ideen für den Roman zu sammeln. Ob er auch vorher schon herumgefahren war, wusste kein Mensch. Aber anscheinend funktionierte es nun endlich, er kam voran.

Doch kaum hatte er begonnen, uns mit seinem letzten grandiosen Einfall zu unterhalten, unterbrach Tess ihn: «Nein, Schatz, nicht so trocken.» Dann erzählte sie.

Es waren Szenen, wie wir sie mit der Neunzehnjährigen als Opfer zur Genüge kannten. Doch nun waren es andere Frauen, es gab jeweils eine kleine Vorgeschichte, die sich darum drehte, wie der Täter seine Beute aufspürte und belauerte, ehe er zuschlug.

Es gab noch einen weiteren Unterschied: Wenn Tess es beschrieb, klang es in keiner Weise abstoßend. Sie schmückte aus, schilderte mehr die inneren als die äußeren Vorgänge. Todesangst statt gebrochener Knochen oder blindwütiger Prügel. Die Emotionen des Mörders, seine Beweggründe und seine Persönlichkeit standen im Vordergrund. Und das, was ihn antrieb, wurde menschlich und verständlich.

Bei ihrer Phantasie hätte sie selbst schreiben sollen. Doch das wäre Arbeit gewesen, schnell zur Gewohnheit und Pflicht geworden. Tess begnügte sich damit, Jans Arbeit zu beeinflussen, soweit er das zuließ. An seinen Drehbüchern war sie nicht interessiert – Drehbuchautoren werden selten berühmt. Was dagegen den Roman betraf, schien sie ehrlich bemüht, ihn aus festgefahrenen Gleisen zu zerren und sein vermeintlich angeschlagenes Selbstbewusstsein zu stabilisieren. Gräuelmärchen erzählte sie keine mehr. Mandys Vater mit all seiner Macht über Leben und Tod verschwand in der Versenkung.

Um die eheliche Routine aufzulockern und Jan nicht bei der Drehbucharbeit zu stören, reichten Tess ein paar außerhäusliche Aktivitäten. Vormittags besuchte sie ihre Eltern oder irgendwelche Leute, die sie in den diversen Kursen kennen gelernt hatte. Nachmittags war sie unterwegs, entweder in irgendeinem Seminar oder im Fitnessstudio. Jan kümmerte sich in der Zeit um Mandy und schien vollauf zufrieden mit seiner Rolle als Babysitter. Er behauptete stets, wenn Mandy neben seinem Schreibtisch spiele, könne er sich besser konzentrieren.

Abends ging Tess darin auf, ihren Haushalt und ihr Kind zu versorgen. Und nachts – von Zeit zu Zeit kam noch ein dezenter Hinweis auf Jans Einfallslosigkeit im Ehebett. Doch Tess benahm sich, als bewältigte sie das harte Stück Arbeit mühelos und würde auch sonst in allen – sprich finanziellen – Punkten zufrieden gestellt.

Ein großer Einkaufsbummel pro Woche war in den ersten Monaten an der Tagesordnung. Meist erschien sie danach bei Greta und breitete ihre Neuerwerbungen aus. Dass Jan sie nicht derart reichlich mit Bargeld oder Kreditkarten ausstatten konnte, lag auf der Hand. Das Haus und die Einrichtung hatten seine Reserven völlig aufgezehrt. Er verdiente gut, doch dass er das Finanzamt, die Hypothekenbank, diverse Versicherungsgesellschaften und Tess zufrieden stellen konnte, bezweifelte ich.

Was aus den hohen Unterhaltszahlungen für Mandy wurde, erfuhren wir nicht. Da mussten wir nach dem äußeren Anschein urteilen. Das Bild zur Hochzeit, zusätzlich vielleicht eine hohe Abfindung. Oder Mandys Vater hielt in den ersten Monaten sein Versprechen und zahlte. Dann versiegte die Quelle anscheinend.

Bis dahin hatte Tess einmal scherzhaft erklärt, Jans Vorfahren müssten aus Schottland stammen. Nun hieß es konkret Geiz und Pfennigfuchserei. Sie regte sich auf über Männer, die mit ihrem Hintern auf dem Geldsack saßen und freiwillig keinen Pfennig mehr als unbedingt nötig herausrückten. Da Tess im Plural sprach, konnte das nicht ausschließlich an Jans Adresse gehen. Es klang nach dem, was ich vorhergesehen hatte.

Mandys Vater hatte seine Erklärung zurückbekommen und fühlte sich sicher. Das durfte er auch. Selbst wenn Tess hundert Kopien von der Vaterschaftserklärung besäße, ihn damit zu erpressen, durfte sie nicht wagen nach den Erfahrungen, die sie zum Jahresbeginn gemacht hatte.

Sie war angewiesen auf das, was Jan ihr für die Haushaltsführung zubilligte. Das reichte ihr nicht. Sie fühlte sich betrogen. Auch das Fitnessstudio, der Tennisclub oder ein Kursus über transzendentale Metamorphose kosteten Geld. Und Jan wollte nicht einsehen, dass so etwas lebensnotwendig sein sollte.

Greta sah es auch nicht ein. «Was willst du mit dem Unsinn? Tu doch etwas Vernünftiges!»

«Du redest schon wie mein Bruder», murrte Tess.

Also war Greta nicht die Einzige, die ihr begreiflich machen wollte, dass man Geld nicht zum Fenster hinauswerfen konnte. Bestimmt nicht, wenn andere es verdienen mussten.

*

Wenn Greta von ihren abendlichen Besuchen in Lindenthal zurückkam und berichtete, was sie anfangs noch regelmäßig tat, stand Tess nicht eben strahlend da. Mehr und mehr wandelte mein exotischer Falter sich zur Xanthippe, ließ ihren Frust an dem armen Jan aus, lästerte, stichelte, ließ sich keine Gelegenheit für kleine Seitenhiebe entgehen, setzte ihn zunehmend unter Druck. Um keinen Preis der Welt war Greta bereit, in Betracht zu ziehen, dass Tess unter anderen Dingen leiden könne als Jans Geiz.

Es gab dafür im ersten Jahr ihrer Ehe auch keine konkreten Anzeichen. Wenn man von einem Wespenstich absieht, der Tess neun Monate nach der Hochzeit daran hinderte, mit uns am Esstisch Platz zu nehmen.

Ich sehe sie noch vor ihrem Teller stehen, höre ihre Entschuldigung und ihr Lachen. «Ich weiß, dass es ungemütlich wirkt. Aber sitzen kann ich wirklich nicht.»

Passiert sei es freitags beim Besuch der Sauna, erzählte Tess. Dort habe sie nun wirklich nicht mit Wespen gerechnet. Zumal man nicht davon ausgehen könne, dass es im März schon welche gab.

Wespen im März, das war auch mit völlig neu. Aber es klang so harmlos, dass es nicht lohnte, sich großartig Gedanken darüber zu machen. Ebenso harmlos schienen in der Folgezeit kleine Hautabschürfungen. An den Handgelenken und Fußknöcheln ließen sie sich kaum durch Kleidungsstücke verbergen. Darauf angesprochen sagte Tess meist: «Ich habe mich gestoßen. Ich weiß gar nicht, was mit mir los ist. In letzter Zeit renne ich nur noch gegen Ecken und Kanten.»

Das klang sogar plausibel, weil sie schon zum Ende des ersten Ehejahres hin und wieder zu tief in ein Whiskyglas schaute. Es war noch nicht so gravierend, dass man von Alkoholismus hätte sprechen müssen. Aber mehr und mehr benahm Tess sich wie eine enttäuschte, verbitterte und hilflose Frau, die keinen Ausweg aus ihrem Dilemma sah und deshalb zur Flasche griff.

«Sie ist so frustriert», sagte Greta häufig. Aber kein Wort über die auffälligen Zeichen, die sie im Laufe der Zeit registrierte. Als kein Weg mehr daran vorbeiführte, dass bei Jan und Tess längst nicht alles so war, wie sie es sehen wollte, nahm Greta für sich die Überzeugung in Anspruch, Tess nutze die von mir gelieferte Munition, um einen neuen Mythos zu schaffen.

Mandys Vater stand als Buhmann nicht mehr zur Verfügung. Niemand war bereit, sich auf ihre Seite zu stellen und den Stab über Jan zu brechen, wenn Tess sich auf seine Knausrigkeit berief. Gegen offene Anschuldigungen hätte Jan sich zur Wehr setzen können, also verzichtete Tess darauf. Wie sich das für die Frau eines Drehbuchautors gehörte, spielte sie kleine Szenen vor, um alle Welt zu überzeugen, dass sie den schwarzen Mann aus dem Loseimer gezogen hatte. So sah Greta es.

Ich weiß nicht mehr, wie oft wir deswegen stritten. Egal, mit welchem Thema wir begannen, wir endeten unweigerlich bei Jan und Tess. Manchmal war ich es so leid.

Für uns beide lief es bestens, beruflich und privat. Es gab keinen Grund mehr für Heimlichkeiten. Wir waren ein Paar, kannten unsere Stärken und Schwächen, kamen wunderbar miteinander aus, solange wir uns auf persönliche Belange beschränkten. Aber gezwungenermaßen schleppten wir dieses Päckchen mit uns, Freundschaft, Befürchtungen, Vermutungen, Verdächtigungen und nie ein schlüssiger Beweis.

An einem Sonntag im August sollte ein Haushaltsgerät verantwortlich sein für das, was nicht zu übersehen war. Es war ein sehr heißer Nachmittag. Wir saßen zu viert auf der Terrasse. Tess trug einen luftigen Rock und eine ärmellose Bluse. Mandy spielte in der Sandkiste. Jan plauderte lässig mit Greta.

Er hatte endlich den richtigen Einstieg in den Roman gefunden und am vergangenen Abend zwei Szenen geschrieben, völlig anders als alles, was er bisher zu Papier gebracht hatte. Zufrieden war er allerdings nicht damit.

Während er sprach, spielte Tess wie in Gedanken versunken mit einem breiten Goldarmband an ihrem rechten Handgelenk, das noch aus Zeiten ihrer großen Liebe stammte. Mir fiel auf, dass Greta wie gebannt auf das Armband starrte. Ich folgte ihrem Blick und sah eine schmale, blutunterlaufene Abschürfung. Das Armband deckte sie beinahe völlig ab. Ich räusperte mich und unterbrach Jan damit in seinen Ausführungen.

«Was hast mit deinem Arm gemacht?»

Tess warf einen kurzen Blick auf ihr Gelenk und lachte verlegen: «Ach, das war Dämlichkeit. Ich bin mit dem Armband in der Waschmaschine hängen geblieben.»

Das glaubte ich ihr keine Sekunde lang. Ein solches Schmuckstück trug man kaum bei der Hausarbeit. Abgesehen davon sprach ihr linkes Handgelenk dagegen. Links trug sie eine Uhr mit breitem Lederband. Und dicht unter dem Band zeichnete sich ebenfalls ein dunkler Streifen auf ihrer Haut ab. Tess bemerkte, dass ich auch die zweite Verletzung registriert hatte. Sie warf einen Blick auf Jan, fast wie Bedauern, als täte ihr Leid, dass mir etwas aufgefallen war, was niemand sehen sollte.

Jan presste für ein paar Sekunden die Lippen aufeinander, dann sprach er weiter über seine Unzufriedenheit mit den beiden neuen Szenen. «Die Seiten lesen sich wie ein Drehbuch. Handlung und Dialog. Ich kann die Leute zur Not noch denken lassen. Aber sie fühlen ja auch etwas.»

Mandy lief zwischen der Sandkiste und Jans Sessel hin und her, kippte ihm eimerchenweise Material auf den Schoß. Tess wischte ihm den Sand von den Beinen und meinte lächelnd: «Um über Gefühle schreiben zu können, muss man welche haben, Schatz.»

Jan starrte sie an, als hielte er sich nur mit Mühe in seinem Sessel. Ich hatte den Eindruck, er wäre liebend gerne aufgesprungen und hätte sie geschlagen.

«Wirf nicht gleich die Flinte ins Korn», sagte Greta hastig und legte ihm eine Hand auf den Arm – wie um ihn im Sessel festzuhalten. «Darf ich die beiden Szenen sehen?»

Er nickte und ging ins Haus, um die Seiten auszudrucken. Greta folgte ihm. Als beide außer Hörweite waren, fragte ich: «Bist du auch mit der Uhr in der Waschmaschine hängen geblieben?»

Tess strich eine Haarsträhne aus der Stirn und betrachtete mich beinahe feindselig. «Nein, das Band scheuert. Ich werde mir bei Gelegenheit ein neues kaufen. Hast du sonst noch Fragen?»

«Entschuldige», sagte ich. «Ich wollte nicht indiskret werden. Ich dachte nur, du solltest wissen, wo du Hilfe findest, wenn du sie brauchst.»

Tess lächelte kühl. «Vielen Dank, Niklas. Ich komme sehr gut alleine zurecht.» Dann beschäftigte sie sich mit Mandy, bis Jan und Greta zurück auf die Terrasse kamen.

*

Jan hatte zehn Seiten ausgedruckt. Wir nahmen sie mit und lasen sie gemeinsam. Es waren zwei schlimme Szenen, und das lag nicht an der trockenen Sprache.

In der ersten Szene stritten ein Mann und eine Frau in einer Küche. Der Mann trank dabei Bier direkt aus der Flasche. Die Frau saß auf einem Stuhl, hielt eine Schüssel mit Kartoffeln auf dem Schoß und ein Schälmesser in der Hand.

Sie schrie hysterisch auf den Mann ein. Ihr kleiner Sohn drückte sich in eine Ecke. Er hatte Angst. Dem Mann fiel die Flasche aus der Hand. Das Bier ergoss sich über den Fußboden. Die Frau beschimpfte ihn unflätig. Der Mann verließ die Küche. Die Frau wandte sich dem Kind zu. Ihr gesamter Frust und der Hass entluden sich über den kleinen Jungen.

In der zweiten Szene lag die Frau auf dem Fußboden – in einer Lache aus Bier und Blut. Sie hielt einen Wischlappen in der Hand. Neben ihr lag das Schälmesser. Ihr Hals war zerfetzt. Ihr kleiner Sohn drückte sich in eine Ecke. Er weinte.

«Das habe ich mir gedacht», sagte ich. «Er kann wirklich nichts anderes, als Frauen niederzumetzeln. Es hätte doch zur Abwechslung mal der Mann sein können.»

«Hör auf zu lästern», verlangte Greta. «Es ist jedenfalls keiner von seinen üblichen Morden. Es ist ein soziales Drama. Wenn er das durchhält, aus dem Stoff lässt sich etwas machen.»

Einen anderen Kommentar hatte ich nicht von ihr erwartet. Ich kam auf Tess' Handgelenke zu sprechen. Greta winkte genervt ab. «Sie hat dir doch erklärt, wie sie sich verletzt hat.»

«Die Abschürfung rechts zog sich um das gesamte Gelenk», sagte ich. «Wie soll das passiert sein? Und dann an beiden Armen. Für mich waren die Verletzungen typisch. Und dir muss ich doch nicht erklären, für was.»

Greta vertrat zu dem Zeitpunkt einen Jugendlichen aus der rechtsradikalen Szene, der einen Altersgenossen mit Handschellen gefesselt und misshandelt hatte. Die Spuren an den Handgelenken des Opfers waren identisch mit denen von Tess.

Greta tippte sich an die Stirn. «Handschellen! Du spinnst doch. Vielleicht war es Schminke. Zum Hochzeitstag hat Jan sie nur mit dem obligatorischen Rosenstrauß bedacht. Das verzeiht sie ihm nie. Meinst du, sie hätte das Armband umsonst vorgeführt? Sie hat in den letzten Monaten kaum noch Schmuck von Mandys Vater getragen.»

Ich zählte auf, wie viele Abschürfungen ich schon bemerkt hatte, grundsätzlich an Handgelenken und Fußknöcheln. Und den Wespenstich auf dem Hintern nicht zu vergessen.

Greta berief sich auf die beiden Herzenswünsche im Schulheft und den Einbrecher. Ich hielt dagegen, dass Tess inzwischen erwachsen war und eben nichts erzählte, mit Ausnahme des Satzes über Gefühle.

«Das reicht doch für dich», meinte Greta. «Ich kenne sie besser und entschieden länger als du. Jan mag etwas schwerfällig sein. Aber er ist kein Sadist. Das ließe sie sich von ihm nicht bieten. Bei Mandys Vater hat sie auch

Zeter und Mordio geschrien, und der war ihr entschieden wichtiger als Jan.»

«Was Mandys Vater mit ihr veranstaltet hat», erklärte ich, «war ein Akt brutaler Gewalt. Es hatte nichts mit Sadismus zu tun.»

«Wenn Jan ihr sadistische Praktiken abverlangte», behauptete Greta, «wäre ich die Erste, die es erfährt.»

«Das glaubst du», konterte ich. «Du glaubst vermutlich auch noch, Tess wüsste nicht, was du für ihn empfindest. Sie ist doch nicht blind, Greta. Du müsstest dich einmal beobachten können, wenn du mit ihm zusammen bist.»

Wir stritten den ganzen Abend. Am nächsten Morgen unternahm ich den ersten Schritt, Licht ins Dunkel von Jans Vergangenheit zu bringen. Von der Trauungsurkunde kannte ich sein Geburtsdatum und den Geburtsort Braunschweig. Es war nicht viel, aber es war ein Ansatzpunkt.

Greta war außer sich, als sie von meinen Bemühungen erfuhr. Dass ich im Leben eines Mannes, der mich inzwischen für seinen Freund hielt, stocherte wie in einem Misthaufen, empfand sie als eine bodenlose Unverschämtheit.

Dabei mehrten sich für sie nach dem Augustsonntag die Anzeichen, dass ich mit meiner Einschätzung der Verletzungen richtig lag. Aber davon erzählte sie mir erst viel später. Und zu Gesicht bekam ich nichts mehr. Bei mir wurde Tess extrem vorsichtig.

Ich war nicht dabei, als sie Greta an einem Abend im Oktober ein Kleid zeigen wollte, das sie von ihrem Vater geschenkt bekommen hatte. Greta folgte ihr ins Schlafzimmer. Das Bett war nicht gemacht, und sie bemerkte ein paar Flecken auf ihrem Kopfkissen. Eindeutig Blut!

Tess sah ihren Blick und lachte. «Ich wollte den Bezug

heute Morgen wechseln. Mandy kam dazwischen, und ich hab's vergessen. Das kommt davon, wenn man ohne Unterwäsche schläft. Ich habe letzte Nacht meine Periode bekommen.»

«Auf dem Kopfkissen?», fragte Greta.

«Warum nicht?», meinte Tess. «Jetzt schau mich nicht an wie die Heilige Jungfrau. Wer liegt denn immer mit dem Kopf auf dem Kissen? Und Jan stört es nicht, wenn etwas Farbe ins Spiel kommt. Ein guter Seemann schwimmt auch durch das Rote Meer.»

Während sie sprach, ging Tess zum Schrank. Auf dem oberen Bord lag ein Stapel mit Kissenbezügen. Sie zog einen heraus, etwas fiel klirrend zu Boden. Ein Paar Handschellen! Und mit einem leisen Poltern fiel ein Kerzenstummel hinterher. Der Rest einer einfachen weißen Kerze mit schwarz verbranntem Docht.

Über den Kerzenstummel verlor Tess kein Wort, als ob man solche Restbestände grundsätzlich unter der Bettwäsche aufbewahrte. Und die Handschellen ... «Wie kommen die denn dahin? Jan hat schon danach gesucht.»

Tess raffte beide Sachen vom Boden. Dabei erzählte sie, die Handschellen seien ein Geschenk von einem Kripobeamten, mit dem Jan in letzter Zeit häufig zu tun gehabt habe. Recherche für den Roman, damit alles lebensecht wirkte. Nur brachte Tess ihm die Handschellen nicht ins Arbeitszimmer. Sie schob sie zurück unter die Kissenbezüge, den Kerzenstummel legte sie in ihren Nachttisch.

Aber auch wenn Greta mir verschwieg, was sie gesehen hatte, alles ließ sich nicht verbergen. An einem Sonntag im Februar waren wir zum Essen verabredet. Greta und ich waren pünktlich. Jan saß ausgehfertig auf der Couch, auch Mandy auf seinem Schoß war bereits mit Mütze und Jacke bekleidet. Und Tess öffnete uns im Bademantel. «Setzt euch noch 'n Moment.» Sie lallte, als sei sie betrunken.

Sie ging zur Treppe, stieg hinauf. Und es war nicht zu übersehen, dass sie dabei erhebliche Schwierigkeiten hatte. Sie schwankte jedoch nicht, wie man es bei einer Betrunkenen erwartet hätte. Sie zog nur ihr linkes Bein nach. Und später im Restaurant nahm sie so vorsichtig Platz auf ihrem Stuhl, dass ich es mir kaum ansehen konnte.

«Bist du wieder von einer Wespe gestochen worden?», fragte ich.

Tess lächelte gequält. «Nein, ich habe mir das Bein verbrüht. Ich wollte einen Topf vom Herd nehmen und habe ihn fallen lassen. Ist nicht so tragisch.»

Einige Wochen später hatte ich dann endlich Erfolg mit meinen Bemühungen um Jans Vergangenheit. Es war nicht einfach gewesen. Ich hatte sogar meinen Vater bitten müssen, seine Beziehungen spielen zu lassen. Aber es hatte sich gelohnt.

*

Im April bekam ich die Kopie einer alten Prozessakte zugeschickt, die bewies, dass Jan zumindest die beiden neuen Romanszenen nicht frei erfunden hatte. Ein Mann, eine Frau und ein Kind in einer Küche, es war, wie Greta festgestellt hatte, als wir die Seiten lasen, ein soziales Drama und ein sehr persönliches. Es war Jans Geschichte.

Seine Mutter war in der Küche erstochen worden – mit einem Messerchen, mit dem sie Kartoffeln geschält hatte. Zuvor hatte sie ihren Mann und ihren Sohn in übelster Weise beschimpft. Jan war damals vier Jahre alt gewesen.

In der Prozessakte waren etliche Zeugen benannt. Nachbarn, die erlebt hatten, dass die Ehe seiner Eltern die

Hölle auf Erden war. Eine Mussehe. Eine frustrierte Frau, die etwas anderes von ihrem Leben erwartet hatte als eine enge Wohnung und finanzielle Sorgen. Ein labiler Mann, der schnell zur Flasche griff, wenn er Probleme nicht bewältigen konnte.

Es müssen viele Probleme gewesen sein. Arbeitslosigkeit, Pfändungen, ein unerwünschtes Kind. Aber Jans Vater hatte ihn geliebt, seinen Sohn. Zwei Nachbarn sagten aus, sie hätten den Mann mehrfach im Treppenhaus sitzen sehen, mit einer Bierflasche in der Hand, weinend. Auf seine Nöte angesprochen, hätte es jedes Mal geheißen: «Immer lässt sie ihre Wut auf mich an dem armen Jungen aus. Sie hat ihn wieder grün und blau geschlagen. Jetzt liegt er in seinem Bett und traut sich nicht einmal zu weinen. Ich kann das nicht mehr mit ansehen.»

Nur ging es in der Prozessakte nicht um Kindesmisshandlung. Es ging um Totschlag im Affekt. Ein Pflichtverteidiger hatte noch versucht, eine Notwehrhandlung daraus zu machen. Aber Jans Vater war seiner Frau körperlich überlegen gewesen. Er muss ein großer, kräftiger Mann gewesen sein, hätte nur einmal zuschlagen müssen, um seine Frau von dem Kind abzubringen.

Genau das hatte er wohl nicht tun können. Nachbarn und ehemalige Arbeitskollegen beschrieben ihn übereinstimmend als einen sanften, geduldigen Mann, der keine Fliege totschlagen konnte. Nur seine Frau konnte er anscheinend erstechen, als er sich nicht mehr anders zu helfen wusste.

Es gab keine Zweifel an seiner Schuld. Er legte im Polizeiverhör ein Geständnis ab, widerrief es allerdings in der Verhandlung mit der Begründung, er sei betrunken gewesen und habe im ersten Schock nicht gewusst, was er sagte, außerdem hätten ihn die Beamten unter Druck gesetzt. In Wahrheit, sagte er vor Gericht, habe er die Küche ver-

117

lassen, nachdem ihm die Bierflasche aus der Hand gefallen sei. Er habe sich aufs Bett gelegt und sei eingeschlafen. Das Letzte, was er aus der Küche gehört habe, seien das Keifen seiner Frau und das Weinen seines Sohnes gewesen.

Niemand glaubte ihm. Totschlag im Affekt. Die zwei Promille Alkoholgehalt im Blut zur Tatzeit wirkten sich strafmildernd aus. Jans Vater war zu einer verhältnismäßig geringen Gefängnisstrafe verurteilt worden. Er hatte sich kurz darauf in seiner Zelle erhängt, einen Zettel hinterlassen, auf dem er seine Schuld erneut eingestand, seinem Sohn viel Glück für die Zukunft wünschte und liebe Menschen, die sich um ihn kümmern sollten.

Was aus dem vierjährigen Jan geworden war, ging nicht aus der Akte hervor. Das erfuhr Greta auf andere Weise. Und sie musste nicht schnüffeln wie ich, nur zuhören oder zuschauen, wenn Jan von seinem Roman erzählte oder daran arbeitete. Allerdings hatte sie, bis ich ihr Einblick in die Akte verschaffte, nicht gewusst, was er in den Computer tippte: sein eigenes Leben. In ihren Augen war das seine Art, sich mitzuteilen. Seine einzige Möglichkeit, etwas von seinem Elend auszusprechen und zu verarbeiten.

Von ihren beiden Besuchen pro Woche war der Dienstagabend meist Jan gewidmet. Dann saßen sie zusammen in seinem Arbeitszimmer, Greta half ihm, seine trockene Sprache zu beleben, die Romanfiguren nicht nur agieren, auch denken und fühlen zu lassen. Nach der Lektüre der Prozessakte hatte sie dabei erhebliche Schwierigkeiten, wollte ihn nicht spüren lassen, wie Leid er ihr tat. Manchmal fiel es ihr unendlich schwer, ihn nicht in die Arme zu nehmen, zu trösten, irgendetwas zu sagen oder zu tun, was das Entsetzliche ein wenig mildern konnte.

Nach der prügelnden Mutter eine bigotte Großmutter,

die sich die Füße krumm lief zur Kirche, den Enkel mit Weihwasser beträufelte, um das böse Fleisch zu säubern und ihm den Teufel auszutreiben. Später fand sie perfidere Methoden wie Nächte im Schweinestall und vorher mit nackten Beinen durch ein Stück Garten, das hauptsächlich mit Nesseln bewachsen war.

Zum Frühstück gab es das heiße Wachs einer geweihten Kerze für die Handteller. Wenn er ausnahmsweise einmal in einem Bett geschlafen und eingenässt hatte, gab es auch dafür heißes Wachs – direkt auf die bösen Stellen.

Als er acht Jahre alt war, wurde ein Lehrer zumindest auf die versengten Hände aufmerksam. Das Jugendamt schritt ein. Es folgte die Heimeinweisung. Erträglicher wurde das Leben damit für ihn nicht. Es gab Misshandlungen für jede Verfehlung, meist Stockschläge. Er reagierte in solchen Fällen wie üblich mit Trotz.

Mit zwölf folgte die Verlegung in ein Heim für schwer Erziehbare und kurz darauf der erste sexuelle Missbrauch durch einen älteren Jungen. Später folgten andere Heime und andere Jungen, auch Erzieher.

Für Greta war es der blanke Horror, neben Jan am Computer zu sitzen mit der alten Prozessakte im Hinterkopf. Sie kannte viele Scheußlichkeiten aus Anklageschriften, wusste, was Menschen einander antun konnten. Aber es waren immer Fremde gewesen, die davon betroffen waren. Es war nie um einen Menschen gegangen, den sie liebte.

Mit mir darüber zu reden, wagte sie nicht. Ich hatte meine Schlüsse gezogen. Kein bisschen Wärme, keine Geborgenheit, keine Spur von Liebe in den ersten vier Lebensjahren. Ein schwächlicher Vater und eine Mutter, die ihrem Sohn einen unerbittlichen Frauenhass eingeprügelt haben musste.

«Kannst du dir nicht vorstellen, was dabei herauskommt?», fragte ich jedes Mal, wenn das Thema zur Sprache kam. «Jan war alt genug, um seine Mutter in lebhafter Erinnerung zu behalten. Er hat nichts anderes erlebt als Gewalt. Er ist nicht imstande, echte Gefühle zu entwickeln, weil er das nie gelernt hat, Greta. Und du hast dich gewundert, warum er bei dir nicht anbeißt, wo ihr euch doch von Anfang an so gut verstanden habt. Das ist die Erklärung. Wahrscheinlich musst du dankbar sein für seine Hemmungen. Er mag dich, du bedeutest ihm etwas. Er weiß, er würde dich verletzen, wenn mehr daraus wird. Deshalb hält er dich auf Distanz. Bei Tess hat er diese Skrupel nicht. Sie hat ihm genug von Mandys Vater erzählt. Eine Frau mit einschlägiger Erfahrung steckt eher etwas weg, so sieht er das vermutlich.»

«Das ist doch Unsinn», widersprach sie regelmäßig und fragte sich insgeheim, ob Tess die entsprechenden Textpassagen ebenfalls gelesen hatte. Die fromme Großmutter, heißes Wachs auf böse Stellen, die barmherzig prügelnden Schwestern im ersten Heim und all das, was noch nachgekommen war.

Wenn Tess es gelesen hatte und der Meinung war, kein Mensch sei bereit, Jan zu verurteilen, solange sie nur auf seinen Geiz schimpfte. Wenn Tess sich entschlossen hatte, ihre wilden Geschichten einmal ohne Worte zu erzählen, weil sie genau wusste, Greta hätte ihr kein Wort geglaubt …

Wenn! Und: Kannst du dir nicht vorstellen, was dabei herauskommt? Natürlich konnte Greta sich das vorstellen, nur nicht bei Jan. Nicht jeder wurde zum Monster geprügelt, manche schöpften aus den Misshandlungen in ihrer Kindheit Kreativität. Die Verbindung, die ich zwischen dem Tod seiner Mutter und seinem Kampf um den Roman zog, hielt Greta für ausgemachten Schwachsinn.

Ich sah es so: Jans Mutter hockt auf dem Fußboden, wischt die Bierlache auf und brüllt auf ihren Sohn ein. Der Junge weiß aus Erfahrung, wenn sie mit Wischen fertig ist, gibt es Prügel. Das Schälmesser liegt griffbereit auf dem Tisch oder in der Schüssel. Und der Hals der Frau ist in einer Höhe, die ein kleines Kind mühelos erreichen kann.

Ein vierjähriger Junge sticht seine Mutter ab! Auf so einen Gedanken könne nur ich kommen, meinte Greta. Jans Vater habe schließlich vor seinem Freitod erneut ein Geständnis abgelegt.

Wieder und wieder erklärte ich: «Jans Vater dürfte im Gefängnis zum ersten Mal Zeit gehabt haben, über sein verpfuschtes Leben nachzudenken. Klar im Kopf dürfte er auch gewesen sein. Er hatte nicht das Geld, sich mit Bier versorgen zu lassen. Er wusste, dass nur einer als Täter in Frage kam, sein Sohn. Jans Vater liebte seinen Sohn. Was konnte er noch für ihn tun, als die Schuld auf sich nehmen und ihm viel Glück für die Zukunft zu wünschen?»

«Du bist verrückt», war Gretas Standardantwort.

Und ich sagte dann meist: «Greta, ich will nicht auf einer Sache herumreiten, die mehr als dreißig Jahre zurückliegt. Man kann Jan nicht für den Tod seiner Mutter zur Verantwortung ziehen. Ein kleines Kind ist nicht schuldfähig. Aber er hat dir doch gesagt, wer seine Mutter getötet hat. Nicht wörtlich, aber gesagt hat er es. Was ist denn der Kernpunkt in seinem Roman? Ein Revisionsverfahren, in dem ein Unschuldiger rehabilitiert werden soll. Sein Vater war unschuldig. Wenn es ein Mensch weiß, dann Jan.»

Greta wollte davon nichts hören und sehen. Sie warf mir vor, von einer fixen Idee besessen zu sein und aus Jan unbedingt einen Mörder machen zu wollen. Aber es kam auch für sie der Tag, an dem sie der Sache auf den Grund gehen wollte, natürlich nicht mit der Absicht, Jan einer Untat zu überführen.

*

Am letzten Dienstag im Mai fuhr Greta schon kurz nach vier direkt von der Kanzlei aus nach Lindenthal, gute zwei Stunden früher als üblich. Tess war erst kurz zuvor heimgekommen. Aus dem Fitnessstudio, wie Jan mit unbewegter Miene erklärte, als er Greta ins Haus ließ. Tess war im Bad.

«Geh ruhig rein», empfahl Jan und ging zurück in sein Arbeitszimmer, wo er an einem Drehbuch arbeitete.

Ob Tess ihr Klingeln an der Haustür nicht gehört hatte, konnte Greta nicht beurteilen. Sie klopfte kurz an, und Tess rief: «Nur keine Scheu, hast du doch sonst auch nicht.»

Als Greta das Bad betrat, zuckte Tess zusammen, Greta ebenfalls. Tess stand nackt neben der Wanne, einen Fuß auf den Rand gesetzt. In einer Hand hielt sie eine kleine Flasche. Mit einem Wattestäbchen tupfte sie eine dunkle Flüssigkeit auf das hochgestellte Bein. Auf ihrem linken Oberschenkel befand sich eine Verletzung, die Greta für eine Brandwunde hielt. Auf den Brüsten gab es mehrere blaurote Kränze mit dunklen Punkten am Rand.

Mit der Erinnerung an die Verletzungen, die Mandys Vater Tess vor mehr als zwei Jahren zugefügt hatte, war es nahe liegend, zu fragen: «Hast du dich mit Mandys Vater getroffen?»

«Hältst du mich für lebensmüde?», fuhr Tess auf.

«Wie ist das dann passiert?», fragte Greta.

«Ich habe mich an einer Maschine im Fitnessstudio verletzt», behauptete Tess.

«Seit wann verursachen Maschinen Verbrennungen und Bisswunden?»», fragte Greta.

Tess lächelte. «Hast du deine Kontaktlinsen verloren? Das ist keine Verbrennung. Es ist gekniffen, schau doch genau hin.» Und die kranzförmigen dunklen Punkte auf ihren Brüsten waren ihren Worten zufolge von vorstehenden Schrauben verursacht worden. «Ich ziehe das Ding auf mich zu, da gibt es plötzlich keinen Widerstand mehr und es knallt mir gegen die Brust.»

Ich habe keine Zweifel, dass Tess genauso argumentierte. Greta war am nächsten Tag noch so schockiert, dass sie zum ersten Mal ihr Schweigen brach. «Fitnessstudio! Für wie blöd hält sie mich? Was geht da vor, zum Teufel?»

«Das weißt du doch», sagte ich.

Sie wurde heftig: «Red nicht immer diesen Blödsinn. Meinst du, Jan hätte mich ins Bad geschickt, wenn er Tess in dieser Weise verletzt hätte? Ich garantiere dir, es war Mandys Vater. Sie hat sich mit ihm getroffen.»

Sie war sich ihrer Sache wieder einmal völlig sicher, zu bedauern war bei alldem nur Jan. Er hatte sich von seiner Ehe mit Tess den Himmel versprochen, war stattdessen in der Hölle gelandet und wagte es nicht, aufzumucken oder zu erklären, was tatsächlich vorging. Er liebte Tess, nahm sogar hin, dass sie ihn betrog, um sie nicht zu verlieren. Darauf hätte Greta einen Eid abgelegt.

Jan habe sich in ein Schneckenhaus zurückgezogen, weil er so verletzlich sei, dass er nur in einem Panzer überleben könne. Er wisse, was Schmerz sei, physischer und psychischer Schmerz. Er könne über Grausamkeiten schreiben, weil er sie am eigenen Leib erfahren habe. Aber er könne niemandem wehtun.

Und davon war Greta nicht nur überzeugt, weil sie ihn liebte. Was interessierten sie die alten Sprüche: Liebe macht blind. Nicht jeden! Den einen machte sie hilflos, den anderen aufmerksam. Mich mache sie verrückt, meinte Greta.

Es ging eine Weile hin und her zwischen uns, schließlich entschied sie: «Mir reicht das jetzt. Ich finde heraus, was Tess treibt.»

Sie war tatsächlich fest entschlossen, sich im Fitnessstudio oder sonst wo auf die Lauer zu legen, Tess auf Schritt und Tritt zu folgen. Sie spielte sogar mit dem Gedanken an einen Mietwagen, damit es nicht auffiele. Doch die Kanzlei machte ihr einen Strich durch sämtliche Pläne. In den nächsten beiden Wochen hatte Greta keine freie Minute.

Neben der anfallenden Arbeit im Zivilrecht war sie in drei Strafverfahren engagiert und übernahm zusätzlich Anfang Juni auch noch einen Fall von Kindesmisshandlung. Der zuständige Oberstaatsanwalt machte ihr schwer zu schaffen. Zwar standen sie sich noch nicht vor Gericht gegenüber, aber Luis ließ schon im Vorfeld keinen Zweifel, dass er der Meister war. Er konzentrierte die Ermittlungen auf den Stiefvater des Kindes. Der Mann beteuerte seine Unschuld, benannte das Kind sogar als Entlastungszeugin. Luis präsentierte eine belastende Aussage des Kindes und ein psychologisches Gutachten, das die Glaubwürdigkeit der Fünfjährigen bestätigte.

Die Anschuldigungen gegen ihren Mandanten zu widerlegen bedeutete für Greta eine Menge Arbeit. Es blieb keine Zeit, Tess durch die Stadt zu folgen. Am zweiten Dienstag im Juni versuchte sie immerhin, von Jan die Adresse des Fitnessstudios zu erfahren, um dort nach einer Maschine mit vorstehenden Schrauben zu suchen und sich nach den Stunden zu erkundigen, die Tess hier verbrachte.

Angeblich wusste Jan nicht, wo seine Frau trainierte. Er hatte auch keine Zeit für eine längere Unterhaltung. Ihm war gerade eine völlig neue Einstiegsszene für seinen Roman eingefallen, die wollte er in Ruhe schreiben und sich nicht, wie sonst am Dienstag üblich, von Greta bei den Formulierungen helfen lassen.

Das offene Gespräch mit Tess, das Greta ersatzweise führte, brachte sie ebenfalls nicht weiter, im Gegenteil. Tess geriet außer sich, als Greta nach der Adresse des Studios fragte.

«Was fällt dir ein, hinter mir herzuschnüffeln! Wo ich trainiere, geht dich einen Dreck an. Irgendwo muss ich ja Dampf ablassen, wenn mein Göttergatte mir nicht die Chance gibt, mich bei ihm zu verausgaben. Wenn dir die Phantasie durchgeht, mach das nicht mir zum Vorwurf. Die Zeiten, in denen das berechtigt war, sind lange vorbei, meine Liebe. Ich hab dir schon so oft gesagt, woran es hier hapert. Muss ich mich denn ständig wiederholen?»

Tess lachte, nicht fröhlich, nicht gehässig. Es war nur ein rauer Ton, fast wie Husten. «Ich könnte mir einen stattlichen Dildo leisten und käme vielleicht damit auf meine Kosten, wenn er nicht so viel Zeit mit dem blödsinnigen Roman verplempern würde. Er hatte zweihundert Seiten und hat sie wieder komplett auseinander gerissen. Aus dem Ding wird nie was. Und selbst wenn, wer, meinst du, wird ihm den Schund abkaufen? Er hat nicht das Zeug zum großen Autor. Detektivgeschichten und Familientragödien schreibt er aus dem Handgelenk. Also soll er es tun, verdammt nochmal. Er könnte ohne Schwierigkeiten zwei Folgen pro Monat schaffen. Sie werfen ihm die Verträge nach und betteln ihn förmlich an, dass er unterschreibt. Wenn er es endlich täte, müssten wir nicht mit jeder Mark rechnen.»

Greta schloss später aus, dass Jan ihnen an dem Abend zuhören konnte, auch dann nicht, wenn er bei weit offenem Fenster gearbeitet hätte. Sein Arbeitszimmer lag zur Straße, und sie waren auf der Terrasse.

Tess zeterte endlos weiter. Greta gab sich Mühe, sie zu besänftigen. Zu laut sprachen sie allerdings nicht. Deshalb gab es keine Erklärung für die Szene, die Jan offenbar zum gleichen Zeitpunkt schrieb und Greta in die Finger drückte, als sie sich verabschiedete.

«Lass dir Zeit damit», sagte er. «Es eilt nicht. Kann sein, dass dir übel wird. Gefallen wird es dir bestimmt nicht. Aber ich habe in den letzten Wochen hin und her überlegt und bin zu der Überzeugung gelangt, es gibt nur diese Lösung. Das ist der Mord, mit dem der Täter überführt wird. Schau es dir an und sag mir bei nächster Gelegenheit, was du davon hältst.»

Am Mittwoch und Donnerstag kam Greta nicht dazu, sich die vier Seiten anzuschauen. Sie war vollauf mit der Kindesmisshandlung beschäftigt, hatte in der Nachbarschaft Aussagen gegen die Mutter gesammelt, die leider nicht viel bewiesen. Beim Jugendamt lag nichts vor, und der zuständige Kinderarzt weigerte sich, Auskunft zu geben. Greta erwirkte einen richterlichen Beschluss, der es ihr gestattete, Einblick in die Patientenunterlagen zu nehmen. Anschließend vereinbarte sie sofort einen Termin mit Luis für den Freitagvormittag.

Aber so wie es lief, hatte sie sich das Gespräch nicht vorgestellt. Sie kam kaum zu Wort. Eine halbe Stunde lang ereiferte Luis sich ohne Sinn und Zweck über das Leid eines wehrlosen Kindes. Ausgerechnet Luis schien sein Herz für kleine Leute entdeckt zu haben.

Seine Ehe war kinderlos. Hella Abeler hatte vor endlosen Jahren eine Fehlgeburt erlitten und sich danach einer Operation unterziehen müssen, die jede Hoffnung auf

Nachwuchs zunichte machte. Luis war glücklich darüber. Er konnte mit Kindern nichts anfangen.

Und nun klopfte er auf seinen Schreibtisch, funkelte Greta an. «Das Kind sagt die Wahrheit. Ich hatte die Kleine hier. Es war schrecklich. Ein Kind sollte lachen können, sie konnte nicht mal weinen. Ich werde verhindern, dass ihr auch noch der Atem ausgeht.»

«Dann solltest du die Mutter festnehmen», sagte Greta. «Die Kleine war schon vor der Eheschließung mit meinem Mandanten mehrfach wegen diverser Verletzungen in ärztlicher Behandlung.»

«Er hat ja auch schon vorher mit der Mutter zusammengelebt», hielt Luis dagegen. Er kochte vor Wut. Zwar war er erfahren genug, es hinter sozialem Engagement zu verbergen, Greta spürte es trotzdem und fand keine Erklärung. Es entsprach nicht seinem Wesen, und es gab keinen Grund, sich derart aufzuregen.

Es ging auf zwölf zu. Draußen stieg das Thermometer über die Dreißiggradmarke. Der Himmel sah aus wie mit Lackfarbe bepinselt. Auf dem Sims vor dem Fenster saß eine Taube und rührte sich nicht. Anscheinend war sie krank, zu matt und zu schwach, um sich einen schattigen Platz zu suchen.

In Luis' Büro staute sich die verbrauchte Luft. Eine Klimaanlage gab es nicht. Greta bat ihn, ein Fenster zu öffnen. Er zeigte auf die Taube. «Ich will das Vieh nicht hier drin haben.»

«Ich habe genug Beweise», begann Greta von neuem und wedelte mit dem Material zugunsten ihres Mandanten.

Daraufhin warf Luis einen Blick auf seine Armbanduhr und hatte es plötzlich sehr eilig, sie loszuwerden. «Ich habe noch einen wichtigen Termin, dachte nicht, dass wir so lange brauchen, sonst hätte ich dich auf

Montag vertröstet. Lass mir den Kram hier, ich schaue es mir an.»

Es war ein glatter Rauswurf. Das war der Vormittag. Der Rest des Tages war um einiges schlimmer, nicht nur für Greta.

*

Als sie zurück in die Kanzlei kam, gerieten wir in einen entsetzlichen Streit. Sie beschwerte sich über Luis. Ich stimmte eigentlich mit ihr überein, was die Unschuld ihres Mandanten betraf. Und trotzdem erkundigte ich mich, ob sie nur deshalb auf die misshandelnde Mutter gekommen sei, weil der arme Jan einschlägige Erfahrungen hatte. Damit waren wir schon bei unserem Lieblingsthema. Nur hatte ich es bis dahin nie darauf angelegt, sie zu verletzen.

Greta warf mir vor, ich hacke nur aus einem Grund ständig auf Jan herum, weil er mir Tess vor der Nase weggeschnappt habe.

«Irrtum, Mäuschen», sagte ich. «Zu dem Zeitpunkt, als er sich Tess geschnappt hat, habe ich sie seit langem nur noch gebraucht, um dich aus der Reserve zu locken. Es hat nur leider nicht funktioniert. Dich hat ja nicht einmal das letzte Jahr zur Vernunft gebracht. Wenn Tess ihm morgen einen Tritt gibt, nimmst du ihn mit offenen Armen auf und ich bin abgemeldet. Habe ich Recht?»

Sie schwieg, aber ihre Miene sprach Bände.

«Mein Gott, Greta, wo hast du deinen Verstand? Er ist ein Killer. Seit dreieinhalb Jahren geht das jetzt so, direkt vor deiner Nase, du suchst sogar noch die schönen Formulierungen für sein Machwerk! Welcher Autor, der bis zu den Ohren in Arbeit steckt und seine Sinne alle unter Kontrolle hat, beschäftigt sich denn dreieinhalb Jahre lang mit einem Projekt, das nichts weiter ist als eine Anhäufung von Mordszenen?»

«Wie kannst du dir anmaßen, seinen Roman zu beurteilen, wenn du nur kleine Ausschnitte kennst?»

«Mir reichen die kleinen Ausschnitte», sagte ich. «Und dir sollten sie eigentlich auch reichen, nachdem ich dir gezeigt habe, auf welcher Vorlage sein sozial dramatischer Einstieg beruht. Ich wäre in keiner Weise überrascht, wenn sich über kurz oder lang herausstellt, dass der große Rest sein Tagebuch ist. Diese Typen lieben es, in Erinnerungen zu schwelgen. Da haben sie gleich noch einmal das halbe Vergnügen. Wozu ist er einmal im Monat unterwegs? Was recherchiert er draußen? Wenn er zurückkommt, hat er einen neuen Mord kreiert oder zumindest ein neues Opfer ausgekundschaftet.»

«Wenn du davon so überzeugt bist, warum hast du dann nicht längst etwas gegen ihn unternommen? An deiner Stelle wäre ich schon vor Monaten mit ein paar Passagen bei der Polizei gewesen oder bei Luis. Da könnte der Meister sich auf einen richtig großen Fall stürzen.»

Ihr Ton machte deutlich, dass es höchste Zeit war aufzuhören, wenn ich nicht das Wochenende alleine verbringen wollte. Es wäre einfach gewesen, den Mund zu halten und es nicht auf die Spitze zu treiben. Aber ich war wütend. Seit dreieinhalb Jahren kämpfte ich gegen Windmühlen.

«Du solltest dich einmal mit dem Psychogramm eines Triebtäters beschäftigen», sagte ich, als Greta in ihr Büro ging.

Sie wollte die Tür hinter sich schließen, ich war ein bisschen schneller und ließ mich nicht aussperren. «Es ist alles da. Die harmlose Fassade – einschließlich Schüchternheit, Hemmungen und Schwierigkeiten im sexuellen Bereich, jedenfalls wenn es um normalen Sex geht. Dazu ist er nicht fähig. Das hast du doch am eigenen Leib erlebt.»

Da eskalierte es. Sie fuhr zu mir herum und fauchte: «Vielen Dank, dass du mich daran erinnerst. Jetzt hätte ich doch beinahe vergessen, wie dankbar ich dem Schicksal für deine Bequemlichkeit sein muss. Tut mir Leid, wenn ich mein Glück in deinem Bett nicht immer zu schätzen weiß. Tess könnte das inzwischen vermutlich. Frag sie doch einfach nochmal. Nach der permanenten Bedrohung, der sie seit zwei Jahren ausgesetzt ist, hat sich ihre Einstellung zu langweiligen Juristen vielleicht geändert.»

«Deinen Sarkasmus kannst du dir sparen. Du hast die Verbrennung und die Bisswunden gesehen. Wie kannst du da reinen Gewissens behaupten, Tess spiele nur Theater?»

«Das behaupte ich doch gar nicht mehr. Ich habe dir gesagt, an wen ich dabei denke, an Mandys Vater. Und sobald ich Zeit habe, werde ich …»

«Du kannst deine Zeit für etwas Sinnvolleres verwenden», unterbrach ich sie. «Denk nur einmal kurz nach und beantworte mir ein paar Fragen. Warum hat Tess sich deiner Meinung nach mit ihrem Ehemaligen getroffen? Bestimmt nicht, um die Beziehung wiederaufzunehmen. Er hat sie einmal übel verprügelt. Und wie ich Tess kenne, verzeiht sie ihm das nie. Natürlich könnte sie versucht haben, ihn zu erpressen, um etwas Geld in die Finger zu bekommen. Aber so dumm wäre Tess auch nicht gewesen nach den Erfahrungen mit seiner Brutalität.»

Ich hatte sie nachdenklich gemacht und sprach weiter. «Du willst einfach nicht sehen, was da vorgeht. Dass deine Augen nicht die besten sind, ist mir seit langem bekannt. Aber dass du so blind bist, wusste ich nicht.»

«Sei ein bisschen vorsichtig mit dem, was du sagst, Niklas.»

Nach Vorsicht war mir nicht mehr. «Meinst du, Tess trinkt zum Vergnügen oder weil Jan sie mit dem Geld knapp hält?»

Ihre Antwort wartete ich nicht ab. «In der Zeit mit ihrem Göttlichen habe ich sie nicht einmal betrunken erlebt. Und jetzt kippt sie literweise Whisky in sich hinein. Warum bietest du ihr nicht deine Hilfe an, Greta? Ich bin überzeugt, von dir wird sie sich helfen lassen. Sag ihr, sie soll sich eine Wohnung nehmen. Sie muss von ihm weg. An den Kosten werde ich mich beteiligen.»

«An wie viel hast du denn gedacht?», fragte sie. «Zweitausend oder dreitausend? Und ich lege nochmal das Gleiche drauf. Damit kommt Tess vermutlich einigermaßen zurecht, wenn sie sich ein klein wenig einschränkt. Und das wird sie bestimmt tun, wenn sie auf unsere Kosten lebt. Wie lange, meinst du, müssen wir zahlen? Bis Mandy ihr Studium beendet hat? Dann lass uns hoffen, dass Mandy danach einen guten Job findet, der sie in die Lage versetzt, Tess zu versorgen. Sonst sind wir bis an unser Ende zuständig. Ich kenne Tess, leg ihr ein finanzielles Polster hin, dann ruht sie sich aus. Wenn du mir nicht glaubst, frag ihren Bruder.»

«So lange ich zurückdenken kann», sagte ich, «höre ich von dir, sie sei deine Freundin. Ist das bloß noch ein Lippenbekenntnis? Macht es dir Spaß, zuzuschauen, wie sie vor die Hunde geht? Sie hat dir zweimal einen Strich durch deine Rechnung gemacht, nun soll sie ihre Rechnung bezahlen. Wenn Jan sich die Wartezeit bis zur nächsten Tour über Land mit ihr vertreibt, was soll's! Sie hätte ja ihre Finger von ihm lassen können. Dir wäre nichts passiert. Dich wollte er ja nicht.»

Greta hob einen Arm, im ersten Moment dachte ich, sie hätte nach mir geschlagen. Aber sie zeigte nur auf die Tür, die ich hinter mir geschlossen hatte. «Raus!»

Ich ging in mein Büro, und kaum hatte ich hinter dem Schreibtisch Platz genommen, klingelte das Telefon. Tess war am Apparat. Es war genau halb drei. Unser Gespräch dauerte etwa fünf Minuten, danach stand mir der Sinn nicht mehr nach Arbeit.

Tess sprach, als hätte sie kaum Luft zum Atmen oder hielte mit Mühe die Tränen zurück. «Tut mir Leid, Niklas», sagte sie unter anderem. «Ich wollte dich eigentlich nicht damit behelligen, aber ich weiß nicht, mit wem ich sonst reden soll. Ich hatte ja schon vor zwei Jahren das Gefühl, Greta denkt an nichts anderes als an Sex, wenn sie mit Jan zusammen ist. Und ich fürchte, inzwischen denkt sie es nicht mehr nur. Ich höre immer, dass sie an seinem verfluchten Roman arbeiten, wenn sie sich dienstags in sein Arbeitszimmer verkrümeln. Wenn sie sonst nichts tun, warum schließen sie dann die Tür ab?»

Ich wusste nicht, was ich antworten sollte. Tess war auch noch nicht fertig. «Ich wollte dir das eigentlich gar nicht sagen», fuhr sie fort. «Aber normalerweise spricht Jan, wenn er an einem Text arbeitet. Und wenn Greta bei ihm ist, höre ich kein Wort, nur …»

«Was nur?», fragte ich, als sie abbrach. Darauf bekam ich keine Antwort mehr, Tess hatte offenbar mitten im Satz aufgelegt.

Es erschien plötzlich alles in einem anderen Licht, Gretas penetrantes Beharren auf Jans Harmlosigkeit – wer mit einem Mann schläft, ist auf seiner Seite. Ich wollte es nicht glauben, mir auch nicht vorstellen, aber ich sah es vor mir – in allen Variationen, und ich glaubte, daran zu ersticken.

Kurz nach dem Gespräch verließ ich die Kanzlei, ohne auch nur den Versuch einer Versöhnung unternommen zu haben. Nach dem, was ich von Tess gehört hatte, wäre ich zu einer Entschuldigung kaum noch in der Lage ge-

wesen. Viel eher hätte ich Greta geschüttelt, so lange geschüttelt, bis ich jedes Gefühl für ihn aus ihr herausge-
schüttelt hatte.

Hätte ich sie zur Rede gestellt in diesem Augenblick, es
wäre alles ganz anders gekommen. Aber ich wollte erst
mit ihr über ihre Affäre mit Jan sprechen, wenn ich mir
sicher war, dass ich dabei nicht die Beherrschung verlor.

Greta war ruhig und beherrscht, das hörte ich, als ich
den Vorraum durchquerte. Mit der Stimme, die ich in all
den Jahren von ihr kannte, sprach sie ins Diktiergerät.
Und das nach unserem furchtbaren Streit, nach den Be-
leidigungen, die ich ihr an den Kopf geworfen hatte. Aber
ein Mensch, den man nicht liebt, kann einen nicht verletzen. Ihre Stimme war mir in dem Moment Antwort genug und der Beweis, dass Tess mit ihrer Vermutung richtig lag.

5. Kapitel

Den Nachmittag brachte ich weder mit Anstand noch mit Würde hinter mich. Als ich heimkam, hatte meine Mutter Besuch. Hella Abeler saß bei ihr. Mutter nötigte mich zu einer Stunde freundlichem Geplänkel. Worüber wir uns unterhielten, könnte ich beim besten Willen nicht sagen.

Ich stand vor einem Berg. Ich kannte Tess und ihren Hang zu Übertreibungen oder freier Erfindung. Aber dass sie sich die verschlossene Tür und irgendwelche Geräusche dahinter aus den Fingern gesogen hatte, war schwer vorstellbar. Was anderes als eindeutige Geräusche sollte sie mit ihrem «nur» gemeint haben? Stöhnen, Keuchen, etwas in der Art. Und welche Veranlassung hätte sie haben sollen, einen solchen Stachel in mein Fleisch zu treiben, wo ich nur eine Tür weitergehen musste, um Greta zur Rede zu stellen.

Hätte ich es nur getan. Wir hätten uns anbrüllen, mit Akten bewerfen, uns gegenseitig die Köpfe einschlagen können. Niemand hätte uns dabei gestört. Die Sekretärinnen und Schreibkräfte machten freitags schon kurz nach Mittag Feierabend, um Überstunden der Woche auszugleichen.

Und wenn es aus der Luft gegriffen, wenn es nur ein widerlicher Scherz gewesen war, Greta hätte doch keinen Moment gezögert, das klarzustellen. Wir wären vermutlich schon eine halbe Stunde später in Lindenthal gewesen, um reinen Tisch zu machen.

Hella Abeler erzählte meiner Mutter von der Vertraut-heit nach langen Ehejahren, da wisse man immer, was der andere dachte.

Und ich dachte: Greta und Jan! Ich kannte ihre Beses-senheit für ihn zur Genüge. Wenn er ihr auch nur den Hauch einer Chance geboten hatte, sie hätte danach ge-griffen, da war ich absolut sicher. Eigene Erinnerungen vermischten sich mit Befürchtungen. Ich sah die unzähli-gen intimen Momente vor mir, die ich mit ihr erlebt hat-te. Und die Vorstellung, dass Jan nun an meiner Stelle wäre, brachte mich fast um den Verstand.

Ich konnte Greta nicht hergeben, um keinen Preis der Welt. Es heißt nicht umsonst, dass jeder Mensch fähig ist zu töten, dass es nur auf die Situation ankommt. Ich wusste, dass ich es konnte. Ich musste mir nur vorstellen, dass Jan seine Hände nach ihr ausstreckte! Und das tat ich unentwegt.

Nachdem Hella Abeler sich verabschiedet hatte, saß ich noch eine Weile mit meiner Mutter allein zusammen. Meinen Streit mit Greta oder das Telefongespräch mit Tess erwähnte ich mit keiner Silbe. Trotzdem mutmaßte meine Mutter, dass es gekracht hatte – wieder einmal.

Dass es in letzter Zeit häufig krachte, war meinen El-tern nicht entgangen. Wir trugen zwar unsere Meinungs-verschiedenheiten nicht vor anderen aus. Aber wenn ein achtunddreißigjähriger Mann seine Freizeit mit den El-tern statt mit seiner Dauergeliebten verbringt, muss man nur eins und eins zusammenzählen.

Mein Vater kam dazu und machte eine Andeutung, von wegen: Der Klügere gibt nach. Da ging ich lieber hinauf in meine Wohnung, saß dort noch einige Stun-den, die meiste Zeit im Bad. Eine runde Wanne, genau die Wanne, die Greta vor dreizehn Jahren ausgesucht hatte. Und ich wünschte mir, dass sie sich damals so gefühlt hatte wie ich jetzt, dass es sie innerlich zerrissen hatte.

Um halb elf machte ich mich auf den Weg zu ihrer Wohnung, weil ich es nicht mehr aushielt. Da ich einen Schlüssel besaß, konnte ich jederzeit hinein. Im Aufzug legte ich mir die Worte zurecht. «Schläfst du mit Jan? Seit wann geht das schon so? Warum musste ich es von Tess erfahren?» Und dann wollte ich sagen: «Wenn du genug von ihm hast, du weißt ja, wo du mich findest.»

Ich hoffte inständig, dass ich es so kühl über die Lippen brachte, wie es mir vorschwebte. Dass ich nicht in Tränen ausbrach oder sonst etwas Dummes tat, nicht die Hände um ihren Hals legte. Nicht aufgeben, nur eine Pause machen. Eine Pause verkraften wir, dachte ich. Das haben wir schon einmal geschafft, zwei volle Jahre lang.

Wenn sie Jan unbedingt wollte und er sie inzwischen ebenso, konnte ich es nicht verhindern. Ich konnte nur hoffen, dass er tatsächlich die Niete war, als die Tess ihn häufig bezeichnet hatte. Wie ich Greta kannte, musste sie rasch spüren, dass es nur der erste Überschwang der eigenen Leidenschaft war, der für akzeptable Ergebnisse sorgte. Und damit wäre sie nicht lange zufrieden gewesen.

Als ich ihre Wohnung betrat, war alles dunkel. Für einen Moment hoffte ich noch, dass sie bereits schlief. Ich hätte mich neben sie legen können, sie in den Arm nehmen und halten, bis sie aufwachte. Aber sie war nicht da.

Die Frage, wo sie sein könnte, stellte sich nicht. Greta war nicht der Typ, der sich nach einem Streit in irgendeine Bar setzte, um sich zu betrinken. Normalerweise verkroch sie sich in ihrer Wohnung und tobte ihre Wut am Schreibtisch aus. Dann flogen Aktenvermerke, halb fertige Plädoyers, Kopien von Schriftstücken, kurz alles, was sie sonst noch zwei Tage später dringend brauchte, in den Papierkorb, wo sie es jederzeit wieder heraussuchen konnte. Manchmal erledigte das auch ihre Zugehfrau. Sie kippte niemals den Papierkorb aus, ohne vorher jeden Schnipsel kontrolliert zu haben.

Aber diesmal hatten wir nicht nur gestritten. Ich hatte sie beleidigt und verletzt, war ziemlich sicher, dass sie nach Lindenthal gefahren war, um sich von Jan trösten zu lassen. Vielleicht hatte sie mein Telefongespräch mit Tess belauscht und gedacht, jetzt müsse sie nicht länger Versteck spielen. Sie konnte zwar nicht verstanden haben, was Tess sagte, aber meine Reaktion hätte ihr gezeigt, dass es keine angenehme Nachricht sein konnte.

Mir war nicht danach, ihr zu folgen. Ich wollte in ihrer Wohnung warten, bis sie zurückkkam, und sie dann zur Rede stellen.

Auf dem Tisch im Wohnzimmer lagen die vier Roman-seiten. Die Szene, die Jan am Dienstagabend geschrieben hatte, während Greta sich auf der Terrasse mit Tess aus-einander setzte. Der Anblick der vier Seiten hatte eine seltsame Wirkung, versetzte mich zurück in die Anfangs-zeit, wo ich nur nach nebenan hatte gehen und klopfen müssen. Wo ich stets zuerst besorgt und dann sehr er-leichtert gewesen war. Arme Greta, wieder ein verlorener Abend, aber du hast ja mich. Ich setzte mich auf die Couch und begann zu lesen:

«Erst zwei Tage zuvor hatte sie ihn aus der gemein-samen Wohnung gewiesen, weil sie das, was er Lie-be nannte, nicht mehr ertragen konnte. Und jetzt war er wieder da, erwartete sie schon, als sie herein-kam. Sie hatte sich zu sicher gefühlt, hatte verges-sen, dass er noch einen Schlüssel besaß.

In den beiden Jahren mit ihm hatte sie gelernt, was es heißt, Angst zu haben. Mit jedem Tag und jeder Nacht hatte sie es ein bisschen mehr gelernt. Aber das war nichts im Vergleich zu dem, was sie jetzt empfand.

Wie er da auf der Couch saß, die unvermeidliche Zigarette in der rechten Hand, ein Grinsen auf den Lippen, das ihr kalte Schauer über den Rücken trieb. Er stemmte sich langsam hoch, kam auf sie zu. Schweigend. Grinsend. Den ersten Schlag spürte sie kaum ...»

Es folgte die übliche Prügelszene. Der Mann ging zielstrebig und trotzdem vorsichtig zu Werk. Er achtete darauf, dass es keine Knochenbrüche, keine ausgeschlagenen Zähne und keine großflächigen Blutergüsse gab. Er war Spezialist für Schläge, die keine Spuren hinterließen, ausgebildet im lautlosen Töten. Eine Waffe brauchte er nicht. Seine Hände waren seine Waffen.

Nachdem die Frau das Bewusstsein verloren hatte, legte er sie aufs Bett, vergewaltigte die Wehrlose, versetzte ihr einen Tritt in den Brustkorb und brach ihr dabei zwei Rippen. Dann übergoss er sie mit hochprozentigem Rum, kippte ihr auch etwas in den Rachen. Zu guter Letzt zündete er sich eine Zigarette an, rauchte genüsslich, bis nur ein kleiner Stummel übrig blieb. Den drückte er ihr zwischen zwei Finger.

Ihre Hand legte er auf das mit Rum getränkte Laken, wo der Zigarettenstummel fast augenblicklich aus den kraftlosen Fingern rutschte. Er sah es mit Zufriedenheit. Dann ging er zur Tür. Dort wartete er, bis die Glut ihr Ziel erreicht.

Und das in allen Einzelheiten, es war widerwärtig. Dass die Frau rothaarig war, machte die Sache nicht erträglicher. Sonst beschränkte Jan sich auf Allgemeinplätze wie jung und hübsch, wenn es um die Beschreibung seiner Opfer ging. Diesmal hatte er nichts ausgelassen, die Form der Lippen, die grünen Augen, die Fingernägel, sorgfältig gefeilt, nicht zu lang, nicht zu kurz. Die winzigen roten Äderchen am linken Fußgelenk direkt über dem Knöchel, die kleinen Füße, Schuhgröße sechsunddreißig. Tess!

Und plötzlich wurde es zweitrangig, ob Greta mit Jan schlief. Das war ja nur eine Vermutung. Viel wichtiger erschien mir, was Tess sonst noch gesagt hatte.

«Ich hätte nie gedacht, dass Greta mir auf diese Weise heimzahlt, was damals passiert ist. Ich meine, es war nicht meine Schuld, ich hatte dir keine Veranlassung gegeben, sie zu verlassen. Manchmal denke ich auch, vielleicht bilde ich mir nur ein, dass zwischen ihnen etwas läuft. Ich kann nicht beweisen, dass sie mit Jan schläft. Also will ich das Thema nicht zur Sprache bringen. Das muss ich auch nicht, ich habe genug andere Punkte, die ich als Grund für meine Trennungsabsicht anführen kann. Darüber reden wir, wenn ich mehr Zeit und bessere Nerven habe. Aber eines kannst du glauben, Niklas, wenn ich auspacke, niemand wird mir zumuten, ein Trennungsjahr einzuhalten. Herrgott, warum habe ich dir vor zwei Jahren nicht geglaubt!»

Ich brach sofort auf, um mit Tess zu sprechen. Natürlich ging ich davon aus, Greta in Lindenthal zu treffen – zusammen mit Jan, vielleicht hinter der verschlossenen Tür des Arbeitszimmers. Aber die Vorstellung von einer zärtlichen oder leidenschaftlichen Umarmung, die mich noch vor knapp einer Stunde gequält hatte, wollte mir jetzt nicht mehr gelingen. Greta hatte flüchtig erwähnt, dass Jan ihr die vier Seiten am Dienstagabend in die Finger gedrückt hatte. Dass sie die Szene erst vor wenigen Stunden gelesen hatte, erfuhr ich erst später.

*

Wir haben so oft über diesen Freitagnachmittag und den Abend gesprochen, jeden Schritt, jede Geste, jeden Gedanken und die grausamen Gefühle dabei.

Ich weiß, dass Greta ihre Wohnung kurz nach sechs Uhr abends betreten hat. Ich weiß auch, in welcher Verfassung sie war. Ruhig und beherrscht war sie nach ihrem Termin bei Luis Abeler keine Sekunde lang gewesen. Dass sie nach unserem hässlichen Streit noch einen seitenlangen Schriftsatz diktieren konnte, war nur Macht der Gewohnheit, eiserne Selbstbeherrschung.

Wenn es nur nach ihrem Gefühl gegangen wäre, hätte sie sich schon in der Diele auf den Boden geworfen, mit den Fäusten um sich geschlagen und geschrien, um meine Stimme zu übertönen, die ihr noch durch den Kopf dröhnte.

Aber sie warf sich nicht auf den Boden, tobte auch nicht herum. Sie riss nur alle Fenster auf und sich die Kleider vom Leib. Ein graues Kostüm und eine weiße Bluse. Die Sachen waren völlig verschwitzt und fleckig. Sie wusch sie aus und ruinierte sie damit für alle Zeiten. Die Bluse nahm die Form eines Wischlappens an. Das Kostüm wechselte die Farbe von Grau zu Dunkelblau, als es nass wurde. Manche Stoffe vertragen es nicht, wenn man sie mit heißem Wasser und Seife bearbeitet.

Sie ließ die Sachen im Becken liegen und ging unter die Dusche. Da blieb sie ungefähr eine halbe Stunde. Doch nur mit lauwarmem Wasser und Duschgel ließen sich die Spuren des Tages nicht beseitigen.

Als sie nach dem Duschen vor den Spiegel trat, erschrak sie über ihr Aussehen. Sie hatte immer Probleme mit ihrer Haut gehabt, wenn auch längst nicht so gravierend, wie sie es darstellte. Sie trug eine Pflegemaske auf. Laut Packungsaufschrift sollte die zähe, weiße Masse die gereizte Haut beruhigen.

Zur Entspannung nahm sie ein Valium, dann schlüpfte

sie in einen bequemen Badeanzug. Ein hässliches, altes Ding. Sie hatte sich schon oft vorgenommen, ihn in den Müll zu werfen, aber sie konnte sich nicht davon trennen. Er hatte gegenüber all den neuen und schicken den Vorzug, dass sie ihn kaum auf der Haut spürte.

Das noch feuchte Haar im Nacken mit einer Spange zusammengehalten, legte sie sich auf die Couch – mit den vier Seiten, die ich Stunden später lesen sollte.

Sie hätte sich die Szene sofort am Dienstagabend anschauen sollen. An dem Freitag war sie nicht mehr in der richtigen Verfassung. Von Luis Abeler aus dem Büro geworfen, von mir in gemeiner Weise beleidigt. Und als krönender Abschluss kam Jan mit einer weiteren Frauenleiche.

Die detaillierte Beschreibung von Tess stand nicht gleich auf der ersten Seite. Und Greta konnte es einfach nicht mehr lesen, fragte sich, warum er zur Abwechslung nicht mal eine Liebesszene schrieb? Und sei es nur, um mich zu widerlegen.

Es gab eine Liebesszene im Roman, jedenfalls bezeichnete Jan sie so. Er hatte sie nicht nur Greta, sondern auch mir gezeigt mit dem üblichen Grinsen, von dem ich nie genau wusste, ob es Verlegenheit oder Überheblichkeit spiegelte. «Schau dir das mal an. Ich bin mir nicht sicher, ob ich es so lassen kann.»

Das konnte ich ihm nicht sagen. Ich fragte mich nur, ob er in der Anfangszeit meine Gedanken gelesen hatte. Niedergeschrieben hatte er sie jedenfalls.

Ein Mann ging zu einer Prostituierten, drückte ihr fünfzig Mark in die Finger und erkundigte sich höflich, ob sie sich für den Betrag ans Bett fesseln lasse oder ob er noch etwas drauflegen müsse. Er musste. Für zweihundert Mark war die Frau bereit, sich verprügeln zu lassen. Er zahlte, und dann ging es zur Sache.

Aber das hatte sich noch harmlos gelesen im Vergleich mit diesem Intermezzo. Greta hörte ihn im Geist noch einmal sagen: «Es gibt nur diese Lösung», während sie die letzten Sätze las:

«Bevor er die Tür des Schlafzimmers hinter sich zuzog, schaute er noch einmal zum Bett. Ihre rechte Hand war von kleinen, blauen Flammen umgeben. Sie züngelten bereits an ihrem Bein hoch, fraßen Löcher in die glatte Haut. Er schaute eine Weile zu. Dann ging er ins Wohnzimmer, setzte sich vor den Fernseher, bis der Rauch zu dicht wurde und er ins Freie flüchten musste. Als er vom Balkon sprang, fühlte er sich sehr gut …»

Greta fühlte sich nicht gut, sah Tess vor sich. Über das Bett in ihrem traumhaften Schlafzimmer gebeugt – und das Blut auf dem Kopfkissen. Nackt neben der Wanne – die Abdrücke von Zähnen auf den Brüsten und eine Verbrennung an der Innenseite ihres Oberschenkels. Sie hörte Tess energisch protestieren gegen den Verdacht, sich wieder mit Mandys Vater getroffen zu haben. Sie hörte Tess schimpfen, nörgeln und fluchen mit schwerer Zunge.

Was war in den beiden Jahren mit Tess geschehen, was war aus ihr geworden? Greta kannte sie doch so gut, wusste, wie sehr Tess es immer verachtet hatte, wenn ein Mensch sich gehen ließ, speziell eine Frau. Probleme waren da, um sich ihnen zu stellen und sie zu bewältigen. Tess hatte nie Verständnis gehabt für Leute, die bei jedem Wehwehchen zur Pille griffen. Wie oft hatte Greta von ihr gehört: «Valium! Greta, wie kannst du nur dieses verfluchte Zeug schlucken? Du weißt doch, wie leicht man abhängig werden kann.»

Tess hatte jede Form von Sucht verabscheut. Tess hatte

für jeden Drogentoten nur ein abfälliges Lächeln gehabt. «Wieder ein Schwächling weniger. Über tote Junkies kann ich mich nicht aufregen. Heutzutage weiß jedes Schulkind, was man sich mit dem Dreckszeug antut.» Alkohol war bei Tess jahrelang in die gleiche Kategorie wie Heroin oder Kokain gefallen. Nichts gegen einen Drink, aber Sauferei ...

Und Greta sah Tess auf der Terrasse, ausgestreckt auf einer Polsterliege, neben der Liege stand ein gefülltes Glas auf dem Boden. Es war nicht mehr lange gefüllt. Greta hörte ihre Stimme, träge und schleppend: «Sei ein liebes Mädchen, Greta, hol mir noch ein Tröpfchen. Du weißt ja, wo die Flaschen mit den hochprozentigen Sachen stehen. Ich mag nicht aufstehen. Mir tut jeder Knochen weh. Jetzt schau nicht so entsetzt aus der Wäsche. Es ist nichts passiert, überhaupt nichts. Nur das Übliche.»

Nur das Übliche, dachte sie, legte die Seiten auf den Tisch. Ihr war übel, und sie wusste nicht, ob von den überreizten Nerven, den Scheußlichkeiten in der Szene, von der Hitze oder vom leeren Magen. Zu Mittag hatte sie nichts gegessen, da lag ihr Luis Abeler wie ein Stein im Magen, dann gesellte ich mich noch dazu mit meiner Vermutung, es mache ihr Spaß, zuzuschauen, wie Tess vor die Hunde ging.

Inzwischen war sie hungrig, aber sie hatte keinen Appetit. Trotzdem rief sie kurz vor acht ein italienisches Restaurant an, das ins Haus lieferte. Sie bestellte eine Pizza Tonno und einen Salat Capricciosa. Der Salat war für den nächsten Tag gedacht.

Ursprünglich hatten wir an dem Freitagabend zum Essen ins Gasthaus Adler am Friesenwall fahren wollen. Auch für den Samstag und den Sonntag hatten wir uns einiges vorgenommen. Aber nach dem Streit rechnete sie nicht damit, mich vor Montag wieder zu sehen.

Als der Pizzabote kam, hatte sie immer noch keinen Appetit. Sie schnitt sich wenigstens ein Viertel der Pizza ab, stand noch in der Küche, als Jan anrief.

Er war sehr ruhig am Telefon, völlig unbeteiligt und fremd sagte er nur zwei Sätze: «Du kommst am besten sofort her. Tess ist tot.»

Greta schwieg. Sie hätte fragen müssen: «Was ist passiert?» Das schaffte sie nicht.

Tess ist tot! Wenn er das sagte, war es so. Sie hatte wieder das Bedürfnis, zu schreien oder mich anzurufen und nur seine Worte zu wiederholen: «Du kommst am besten sofort her. Tess ist tot!» Auf der Couch liegen bleiben und alles Weitere mir überlassen. Im Geist hörte sie mich sagen: «Er ist ein Killer.»

Er war der Mann, den sie liebte, auf eine Art, die sie keinem Menschen erklären konnte, auch sich selbst nicht. Und dann sah sie ein Haus voller Polizisten. Sie stellten Fragen. Jan konnte ihnen nicht antworten. Sie bedrängten ihn. Er verschloss sich nur umso mehr. Es dauerte etliche Sekunden, ehe sie reden konnte.

«Ich bin in einer halben Stunde da. Hast du die Polizei schon verständigt?»

Es kam nur noch ein Laut durchs Telefon wie ein Schluchzen.

«Schon gut», sagte sie. «Ich kümmere mich darum.»

Dann legte sie auf und ging ins Bad. Sie sah mit der Pflegemaske aus wie ihr eigener Geist. Die Augen nur zwei dunkle Löcher in der weißen Schmiere, vielleicht war es das Entsetzen. Tess ist tot! Sie hatte keinen Boden mehr unter den Füßen, sah das vollkommene Gesicht vor sich, während sie die Haarsträhnen aus der zähen Masse zupfte und mit einer Hand voll Kosmetiktüchern die Maske abnahm.

Tess hatte sich niemals mit Hautunreinheiten plagen müssen. Nur ein paar winzige Fältchen hatte sie mit der

Zeit bekommen und die kleinen Besenreiser über dem linken Fußknöchel.

Greta hatte trotz der angeblich beruhigenden Wirkung ihrer Maske rote Flecken. Stirn, Wangen, Nase, Kinn, alles war übersät. So konnte sie nicht aus der Wohnung gehen. So konnte sie bestimmt nicht Jan gegenübertreten. Er brauchte jetzt die Greta, die er kannte. Die starke, ruhige, tüchtige Greta Baresi. Halt und Stütze für einen Mann, der ihrer festen Überzeugung nach seine Wut nur auf Monitor oder Papier auszudrücken vermochte, der in Gefühlsdingen so hilflos war, dass manch einer denken mochte, er hätte kein Gefühl.

Eine Viertelstunde brauchte sie fürs Make-up. Grundierung, Puder, Rouge, Lidschatten, all die Tricks, die sie sich im Laufe der Jahre angeeignet hatte, um die kleinen Mängel zu vertuschen. Um die Männer, mit denen sie zu tun hatte, zu der Bemerkung zu veranlassen, sie habe ein ausdrucksstarkes Gesicht. Wenn sie ihr schon nicht sagten, es sei hübsch.

Bei den Haaren war alle Mühe vergebens. Sie waren noch feucht und teilweise von der Gesichtsmaske verklebt. Morgens kostete ihre Frisur sie eine halbe Stunde Einsatz mit Föhn und Bürste. Anschließend kam niemand mehr auf die Idee, anzunehmen, sie wolle den Spatzen ein Nest bieten. Doch so viel Zeit hatte sie jetzt nicht. Sie zupfte das weiße Zeug heraus, ansonsten ließ sie ihr Haar, wie es war, mit der Spange im Nacken.

Im Schlafzimmer nahm sie ein Kleid aus dem Schrank. Es war aus Leinen, ein zartes Grün, eng geschnitten machte es eine gute Figur. Tess hatte es mehrfach bewundert, auch einmal dezent angedeutet, dass der Farbton hervorragend mit ihrem Haar harmoniere.

Die halbe Stunde, von der sie am Telefon gesprochen hatte, war bereits um, als Greta ihre Wohnung verließ.

Die vier Seiten, auf denen der grauenhafte Tod einer rot-
haarigen Frau beschrieben war, blieben für mich zurück –
wie ein Geständnis.

*

Für die Fahrt nach Lindenthal brauchte sie zwanzig Minuten. Es war schon dunkel, als sie ankam. Hinter zwei
Fenstern im Obergeschoss und in der Diele brannte Licht.
Hinter den beiden Fenstern lagen das Bad und Jans Arbeitszimmer.

Es war ein großes, freistehendes Einfamilienhaus mit
Doppelgarage und der üblichen Raumverteilung. Im Erd-
geschoss lagen zur Straße hin die Küche, Gästetoilette
und Diele, zum Garten der große Wohnraum und das
Esszimmer. Im Obergeschoss gab es außer dem Bad und
Jans Arbeitszimmer noch das Schlafzimmer und Mandys
Zimmer, beide Räume lagen zum Garten.

Vor dem Haus befand sich ein kleines Rasenstück, dahinter ein größeres, das sich der Terrasse anschloss. Der
Garten war mit einem mannshohen Zaun und dicht ste-
henden Gewächsen vor neugierigen Blicken geschützt.
Auch die Terrasse war von den Nachbarn nicht einseh-
bar. Tess hatte das genutzt für ihre Sonnenbäder, obwohl
man von der Straße aus freien Zugang zum Garten hatte.
Zwischen der Garage und der Grundstücksgrenze verlief
ein schmaler Fußweg.

Greta klingelte an der Haustür, wie oft, wusste sie später nicht mehr. Endlich hörte sie schlurfende Schritte in
der Diele. Zwei grausame Sekunden lang war es für sie,
als käme ein uralter Mann auf die Tür zu. Aus welcher
Richtung, ob von der Treppe oder aus dem Wohnzimmer,
konnte sie nicht feststellen. Dann ging die Tür auf, Jan
stand vor ihr.

Sie wusste nicht, was sie erwartet hatte. Ein vorwurfsvolles: «Das hat aber lange gedauert, Greta!» Oder ein erleichtertes: «Da bist du ja endlich. Ich dachte schon, du kommst nicht mehr.» Etwas in der Art. Sie kannte ihn als einen Mann, der sich scheinbar durch nichts und niemanden aus der Ruhe bringen ließ. In seinem Innern mochte es brodeln, anzusehen war ihm das nicht. Aber sie hatte ihn auch noch nie in einer Ausnahmesituation erlebt.

Tess war tot und er hatte sie geliebt. Er hatte zwei Jahre lang seine Nase ohne Murren hingehalten, damit Tess darauf tanzen konnte. Er hatte sich gewiss oft geärgert und ihre Einstellung zum Leben bestimmt nicht immer gutheißen können. Aber Tess und Mandy waren seine Familie, sein Rückhalt, waren das gewesen, wofür es sich lohnte.

Er stand da wie in Trance. Die Arme hingen herab, als könnten sie im nächsten Augenblick zu Boden fallen. Sein Gesicht war völlig leer. Er roch nach Alkohol, nicht sehr stark, aber ohne Zweifel hatte er etwas getrunken. Er trug ein kurzärmeliges Hemd und eine helle Leinenhose. Die Hose war zerknittert, als ob er lange darin gesessen hätte, aber sie war sauber. Das Hemd dagegen war blutig. Die gesamte Brust und die linke Schulter waren dunkelrot eingefärbt.

Kein wirres Haar, kein irrer Blick, keine Unschuldsbeteuerungen, kein Gestammel. Nur das Blut auf dem Hemd und diese absolut leere Miene. Er schaute an Greta vorbei, schien sie überhaupt nicht wahrzunehmen.

Zwei, drei Sekunden standen sie sich gegenüber. Ihr kam es vor wie eine Ewigkeit. In ihrer Brust breitete sich ein unerträgliches Gefühl von Hitze aus. Sie starrte ihn an, die reglose Miene, die dunkelrote Hemdbrust und die Schulter. Er hat den Verstand verloren! Der Satz zuckte ihr durch den Kopf. Er war am Telefon schon so merkwürdig gewesen. Nicht hektisch, nicht verzweifelt, nur unbeteiligt.

«Jan», sagte sie leise und berührte ihn an der rechten Schulter.

In dem Moment erwachte er aus seiner Trance, seinem Schock, seiner Lethargie oder wie immer man es nennen wollte. Er schüttelte sich, schaute sie an, atmete tief durch. In seinen Augen blitzte Erkennen, der Mund verzog sich zu einem kläglichen Lächeln.

Sie rechnete damit, dass er in der nächsten Sekunde sagte: «Ich weiß nicht, wann es passiert ist, Greta. Ich bin erst kurz vor neun nach Hause gekommen.»

Er hatte um halb zwei einen Termin im Sender gehabt. Das wusste sie, weil sie es dienstags in seinem Kalender gelesen hatte, als sie sich von ihm verabschiedete. Solche Besprechungen zogen sich regelmäßig bis zum Abend. Meist ging er dann noch mit seinen Kollegen und dem Redakteur auf ein Bier oder zum Essen. Da konnte es leicht neun Uhr werden.

Aber er sagte nichts, nickte nur mit dem Kopf in die Diele hinein, ließ sie an sich vorbei und schloss die Tür hinter ihr. Dann erst murmelte er mit einem weiteren Nicken in Richtung Wohnzimmer: «Draußen.»

Er meinte die Terrasse. Greta ging ins Wohnzimmer. Dort brannte kein Licht. Aber aus der Diele fiel genug ein, um bis zur Terrassentür schauen zu können. Sie stand offen. Vor der großen Panoramascheibe daneben gab es keine Gardinen. Sie spiegelte die Einrichtung, das helle Rechteck der Tür zur Diele, sie und Jan dicht hinter ihr. Was sich hinter der Scheibe auf der Terrasse befand, war nicht zu erkennen. In der Scheibe sah alles friedlich aus.

Und für Greta war es das gewesen. Ein viel beschäftigter Mann, der seine Phantasie für den Beruf brauchte, sodass ihm fürs Privatleben nicht viel blieb. Eine frustrierte

Frau, die sich ihr Leben aufregender vorgestellt hatte und viel Zeit im Fitnessstudio verbrachte. Die sich dort vielleicht hin und wieder an einer Maschine verletzte oder aus lauter Langeweile dazu überging, ihrer Freundin mit ein wenig Schminke diverse Verletzungen vorzugaukeln, weil der langjährige Liebhaber ihrer Freundin sie mit der Nase auf diese Chance gestoßen hatte. Ein junges Paar mit kleiner Tochter in guten finanziellen Verhältnissen, die nach Meinung der Frau hätten besser sein können. So hatte Greta sie sehen wollen.

Mandy lebte seit einigen Wochen bei den Großeltern, bei Onkel und Tante. Warum? Natürlich hatte sie Tess nach dem Grund gefragt, ich ebenso. Wir hatten auch eine Antwort darauf bekommen.

Jan stand beruflich unter Druck. Und Jan war ein Kindernarr. Aber er brauchte seine Ruhe zum Arbeiten! Er ließ sich leicht ablenken, legte sich lieber zu seiner kleinen Stieftochter auf den Boden und spielte mit ihr, statt neue Serienfolgen zu schreiben. Und wenn er sich, nach etlichen dezenten Hinweisen auf den nächsten Abgabetermin oder die trübe Finanzlage, hinaufbequemte und Tess dafür sorgte, dass Mandy ihm nicht folgte, konnte er sich trotzdem nicht konzentrieren. Mandy war ein lebhaftes kleines Mädchen, das immerzu durchs Haus oder den Garten tobte und dabei vor Vergnügen kreischte.

Greta hatte Mandy nie toben sehen, nie kreischen hören.

Die offene Terrassentür hatte etwas Bedrohliches und war damit das einzige Reale. Sie spürte absolut kein Verlangen, auf diese Realität zuzugehen. Auch auf dem Spiegelbild von Jans Hemd war das Blut deutlich zu sehen. So viel Blut floss nur aus frischen Wunden.

Sein Gesicht war immer noch leer und abwesend. Er

presste die Kiefer aufeinander und wartete darauf, dass sie weiterging. Das tat sie endlich. Er folgte ihr.

Sie machte draußen Licht. Es waren vier Lampen, die auf einen Schalterdruck aufflammten, zwei an der Hauswand und zwei auf kniehohen Stäben am Rand der Terrasse. Die beiden letzten waren Halogenscheinwerfer. Man konnte sie schwenken und den Garten ausleuchten bis in den letzten Winkel.

Sie kannte das alles so gut. Wie oft hatten wir auf dieser Terrasse gesessen? Jan und Tess, sie und ich. Die Partys mit Freunden und Bekannten in den ersten Monaten, später nicht mehr. Ein buntes Völkchen auf Wohnzimmer, Terrasse und Garten verteilt. Tanzmusik aus den Außenlautsprechern, nicht zu laut, damit die Nachbarn sich nicht beschwerten. Jan hatte die beiden Scheinwerfer dann immer zum Garten gedreht, damit sie uns nicht blendeten. Jetzt waren sie auf das Haus gerichtet. Aber trotz des grellen Lichts sah auf den ersten Blick alles normal aus.

Im Garten stand eine Rutsche, einen Meter hoch, aus gelbem Plastik, wetterfest. Daneben der Sandkasten mit Mandys Spielzeug.

Als wir uns beim letzten Besuch nach Mandy erkundigten, hatte Tess mit einem wehmütigen Lächeln erklärt: «Es ist natürlich keine Dauerlösung, ein kleines Kind bei den Großeltern einzuquartieren, nur weil der Vater von Zeit zu Zeit vergisst, dass er ein erwachsener Mann ist.»

Es gab keine zweite Mutter, die so vernarrt war in ihr Kind wie Tess. Warum hatte sie Mandy aus dem Haus gegeben? Darauf hatte ich nur eine Antwort gehabt, vielmehr eine Frage an Greta.

«Hat Jan dem Kind etwas getan?»

Und Greta hatte geantwortet. «Niklas, ich kann es wirklich mehr hören. Frauenmörder, Kinderschänder, willst du darauf hinaus? Wenn Jan sich an Mandy vergriffen hätte, hinge die Kleine nicht an ihm wie eine Klette. Er würde sie niemals schlagen. Er liebt sie abgöttisch.»

«Das tut Tess auch.»

Natürlich! Greta hatte es ja auch nicht verstanden. Sie hatte zuletzt gar nichts mehr verstanden, beim besten Willen nicht gewusst, woran sie mit Tess war und was sie noch glauben sollte oder durfte. Arme Greta! Sie sah Zeichen, die klarer nicht sein konnten. Es gab nichts zu rütteln an Verbrennungen und Bisswunden. Und sie hatte den Kerzenstummel und die Handschellen aus dem Kleiderschrank in Jans Schlafzimmer fallen sehen. War Jan ein Sadist und Tess nur ein hilflos abhängiges Opfer? Eine Frau, die jede Chance gehabt und keine genutzt hatte, die eine Niete aus dem Loseimer zog und dafür mit dem Leben bezahlte?

*

Die Terrasse hatte Tess mit weißen Korbmöbeln ausgestattet. Auf den Sesseln und der Liege lagen dicke Polster. Sie waren mit einem dunkelroten, gemusterten Stoff bezogen. Man konnte unmöglich erkennen, in welchem Ausmaß der Stoff mit Blut durchtränkt war. Er sah nicht einmal feucht aus.

Es war irritierend. Kein Blut auf dem Boden, kein einziger Tropfen. Neben der Liege sah Greta ein leichtes T-Shirt, als hätte Tess es ausgezogen und keine Lust gehabt, es ins Haus zu bringen. Tess lag auf dem Bauch, nur mit einem Bikinihöschen bekleidet. Ihr Gesicht war dem Garten zugewandt. In dieser Position waren keine Verletzungen festzustellen.

Ihr linker Arm hing seitlich von der Liege herunter, die

Fingerspitzen berührten fast die Messerklinge. Es war ein großes Messer aus ihrer eigenen Küche. Die Klinge war blutverschmiert, aber nicht sonderlich stark, nur ein paar dunkle Schlieren zogen sich über das Metall. Das Messer war das Einzige, was darauf hindeutete, dass etwas nicht in Ordnung war.

Greta ging wie unter Zwang auf die Liege zu. Aber es war nicht Tess, die sie anzog. Die Vorstellung, Tess zu berühren, nach dem nicht mehr vorhandenen Puls zu tasten, verursachte ihr Panik. Wie Tess da lag, war sie fremd, unheimlich, nicht mehr der Mensch, mit dem Greta dreißig Jahre Erinnerung teilte. Sie schaffte es nicht, sich etwas anderes anzusehen als den makellosen Rücken. Und auch den nur sekundenlang, bis feststand, dass er sich nicht mehr hob und senkte.

Es war das verschmierte Messer. Sie konnte es nicht liegen lassen. Es musste auf der Stelle verschwinden. Wie ein Albtraum verschwand, wenn man aufwachte. Der gesamte Tag war ein Albtraum gewesen, und jetzt erwachte sie allmählich daraus.

Als sie sich bückte, sagte Jan: «Fass lieber nichts an.» Er klang ruhig und bedächtig, wie sie es von ihm gewohnt war. Ein Mann, der genau wusste, was um ihn herum vorging und was zu tun war. Es beruhigte sie ein wenig. Aber seine Warnung kam zu spät. Sie hatte das Messer bereits in der Hand.

Die Klinge war etwa fünfzehn Zentimeter lang, das Blut darauf schon getrocknet und fast schwarz im Lampenlicht. Sie drehte sich langsam zu Jan um. Er grinste flüchtig. Ein merkwürdiges Grinsen, keineswegs fröhlich, obwohl es bei ihr genau den Eindruck erweckte. Auch in seiner Stimme glaubte sie, diesen sonderbaren Humor zu hören. «Dir ist klar, dass jetzt auch deine Fingerabdrücke auf dem Griff sind?!»

Auch deine! Bei diesen Worten spürte sie einen kalten Schauer auf dem Rücken. Auch deine! Na gut, auch ihre! Es war nicht wichtig. Wie ihre Fingerabdrücke auf den Messergriff gekommen waren, wusste sie ja. Und von ihm wollte sie hören, dass er kurz vor neun das Haus betreten hatte, nur ein paar Minuten bevor er sie anrief.

«Wann hast du Tess so gefunden?»

Im Geist hörte sie die Stimme von Luis Abeler. «Einspruch! Suggestivfrage.» Luis sollte ihr den Buckel runterrutschen. Jan hatte eine Besprechung im Sender gehabt. Jan war anschließend mit Kollegen auf ein Bier und einen Schnaps in eine Kneipe gegangen. Sein Atem sprach dafür. Jan konnte zwei, drei oder vier Männer benennen, die bezeugten, dass er mit ihnen zusammen gewesen war, als Tess starb.

Jan kniff die Augen zusammen, schluckte einmal trocken, atmete tief durch und sagte: «Tut mir Leid, Greta. Ich kann mir denken, was du von mir hören willst. Aber damit kann ich nicht dienen. Ich habe die Nerven verloren, als ich …»

«So nicht, Jan», fiel sie ihm ins Wort. «Knappe und präzise Antworten. Die Uhrzeit hätte völlig gereicht. Ich werde die Frage anders formulieren.»

Sie stand immer noch neben der Liege, schielte, ohne es zu wollen, mit einem Auge auf Tess hinunter. Aber es war nicht mehr ihre Tess. Greta hatte ihren Tod nicht gewollt. Auch nicht vor zwei Jahren, als sie zu mir sagte, sie wünsche, Mandys Vater hätte Tess umgebracht. Sie war doch damals nur verletzt gewesen, getroffen an einer Stelle, von der sie gar nicht gewusst hatte, dass sie solch eine Stelle noch besaß. Sie hatte das überwunden und seit dem Samstag im April vor zwei Jahren nie wieder auch nur mit dem Gedanken gespielt, Tess möge etwas zustoßen.

Aber nun war es passiert! Nun lag da eine Leiche, für

die Greta nichts mehr tun konnte. Tess war nur noch ein totes Stück Fleisch. Und sie war immer noch Greta Baresi. Sie war nicht mehr achtzehn. Zwischen den Plänen zweier Freundinnen vor dem Abitur und dem Jetzt lagen Welten. Jurastudium, Staatsexamen, Doktortitel und etliche Strafprozesse.

«Wann genau hast du Tess gefunden?»

Jan biss sich auf die Unterlippe. Nach ein paar Sekunden kam seine Antwort. «Auf die Minute genau weiß ich es nicht. Ich weiß auch nicht, um welche Zeit ich dich angerufen habe.»

«Das war kurz nach neun.»

Er zuckte mit den Schultern und deutete ein Nicken an. Sein Blick ging an ihr vorbei zur Liege. Sie wollte nicht, dass er Tess jetzt anschaute. Er sollte sich konzentrieren.

«Dann bist du also kurz vor neun heimgekommen. Es spielt keine Rolle, wenn du nicht auf die Minute genau weißt, wann du das Haus betreten hast. Wir können die Fahrzeit schätzen, vielleicht hat einer von deinen Kollegen auf die Uhr geschaut, als du dich verabschiedet hast.»

Sie wollte noch mehr sagen. Inzwischen war es zehn vorbei. Eine Stunde, für die sie der Polizei eine Erklärung bieten mussten. Die beste Erklärung war, dass Jan nach dem Anruf bei ihr nichts unternommen hatte, weil er sich darauf verließ, dass sie das für ihn erledigte. Das hatte sie ihm ja auch gesagt. Nur hatte sie ebenso unter Schock gestanden wie er und nicht daran gedacht. Ihr einziges Bestreben hatte darin bestanden, so schnell wie möglich zu ihm zu fahren, sich zu überzeugen, dass er sich irrte. Dass Tess nur verletzt und bewusstlos, aber nicht tot war.

Doch bevor sie das alles aussprechen konnte, grinste Jan wieder dieses sonderbare Grinsen, das fast aussah, als wollte er sich die Schlinge selbst um den Hals legen. «Gib dir keine Mühe, Greta.»

Er lachte kurz, wusste, um welche Zeit er das Haus betreten hatte. Er wusste sogar, wer ihn gesehen hatte, als er heimkam. Und er war ziemlich sicher, dass die halbe Nachbarschaft gehört hatte, was danach los gewesen war. Tess hatte sich aufgeführt wie eine Furie.

Er wirkte nicht mehr die Spur wie betäubt, als er das aussprach, streckte Greta sogar seinen rechten Arm entgegen. Am Unterarm waren Kratzspuren zu erkennen.

Ihr wurde erneut übel und schwindelig. Sie schaffte es kaum, zu sprechen. «Du warst hier?»

Jan nickte: «Von halb vier an. Es gab keine lange Besprechung. Eckert hatte einen Unfall. Sein letztes Treatment lag vor. Das haben sie mir in die Hand gedrückt, mir erklärt, was ihnen daran nicht gefällt, und sich erkundigt, ob ich es bis Dienstag schaffe, das Ding in Form zu bringen, wenn eben möglich in die endgültige. Mit anderen Worten, ich sah einen Berg Arbeit vor mir und habe mich auf den Heimweg gemacht.»

Mit einem langen Seufzer fügte er an: «Was soll ich sonst noch sagen, Greta? Ich habe Tess nicht erstochen. Soll ich es schwören?» Ihre Antwort wartete er nicht ab, hob die rechte Hand. «Ich schwöre, die Wahrheit zu sagen, die reine Wahrheit und nichts als die Wahrheit, so wahr mir Gott helfe. Ich habe meine Frau nicht getötet.»

Seinen Worten zufolge telefonierte Tess, als er das Haus betrat. Er wollte ihr das Telefon wegnehmen, weil sie eine Menge Unsinn erzählte. Tess schrie ihn an, schlug und kratzte. Er wurde ebenfalls ein bisschen lauter, als sie ihn gegen das Schienbein trat und ihr Knie hochriss. Zum Glück verfehlte sie die Stelle, die sie treffen wollte, erwischte ihn nur an der Leiste. Aber er wollte es nicht auf einen zweiten Versuch ankommen lassen und ging nach oben.

Die Tür seines Arbeitszimmers schloss er ab und setzte

den Kopfhörer auf, mit dem er sich immer seine Ruhe verschaffte. Tess war ihm in den ersten Stock gefolgt, tobte noch minutenlang, trommelte gegen die Tür. Das hörte er trotz des Kopfhörers. Dann wurde es still. Er tippte Eckerts Treatment in den Computer, begann auch gleich mit den gewünschten Änderungen. Er dachte, Tess einigermaßen zu versöhnen, wenn er ihr das beim Abendessen erzählte.

Dann war er fertig und hatte Hunger. Er ging nach unten, um zu fragen, ob er heute noch mit einer Mahlzeit rechnen dürfe oder sich selbst etwas machen müsse. Er rief nach Tess, bekam keine Antwort. Zuerst nahm er an, sie sei noch einmal weggefahren in ihrer Wut. Er meinte nämlich, ein Auto gehört zu haben, das sich mit Vollgas vom Haus entfernte, genau in dem Moment, als er den Kopfhörer abnahm. Dann sah er die offene Terrassentür und Tess draußen liegen.

Nur glaubte er nicht, dass es einen Richter gab, den er mit dieser Schilderung von seiner Unschuld überzeugen konnte.

«Noch stehst du nicht vor Gericht», sagte Greta.

Er grinste wieder. «Nein, noch sind wir unter uns und können offen reden. Ich mache mir keine Illusionen, Greta. Auf dem Messer sind meine Fingerabdrücke, weil ich es aus ihr rausgezogen habe. Ich konnte es nicht stecken lassen. Es ist eins von unseren Messern. Und es war … Es war alles noch ganz frisch. Ich muss runtergekommen sein, als es gerade passiert war. Mein Gott, zwölf Seiten und ein paar Änderungen, länger als zwei, höchstens zweieinhalb Stunden habe ich bestimmt nicht dafür gebraucht. Dann wäre es zwischen halb sechs und sechs gewesen.»

«Und dann hast du drei Stunden gewartet, ehe du mich angerufen hast? Was hast du getan die ganze Zeit?»

Er machte eine hilflose Geste mit beiden Händen. «Ich bin herumgelaufen, die Treppe rauf, die Treppe runter und immer wieder hierher. Ich habe eine Weile neben ihr auf dem Boden gesessen und sie festgehalten. Ich weiß nicht, wie lange. Und vorher habe ich den Boden gewischt. Da war Blut, ich hab's weggemacht, weil ich mich nicht reinsetzen wollte.»

Er lächelte kläglich, atmete tief durch. «Dass jemand von der Straße in den Garten kam, Tess liegen sah, sich ein Messer aus unserer Küche holte und auf sie einstach, klingt ziemlich unwahrscheinlich. Ich hab keine Chance, Greta. Da müsste schon ein Wunder geschehen und jemand ein Geständnis ablegen. Und jetzt nenn mir einen, der bereit wäre, das für mich zu tun. Wenn dir niemand einfällt, ruf Niklas an. Ich muss ohnehin mit ihm reden, und ich kenne keine Anwälte, nur euch beide.»

Mich anrufen, war das Allerletzte, was Greta wollte. Nach unserer Auseinandersetzung vermutete sie, dass ich Jan in der Luft zerriss oder in Stücke hackte und die Portionen auf dem Silbertablett dem guten Luis überreichte.

«Noch brauchst du keinen Anwalt», sagte sie. «Du brauchst nur ein Alibi.» Und dabei hatte sie eines der kleinen Bildchen vor Augen. Liebe ist ... Kämpfen, mit allen Mitteln schützen und verteidigen, was man für Wert befindet, geliebt zu werden.

*

Da ich lange vor ihr aus der Kanzlei gestürmt war, wusste kein Mensch, wann sie ihr Büro verlassen hatte. Niemand konnte sagen, ob sie auf direktem Weg zu ihrer Wohnung oder sonst wohin gefahren war. Und es war Jans und Tess' zweiter Hochzeitstag. Im vergangenen Jahr hatten wir ihn noch zu viert gefeiert. Vor zwei Wochen hatte Tess erklärt, diesmal falle die Feier aus. Aber das hinderte doch eine gute Freundin nicht an einem Besuch.

«Du bist um halb vier nach Hause gekommen», sagte Greta. «Daran können wir nicht rütteln, wenn du gesehen wurdest. Tess ging auf dich los, was man vielleicht in der Nachbarschaft gehört hat. Das werden wir noch feststellen. Ich kam wenig später.»

Sie erklärte ihm in allen Einzelheiten, was er zu Protokoll geben sollte. Dass sie das Haus kurz nach vier gemeinsam verlassen hatten, weil Tess keine Ruhe gab und Greta sich nicht in einen Ehestreit einmischen wollte. Dass sie in ihrem Wagen gefahren waren. Greta hatte noch Einkäufe machen wollen, jedoch nicht das Richtige gefunden. Sie waren in der Hohen Straße gewesen. Dort herrschte immer viel Betrieb, es erinnerte sich kein Mensch an einzelne Gesichter. Dies nur für den Fall, dass ich zu ihrer Wohnung gefahren war und niemanden angetroffen hatte. Ab sechs Uhr waren sie in ihrer Wohnung gewesen und hatten zusammen an seinem Roman gearbeitet.

Sie fragte ihn nach handschriftlichen Notizen. Er sollte sie heraussuchen und auf den Schreibtisch legen, um den Anschein zu erwecken, sie seien gerade erst mit diesen Notizen zurückgekommen. Er hatte das Ergebnis der gemeinsamen Arbeit nach oben gebracht, während Greta sich auf die Suche nach Tess machte. Und dann hatte Greta Tess gefunden – so wie sie jetzt lag. Damit war auch die Stunde hinfällig, für die sie eine Erklärung hätten bieten müssen.

Als sie zum Ende kam, schüttelte Jan den Kopf und meinte: «Das funktioniert nicht, Greta.»

«Doch», widersprach sie. «Wir müssen nur beide eine übereinstimmende Aussage machen und zusehen, dass wir Zeugen auftreiben, die es bestätigen. Niemand muss uns gesehen haben. Sie müssen nur glauben, wir wären zusammen gewesen. Das mache ich schon. Wer hat dich gesehen, als du heimkamst?»

«Die alte Sander. Sie putzte ihr Küchenfenster, als ich vorbeifuhr.»

«Sonst noch jemand?»

Sein konzentrierter Gesichtsausdruck suggerierte ihr, er versuche, sich zu erinnern. Mit ein paar Fragen half sie nach. War jemand in einem der Vorgärten gewesen? Oder bei einer Garage? Auf der Straße? Er zuckte nur mit den Achseln.

Die alte Sander. Greta kannte sie nur als Gesicht hinter einem Fenster, das man im Vorbeifahren registriert. Sie wusste nicht genau, wie alt Frau Sander war, Ende fünfzig, Anfang sechzig. Eine Hausfrau, wenn sie ihr Küchenfenster selbst putzte. Und wenn sie es nicht putzte, schaute sie auf die Straße. Neugierig, nicht ausgefüllt. Genau der Typ, der es noch genießen konnte, wichtig zu werden, und sei es nur für die Polizei. Es musste möglich sein, Frau Sander einzureden, sie habe kurz nach vier Uhr einen dunkelblauen Mercedes vorbeifahren sehen, in dem zwei Personen saßen.

Greta wäre gerne sofort zum Nachbarhaus gegangen, um das zu regeln. Aber das Messer war wichtiger. Die Polizei durfte keine Tatwaffe finden, musste davon ausgehen, dass der Täter die Waffe mitgebracht und auch wieder mitgenommen hatte. Bei einer Affekthandlung blieb die Waffe meist am Tatort zurück oder wurde in der Nähe gefunden. Bei einem geplanten Mord sah das anders aus. Und auf den geplanten Mord musste die Polizei von selbst kommen.

Greta brachte das Messer in die Küche und spülte es gründlich unter heißem Wasser ab. Die Klinge war fest mit dem Griff verschweißt. Sie glaubte kaum, dass sich nach der gründlichen Reinigung noch Blutspuren nachweisen ließen. Aber sicher war sie nicht bei den unendlichen Möglichkeiten der Labors. Im Kühlschrank fand sie zwei Hüftsteaks, zerschnitt beide in winzige Stücke, sorgte dafür, dass die Messerklinge in voller Länge mit dem Fleisch in Berührung kam, auch dort, wo sie im Griff steckte. Dann wusch sie die Klinge noch einmal, wischte sie und den Griff mit einem Tuch ab und legte das Messer in den Geschirrspüler.

Auf der Abtropffläche stand ein benutztes Glas, sie nahm es mit dem Tuch auf, rieb es ab und stellte es ebenfalls in die Maschine. Die Fleischstücke warf sie in den Mülleimer. Sollte jemand nachschauen, hatte Tess eben in ihrer Wut das Abendessen vernichtet, als Jan kurz nach vier zusammen mit Greta das Haus verließ.

Dann kümmerte sie sich um das Putzzeug, das er benutzt hatte, um das Blut draußen aufzuwischen. Eine Zugehfrau hatte Tess nicht gehabt und sich oft beschwert, dass ihr diese Erleichterung nicht zugebilligt wurde. Jans Geiz! Aber trotz der vielen außerhäuslichen Aktivitäten und der in den letzten Monaten häufigen Griffe zur Flasche war ihr Haushalt immer gepflegt gewesen.

Greta hatte Tess oft wischen und werkeln sehen. Sie brauchte Jan nicht zu fragen, wusste, dass in einem der Küchenschränke ein Plastikeimer mit Zubehör stand. Der Wischlappen war feucht, aber nicht blutig. Jan musste ihn bereits ausgewaschen haben. Sicherheitshalber wusch sie ihn hastig im Spülbecken noch einmal, rieb den Eimer ab und ließ den Lappen wieder hineinfallen. Sollte die Polizei ihn untersuchen, konnten sie garantiert die Blutspuren nachweisen, aber keine Fingerabdrücke, nicht auf dem nassen, groben Tuch und dem Eimer.

«Ich rufe jetzt die Polizei», sagte sie. «Bis sie hier sind, haben wir noch ein paar Minuten, um uns abzusprechen.»

Es gab zwei Telefone im Haus, eins auf Jans Schreibtisch und eins auf der Bar im Wohnraum. Der Hörer dort war mit Blut beschmiert, auch auf den Tasten Null und Zwei waren die Abdrücke blutiger Finger. Daraus schloss sie, dass Jan sie von diesem Apparat aus angerufen hatte.

Das Gerät hatte zwanzig Kurzwahlnummern, das wusste sie von Tess. Von ihr wusste sie auch, dass unter Null Eins die Rufnummer der Familie Damner gespeichert war, Null Zwei war der Anschluss in Gretas Wohnung. Die restlichen achtzehn Speicherplätze waren nach Wichtigkeit belegt. Meine Wohnung, unsere Büros und weiß der Teufel wer sonst noch.

Sie holte noch einmal den feuchten Wischlappen aus der Küche, rieb den Apparat gründlich ab, auch das Tastenfeld, und erkundigte sich dabei, ob Jan wusste, mit wem Tess gesprochen hatte. Er starrte sie nur an, als habe er nicht verstanden.

Der Apparat hatte eine Wahlwiederholung, allerdings speicherte sie nur komplett eingegebene Nummern. Wenn Tess den Kurzwahlspeicher benutzt hatte, ließe sich nicht feststellen, mit wem sie zuletzt gesprochen hatte. Greta drückte die Wahlwiederholung, im Display erschien eine Null. Ein simpler Trick, um zu verhindern, dass jemand feststellte, mit wem das letzte Gespräch geführt worden war.

Greta wischte noch einmal über den Hörer und das Tastenfeld und ging hinauf in Jans Arbeitszimmer, um von dort aus die Polizei zu rufen.

Der Computer war ausgeschaltet, der Aschenbecher daneben quoll über. Links von der Tastatur lag das Treatment von Eckert mit dem Titel «Gemischtes Doppel».

Der Kopfhörer lag auf dem Stuhl vor dem Schreibtisch –
wie ein Beweis für Jans Worte.

Mit diesem Ding auf den Ohren war es für ihn unmöglich zu hören gewesen, wenn der dezente Gong der Tür-
klingel in der Diele angeschlagen hatte. Dass Tess eine
Person ins Haus ließ, mit der sie kurz zuvor telefoniert
hatte, durfte niemand ausschließen.

Greta raffte einige Seiten mit Notizen zum Roman zusammen, legte sie auf Eckerts Treatment und kontrollier-
te die Diskettenbox. Jan fertigte immer sofort eine Sicherungskopie seiner Arbeit an. Und wenn er kurz nach vier
das Haus mit ihr verlassen hatte, konnte er nicht an dem
Treatment gearbeitet haben.

Die vordere Diskette war mit «Eckert» beschriftet.
Dass es sich nicht um die Sicherungskopie handelte,
konnte Greta nicht ahnen. Jan hatte auf Veranlassung des
Senders dem Treatment einen anderen Titel gegeben. Die
mit diesem neuen Titel beschriftete Diskette stand an
zweiter Stelle in der Box und wurde für mich später zu
einem wichtigen Beweis.

Im Computer war die entsprechende Datei mit dem
ursprünglichen Titel bezeichnet. Greta suchte sie heraus,
hatte Jan oft genug bei seiner Arbeit zugeschaut, um
rasch fündig zu werden. Die Abspeicherdaten bestätigten
seine Angaben, siebzehn Uhr siebenunddreißig. Sie löschte die Datei komplett, auch aus dem Verzeichnis Papierkorb.

Nur nichts übersehen, kein noch so winziges Detail. Es
waren immer die Kleinigkeiten, über die man stolperte.

6. Kapitel

Als sie wieder nach unten kam, erklärte sie Jan die Stunden in ihrer Wohnung, alter Badeanzug, Pflegemaske, Pizzabote. Wer was gegessen hatte. Sie wollte Pizza und Salat sofort in den Müllschlucker werfen, wenn sie wieder in ihrer Wohnung war. Jan stand gegen den Türrahmen zur Küche gelehnt und hörte schweigend zu. Sie war dankbar, dass er sie nicht mit Zwischenfragen unterbrach und aus dem Konzept brachte.

Dann war alles erledigt und abgesprochen. Sie wollte nur noch wissen, welchen Unsinn Tess am Telefon von sich gegeben hatte, ob der Hörer während des Streits auflag oder das Ohr am anderen Ende der Leitung hatte mithören können.

Jan reagierte nicht auf ihre Frage, betrachtete den Fußboden. Doch dass er wirklich etwas davon sah, bezweifelte sie. Er wirkte wieder so apathisch wie in dem Moment, als er ihr die Haustür geöffnet hatte. Sie verstand es nicht. Er war doch völlig klar gewesen. Jetzt schien er sich nur mit Mühe aufrecht zu halten und mit seinen Gedanken weit weg.

Und plötzlich fragte sie sich, ob er wirklich bis kurz nach halb sechs ununterbrochen an seinem Schreibtisch gesessen hatte. Die Speicherzeit der Datei im Computer bewies nichts. Er konnte im Bad, am Fenster, in der Küche, er konnte zwischendurch überall gewesen sein.

Erst nach mehr als einer Minute bemerkte er, dass sie schwieg, löste die Augen von den hellen Bodenfliesen, betrachtete sein Hemd und fragte mit belegter Stimme: «Soll ich mich umziehen?»

«Nein», sagte sie. «Du hast Tess hochgerissen und an dich gedrückt. So ist das Blut auf dein Hemd gekommen. Da sie auf dem Bauch liegt, kann es noch nicht völlig getrocknet sein.»

Sie sah, dass er die Zähne zusammenbiss, aber er nickte.

«Warum liegt sie auf dem Bauch?», fragte Greta. «Ihr Rücken ist unversehrt. Sie ist von vorne erstochen worden. Sie müsste auf dem Rücken liegen.»

Jan sprach so leise, dass sie ihn kaum verstand. «Ich habe sie umgedreht. Ich konnte sie nicht so liegen sehen. Sie hatte die Augen offen und schaute mich an.»

Sie wollte wissen, wann er Tess umgedreht hatte. Er zuckte mit den Achseln, schürzte die Lippen wie ein verunsichertes und schuldbewusstes Kind. So sprach er auch. «Weiß nicht.»

«Dann denk nach», verlangte sie. «Es ist wichtig.»

Es war sogar sehr wichtig. Sie hatte genügend Ahnung von Gerichtsmedizin, um zu wissen, dass sich Totenflecken schon in der ersten halben Stunde bildeten. Wenn die Leiche später bewegt worden war, ließ sich das feststellen. Dass Tess' Rücken keine Verfärbungen aufwies, konnte ihnen nicht zum Verhängnis werden. Das dicke Polster musste ihren gesamten Rücken abgedeckt haben, und an so genannten Aufliegestellen entstanden keine Flecken. Bei Rückenlage bildeten sie sich zuerst im Nacken. Sie verblassten zwar, wenn die Position der Leiche später verändert wurde, aber wenn sie zu dem Zeitpunkt schon ausgeprägt waren, verschwanden sie nicht wieder völlig.

Greta hätte hinausgehen und sich den Nacken ansehen müssen. Das schaffte sie nicht. Tess anfassen, ihr Haar hochheben, allein der Gedanke schüttelte sie. Da hoffte sie lieber, dass Jan die Leiche schon nach kurzer Zeit gefunden und umgedreht hatte, sodass sich keine Flecken gebildet haben und bei der Polizei Fragen aufwerfen konnten.

Jan zuckte noch einmal mit den Achseln. Seine Stimme klang heller und ein wenig schrill. «Ich weiß es wirklich nicht mehr. Aber wir können sie ja wieder umdrehen.»

«Bist du verrückt!», fuhr sie ihn an. «Das Polster muss voller Blut sein, und sie hat nicht einen Kratzer auf dem Rücken. Es bleibt alles, wie es ist. Wir haben sie so gefunden. Du hast ihren Oberkörper angehoben und wieder zurückgelegt. Hast du mich verstanden?»

Er nickte, blinzelte und fuhr sich mit einer Hand über die Stirn.

«Deine Hände», sagte sie. «Du hast kein Blut an den Händen.»

Er sprach immer noch mit dieser hellen, schrillen und unsicheren Kinderstimme. «Ich hab sie gewaschen, nachdem ich dich angerufen hatte.»

«Das können wir nicht so lassen. Geh hinaus und …»

In dem Moment schrie er, stampfte mit dem Fuß auf: «Nein! Nein, ich geh nicht hinaus! Ich kann das nicht. Ich weiß nicht, was in deinem Kopf vorgeht. Ihr Weiber habt wirklich Nerven wie Drahtseile. Aber ich steh das nicht durch. Verschwinde. Mach, dass du wegkommst! Los, los, los.»

Sein Gesicht verzerrte sich, die Augen quollen vor. In diesem Augenblick wirkte er wie ein Irrsinniger. Er wedelte mit den Händen, als wolle er ein paar Spatzen verscheuchen, und schrie dabei weiter: «Lügen und betrügen, ihr könnt das, ohne mit der Wimper zu zucken. Ich hab gedacht, du wärst anders. Aber du bist auch nicht besser als Tess. Eine dreckige, verlogene Schweinebande seid ihr. Barringer hatte Recht. Man sollte alle Weiber zum Teufel jagen. Hau ab, Greta, ich will …»

Sein Ausbruch kam für sie überraschend. Sie konnte nicht sofort reagieren. Aber dann war sie mit zwei Schritten bei ihm, versetzte ihm einen leichten Schlag gegen die Wange und legte ihm gleichzeitig eine Hand auf den Mund.

«Was willst du?», fragte sie leise und eindringlich. «Willst du ins Gefängnis? Kannst du dir nicht vorstellen, wie es ist, wenn so ein stinkender Kerl über dich herfällt? Und nicht nur einer, da sind viele. Alle wollen eine Frau, aber es gibt keine Frauen. Dann suchen sie sich einen Ersatz. Einen, der sich nicht wehren kann, einen Neuen wie dich. Du kannst es dir vorstellen, nicht wahr? Ich weiß, dass du es kannst.»

Er starrte sie an, machte nicht einmal den Versuch, ihre Hand von seinem Mund zu nehmen. Nach einer Ewigkeit nickte er.

«Gut», sagte sie. «Dann vergiss es nicht eine Sekunde lang. Und jetzt reiß dich zusammen. Dir kann nichts passieren. Halte dich an das, was ich dir eben gesagt habe, und überlass alles andere mir. Ich habe dich noch nie belogen, oder? Ich werde dich auch nie belügen. Nicht dich, nur die anderen. Für dich! Und du wirst auch lügen. Es ist leichter, als du denkst. Jetzt beruhige dich. Wo hast du dir die Hände gewaschen?»

Als sie ihre Hand fortnahm, murmelte er: «Oben.»

Sie ging mit ihm hinauf ins Bad. Auf dem Lichtschalter dort waren die Abdrücke von blutigen Fingern. Im Waschbecken entdeckte sie ein paar verwässerte Blutspritzer. Sie drehte den Wasserhahn auf, nicht sehr weit, damit der Strahl nicht sämtliche Spritzer fortspülte. Dann stellte sie Jan vor das Becken, hielt seine Hände kurz unter den Strahl und legte sie anschließend zu beiden Seiten auf den Beckenrand. Er ließ es geschehen.

«So bleibst du stehen», sagte sie. «Egal, was passiert, egal, wer dich anspricht, du rührst dich nicht und gibst keine Antwort, auch nicht, wenn ich dich frage. Hast du mich verstanden?»

Er hatte den Kopf gesenkt. Nicht einmal ein Muskel in seinem Gesicht zuckte noch, es war wieder völlig leer. Greta nahm an, er habe sie verstanden und spiele seine Rolle brillant. Sie ließ ihn im Bad zurück, ging hinunter und überlegte, ob sie mich anrufen sollte.

Dass ich um halb drei noch mit Tess telefoniert hatte, wusste sie nicht. Sie ging davon aus, dass ich mich nur wegen unseres Streits nicht von ihr verabschiedet und die Kanzlei so überstürzt verlassen hatte.

Und informieren musste sie mich früher oder später. Das da draußen waren nicht ein paar Seiten Papier, die sie rasch verschwinden lassen konnte, wenn ich auf der Bildfläche erschien. Weil sie nicht wollte, dass ich sie zu Gesicht bekam. Weil sie wusste, wie ich darüber dachte.

Mich anrufen! Lieber früher als später. Weil ich sonst sofort auf die Idee käme, dass sie etwas vertuscht hatte, sich erst eine Version zurechtlegen musste, die ich akzeptieren konnte. Es war eine schwierige Entscheidung.

Wenn sie mir erklärte, dass sie die Kanzlei kurz nach mir verlassen und zu Jan und Tess gefahren war, das musste ich glauben. Wohin zog es eine Frau, wenn sie verletzt und beleidigt wurde? Zu Freunden!

Wenn sie mir erzählte, dass sie bei Jan und Tess in eine heftige Auseinandersetzung geplatzt war, daran durfte ich auch nicht zweifeln. Und dass sie wie eine Glucke die Arme um Jan gelegt und den Ärmsten vor der tobenden Tess in Sicherheit gebracht hatte – ich würde die Zähne zusammenbeißen, sie mit einem Blick voller Verachtung strafen und nicken.

Das Problem war der erste Satz. Tess ist tot! Das Problem waren die Gefühle, die Greta mir unterstellte. Ich mochte noch unzählige Male behaupten, zuletzt habe Tess mir nur noch gedient, sie zur Räson zu bringen und zur Heirat zu bewegen. Das durfte ich meiner Mutter erzählen, nicht Greta. Sie hatte es von Tess immer anders gehört. Und nach Tess' Version hatte ich vor zwei Jahren nichts anderes getan als Greta; ich hatte mit blutendem Herzen verzichtet, eine Frau gehen lassen, die mir lange Zeit als die Frau schlechthin erschienen war.

Aber Tess war mir nie gleichgültig geworden. Den letzten Beweis dafür hatte ich Greta kurz nach Mittag geliefert mit meinem großzügigen Angebot, mich an den Kosten zu beteiligen, wenn sie Jan verließ.

Sie hatte Angst, wahnsinnige, grausame Angst, wusste nicht, ob sie das Richtige tat und getan hatte. Jans bisheriges Verhalten und der heftige Ausbruch waren ihr nicht geheuer. Wie er reagierte, wenn ihm Polizei oder Staatsanwalt etwas härter zusetzten, stellte sie sich lieber nicht vor.

Sie hatte auch Angst vor mir und meinen Verdächtigungen. Es war davon auszugehen, dass ich die Polizei sofort über meinen hirnrissigen Verdacht in Kenntnis setzte und einen Mann, der schon genug gelitten hatte, mit Fragen zu seiner Vergangenheit quälen ließ.

Aber sie brauchte mich. Niemand konnte zwei Herren dienen. Sie konnte nicht Jans Alibizeugin sein und ihn gleichzeitig rechtlich vertreten, sich selbst noch weniger. Das musste ich übernehmen, falls es notwendig werden sollte. Und das konnte es schnell werden, das wusste sie.

Es sagte sich leicht: «Du warst bei mir.» Wenn zwei Menschen sich einig waren, gab es keine Probleme. Aber konnte sie sich auf Jan verlassen? Sie musste der Polizei die Tür öffnen. Sie musste sie zu Tess führen. Und schon dabei musste sie sagen: «Wir sind um halb elf zurückgekommen.» Wir! Und dann würden sie Jan fragen. Und wenn er wieder die Nerven verlor? Sie hatte das Gefühl, vor einem Berg zu stehen oder vor einem Abgrund. Selbst wenn Jan durchhielt ...

Wie sie da allein im Wohnzimmer saß und auf die Polizei wartete, den Kopf krampfhaft in Richtung Diele gedreht, um nicht auf die hellerleuchtete Terrasse schauen zu müssen, fand sie genügend Zeit, über Dinge zu stolpern, die sie vorher nicht bedacht hatte.

Jetzt zermarterte sie ihr Hirn. War sie gesehen worden, als sie die Kanzlei verließ? Oder als sie heimkam? Ihre Wohnung lag im vierten Stock. Sie war mit dem Aufzug hinaufgefahren. Allein! Das wusste sie mit Sicherheit. Sie hatte zwar ihre Gedanken nicht beisammengehabt, aber wenn der Aufzug irgendwo zwischen der Tiefgarage und dem vierten Stock gehalten hätte, wenn jemand zugestiegen wäre, daran hätte sie sich erinnern müssen.

Von dem Moment an, wo sie ihre Wohnung betreten hatte, gab es nur noch einen Zeugen, den Pizzaboten. Sie hatte ihn bei der Tür eilig abgefertigt, weil ihr plötzlich bewusst geworden war, wie sie aussah. Dabei konnte durchaus der Eindruck entstanden sein, dass im Wohnzimmer jemand auf sie wartete. Und Tatsache war, er hatte zwei Portionen gebracht.

Aber vorher – irgendein dummer Zufall auf dem Heimweg. Ein paar Minuten warten vor einer roten Ampel. Der Fahrer aus dem Wagen nebenan wirft einen gelangweilten Blick zur Seite. Da fällt ihm das völlig versteinerte Bündel Frau im dunkelblauen Mercedes auf. Die Ampel springt auf Gelb, auf Grün, das Schaltgetriebe am Mercedes kracht, als ob der erste Gang mit dem

Hammer eingeschlagen würde. Dann stirbt auch noch der Motor ab. Hinter dem Mercedes ertönt das übliche Hupkonzert. Die Frau am Steuer schreckt zusammen, tippt sich unbeherrscht gegen die Stirn. Das prägt sich ein.

Und später liest man etwas in der Zeitung, sieht vielleicht sogar ein Foto und erinnert sich: Die habe ich gesehen an dem Abend. Das war die, die ihren Wagen nicht von der Stelle brachte. Aber sie war allein.

Oder in der Tiefgarage! War jemand vor ihr oder hinter ihr hineingefahren? Hatte jemand sie beim Aussteigen beobachtet? Oder später auf dem Flur vor ihrer Wohnungstür beim Aufschließen? Sie wusste es nicht, weil sie nicht darauf geachtet hatte. Und das alles in doppelter Ausführung, es galt für den Heimweg von der Kanzlei ebenso wie für den Weg zu Jans Haus.

*

Zwanzig Minuten nach ihrem Anruf erschienen zwei uniformierte Beamte, beide noch sehr jung. Sie warfen nur einen raschen Blick auf die Terrasse, gingen nicht näher an die Liege heran, stellten keine Fragen. Einer postierte sich an der Haustür, der zweite bewachte die Tür im Wohnzimmer, die hinaus auf die Terrasse führte. Er stand da wie ein Militärpolizist in einem alten Kriegsfilm mit unbewegter Miene, die Hände auf dem Rücken verschränkt.

Allein durch seine Anwesenheit zwang er Greta, ständig in Richtung Tür und Panoramafenster zu schauen. Sie konnte das nicht, obwohl sie von der Couch aus nur das Licht sah, ging hinauf ins Bad, um nach Jan zu sehen.

Er stand unverändert vor dem Waschbecken. Ein kurzer Test, laut genug, dass der Junge bei der Haustür sie hören musste: «Wie fühlst du dich, Jan? Geht es dir etwas besser? Willst du nicht herunterkommen?»

Keine Reaktion. Das beruhigte sie ein wenig. Er schien sich gut unter Kontrolle zu haben und an die Absprache zu halten. Sie verließ das Bad, ging bis zum oberen Treppenabsatz. Von dort aus konnte sie sowohl ins Bad als auch hinunter in die Diele schauen. Erst als sie draußen einige Wagen vorfahren hörte, ging sie wieder hinunter.

Sie rückten im Tross an, Spurensicherung, ein Gerichtsmediziner und zwei Ermittler. Den älteren kannte Greta. Er hieß Karreis. Sie waren sich einmal vor Gericht begegnet, er als Zeuge der Anklage. Greta war nicht eben gnädig mit ihm umgesprungen und hatte für ihren Mandanten einen Freispruch erreicht.

Karreis war weit in den Fünfzigern. Ein Mann, der es nicht geschafft hatte, die Karriere zu machen, die ihm irgendwann einmal vorgeschwebt haben mochte. Ein guter Mann zweifellos, aber verbittert – vor allem, wenn das Gericht Männer in die Freiheit entließ, die er festgenommen hatte. Dass er nicht gut auf sie zu sprechen war, lag auf der Hand.

Den jüngeren Mann in seiner Begleitung kannte Greta nicht. Doch seine Miene machte deutlich, wer er war. Der scharfe Hund, der wache Verstand, der sich von niemandem etwas vormachen ließ. Er war höchstens Anfang dreißig, stand gerade am Beginn seiner Laufbahn. Sein Name war Felbert.

Auch Karreis und Felbert warfen nur einen kurzen Blick hinaus. Draußen gehörte das Revier erst einmal der Spurensicherung und dem Gerichtsmediziner. Greta hatte sie noch nie bei der Arbeit erlebt. Männer wie einem Sciencefiction-Film entstiegen in ihren weißen Schutzanzügen.

Karreis forderte sie auf, das Wohnzimmer zu verlassen,

damit seine Leute auch dort ihre Arbeit tun konnten. Sie gingen ins Esszimmer. Felbert schloss sich ihnen an. Greta umriss die Situation in groben Zügen – vorsichtig und vage. Sie musste die Verzweifelte nicht spielen, war so aufgewühlt, dass ihre Hände zitterten, dass sie sich, ohne es zu wollen, unentwegt auf die Lippen biss.

Von dem Valium, das sie Stunden zuvor genommen hatte, war nichts mehr zu spüren. Aber sie ließ sich auch immer nur die Sorte mit der niedrigsten Dosierung verschreiben. Valium zwei, statt fünf oder zehn.

Karreis ließ nicht erkennen, was er von ihrer Erklärung hielt. Er nickte nur flüchtig und fragte: «Der Mann ist oben?»

«Ja.»

«Dann holen wir ihn mal. Er kann uns bestimmt mehr erzählen.»

Sie begleitete die beiden Männer hinauf. Jan stand unverändert vor dem Waschbecken. Für ihr Empfinden hielt er sich hervorragend, ein Stein hätte es nicht besser machen können. Kein Mucks, kein Blinzeln, kein Zucken, als Karreis ihn aufforderte: «Kommen Sie, Herr Tinner. Mit Händewaschen sind Sie doch bestimmt fertig.»

Jan zeigte keine Reaktion.

Karreis betrachtete ihn mit gerunzelter Stirn. Er war bei der Tür stehen geblieben und machte keine Anstalten, weiter ins Bad hineinzugehen. Felbert trat auf Jan zu, legte ihm eine Hand auf die Schulter. «Herr Tinner!» Seine Stimme klang neutral, aber es schwang ein Hauch von Schärfe mit. Auch er hatte keinen Erfolg und machte einen zweiten Versuch, fragend diesmal: «Herr Tinner?»

Seine Hand lag immer noch auf Jans Schulter, mit der anderen Hand wedelte Felbert vor Jans Augen. Er beugte sich sogar hinunter und versuchte, Jan ins Gesicht zu schauen. Dann zuckte er mit den Achseln, warf Karreis einen kurzen und Greta einen langen Blick zu. «Der Mann ist ja völlig weggetreten.»

Greta brauchte noch ein paar Sekunden, um zu begreifen, dass etwas nicht so war, wie es hätte sein sollen. Sie ging ebenfalls zum Waschbecken, schob Felberts Hand von Jans Schulter, schloss den Wasserhahn und wollte Jan zu sich umdrehen. Ebenso gut hätte sie versuchen können, einen zentnerschweren Schrank zu bewegen.

«Komm, Jan», sagte sie. «Du kannst hier nicht stehen bleiben. Wir gehen nach unten. Die Polizei hat ein paar Fragen an uns.»

Seine Haut fühlte sich kalt und feucht an. Zuerst dachte sie, er hätte seine Arme unter den Wasserstrahl gehalten, als er unbeobachtet war. Aber seine Hände waren wachsgelb. Das konnte unmöglich nur von der Anspannung herrühren. Die Blässe zog sich auch die Unterarme hinauf. Sein Hemd war ebenfalls feucht. Dort, wo Felbert ihm die Hand auf die Schulter gelegt hatte, klebte es auf der Haut. Im Rücken war der Stoff entlang der Wirbelsäule viel dunkler. Es war Schweiß. Kalter Schweiß. Ihr wurde unheimlich. Niemand konnte auf Anweisung schwitzen. Und im Bad war es angenehm kühl.

Karreis wurde ungeduldig. «Was soll das, Herr Tinner? Machen Sie kein Theater. Sie haben gehört, was Ihre Anwältin sagte. Wir haben vorerst nur ein paar Fragen an Sie. Die werden Sie uns ja wohl beantworten können.»

Seinen schroffen Ton empfand Greta als Unverschämtheit. Sie wollte ihn zurechtweisen. Felbert kam ihr zuvor, stellte fest: «Ich glaube nicht, dass er das kann. Er braucht einen Arzt.»

«Bringen wir ihn erst mal hier raus», schlug Karreis vor. «Wenn er sich hinsetzt, geht es ihm sicher gleich besser.»

Er klang immer noch gereizt, kam selbst zum Waschbecken, um seinen Worten Nachdruck zu verleihen. Aber Jans Hände waren so fest um den Beckenrand gekrampft, dass Karreis Mühe hatte, sie zu lösen. Greta dachte, er würde ihm die Finger brechen.

Nachdem er es endlich geschafft hatte, wurde er behutsam, führte Jan auf die Tür zu, weiter über den Flur zur Treppe. Dabei sprach er auf ihn ein in einer warmen, väterlichen Art. «Jetzt gehen wir runter und setzen uns ...» Weiter kam Karreis nicht.

Jan, der sich eben noch hatte führen lassen wie ein Schaf zur Schlachtbank, schüttelte den Kopf, seine rechte Hand schoss zur Seite und umklammerte das Treppengeländer. Die Haut in seinem Nacken war grau und feucht, sein Atem ging gepresst, kurze, zittrige Stöße, zwischen denen er nur ein Wort ausstieß: «Nein!»

Er bog den Rücken durch, machte sich steif. Nur sein Kopf flog hin und her, immer wieder, wild und unbeherrscht, unkontrolliert, verrückt. Greta war zwei Stufen hinter ihnen, nahe genug, um Karreis' Arm von Jans Schulter zu stoßen und Jan zu sich umzudrehen. Sie riss seinen Kopf gegen ihre Brust und hielt ihn mit beiden Händen fest, damit das entsetzliche Schütteln aufhörte. «Du musst nicht, wenn du nicht kannst», sagte sie rasch. «Ruhig, ganz ruhig, beruhige dich.»

Karreis betrachtete sie mit ausdrucksloser Miene. Wie Felbert sich verhielt, sah sie nicht, er stand hinter ihr.

«Was ist denn los mit ihm?», wollte Karreis wissen.

«Ich weiß nicht!», schrie Greta. Sie konnte sich Jans Verhalten nicht erklären und war mit ihren Nerven am Ende. Sein Kopf zuckte immer noch in ihren Händen. Sie hörte ihn mit den Zähnen knirschen und wusste: Er stand das nicht durch.

«Sie haben doch gehört, was Ihr Kollege sagte», schrie

sie Karreis an. «Er braucht einen Arzt! Rufen Sie einen Arzt.»

Karreis winkte mit einer Hand ab. «Schon gut. Ich habe verstanden. Der Herr Mandant ist für uns tabu.»

«Er ist nicht mein Mandant!», schrie Greta. «Er ist mein Freund. Und die Tote da draußen war meine Freundin seit dreißig Jahren! Wir sind zusammen zur Schule gegangen.»

In dem Augenblick brach etwas in ihr zusammen. Es war zu viel. Sie konnte es nicht länger von sich fern halten.

Diesmal hatte Tess sich nicht an vorstehenden Schrauben im Fitnessstudio verletzt. Und sie würde sich nie wieder an solchen Schrauben verletzen, nie wieder in eine Maschine geraten, die Kneifwunden verursachte, welche aussahen wie Verbrennungen. Tess würde nie wieder mit einem Armband in der Waschmaschine hängen bleiben, nie wieder eine Uhr tragen, deren Band die Haut aufscheuerte. Sie würde nie wieder in der Sauna von einer Wespe gestochen werden, sich nie wieder die Schenkel verbrühen, weil sie einen Topf fallen ließ, nie wieder irgendetwas erzählen, um von Tatsachen abzulenken oder die Wahrheit zumindest so zu verfremden, dass man sie nicht erkannte. Tess lag auf der Terrasse und war tot. Ihre Tess!

Die Pausenbrote getauscht, die Mathematikaufgaben voneinander abgeschrieben, die Limonade und die erste Liebe in der fünften Klasse redlich miteinander geteilt, die Köpfe zusammengesteckt, gewispert, getuschelt. In einem Bett geschlafen, bunte, wilde Zukunftspläne geschmiedet. Und später das Lachen in einer Eisdiele, die Tränen im dunklen Kino. Lovestory. Alles vorbei.

Der rothaarige Springinsfeld an ihrer Seite existierte nicht mehr. Der lustige Vogel, der nichts weiter gewollt hatte als gut und aufregend leben. Der sich nie etwas dabei gedacht hatte, Märchen zu erzählen. So viele Märchen in all den Jahren. Wie mit einem Blitzlicht ausgeleuchtet sah Greta sich neben Tess in der Schule sitzen. Religionsstunde im Advent. Die Herzenswünsche ins Schulheft geschrieben. Sie sah Tess nach vorne gehen zum Pult der Lehrerin. Sah den Hilfe suchenden Blick in ihre Richtung, hörte die Kinderstimme sagen: «Ich weiß nicht, wie es gekommen ist.»

Greta wusste es auch nicht.

*

Es war Karreis' Aufgabe, herauszufinden, wie es gekommen war. Er bequemte sich endlich in die Diele hinunter, von Gretas Ausbruch überrascht und betroffen. Er telefonierte jedoch nicht nach einem Arzt, schlenderte hinaus auf die Terrasse, als ginge ihn das alles nichts an.

Greta blieb mit Jan auf der Treppe zurück, setzte sich auf eine der Stufen, drückte ihn auf die Knie nieder und hielt ihn mit beiden Armen fest. Sie weinte – ob um Tess, aus Hilflosigkeit oder um das hehre Ziel, mit dem sie sich als Zehnjährige entschlossen hatte, diesen Beruf zu ergreifen – nur Unschuldige zu verteidigen – das wusste sie selbst nicht. Es war auch nicht mehr wichtig.

Jan knirschte immer noch mit den Zähnen, presste seine Stirn so fest gegen ihren Magen, dass ihr übel wurde. Felbert kam an ihnen vorbei und ging ebenfalls nach unten. In der Diele blieb er stehen, schaute zu ihr hinauf. «Einen bestimmten Arzt?», wollte er wissen. «Kennen Sie seinen Hausarzt? Oder soll ich einen Krankenwagen rufen?»

«Nein, nur einen Arzt», bat sie. «Irgendeinen.»

Felbert verließ das Haus für ein paar Minuten. Als er

zurückkam, bat sie ihn: «Können Sie noch jemanden anrufen?»

Begeistert war er nicht. «Wen?», fragte er knapp.

Wie sollte sie mich bezeichnen in dieser Situation? Meinen Kollegen, meinen Partner, meinen Lebensgefährten, meinen Liebhaber? «Meinen Mann», sagte sie. Schade, dass ich nicht dabei war. Ich hätte es so gerne einmal gehört aus ihrem Mund. «Niklas Brand. Wir sind zwar nicht verheiratet, aber ...»

Wir wären es ja fast einmal gewesen. Und ich hatte sie in den vergangenen beiden Jahren immer wieder bedrängt, hatte mich nicht mehr an die Abmachung gehalten. Erst vor ein paar Wochen hatte ich es noch versucht. «Jetzt sei doch nicht so nachtragend, Greta. Ich will ja gar nicht geliebt werden. Aber warum sollen wir nicht einmal darüber nachdenken, ein paar Mark Steuern zu sparen? Oder hoffst du immer noch auf die Liebe deines Lebens?»

Die Liebe ihres Lebens! Etwas, das ich nicht verstand.

Felbert verstand und nickte. «Geben Sie mir die Nummer.» Dann ging er erneut hinaus, war nach zwei Minuten zurück und erklärte mit einem Achselzucken: «Da meldet sich niemand.»

Diese Auskunft brachte Greta halbwegs zu sich selbst zurück. Sie war nicht länger hilflos, sie wurde wütend. Wo zum Teufel steckte ich denn mitten in der Nacht? Es war eine so gute Idee gewesen, mich durch die Polizei informieren zu lassen. Es passte besser zu ihrer Version. Um halb elf ins Haus gekommen und die Tote gefunden. In solch einer Situation denkt man nicht daran, sämtliche Freunde und Bekannte anzurufen. Man kann gerade noch tun, was notwendig ist; die Polizei alarmieren. Und die erledigt den Rest. Greta war überzeugt, es mir nicht selbst sagen zu können. Doch als ich kam, konnte sie sehr wohl.

Es war kurz vor Mitternacht, als ich in die Straße ein-
bog und den Fuhrpark vor dem Haus sah. Die halbe
Nachbarschaft war zugeparkt mit Fahrzeugen. Der uniformierte Wachposten wollte mich nicht ins Haus lassen.

Ein paar Minuten vorher war der von Felbert alarmierte Arzt erschienen und hatte Greta erneut in Panik versetzt. Er war ein sehr eleganter, älterer Herr im mitter-
nachtsblauen Anzug, sah aus, als hätte man ihn von
einem Festbankett geholt. Das übliche Köfferchen hatte
er nicht bei sich, nur eine schmale Tasche.

Er sprach kurz mit Felbert, stieg die Treppe hinauf und
setzte sich neben Jan. Gretas Ansicht, Jan habe ein Kreis-
laufproblem, teilte er nicht. Jans Blutdruck zu messen,
hielt er für überflüssig. Er sprach Jan nur an mit einer
freundlichen, warmen Stimme, die auf ihn einrieselte,
vielmehr an ihm vorbeirauschte, ohne Wirkung zu zeigen.
Dann wandte er sich an Greta: «Seit wann ist der Mann
in dieser Verfassung?»

«Seit halb elf ungefähr.»

«Und vorher?»

«War er normal. Er war sehr aufgewühlt. Aber das ist
ja wohl normal, wenn man heimkommt, und ...»

Sie konnte nicht weitersprechen. Der Arzt hatte einen
so stechenden Blick, dass sie befürchtete, er bohre sich
damit in ihre Gedanken. Die sanfte Stimme passte nicht
dazu. «Möchten Sie ein Beruhigungsmittel?»

«Nein, ich brauche nichts», behauptete sie. «Es geht
schon. Vielen Dank. Ich bin in Ordnung.»

Das war sie nicht. Unter seinem Blick schnürte ihr die
Furcht Hirn und Kehle gleichermaßen zusammen. Aber
sie wollte sich nicht mit irgendeinem Mittelchen außer
Gefecht setzen lassen. Nicht mehr Herrin ihrer Sinne sein,
die Gedanken nicht beisammenhalten können war für

Greta der blanke Horror. Lieber wäre sie erstickt an ihrer Angst.

Der Arzt erhob sich, schaute nach unten. Felbert stand am Fuß der Treppe und ließ sie nicht aus den Augen. Der Arzt strich ein paar nicht vorhandene Falten an seinem Anzug glatt und sagte zu Felbert: «Das hat so nicht viel Sinn. Ich muss ihn mitnehmen.»

«Das kommt überhaupt nicht in Frage», protestierte Greta. Auf gar keinen Fall wollte sie Jan in eine Klinik schaffen lassen, wo er voll gepumpt mit Medikamenten, hilflos, wehrlos und willenlos den Fragen ausgeliefert wäre. Das konnte sie sich nicht leisten.

Der Arzt kümmerte sich nicht um sie. Er stieg hinunter zu Felbert und sprach mit ihm. Felbert wollte wissen, was mit Jan los sei. Die Antwort des Arztes gefiel ihm nicht. Nervenzusammenbruch.

«Kommen Sie mir nicht mit Allgemeinplätzen», erklärte Felbert. «Ich denke, Sie sind Facharzt.»

Der Arzt konterte mit herablassender Überheblichkeit, nannte einen Fachausdruck für Jans Zustand, den Greta nicht richtig verstand, der Felbert aber sichtlich imponierte. In Gretas Ohren klang es nach einer Hundekrankheit. Dann verhandelten sie über eine Injektion.

Felbert schien sich wirklich auszukennen, machte sogar ein paar Vorschläge. Ohne Zweifel hatte er das Kommando übernommen. Der Arzt reagierte unwillig. «Warum haben Sie mich hergerufen, wenn Sie alles besser wissen? Wenn es nur darum geht, den Mann zu sedieren, hätten Sie den Dienst habenden Notarzt rufen können.»

«Sie sollen ihn eben nicht sedieren, Herr Professor. Wir müssen mit ihm reden.»

Da erst begriff Greta, dass sie es mit einem Professor der Psychiatrie zu tun hatte. Sie fühlte sich so hilflos wie nie zuvor und war fast ein wenig erleichtert, als es mir endlich gelang, den Uniformierten an der Haustür zu überzeugen, dass er mich in die Diele lassen musste.

Nie im Leben werde ich vergessen, wie sie da oben mit Jan auf der Treppe saß, ihn mit beiden Armen umschlungen hielt. Man mag sich noch so viele schöne Worte zurechtlegen, meist durchkreuzen die eigenen Gefühle sämtliche nüchternen Pläne. Die Vermutung, die Tess geäußert hatte, der gesamte hässliche Nachmittag und Abend, alles brach mit Gewalt an die Oberfläche. Ich hatte große Mühe, mich zu beherrschen, nicht hinaufzustürmen und sie auseinander zu reißen.

Felbert und der Professor standen noch am Fuß der Treppe. Von Felbert bekam ich ein paar knappe Auskünfte, nicht viel mehr, als dass Tess draußen auf der Terrasse lag. Und das war in dem Moment … Ich weiß es nicht! Es war grausam, ungeheuerlich, aber irgendwie logisch nach ihrem Anruf um halb drei und den vier Seiten, die ich in Gretas Wohnung gelesen hatte. Und es war nicht halb so schlimm wie der Anblick auf der Treppe.

Gretas Miene! Ein ausdrucksstarkes Gesicht, ja, das hatte sie immer gehabt. Und was sie in den Sekunden damit ausdrückte, entzog mir den Boden unter den Füßen. Sie war am Ziel! Es spielte keine Rolle mehr, ob Tess mit ihrem Verdacht richtig gelegen hatte. Wenn ja, dann konnte es sich nur um flüchtige, unbequeme Erlebnisse auf einem Stuhl, dem Schreibtisch oder dem Fußboden gehandelt haben. Und jetzt konnte Greta ihn in ihr Bett legen.

Der Professor erklärte Jans Zustand mit stuporiös und bestand erneut darauf, ihn mitzunehmen.

«Das ist völlig ausgeschlossen», rief Greta hinunter. «Jan muss am Dienstag ein Drehbuch abliefern. Er hat noch nicht einmal mit dem Treatment angefangen. Er kann sich jetzt nicht in eine Klinik legen. Es ist doch auch gar nicht nötig. Es ist nur zu viel für ihn, aber er wird sich wieder beruhigen.»

Es so zu formulieren war lächerlich. Ruhiger als Jan konnte kein Mensch sein. Und Greta konnte nicht ernsthaft annehmen, er sei in den nächsten Tagen imstande, zu arbeiten. Aber ihn in die Psychiatrie schaffen zu lassen war auch nicht in meinem Sinne. Wie er da oben vor ihr kniete, schien er in der richtigen Verfassung. Ich wollte ihm nicht Gelegenheit geben, sich zu erholen.

So waren wir drei gegen einen, ein eifersüchtiger Anwalt, eine liebende Frau und ein ehrgeiziger Hauptkommissar gegen den Fachmann für Jans Zustand. Der Professor kapitulierte. Er stieg noch einmal die Treppe hinauf und verabreichte Jan eine Injektion, die diesen in die Lage versetzen sollte, ein paar Fragen zu beantworten.

Jan zuckte nicht einmal zusammen, als ihm die Nadel in den Arm gestochen wurde. Er reagierte auf nichts, war völlig steif in Gretas Armen, kniete drei Stufen unter ihr wie ein Stein. Das Zähneknirschen hatte er inzwischen eingestellt. Doch seine Stirn drückte er immer noch gegen ihren Magen, als wollte er sich mit dem Kopf voran in sie hineinbohren. Seine Arme waren derart angespannt, dass sich jeder Muskel überdeutlich abzeichnete. Das Haar klebte ihm an Schläfen und Nacken. An der Stelle, wo seine Haut ihr Kleid berührte, war der Stoff feucht.

Der Professor verließ das Haus. Ich setzte mich neben Greta auf die Treppe. Felbert blieb in der Diele stehen und ließ uns nicht aus den Augen. Karreis hielt sich im Wohnzimmer auf, von der Terrassentür aus unterhielt er sich mit dem Gerichtsmediziner und beobachtete die Leute von der Spurensicherung bei der Arbeit.

«Was ist passiert, Greta?»

Sie bot mir exakt die Version, die sie Jan eingehämmert hatte – das Stück von halb vier bis halb elf. Das hätte bedeutet, sie hätten die Wohnung verlassen, kurz bevor ich sie betrat. Das konnte ich ausschließen. Aber ich widersprach ihr nicht. Als sie zum Ende kam, erkundigte ich mich so neutral wie eben möglich: «Worüber haben sie denn gestritten?»

Greta wollte antworten, als Jans Haltung sich veränderte. Er sank ein wenig in sich zusammen, hob das Gesicht von ihrem Kleid und drehte den Kopf zu mir. «Tu doch nicht so scheinheilig», sagte er. «Tess hat dir doch alles erzählt.»

*

Im ersten Moment dachte ich, er beriefe sich auf das Telefongespräch von halb drei. Meinen Irrtum erkannte ich erst, als er weitersprach. «Ich habe gehört, was sie sagte. Und du musst gehört haben, was ich sagte. Also tu nicht, als wärst du taub gewesen.»

Ich schüttelte den Kopf. «Als Tess mich anrief, war sie allein. Sagte sie jedenfalls, und ich habe nichts gehört, was dagegen sprach.»

Jans Lippen verzogen sich, als wolle er abfällig grinsen. Aber er murmelte nur: «Du lügst genauso gut wie sie.»

«Wenn du meinst», sagte ich. «Du kannst meinem Gedächtnis ja auf die Sprünge helfen. Wann hat Tess mit mir telefoniert?»

«Um halb vier», murmelte er.

«Nein», widersprach ich. «Sie rief mich um Punkt halb drei an. Das Gespräch dauerte etwa fünf Minuten.»

Greta stutzte, Jan runzelte ungläubig die Stirn. «Und

um halb vier?», wollte er wissen. «Da hat sie doch mit dir gesprochen. Ich habe es gehört, Niklas.»

Ich wusste nicht, was er gehört hatte, mich garantiert nicht. Das schien ihn zu irritieren. «Aber sie hat …», begann er, schüttelte den Kopf, als könne er es nicht begreifen. «Sie hat Niklas gesagt. Nicht nur einmal. Viermal, fünfmal hat sie es gesagt: ‹Ich muss dich sehen, Niklas. Du hast versprochen, dass du für mich da bist, wenn ich dich brauche. Und jetzt brauche ich dich, Niklas.› Fast hinter jedem Satz hat sie deinen Namen genannt.»

Sein Kopfschütteln verstärkte sich. «Ich habe ihr nichts getan. Ich wollte ihr nur das Telefon wegnehmen. Sie hat mich geschlagen, gekratzt und getreten. Da bin ich nach oben gegangen. Und sie hat gesagt: ‹Jetzt zeige ich dir mal, was ein Krimi ist. Entweder du spurst, oder ich bringe dich in den Knast.›»

Felbert stand unverändert am Fuß der Treppe und schaute mit wachsamem Blick zu uns herauf. Ich konnte nicht abschätzen, wie viel er verstand.

Jan flüsterte weiter: «‹Mach diesem Zirkus ein Ende, ehe ich durchdrehe, Niklas›, sagte sie. Aber ich habe ihr nichts getan. Das musst du mir glauben!»

Ich glaubte ihm nicht: «Du erklärst das besser der Polizei. Sie müssen dir glauben. Mit mir hat Tess um halb vier nicht gesprochen. Vielleicht war niemand in der Leitung. Wenn sie dich reizen wollte, könnte es sein, dass sie nur so tat, als telefonierte sie. Wie ging es weiter, nachdem sie dich angegriffen hat?»

Jan senkte den Kopf wieder, betrachtete seine rechte Hand und hob die Schultern. «Hab ich doch gesagt. Ich bin nach oben gegangen. Frag Greta, ich war oben, als sie kam. Und Tess war in Ordnung. Ich hab sie nie richtig geschlagen. Ich wollte ihr auch sonst nichts tun.»

Es klang, als hätte er seinen Willen nicht durchsetzen

können. Und was verstand er unter richtigen oder falschen Schlägen? Jetzt noch ein klein wenig Druck, dachte ich, ein paar gezielte, sanft gestellte Fragen. Ich schaute zu Felbert hinunter und hoffte, dass er genug mitbekommen hatte und sein Handwerk beherrschte. Ich erhob mich, griff unter Jans Achseln und zog ihn von Greta fort. Danach ging es mir ein wenig besser. «Komm», sagte ich. «Ich helfe dir. Sie haben nur ein paar Fragen.»

Unter meiner Berührung zuckte er zusammen und schüttelte den Kopf. «Ich kann das nicht. Greta soll ihnen antworten. Sie weiß, dass ich Tess nicht angerührt habe.»

Als ich nickte, ließ er sich ohne weiteren Widerstand aufhelfen und nach unten führen. Greta folgte uns.

Das Wohnzimmer konnte benutzt werden. Die Spurensicherung dort war abgeschlossen, sehr gründlich konnten sie nicht gewesen sein. Ich führte Jan zur Couch, drückte ihn nieder und setzte mich neben ihn. Greta holte sich einen Stuhl aus dem Esszimmer. Karreis nahm in einem Sessel Platz, Felbert im zweiten. Er zückte sein Notizbuch und erkundigte sich in ruhigem Ton: «Wie fühlen Sie sich, Herr Tinner? Können wir anfangen?»

Jan schüttelte den Kopf und warf Greta einen flehenden Blick zu. Sie sorgte dafür, dass er genügend Zeit bekam, sich zu erholen. Felbert kritzelte eifrig in sein kleines Buch, unterbrach ihren Bericht mit Fragen nach Einzelheiten. Wie ich zuvor wollte er wissen, ob ihr bekannt sei, worüber Jan und Tess gestritten hatten.

«Um Geld», sagte Greta. «Es ging immer nur um Geld.»

Hatte Tess ihr gesagt, wen sie um halb vier angerufen hatte?

«Nicht direkt, sie sprach von einem guten Freund. Einen Namen hat sie nicht genannt. Ich mochte sie auch nicht danach fragen, weil sie so außer sich war.»

Felbert streifte mich mit einem nachdenklichen Blick. Ich erklärte, dass ich nur einmal mit Tess gesprochen hatte – um halb drei, und dass ich das Telefongespräch eine Stunde später für eine Finte hielt, weil dabei so häufig mein Name gefallen war. Felbert ging nicht darauf ein, er hielt sich mit seinen Fragen an Greta.

Hatte Tess viele gute Freunde gehabt?

Ja, viele Freunde, einen großen Bekanntenkreis. Tess hatte überall schnell Kontakte geschlossen.

Hatte sie auch Feinde gehabt?

Nein, Greta wusste von keinem.

Karreis und Felbert schienen vorerst keine Zweifel zu haben. Vieles von dem, was Greta ihnen bot, entsprach den Tatsachen. Wer war Tess gewesen? Seit dreißig Jahren ihre Freundin, die ihr vieles anvertraute, aber längst nicht alles. Ein lebenslustiger Mensch, offen und direkt in vielerlei Hinsicht. Doch was sie verschweigen wollte, erfuhr man nie – wie den Namen von Mandys Vater. Und manches von dem, was Tess erzählte, entsprang nur ihrer Phantasie wie der Einbrecher in Kindertagen.

Tess war eine Frau mit hohen Ansprüchen gewesen, nicht rundum zufrieden in ihrer Ehe. Ohne Verständnis für die Ambitionen des Ehemannes. Wie kann ein Mann sich unentwegt mit einer Idee beschäftigen, die keine müde Mark einbringt? Der große Roman über einen zu Unrecht Verurteilten.

Dass Greta ein wenig vorbaute, fiel nur mir auf. In einer Auseinandersetzung über Jans Roman konnte durchaus das Wort Knast gefallen sein. Falls Felbert mehr von Jans Flüstern auf der Treppe verstanden hatte, als Greta lieb sein konnte, war damit der Ansatz für eine Erklärung geliefert. Davon abgesehen hatte Jan die wörtliche Rede wiederholt. Da konnten die schwerwiegenden Sätze ebenso an ihn wie an die Person gerichtet gewesen sein, mit der Tess während des Streits telefonierte.

Karreis und Felbert hörten ihr aufmerksam zu, Jan vermutlich nicht. Er saß da mit gesenktem Kopf, die Hände zu einem festen Knäuel im Schoß verschränkt. Greta betrachtete ihn verstohlen, wie mir schien auch verunsichert, und kam zurück an den Ausgangspunkt.

«Wir haben das Haus kurz nach vier verlassen. Zurückgekommen sind wir etwa um halb elf. Auf die Minute genau weiß ich es nicht.» Sie stutzte unvermittelt. Auf Karreis und Felbert musste es wirken, als versuche sie, sich an die exakte Zeit zu erinnern. Aber ihr fiel nur plötzlich das Licht hinter den oberen Fenstern ein.

Warum es im Badezimmer gebrannt hatte, war klar, wenn Jan kurz vor oder nach neun hinaufgegangen war, um sich die Hände zu waschen. Das tat man nicht im Halbdunkel. Aber in seinem Arbeitszimmer? Es war Juni und lange hell draußen. Jan arbeitete häufig im Zwielicht am Computer. Als sie am Dienstag zu ihm hinaufgegangen war, um sich zu verabschieden, hatte sie das Licht einschalten müssen. Wenn er in seine Arbeit vertieft war, fiel ihm nicht auf, dass es im Zimmer dunkler wurde. Und wenn er wirklich schon kurz nach halb sechs hinuntergegangen war, da war es noch taghell gewesen, das Licht hätte nicht brennen dürfen. Sie fand es merkwürdig, aber brauchbar in dieser Situation.

«Wir wunderten uns, dass im Arbeitszimmer Licht brannte», fuhr sie fort. «Die Diele und das Bad waren ebenfalls hell erleuchtet. Wir dachten zuerst, Tess hätte das Haus verlassen. Mit dem Licht war sie oft nachlässig. Jan machte sich Sorgen, dass sie in ihrer Wut etwas beschädigt haben könnte. Er ging hinauf, um nachzusehen, ob sein Computer in Ordnung war. Ich ging ins

Wohnzimmer, sah, dass die Terrassentür offen stand, und ...»

Sie brach ab, biss sich auf die Lippen, musste sich räuspern, ehe sie es aussprechen konnte: «Dann sah ich Tess. Ich dachte, sie wäre eingeschlafen. Ich ging zu ihr, fasste sie an die Schulter.»

Karreis betrachtete Jans verschränkte Hände und fragte, ob sie mehr angefasst habe als Tess' Schulter.

Greta schüttelte den Kopf. «Ich glaube nicht. Ich habe ziemlich schnell bemerkt, dass sie ... dass sie tot war. Ich rief Jan. Und ... Ich konnte nicht verhindern, dass er ...»

Als sie seinen Namen aussprach, hob Jan den Kopf und schaute sie an. In seinem Blick war eine gewisse Aufmerksamkeit und noch etwas anderes, was ich nicht einordnen konnte. Wut? Hass? Verachtung? Trauer?

Greta bemerkte es ebenfalls und sprach rasch weiter: «Tess lag auf dem Bauch. Er riss sie hoch und drückte sie an sich. Ich konnte es wirklich nicht verhindern.»

Karreis zuckte mit den Schultern, betrachtete das Blut auf Jans Hemd mit einem undefinierbaren Blick, als wolle er sagen: Macht nichts. Ist nicht mehr zu ändern. «Welchen Apparat haben Sie benutzt, als Sie uns riefen?», wollte er wissen.

«Den im Arbeitszimmer.»

Er zeigte zur Bar hinüber. «Den dort haben Sie nicht angerührt?»

«Nein, ich wollte hier unten nichts anfassen.»

Irgendwie bewunderte ich sie. Ihrer Stimme fehlte die gewohnte Festigkeit, aber gerade das leichte Schwanken im Ton machte sie glaubwürdig. Nur glaubte ich ihr schon zu diesem Zeitpunkt kein einziges Wort.

Karreis nickte kurz. «Wie lange waren Sie am Nachmittag hier?»

«Eine Viertelstunde, zwanzig Minuten höchstens. Ich habe nicht auf die Uhr geschaut, als ich kam, und auch nicht, als wir gingen. Aber da ich direkt vom Büro aus hergekommen bin, das ist gut eine halbe Stunde Fahrt bei normalem Verkehrsaufkommen. Die Kanzlei habe ich kurz nach drei verlassen.»

Das hätte bedeutet, Greta hätte ihren Schriftsatz mitten im Diktat abgebrochen. Und das war nicht ihre Art. Was sie begann, brachte sie zu Ende – auf Biegen und Brechen. Ich nahm mir trotzdem vor, am Montag nach der Bandkassette zu forschen.

Karreis nickte erneut und gestattete sich einen Seufzer. «Und als Sie zusammen mit Herrn Tinner das Haus verließen, lebte Frau Tinner noch?»

«Natürlich!», erklärte Greta mit Nachdruck. «Tess stand an der Bar und goss sich einen Drink ein.»

«Wenn Sie Drink sagen, meinen Sie Alkohol?»

«Ja. Tess trank in letzter Zeit sehr viel.»

Seit er den Kopf gehoben und begonnen hatte, Greta mit diesem teils aufmerksamen, teils undefinierbaren Blick zu betrachten, saß Jan unverändert da. Die Augen hielt er auf ihr Gesicht gerichtet, seine Miene spiegelte Anteilnahme und Interesse am Gespräch.

Karreis wandte sich ihm zu. «Können Sie das bestätigen, Herr Tinner?»

Jan atmete hörbar ein und aus. Dann schüttelte er langsam und bedächtig den Kopf. Das wirkte nicht wie eine Antwort, nur wie eine Ablehnung der Situation. Aber dann schaute er Greta mit einem fast traurigen Blick in die Augen und erklärte mit fester Stimme: «Nein! Das kann ich nicht.»

Ebenso gut hätte er ihr mit der Faust in den Magen schlagen können. Der Effekt wäre derselbe gewesen. Ich sah, wie sie zusammenzuckte und nach Luft schnappte, wie ihr das Blut ins Gesicht schoss. Karreis und Felbert bemerkten ihre verräterische Reaktion ebenso und tauschten einen Blick, der deutlicher war als jedes Wort.

*

Ein paar Sekunden vergingen, niemand sprach. Greta erholte sich rasch. Doch ihre verräterische Reaktion ließ sich nicht wieder ausmerzen. Karreis und Felbert sammelten sich für den Angriff und verständigten sich mit Blicken, wer wem den Vortritt lassen sollte.

Ehe sie sich geeinigt hatten, fragte ich: «Kann ich kurz mit Frau Baresi unter vier Augen sprechen?»

Karreis winkte ab. «Sie hatten Zeit genug, mit Frau Baresi unter vier Augen zu sprechen. Sogar unter sechs Augen, nicht wahr? Herr Tinner war ja mit von der Partie. Wenn Sie es bisher nicht geschafft haben, eine Absprache zu treffen, die Möglichkeit dazu hatten wir Ihnen eingeräumt. Wir waren rücksichtsvoll und geduldig. Aber jetzt möchten wir gerne unsere Arbeit tun.»

Hatte seiner Stimme bei den ersten Sätzen noch ein Hauch von Ironie angehaftet, war sie bei den letzten so bestimmt, dass kein Widerspruch möglich war. Er wandte sich erneut an Jan. «Also, Herr Tinner, Sie können nicht bestätigen, was Frau Baresi sagte. Dann schildern Sie uns doch mal Ihre Version.»

Jan nickte schwer und erklärte mit träger Stimme: «Meine Frau hat keinen Alkohol getrunken, höchstens mal ein Glas Wein zum Essen. Schauen Sie sich die Flaschen in der Bar an. Der Grappa und der Wodka, das ist Zuckerwasser. Der Cognac und der Whisky, das ist Tee mit Zitrone. Nur der Sherry und der Doppelkorn sind echt, davon habe ich mir schon mal was genommen.»

Er schüttelte den Kopf, als könne er es selbst nicht begreifen. «Wenn Greta kam, war Tess von einem Moment zum anderen stockbesoffen. Dann kippte sie sich in Gretas Beisein noch ein paar Gläser rein. Ich habe sie gefragt, was der Quatsch soll. Gelacht hat sie und verlangt, ich soll ihr den Spaß gönnen. Da hab ich den Mund gehalten. Ich dachte auch, dass Greta es von alleine merkt. Sie hat ihr ja manchmal ein Glas geholt, da musste sie den Kram eingießen. Sie hätte nur mal dran riechen müssen, hat sie aber anscheinend nicht.»

Für den Bruchteil einer Sekunde fand sein Blick den Weg zu Gretas Gesicht. Er senkte ihn gleich wieder, als bedaure er, dass er ihr ein grobes Versäumnis unterstellt hatte. Sie lächelte ihn an, sehr flüchtig nur. Ich glaube kaum, dass Karreis und Felbert etwas davon bemerkten. Es müssen mehrere dicke Steine gewesen sein, die ihr vom Herzen fielen.

Wie oft hatte Tess ihr in den letzten Wochen und Monaten in der von Jan beschriebenen Weise die Haustür geöffnet! Oder auch nicht. Oft hatte sich auch nach mehrfachem Klingeln nichts gerührt. Dann war Greta ums Haus herumgegangen. Und wie oft hatte Tess dann auf der Terrasse gelegen, ihr mit verschleiertem Blick entgegengeschaut und mit schwerer Zunge eine Begrüßung gelallt.

Mehr als einmal war ich Zeuge solcher Szenen geworden. Die letzte hatte ich noch deutlich vor Augen. Sie lag noch nicht lange zurück, nicht einmal ganze zwei Wochen.

Tess hatte anscheinend vergessen, dass es unser Besuchssonntag war. Jan schien auch nicht daran gedacht zu haben. Als wir auf die Terrasse traten, blinzelte Tess uns benommen entgegen. «Seh ich doppelt oder seid ihr wirklich zu zweit? Sind schon wieder zwei Wochen um? Himmel, wie die Zeit vergeht. Was machen wir denn jetzt? Es ist kein Kuchen da.»

Sie richtete sich auf und grinste mich an. «Ich weiß, was wir tun. Sunnyboy leistet der armen Tess Gesellschaft. Greta-Mäuschen schicken wir zum lieben Jan. Er ist oben, hat sich den Kopfhörer aufgesetzt, hört und sieht mal wieder nichts.»

Ihr Blick wanderte zu Greta. «Reiß ihm das Ding runter und sieh zu, ob du ihn überreden kannst, uns ein Stück Torte zu spendieren. Wenn ich das tu, gibt's ein Donnerwetter. Mein lieber Mann ist momentan nicht gut auf mich zu sprechen. Ich hab ihm wieder ein großes Loch in die Kasse gerissen. Jetzt legt er eine Sonderschicht ein, um es aufzufüllen.»

Kaum hatte Greta das Wohnzimmer betreten und war außer Hörweite, brach Tess in Tränen aus, wenn auch nur für ein paar Sekunden. Und dabei klang ihre Stimme nicht mehr so verwaschen. «Mir hängt das zum Hals raus. Für jeden Pfennig muss ich Kniefälle tun. Ich trau mich schon nicht mehr zu fragen, wenn ich was brauche. Aber Mandy brauchte dringend ein Paar Schuhe. Ich kann doch nicht verlangen, dass meine Eltern für alles aufkommen. Und dann fahr mal in die Stadt und sieh dir an, was Kinderschuhe kosten.»

«Dir steht Unterhalt für Mandy zu», sagte ich. «Warum unternimmst du nicht etwas, wenn ihr Vater nicht freiwillig zahlt? Ich helfe dir gerne dabei. Ich denke, du hast eine Kopie der schriftlichen Erklärung. Wir können –»

«Sunnyboy, du denkst zu viel», unterbrach sie mich, wischte die Tränen ab. «Hast du vergessen, was er mit mir angestellt hat, als er den Wisch zurückhaben wollte? Greta hat's dir doch bestimmt erzählt. Was, meinst du, wird passieren, wenn er erfährt, dass ich eine Kopie habe? Ich kann dir sagen, was ich erreiche, wenn ich mein Recht erzwingen will. Entweder handele ich mir eine saftige Tracht Prügel ein und werde mal kurz im Auto vernascht, oder er dreht mir gleich den Hals um.»

Sie betrachtete das leere Glas auf dem Boden neben der Liege und verzog das Gesicht, als wollte sie lächeln. «Stellen wir uns mal vor, ich gehe vor Gericht. Wie viel bekomme ich zugesprochen? Zweihundert Mark im Monat oder dreihundert Mark? Also ein Zehntel von dem, was ursprünglich vereinbart war. Nein, da muss ich mir was anderes einfallen lassen. Ich denke auch schon darüber nach. Aber ehe ich den Tiger reize, versuch ich es lieber nochmal beim Schaf. So'n kleiner Hammel bockt meist nur.»

Kleiner Hammel! Der Ausdruck hatte mich sehr gestört. Ich hatte mir auch bei aller Antipathie nicht vorstellen können, dass Jan sich über ein Paar Kinderschuhe aufregte, wo ihm für Mandy nie etwas zu viel war. Ich hatte mir vieles nicht vorstellen können.

Was sollte dieses Schmierentheater? War in den Flaschen tatsächlich nur Tee und Wasser? Greta und Jan hatten genug Zeit gehabt, den Inhalt auszutauschen. Andererseits, so dumm war Greta nicht, der Obduktionsbefund hätte bei längerem Alkoholmissbrauch die Manipulation der Flaschen rasch bewiesen. Und sie hätte nicht erschrecken müssen, wenn es zur Absprache gehörte. Und wenn es das nicht tat – konnte in dem Fläschchen, aus dem Tess sich braune Flüssigkeit auf ihren Oberschenkel getupft hatte, durchaus Schminke gewesen sein.

Aber wozu? Warum – um alles in der Welt – hätte Tess Verletzungen vorgaukeln sollen, die eindeutig in eine bestimmte Richtung zeigten? Ich sah darin absolut keinen Sinn.

Karreis nickte versonnen zu Jans Erklärung und bemerkte fast beiläufig, dass es Probleme in der Ehe gegeben hatte.

Jan nickte ebenfalls, atmete tief durch. «Wir hatten nie etwas anderes. Ich habe meiner Frau schon vor Monaten die Trennung angeboten. Aber sie stellte Bedingungen, die ich nicht akzeptieren konnte.»

Den Blick hielt er auf seine Hände gerichtet. «Sie wollte das Haus, für die Hypothek sollte ich aufkommen. Das sind mehr als fünftausend Mark im Monat. Hinzu kommen die laufenden Kosten. Als monatlichen Unterhalt verlangte sie ebenfalls fünftausend. Ich sollte ausziehen. Greta würde mich sicher mit Freuden aufnehmen und unterstützen, meinte sie.»

Mehr als zehntausend Mark im Monat! So unverschämt konnte Tess nicht gewesen sein. Und dass Jan so dämlich war, der Polizei mit dieser horrenden Forderung ein klassisches Motiv zu liefern … Ich wusste nicht mehr, was ich denken sollte, erhob mich und ging auf die Terrassentür zu.

Bevor ich sie erreichte, rief Karreis mir nach: «Moment, Herr Brand, wo wollen Sie denn hin so eilig?»

«Nur an die frische Luft», sagte ich. «Ich möchte auch Tess gerne noch einmal sehen, bevor sie weggebracht wird.»

«Bitte», sagte Karreis nur und deutete auf die Tür. Nachdem ich den Raum verlassen hatte, wandte er sich an Greta. Ich verstand auf der Terrasse jedes Wort. «Das scheint Ihren Mann aber umgehauen zu haben.» Die sarkastische Betonung auf Mann hätte er sich sparen können.

Ehe Greta etwas erwidern konnte, erkundigte er sich bei Jan: «Sie haben ein Verhältnis mit Frau Baresi?»

Ich hörte Gretas heftigen Protest. «Sie haben eine etwas zu lebhafte Phantasie, Herr Karreis.»

«Die braucht man in dem Beruf», erklärte er. «Da kann sie nicht lebhaft genug sein.» Durch die offene Tür

sah ich, wie er sich entspannt in seinem Sessel zurück-
lehnte und die Beine übereinander schlug, als richte er
sich auf ein Plauderstündchen ein. «Man wird hinten und
vorne belogen», stellte er fest. «Aber man merkt schnell,
wenn zwei Leute unter einer Decke stecken. Nur befreundet! Zusammen am Roman arbeiten! Wollen Sie eine
zweite Karriere aufbauen, Frau Doktor?»

«Ich berate Herrn Tinner nur bei den juristischen Pro-
blemen, die im Roman auftauchen», erklärte Greta. «Die
Handlung spielt zum größten Teil im Gerichtssaal.»

Ihr bestimmter Ton imponierte Karreis nicht. «Na, da
sind Sie ja Expertin», meinte er. «Bleiben Sie dabei, dass
Sie das Haus kurz nach vier mit Herrn Tinner verlassen
haben, dass Frau Tinner zu diesem Zeitpunkt an der Bar
stand und sich einen Drink eingoss und dass Sie das Telefon auf der Bar nicht angefasst haben?»

«Ja!», sagte Greta mit fester Stimme.

«Sie haben den Apparat auch um halb elf nicht abge-
wischt und ein bisschen an den Tasten herumgespielt?
Zum Beispiel die letzte angewählte Nummer durch eine
Null ersetzt?»

«Nein! Ich sagte doch: Ich wollte hier unten nichts anfassen.»

Karreis seufzte und bemerkte: «Ja, das sagten Sie.»

Er hatte ihr kein Wort geglaubt. Greta begriff erst in
dem Moment, dass sie einen großen Fehler gemacht hatte. Es hätten zumindest die Fingerabdrücke von Tess auf
dem Hörer und dem Tastenfeld sein müssen. Sie hätte das
Telefon auf keinen Fall abwischen dürfen. Sie hätte stattdessen dafür sorgen müssen, dass Jan von diesem Apparat aus die Polizei alarmierte. Seine Abdrücke wären jedem als völlig normal erschienen. Hätte! Wäre! Es war
passiert und nicht rückgängig zu machen.

7. Kapitel

Ich blieb eine Viertelstunde draußen, betrachtete Tess und unterhielt mich mit dem Gerichtsmediziner. Er hatte keine Scheu, mir zu demonstrieren, auf welche Weise sie gestorben und was ihm darüber hinaus bereits aufgefallen war.

Ich weiß nicht, wie es anderen ergeht in solchen Momenten. Man schaut auf eine Tote hinunter, hört eine ungeheuerliche Erklärung, aber es ist noch nicht greifbar. Vielleicht war es zu frisch. Ich hatte noch nicht die Zeit gefunden, ihren Tod in den Teil meines Bewusstseins dringen zu lassen, der ihn voll und ganz erfassen konnte.

Ihre Stimme klang mir noch im Ohr. Nicht die Worte, die sie am frühen Nachmittag ins Telefon gesprochen hatte, nicht der gepresste, mühsam beherrschte Ton, der jedem Satz Wahrhaftigkeit verlieh. Ich erinnerte mich an unser Gespräch über den richtigen Mann, das wir vor Jahren geführt hatten, als wir aus der Oper kamen. Ich sah sie noch vor mir im Abendkleid neben mir im Wagen und nicht halb nackt in einen Notsarg gelegt. Ein schlichtes Perlencollier um ihren Hals, nicht diese furchtbaren Wunden.

Als ich zurück ins Wohnzimmer kam, war ich sehr aufgewühlt. Greta beobachtete mich misstrauisch. Sie wirkte ruhig und gefasst, als sei sie Herrin der Lage. Jan dagegen baute zusehends ab. An ihn gerichtete Fragen erreichten ihn nicht mehr. Er saß da wie isoliert, schüttelte den Kopf und betrachtete sein blutiges Hemd.

Da sie das Hemd für ihre Untersuchungen brauchte, war Karreis damit einverstanden, dass ich ein frisches aus dem Schlafzimmer holte. Aber kaum hatte ich mich erhoben, sprang Greta auf. «Ich mache das schon.» Mit dem letzten Wort war sie bereits zur Tür hinaus. Karreis erhob keine Einwände, als ich ihr folgte.

Sie musste auf der Treppe eine Rekordgeschwindigkeit erreicht haben. Als ich den ersten Stock erreichte, stand sie bereits vor dem Kleiderschrank und wühlte eilig in einem Stapel Kissenbezügen. Anscheinend war ihr entgangen, dass ich ihr gefolgt war. Ich verzichtete darauf, mich bemerkbar zu machen, beobachtete nur, wie sie zum Bett hinüberhuschte und unter die Kissen griff. Keine Frage, sie suchte etwas, aber kein frisches Hemd für Jan. Nur wurde sie nicht fündig, nahm endlich ein Hemd aus dem Schrank und ging wieder hinunter.

Als sie das Hemd neben Jan auf die Couch legte, begann er mechanisch, die blutverkrusteten Knöpfe zu öffnen. Der Stoff war völlig durchtränkt, auch seine Brust war blutig. Er musste unmittelbar nach ihrem Tod mit Tess in Berührung gekommen sein, sonst hätte der Stoff nicht so durchnässen können.

Karreis und Felbert waren auf Greta fixiert und achteten nicht auf ihn, sonst hätte ihnen auffallen müssen, dass zwischen seiner blutverschmierten Brust und Gretas Aussage eine Diskrepanz von einigen Stunden lag. Jan strich mit der Hand über seine Haut, bevor er das frische Hemd zuknöpfte. Anschließend betrachtete er seine Hand, als könne er nicht fassen, dass sie sauber geblieben war. Das Blut auf seiner Haut war längst getrocknet. Er schüttelte wieder den Kopf, wurde kleiner und kleiner.

Greta warf ihm erneut einen zweifelnden Blick zu, konzentrierte sich dann wieder auf ihre Antworten. Noch einmal von vorne, immer wieder dasselbe. Ein paar Mal setzte ich an, sie zu unterbrechen, öffnete den Mund oder bewegte eine Hand, dann tat ich doch nichts. So ist das, wenn man noch Hoffnung hat. Ich konnte sie nicht als Lügnerin bloßstellen, nicht in dieser Situation. Sie hätten sie doch augenblicklich festgenommen.

Karreis ließ mit der Art seiner Fragen keinen Zweifel, worauf er abzielte. Ein Mann, eine Geliebte und eine überflüssige Ehefrau. Zwei Leute, die unter einer Decke steckten, hatten die lästige Person entweder gemeinsam aus dem Weg geräumt, oder einer von ihnen, vermutlich der Mann, hatte es getan, und die Geliebte deckte ihn. Ein Gerichtsmediziner konnte den Zeitpunkt des Todes ziemlich exakt bestimmen, darauf wies er sie mehrfach hin. Als ob Greta das nicht gewusst hätte.

Zwischendurch ließ Karreis von uns allen, einschließlich meiner, Fingerabdrücke abnehmen. Eine Routinemaßnahme, wie er betonte, weil wir uns häufig in diesen Räumen aufgehalten hatten. Dann fuhr er mit seinen Fragen fort.

Als er endlich zu verstehen gab, dass es ihm fürs Erste reichte, holte ich ein paar Sachen für Jan aus Schlafzimmer und Bad. Er konnte nicht im Haus bleiben. Die Leute von der Spurensicherung waren inzwischen in den oberen Räumen beschäftigt. Das Bad, das Schlafzimmer, sogar Mandys Zimmer nahmen sie unter die Lupe und schauten sich genau an, was ich für Jan aus den Schränken nahm.

Um sein Arbeitszimmer hatte sich noch niemand gekümmert. Es hinderte mich auch niemand daran, einzutreten. Ob sie nicht bemerkten, dass ich in dieses Zimmer ging, statt zur Treppe, kann ich nicht beurteilen. Vielleicht maßen sie dem Arbeitszimmer einfach keine Bedeutung bei oder trauten mir nicht zu, dass ich Beweise einstecken könnte. Eine Nachlässigkeit oder Gutgläubigkeit, die mir sehr gelegen kam.

Ursprünglich hatte ich auch nicht vor, irgendwelche Beweismittel verschwinden zu lassen. Ich wollte nur Zigaretten für Jan mitnehmen. Dass er ohne nicht leben konnte, wusste ich zur Genüge, auch wenn er in den letzten Stunden keine angerührt hatte. Dass er im Schreibtisch stets mehrere Päckchen auf Vorrat hatte, war mir ebenfalls bekannt. Aber als ich das entsprechende Schubfach aufzog, vergaß ich die Zigaretten.

Er bewahrte noch ganz andere Dinge in seinem Schreibtisch auf. Widerliche Kleinigkeiten, die dem Gerichtsmediziner etliche Fragen beantwortet hätten. Mir schnürten sie nur die Kehle zu. Ich hatte mich nicht geirrt in der Einschätzung seiner Veranlagung.

Als ich wieder nach unten kam, schlug Greta vor, dass Jan die Nacht bei ihr verbringen sollte. Den Rest der Nacht, viel davon war nicht mehr übrig. Karreis sah es nicht gerne. Einwände konnte er jedoch nicht erheben. Greta fragte, wann sie und Jan ins Präsidium kommen sollten, um die Aussagen zu protokollieren. Seine Antwort kam erst nach ein paar Sekunden.

«Es reicht, wenn Sie am Montag erscheinen. Bis dahin können Sie noch einmal in Ruhe über alles nachdenken. Ich bin mir ziemlich sicher, dass wir morgen früh von Ihnen nichts anderes hören als das, was Sie uns eben erzählt haben. Aber ...»

Er machte eine bedeutungsschwere Pause, grinste mich kameradschaftlich an und erklärte: «Herr Brand scheint mir ein vernünftiger Mensch zu sein. Vielleicht nutzen Sie das Wochenende, um sich mit ihm zu besprechen. Montagmorgen neun Uhr im Präsidium. Wenn sich vorher etwas von Bedeutung ergibt, melden wir uns bei Ihnen. Sie haben doch bestimmt nicht vor, übers Wochenende zu verreisen.»

Wir verließen das Haus zu dritt um wenige Minuten

vor zwei. Jan schlich mit hängenden Schultern neben Greta her. Ich war mit einer kleinen Reisetasche dicht hinter ihm. Er war so durcheinander, dass er sich neben meinen Wagen postierte. Wir fuhren das gleiche Modell, auch die Farben waren identisch. Greta bugsierte ihn zu ihrem Mercedes, öffnete die Tür an der Beifahrerseite und wollte ihn auf den Sitz schieben.

«Er fährt mit mir», sagte ich. «Oder musst du ihm noch ein paar Verhaltensmaßregeln geben?»

«Red doch keinen Unsinn!», fuhr sie mich an.

Ich grinste unfroh. «Du hast Recht. Für Anweisungen hattest du Zeit genug. Dann kann ich ihm ja jetzt ein paar Fragen stellen. Und das möchte ich gerne unter vier Augen tun.»

«Sieh ihn dir doch an! Er ist nicht in der Verfassung, Fragen zu beantworten.»

Ich fand, er war in genau der richtigen Verfassung. Greta packte Jans Schulter, drückte sie nach unten, damit er endlich einstieg. Ohne Erfolg. Jan rührte sich nicht, beachtete weder sie noch mich. Er schien nicht einmal zu bemerken, dass er neben ihrem Wagen stand.

«Er kommt mit mir, Greta», verlangte ich.

Sie schüttelte heftig den Kopf. Ich sagte ruhig: «Ich sage es nur einmal, Greta. Entweder er kommt mit mir. Oder ich stehe ab sofort der Polizei als Zeuge zur Verfügung.»

«Du Idiot», flüsterte sie, «als Zeuge wofür? Er hat Tess kein Haar gekrümmt. Niklas, ich bitte dich! Glaub mir. Leg die Tasche in meinen Wagen, hilf mir, ihn auf den Sitz zu bringen. Und dann fahr hinter uns her. Wir fahren zu mir. Dort können wir in Ruhe reden. Wenn wir noch lange auf der Straße stehen, können wir Karreis und Felbert auch dazurufen.»

Bei Letzterem musste ich ihr zustimmen. Ich war sicher, dass sie uns von einem der vorderen Fenster aus beobachteten, warf die Tasche über den Beifahrersitz in den Wagenfond und griff nach Jans Arm. «Steig ein, Jan. Es wird Zeit, dass wir verschwinden.»

Er reagierte endlich, zog den Kopf ein und ließ sich auf den Sitz schieben. Dann legte er den Kopf gegen die Nackenstütze und schloss die Augen. «Ich kann nicht mehr. Einmal steht man das durch, auch zweimal. Aber nicht dreimal. Ich bin so müde.»

Nicht einmal ich begriff auf Anhieb, was er mit einmal, zweimal oder dreimal meinte. Ich dachte dabei an Karreis' Fragen, an die ständigen Wiederholungen.

Greta schaute zu mir her, stieg dann rasch ein und legte ihm den Sicherheitsgurt an. «Du kannst gleich schlafen. Ich sorge dafür, dass Niklas dich in Ruhe lässt.»

Er stieß einen Laut aus wie ein gehässiges Lachen, es konnte ebenso gut ein Schluchzen sein. «So wie Tess dafür gesorgt hat, dass Mandy mich in Ruhe ließ? Warum hat sie Mandy weggebracht? Ich wollte ihr nicht wehtun. Kein Mensch kann aus seiner Haut raus.»

«Nein», sagte sie, warf mir noch einen verstohlenen Blick zu, «das kann keiner.»

Sie startete und fuhr los. Ich ging ebenfalls zu meinem Wagen und folgte ihr.

*

Gretas Erleichterung schrumpfte mit jedem Kilometer, bis nichts mehr davon übrig war. Im Laufe des Abends hatte sie mehrfach gedacht, Jan sei nur ein schlechter Schauspieler, der seine Rolle ein paar Stunden lang spielte und kräftig überzog. Doch als sie versuchte, ihn auf den nächsten Akt, das Gespräch mit mir, vorzubereiten, ihn darauf hinzuweisen, dass er nicht so übertreiben durfte, reagierte er nicht mehr.

Er reagierte auch nicht, als sie den Wagen in der Tiefgarage abstellte. Sein Kopf war zur Seite gedreht mit dem Gesicht zur Scheibe. Sie hoffte, er sei nur eingeschlafen, wusste nicht, was der Arzt ihm injiziert hatte, schlug ihm leicht gegen den Arm und sagte: «Wir sind da, Jan, steig aus.»

Sie war allein mit ihm. Die Parkplätze in der Garage waren den Mietern vorbehalten. Ich war erst gar nicht hineingefahren. Greta vermutete, dass ich bereits oben war, und zu lange wollte sie mich nicht allein in ihrer Wohnung lassen.

Auch das Rütteln hatte keine Wirkung, nur Jans linker Arm bewegte sich dabei. Sie stieg aus, ging um den Wagen herum und öffnete die Tür, immer noch in der Hoffnung, dass die Spritze ihn betäubt hätte, obwohl es nach all der Zeit unwahrscheinlich war.

Er schlief nicht. Seine Augen waren offen.

«Warum steigst du nicht aus, Jan?»

Keine Antwort, nur ein Kopfschütteln. Er hob den Kopf ein wenig, die Augen richteten sich auf ihr Gesicht. Noch ein Kopfschütteln, dann senkte er den Blick ein wenig tiefer.

«Jan, jetzt mach mir keine Schwierigkeiten», bat sie. «Niklas wartet auf uns.» Ebenso gut hätte sie den rechten Vorderreifen anflehen können. Noch ein Versuch. Mit ein bisschen mehr Nachdruck. «Soll er dich aus dem Wagen prügeln?»

Jan betrachtete die Knöpfe ihres Kleides und den dunklen Fleck, den seine Stirn hinterlassen hatte. «Du hast sie tatsächlich belogen», stellte er fest. «Warum, Greta?»

Beinahe hätte sie gesagt, weil ich dich liebe. Das sprach sie nicht aus, sagte stattdessen: «Ich habe es dir doch erklärt.»

Er begann zu lächeln. «Meinst du, du hättest mich jetzt da, wo du mich immer haben wolltest? Ich glaube, du irrst dich.»

«Steig aus, Jan», verlangte sie noch einmal. Als er den Kopf schüttelte, nahm sie seine Tasche aus dem Wagenfond und ging zum Aufzug.

Ich war bereits oben, saß auf der Couch und schaute ihr verblüfft entgegen. Allein hatte ich sie nicht erwartet. «Wo ist er?»

«Im Auto.» Sie klang hilflos.

«Wenn er weg ist, Greta, ich hetze ihm auf der Stelle die Polizei auf den Hals.»

«Er kann nicht weg sein. Ich habe den Wagenschlüssel.»

«Er hat doch Beine», sagte ich, erhob mich, um ihn zu holen.

Sie folgte mir natürlich in die Tiefgarage. Er saß tatsächlich noch im Wagen, in unveränderter Position, sogar den Gurt hatte er noch angelegt. Ich legte einen Arm auf das Wagendach und beugte mich zu ihm hinein. «Was ist los, Freund? Keine Lust auf eine gemütliche Plauderrunde?»

«Nenn mich nicht Freund», sagte er dumpf. «Du warst nie mein Freund. Du warst immer nur scharf auf Tess. Meinst du, das wüsste ich nicht? Und wenn du sie rumgekriegt hättest, hätte Greta mit keiner Wimper gezuckt. Ihr habt eine komische Vorstellung von Liebe, ihr zwei. Und ihr schmeißt mit dem Ausdruck Freund um euch, als wäre es Dreck. Ihr wisst überhaupt nicht, was das bedeutet, Freundschaft.»

Seine Stimme klang hohl. «Barringer war mein Freund», fuhr er wie in einem Monolog fort: «Er sagte, bevor du einem Weib traust, kannst du dir besser eine Kugel in den Kopf jagen. Sie brechen dir das Kreuz und saugen dir das Mark aus den Knochen. Und wenn du nicht mehr aufrecht stehen kannst, nennen sie dich einen Waschlappen, eine Niete, einen Versager. Sie machen dich so lächerlich, dass du nicht mehr in den Spiegel schauen kannst. Ich dachte, er übertreibt, aber er hatte Recht.»

Greta runzelte irritiert die Stirn. Den Namen Barringer hatte Jan bereits erwähnt, als er noch mit ihr allein gewesen war. Sie hatte dem keine Bedeutung beigemessen. Jeder zitierte mal irgendjemanden. Jan zitierte mit Vorliebe Barringer.

Greta kannte viele von Barringers Sprüchen. Sie kannte auch Barringer, den Macho, für den es nur zwei Sorten Frauen gab. Eine an Kochtopf und Waschmaschine, die andere im Bett. Und wenn eine Frau nicht spurte, wusste Barringer, wie er mit ihr umzugehen hatte.

Barringer war vierundzwanzig Jahre alt, eins fünfundachtzig groß und dunkelhaarig. Er beherrschte diverse Kampfsportarten, hatte eine Ausbildung in schnellem und lautlosem Töten, absolvierte täglich ein immenses Pensum an Krafttraining und raste in seiner knappen Freizeit am liebsten in einem aufgemotzten Golf GTI durch die Gegend.

Barringer war eine Nebenfigur in Jans Roman, die in der Mitte der Handlung erstmals auftauchte und in mehreren Szenen agierte. Ich hatte bisher keine dieser Szenen zu Gesicht bekommen. Und für Gretas Empfinden war Barringer hoffnungslos überzeichnet, so voll beladen mit Klischees, dass er nur noch lächerlich wirkte. Sie hatte Jan wiederholt darauf aufmerksam gemacht und immer zu hören bekommen: «Aber so sehe ich ihn, Greta. Genau so.»

Im Gegensatz zu ihr hörte ich den Namen Barringer zum ersten Mal. Und allmählich wurde ich nervös, fühlte mich überfordert von dem, was ich mir vorgenommen hatte: Jan zum Reden bringen. Ich war persönlich viel zu sehr involviert, hatte nicht den nötigen Abstand, nur Tess vor Augen mit aufgeschürften Handgelenken, einer Stichwunde unter der linken Brust, blutigem Hals und den anderen Verletzungen. Die Erklärungen des Gerichtsmediziners dazu summten mir noch im Hirn. Und diese widerlichen Kleinigkeiten aus Jans Schreibtisch, ich hätte sie liebend gerne bei ihm zum Einsatz gebracht.

Ich begann, mit den Fingerspitzen auf das Wagendach zu trommeln. «Das ist es, was man im Leben braucht», sagte ich, «wahre Freunde, die sich auskennen! Du kannst ihn mir ja bei Gelegenheit einmal vorstellen, deinen Freund Barringer.»

Jan lachte wehmütig, als erinnere er sich an eine heitere Episode aus einer Zeit, die unwiderruflich vorbei war. «Würde ich gerne, ist aber leider nicht möglich. Er hätte dir deine Arroganz aus dem Schädel geprügelt. Er war ein verrückter Hund, hatte vor nichts und niemandem Respekt. Drei Streifen hatte er. Mehr war auch für ihn nicht drin. Aber er wollte Sterne.»

Und plötzlich ging es. Es kam für mich selbst überraschend. Wie oft hatte Greta mir vorgeworfen, ich benähme mich wie einer von diesen durchtriebenen Verhörspezialisten. Ich wusste, wie sie sich benahmen, freundlich, väterlich, kameradschaftlich. Und wenn sich ihnen der Magen umdrehte, wenn sie vor Wut überkochten. Sie hatten sich jederzeit unter Kontrolle. Sanftheit war die Devise. Willst du einen Kaffee, Junge? Nimm eine Zigarette. Willst du auch etwas essen? Und nun sprich dir alles von der Seele! Hier ist jemand, der dich versteht.

Ich beugte mich erneut in den Wagen. «Und was wolltest du? Hattest du Angst vor Tess? Sie wusste eine Menge, nicht wahr? Und du hast geglaubt, dass sie dich tatsächlich in den Knast bringen kann. Du hast sie zum Schweigen gebracht. So war es doch.»

Er schüttelte nur mechanisch den Kopf.

«Lass den Quatsch, Niklas», verlangte Greta und versuchte, mich von ihrem Wagen wegzuzerren.

Ich ignorierte ihre Hand an meinem Arm und stellte die nächste Frage. «Wusste Tess von den anderen? Hat sie dich damit zu erpressen versucht?»

Jan hob unsicher die Schultern an, blinzelte zu mir auf und erkundigte sich zögernd: «Welche anderen? Meinst du Barby? Das war ein Unfall. Wir waren doch total besoffen. Und Barringer sagte: Wenn wir uns einig sind, können sie uns nichts. Aber ihn haben sie geschasst, und mich haben sie auch nicht verlängert.»

Ich griff nach seinem Arm. «Komm jetzt, wir reden oben weiter, da ist es gemütlicher.»

Er stieg tatsächlich aus. Mit gesenktem Kopf trottete er neben mir zum Aufzug. Greta folgte uns und verlangte: «Lass ihn in Ruhe, Niklas. Er ist verwirrt, du hörst es doch. Sterne, Streifen, er weiß gar nicht, was er sagt.»

Mich interessierte nicht, ob er es wusste. Ich wollte es wissen, nach dreieinhalb Jahren wollte ich endlich Gewissheit. Barby! Ich hätte geschworen, dass Barby als Opfer in seinem Roman vorkam, ganze neunzehn Jahre alt, als sie von zwei Männern misshandelt, vergewaltigt und getötet wurde. Und einer von diesen Männern war Barringer, der andere war Jan gewesen. Das hätte ich ebenfalls beschworen.

Jan trat in den Aufzug, lehnte sich mit einer Schulter gegen die Wand und betrachtete mich mit einem bedauernden Blick. «Sie war ein niedliches Ding», murmelte er. «Furchtbar, dass sie so enden musste.»

In dem Moment verlor ich die Kontrolle. Ich wollte es nicht, nur konnte ich es leider nicht verhindern. Meine

Rechte ballte sich zur Faust und fuhr hoch, ehe es mir bewusst wurde. Ich traf ihn an der linken Schläfe, so heftig, dass sein Kopf gegen die Kabinenwand prallte. Die Haut über seiner Augenbraue platzte auf.

Greta schrie: «Niklas, bist du verrückt!»

Er schien eher verwundert, tastete an seine Schläfe, betrachtete irritiert seine Fingerspitzen und verrieb das Blut darauf mit dem Daumen.

«Du bist wirklich verrückt», stammelte Greta.

Er lächelte sie an. «Keine Sorge, alles in Ordnung. Ich halte jetzt die Schnauze. Du kannst dich drauf verlassen. Ab sofort kein Wort mehr.»

Die restlichen Stockwerke fuhren wir schweigend nach oben. Ich bedauerte den Schlag, mehr noch die Wirkung, die ich damit erzielte. In Gretas Wohnung holte ich nichts mehr aus Jan heraus. Jede Frage beantwortete er mit einem demonstrativen Kopfschütteln, bei einigen legte er sich einen Finger quer über die Lippen und grinste verschmitzt.

Ich war mir nicht sicher, ob er nur eine Show abzog oder ob er sich tatsächlich auf das geistige Niveau eines Vierjährigen zurückgezogen hatte. Es war frustrierend, irgendwann war ich es leid, wollte weder erneut die Nerven noch die Geduld verlieren und sagte: «Bring ihn ins Bett. Aber sorg dafür, dass er sich die Zähne gründlich putzt. Eine Dusche könnte ihm auch nicht schaden. Für ein Bad ist es ein bisschen spät.»

Greta starrte mich wütend an, entsetzt über seine Verfassung, die sie ebenso wenig einschätzen konnte wie ich. Ich ging in die Küche. «Ich mache uns einen Kaffee. Wenn du ihm den Gutenachtkuss gegeben hast, reden wir beide wie Erwachsene.»

*

Eine halbe Stunde später saßen wir uns im Wohnzimmer bei einer Kanne Kaffee gegenüber. Jan lag in ihrem Bett. Er hatte geduscht und ihre Hand mit dem Wundpflaster, das sie ihm auf die Schläfe kleben wollte, beiseite geschoben. Die beiden Valium, die sie ihm hinhielt, hatte er widerspruchslos geschluckt.

Sie hatte es nicht gewagt, ihm mehr als zwei zu geben, weil sie nicht wusste, wie sie sich mit der Injektion vertrugen. Außerdem waren insgesamt nur noch sieben Tabletten in der Packung. Samstags bekäme sie nirgendwo ein neues Rezept.

Ich fühlte eine so entsetzliche Kälte in mir, konnte nicht fassen, was in den letzten Stunden geschehen war. Tess war tot und Greta blass, übernächtigt, mit ihren Nerven am Ende. Aber sie hielt sich ausgezeichnet. Nur das Händezittern verriet sie, wenn sie ihre Tasse zum Mund führte.

Ich begann so sachlich wie möglich. Dass ich ihr die strafrechtlichen Konsequenzen einer Falschaussage und die damit verbundenen Auswirkungen auf ihre Karriere nicht vor Augen halten musste, wusste ich. Ich tat es trotzdem.

Anschauen konnte ich sie nicht, hielt den Blick auf die Zimmerdecke gerichtet. «Du weißt, was auf dich zukommt, wenn das, was du vorhast, schief geht. Und das wird es. Du stehst es durch, daran habe ich keine Zweifel. Aber er nicht.»

«Wenn er ein paar Stunden geschlafen hat, geht es ihm besser», meinte sie. «Und du wirst ihn nicht noch einmal … Ich lasse nicht zu, dass du ihn völlig fertig machst.»

«Das muss ich auch nicht», sagte ich. «Das wird Karreis übernehmen. Sei vernünftig, Greta. Noch hast du kein Protokoll unterschrieben. Du hast eine Aussage gemacht, aber du warst dabei emotional – sagen wir, du warst hin- und hergerissen zwischen ihr und ihm. Beide waren sie deine Freunde. Für Tess konntest du nichts mehr tun, da wolltest du wenigstens ihm helfen. Es lässt sich alles erklären. Ich sehe kein Problem, deine Aussage zu berichtigen, wenn du es rasch tust. Ich werde dich begleiten.»

«Nein!» Es hörte sich an wie ein Hammerschlag.

Ich ignorierte die Härte in ihrer Stimme. «Wie du möchtest. Du kannst natürlich auch alleine zum Präsidium ...»

«Nein!» Der zweite Schlag, weitaus kräftiger als der erste.

Ich schaute weiter zur Zimmerdecke hinauf. «Greta, willst du alles aufgeben, was du dir aufgebaut hast? Karreis hat dir kein Wort geglaubt, aber er hat dir doch eine goldene Brücke gebaut. Der Gerichtsmediziner meinte, der Tod sei etwa gegen siebzehn Uhr eingetreten, plus minus einer Stunde, die übliche vorläufige Schätzung. Was machst du, wenn sich bei der Obduktion herausstellt, dass Tess um sechzehn Uhr starb? Um die Zeit warst du laut deiner Aussage im Haus. Warst du tatsächlich dort? Warst du dabei? Ich meine, hast du gesehen, wie er sie ...»

Ich konnte es nicht aussprechen. Sie antwortete mir nicht.

«Du willst also bei dieser Aussage bleiben?», fragte ich.

«Ja!»

«Du erinnerst dich an unser Gespräch von heute Mittag?», fragte ich.

«Gespräch?», spottete sie. «Wie dezent du das ausdrückst. Das habe ich immer an dir bewundert, Niklas, früher schon. Niemals ein krasser Ausdruck und auf keinen Fall Straßenjargon! Dir wurde das Lexikon der schönen Worte in die Wiege gelegt.»

Ihr Sarkasmus war nicht echt, sie wirkte so zerbrechlich. Ich senkte endlich den Blick, schaute ihr ins Gesicht.

«Glaub nicht, dass ich dich nicht verstehe, Greta», sagte ich. «Ich weiß, was du für ihn empfindest. Du siehst im Moment nur die einmalige Chance. Du bewahrst ihn vor dem Gefängnis, da kann er dich nicht mehr von der Bettkante stoßen. Aber Tess hat dir doch auch etwas bedeutet. Hast du ihre Wunden gesehen?»

Sie biss sich auf die Lippen und murmelte: «Hör auf, Niklas. Quäl dich nicht so.»

Ich hatte eher den Eindruck, dass ich sie quälte, und hörte nicht auf. Ich fühlte mich schäbig dabei, niederträchtig und hinterhältig. Das hatte ich mit Jan veranstalten wollen, nicht mit ihr. Ich beschrieb ihr die Verletzungen. Ein Stich seitlich in den Hals – wie bei Jans Mutter, nur nicht so tief. Die Schlagader war nicht getroffen. Sonst hätte man auf der Terrasse im Blut waten können. Ein weiterer Stich in den Kehlkopf. Nach Meinung des Gerichtsmediziners konnte das der erste gewesen sein, um Tess am Schreien zu hindern. Und ein Stich direkt ins Herz. Unter den Rippen angesetzt und schräg nach oben getrieben.

Es waren exakt die Stiche, die Jan mehrfach überaus präzise beschrieben hatte. Für Tess musste es völlig überraschend gekommen und wahnsinnig schnell gegangen sein. Abwehrverletzungen an den Händen gab es nicht. Sie hatte keine Zeit gehabt, sich zu wehren.

Der Gerichtsmediziner hatte mir erklärt: «Wer das getan hat, wusste genau, was er tat und wie er es tun musste. Das war eine Sache von zehn Sekunden, höchstens fünfzehn. Zack, zack, zack. Man braucht ein langes und intensives Training, um seine Bewegungen so zu beherr-

schen. Und wissen Sie, wo man dieses Training bekommt?»

Ich konnte es mir denken, bei der Bundeswehr, dort
bekam man auch Sterne und Streifen.

«Wie kannst du das decken, Greta?», fragte ich. «Tess
war doch für dich wie eine Schwester.»

Die Unterlippe hatte sie sich inzwischen blutig gebissen. Sie strich mehrfach nervös unter den Augen vorbei.
«Nicht weinen», sagte ich, «nicht weinen, Liebes. Wir
bringen das in Ordnung.»

Ich lehnte mich im Sessel zurück und streckte die Arme
nach ihr aus. Sie war sehr schnell bei mir, kauerte sich
zuerst auf die Sessellehne. Ich legte den Arm um sie und
zog sie auf meinen Schoß, drückte mein Gesicht in ihr
Haar, murmelte dicht an ihrem Ohr: «Er ist krank, nicht
verantwortlich für das, was er getan hat. Er ist schuldunfähig bei seiner Vergangenheit. Außerdem dürfte Tess ihn
gehörig gereizt haben. Wir sorgen dafür, dass er einen
guten Arzt bekommt. Er muss nicht ins Gefängnis, das
verspreche ich dir. In ein paar Jahren ist er wieder frei.
Und dann ist er auch gesund. Du willst doch, dass es ihm
gut geht. Nicht wahr? Das willst du doch. Er braucht
Hilfe, bevor er noch mehr anstellt. Er braucht kompeten-
te Hilfe. Die kannst du ihm nicht geben.»

Sie stand vor mir, noch ehe ich richtig begriff, was geschah. «Du elender Mistkerl!», fauchte sie. «Was soll das
werden, wenn es fertig ist? Liebes! Wie hast du es dir vorgestellt? Tess auf dem Friedhof, Jan in der Psychiatrie.
Nur wir beide noch übrig. Gehen wir ins Bett, Greta, und
vergessen die Sache. Schuldunfähig bei seiner Vergangenheit! Bevor er noch mehr anstellt! Was hat er denn bisher
angestellt?»

Ich schaute sie nur an. Antworten musste ich ihr nicht,
ich hatte es ihr bereits hundertmal erklärt.

Sie strich mit einer hastigen Bewegung durch ihr Haar und schüttelte frustriert den Kopf. «Warum willst du unbedingt einen Massenmörder aus ihm machen? Zuerst seine Mutter, jetzt Tess. Und wer weiß wie viele dazwischen! Soll ich vor Angst zittern, weil ich die Nächste sein könnte? Du solltest es nicht übertreiben, Niklas, bestimmt nicht aus Furcht vor der Konkurrenz. Da besteht kein Grund zur Sorge. Du müsstest doch wissen, ich bin nicht sein Typ. Ich bin ein Neutrum für ihn, sein Freund. Etwas anderes war ich nie und werde es auch nie sein.»

Da war ich mir nicht mehr sicher. Aber das konnten wir später klären. «Das glaube ich nicht, Greta», sagte ich in eher geschäftsmäßigem Ton. «Du hast doch gehört, was er in der Garage sagte. Wir beide benutzen den Ausdruck Freund wie ein Häufchen Dreck. Sein einziger wahrer Freund war Barringer.»

«Das ist nur eine Romanfigur», sagte sie.

Damit waren wir beim Thema.

«Das habe ich mir schon gedacht», erwiderte ich.

Sie war viel zu aufgewühlt, um rechtzeitig zu bemerken, dass ich sie mit meiner scheinbaren Zustimmung aufs Glatteis führte. Wer bezeichnete denn eine Romanfigur als einzigen wahren Freund? Nur ein Mann, der den Bezug zur Realität verloren hatte, von Zeit zu Zeit die Kontrolle über sich verlor, sich von einer fiktiven Gestalt einflüstern ließ, wie man mit Frauen umzugehen hatte. Das hatte es alles schon gegeben. Bei einem waren es kleine grüne Männchen, beim anderen der Heilige Geist, bei Jan war es eben Barringer.

«Vielleicht gibt es ein reales Vorbild», nahm Greta ihre Erklärung prompt zurück. «Die Schlüsselszene im Roman beruht ja auch auf realen Ereignissen, und ich bin überzeugt ...»

Vor mir stand wieder die Greta, die ich kannte, kampferprobt und hart im Nehmen, äußerlich unangreifbar. Äußerlich! Innerlich musste sie ziemlich durcheinander sein, verriet genau das, was ich hören wollte, ihre Überzeugung, dass Jan weit mehr als nur den Tod seiner Mutter in seinem Roman verarbeitet hatte.

«Dann lass uns mal über das reale Vorbild für diese Szene reden», sagte ich und zog die vier Seiten aus der Hosentasche, die sie auf dem Tisch hatte liegen lassen.

Sie zuckte zusammen, wurde noch einen Ton blasser, als ich erklärte, was Tess kurz vor ihrem Tod von mir gewollt hatte. Eine Empfehlung, einen guten Scheidungsanwalt. Für ein paar Minuten brachte uns das vom Thema ab.

Ursprünglich, hatte Tess am Telefon gesagt, habe sie daran gedacht, mich mit der Wahrnehmung ihrer Interessen zu beauftragen. Aber es war nicht mein Gebiet, und ich war durch meine langjährige Beziehung zu Greta, die nun möglicherweise ein Ende fand, persönlich betroffen.

Greta war außer sich, als ich die Behauptung wiederholte, die Tess aufgestellt hatte – ein verschlossenes Arbeitszimmer, vielleicht eindeutige Geräusche hinter der Tür, so genau hatte Tess es mir ja nicht erklärt. «Das ist infam. Das hat sie niemals gesagt! Du lügst, Niklas. Du willst mich …»

«Ich habe keinen Grund, dich zu belügen», sagte ich. «Und ich hatte auch nicht den Eindruck, dass Tess mich belog.»

«Aber es ist nicht wahr!», fuhr Greta erneut auf. «Wir haben nie die Tür abgeschlossen! Das hätte sich kaum gelohnt für die paar Minuten. In den letzten Wochen war ich doch meist mit ihr zusammen. Im Arbeitszimmer war ich nur, um Jan zu begrüßen und mich zu verabschieden. Und vorher, wenn sie gelauscht hat, muss sie auch gehört haben, dass wir uns unterhielten – über seinen Roman, über nichts anderes.» Greta schüttelte den Kopf. «Ich glaube das nicht. Ich glaube es einfach nicht.»

«Aber es war so», sagte ich.

Ich hatte Tess' Stimme noch im Ohr, den gequälten Ton, als kämpfe sie mühsam um Beherrschung. Als ich wiederholte, was sie sonst noch gesagt hatte: «Wenn ich auspacke …», biss Greta sich an dem Telefongespräch um halb vier fest. Es stand für sie völlig außer Frage, dass ich Tess noch einmal angerufen hatte. Seit dreieinhalb Jahren versuchte ich, etwas gegen Jan in die Hände zu bekommen. Da gab ich mich doch mit einer Andeutung nicht zufrieden, ließ mich nicht auf später vertrösten.

Dass mich Einzelheiten zu meinem Lieblingsthema: ‹Jan, der Killer›, in dem Moment nicht so interessiert hatten, glaubte Greta mir nicht. Aber so kamen wir zurück zum Kernpunkt, den vier Seiten, die ich auf dem Tisch gefunden hatte und die meines Erachtens deutlich machten, dass Tess in Gefahr gewesen war.

«Du bist verrückt», stellte Greta fest.

«Der Tod seiner Mutter ist real, er hat daraus eine Romanszene gemacht», widersprach ich. «Wie viel Realität hat er darüber hinaus noch verarbeitet? Besser, ich erfahre es von dir als von Karreis. Und dass Karreis ihn jetzt auseinander pflücken wird, ist dir hoffentlich klar.»

Greta war sich bewusst, dass die Polizei Jans Vergangenheit durchleuchtete. Aber was sollte Karreis schon Alarmierendes entdecken? Die bigotte Großmutter mit ihren feinsinnigen Erziehungsmethoden, die barmherzigen Schwestern im ersten Heim und die liebevollen Erzieher in den nachfolgenden hätten vielleicht einen erfahrenen Kriminalpsychologen nachdenklich gemacht, nur waren sie vermutlich nicht aktenkundig.

Greta war nur überzeugt, dass die Misshandlungen den Tatsachen entsprachen. Niemand, der es nicht selbst erlebt hatte, konnte derartige Grausamkeiten in der Art beschreiben, wie Jan es tat. Diese dünne, dürftige Sprache, die nicht auszudrücken vermochte, wie viel Leid in jedem Satz steckte. Und gerade das, was nicht ausgesprochen wurde, machte es für sie greifbar. Es erklärte sogar Jans verschlossenes Wesen.

Ein schwer erziehbares Kind hatte es geheißen, weil er sich hin und wieder gegen den Terror auflehnte. Dementsprechend waren die Anstalten, in denen man ihn unterbrachte. Wenn er eines gelernt hatte in seiner Kindheit und Jugend, dann das: Darüber reden und sich wehren half nicht, es machte alles nur schlimmer. Man musste es wegschließen, durfte es nie ausbrechen lassen, weil man dann daran zerbrach.

Erniedrigungen, Angst und Schmerzen, Eintönigkeit, Hoffnungslosigkeit, das alles musste Jan am eigenen Leib erfahren haben. Aber er wollte nicht, dass jemand davon erfuhr. Deshalb schrieb er nicht in der Ichform. Der vierjährige Junge, der sich angstvoll in eine Küchenecke drängte, als seine Mutter schimpfte und tobte, hieß im Roman Axel Berle.

Greta erklärte mir nicht mehr als unbedingt nötig. Kinderheime ja, auch ein paar Misshandlungen, aber kein Wort über sexuellen Missbrauch. Ich hörte schweigend zu. Sie ging davon aus, dass mit der Szene, die Axel Berles Entlassung aus dem letzten Heim beschrieb, die Fiktion begann. Weil es von da an absurd wurde und über weite Passagen so vage gehalten war, als habe Jan nicht weitergewusst.

Da war eine Zeitspanne von zehn, zwölf Jahren zu überbrücken. Eine wichtige Zeit für die Entwicklung der Romanfigur Axel Berle. Es musste ein Bogen gespannt werden von den Erniedrigungen und dem Hass der frühen Jahre bis zum Erwachsenen, der eine neunzehnjährige Frau auf bestialische Weise tötet. Der nach diesem Mord gefasst und vor Gericht gestellt wird. Den der psychiatrische Gutachter dazu bringt, auch den Mord an der eigenen Mutter zu gestehen, sodass der Vater endlich rehabilitiert wird.

Aber dieser Bogen und der brutale Mord an der jungen Frau konnten nur der Stoff für einen Spannungsroman sein. Die Wirklichkeit müsse anders ausgesehen haben, meinte Greta und zählte ein paar Argumente auf.

Jan hatte das letzte Heim verlassen, als er neunzehn war. Als er die Wohnung neben ihrer bezog, war er vierunddreißig gewesen. Und ein freier Mann! Er wurde nicht von der Polizei verfolgt oder überwacht, es saßen nur ein paar Produzenten und Fernsehredakteure in seinem Nacken. Mit vierunddreißig war Jan als Drehbuchautor gut im Geschäft, folglich musste er schon lange vorher mit Schreiben begonnen haben.

«Und ehe er begann?», fragte ich.

Sie hatte keine Ahnung, womit er vorher sein Geld verdient hatte. Gelegenheitsjobs vermutlich, es gab viele Möglichkeiten.

Die Romanfigur Axel Berle schloss sich nach der Entlassung aus dem Heim einer mysteriösen Organisation an. Eine große Familie, hatte Jan geschrieben, die Axel liebevoll aufnahm, ihm alles bot, was ein Mensch brauchte; eine warme Stube und eine Kanone, gute Mahlzeiten und gute Kameraden wie Freund Barringer, der Axel Berle beibrachte, wie man überlebte, indem man tötete.

Greta war oft über diese Stelle gestolpert. Es klang für sie, als sei mit der Organisation die Mafia gemeint. So sollte es wohl auch klingen. Der Himmel allein mochte wissen, wo Jan das Vorbild für seinen Barringer getroffen hatte. Auf einem Baugerüst, an einem Fließband oder bei der Müllabfuhr.

Ich ließ sie reden, obwohl sie nicht weiterwusste. Waisenhäuser warfen ihre Schützlinge nicht mit Erreichen der Volljährigkeit auf die Straße. Sie gaben ihnen das Rüstzeug für ein selbständiges Leben mit auf den Weg. Eine Ausbildung in einem soliden Beruf, meist ein Handwerk. Jan hatte sogar Abitur machen dürfen. Das wusste sie. Er hätte die Chance auf ein Studium gehabt, war mittellos gewesen, hätte Bafög bekommen, hatte es jedoch nicht in Anspruch genommen. Und sie wusste nicht, warum.

«Mit der Verbrecherorganisation meint er die Bundeswehr», sagte ich. «Die müssen ja einen netten Eindruck bei ihm hinterlassen haben. Aber wie auch immer. Da bekommt man Streifen und Sterne. Da wird man nicht verlängert, so hat er das doch eben ausgedrückt.»

Ich bot ihr eine Wette an, um unser Gespräch nicht erneut in Zorn und Protest abdriften zu lassen. Ich dafür und sie dagegen, dass Jan Zeitsoldat gewesen war und seinen Freund Barringer bei der Bundeswehr kennen gelernt hatte. Dass er sich nach Verlassen des letzten Heimes für einige Jahre verpflichtet und nach Ablauf dieser Zeit einen Antrag auf Verlängerung gestellt hatte.

Und irgendetwas musste schief gelaufen sein. Barringer wurde geschasst, den hatten sie also einfach hinauswerfen können. Und Jans Antrag wurde abgelehnt.

«Wer ist Barby?», fragte ich. «Und was ist mit ihr passiert?»

Greta hatte keine Ahnung. Der Name war bisher nicht aufgetaucht, weder in den Textstücken, die sie gelesen hatte, noch in einer Unterhaltung. Barby, sie dachte dabei an eine Puppe.

Mandy besaß zwei von der Sorte. Aber Jan hatte in der Tiefgarage und im Aufzug zweifellos von einem Mädchen gesprochen. Von einem toten Mädchen. «Das war ein

Unfall. Wir waren doch besoffen.» Das hatte Greta eben-so gehört wie ich.

«Na schön», sagte ich. «Vielleicht war es ein Unfall, den er für seinen Roman umgestaltet hat. Fragen wir uns lieber, wer das hier ist.» Die vier Seiten hatte ich auf den Tisch gelegt. Nun griff ich wieder danach, wedelte ihr damit vor dem Gesicht.

«Tess ist es nicht. Er hat sich vielleicht gewünscht, er könne es mit ihr so machen. Aber sich das eigene Haus anzünden, dazu ist er zu geizig. In der Wohnung dieser Frau sah es anders aus. Er hat ebenfalls in dieser Woh-nung gelebt, hat sogar einige Möbelstücke daraus mitge-bracht, seine alte Sitzgarnitur. Ich erinnere mich noch deutlich an den Brandgeruch, den die Couch ausströmte. Du musst es doch auch gerochen haben. Du warst oft ge-nug bei ihm. Damit sind es schon zwei, Barby und eine Unbekannte. Jetzt kommt Tess dazu, das macht drei.»

Sie schüttelte den Kopf. Aber widersprechen konnte sie mir nicht. Sie war in den vergangenen beiden Jahren zweimal in der Woche für ein paar Stunden, in den letz-ten Wochen angeblich nur noch für wenige Minuten mit Jan zusammen gewesen, Tess dagegen Tag und Nacht. Tess dürfte eine Menge mehr über den Roman gewusst haben als sie.

Vielleicht hatte Tess sich intensiv mit dem Computer beschäftigt, wenn Jan nicht im Haus war. Da ich sie ge-warnt hatte, musste sie irgendwann begriffen und die richtigen Schlüsse gezogen haben. Sie kannte Jan gut ge-nug, um zu wissen, dass er sich solch eine Story nicht aus den Fingern saugen konnte.

«Unsinn», protestierte Greta lahm. «Beim geringsten Verdacht wäre Tess als Erstes zu mir gekommen und dann zu den Medien gerannt. Du glaubst doch nicht im Ernst, dass sie sich solch eine Geschichte hätte entgehen lassen. Mein Mann, der Massenmörder! Das hätte sie einigen Zeitungen und dem Fernsehen verkauft, wie ich sie kenne.»

«Kannte», korrigierte ich. «Ich kannte sie auch, Greta, ich weiß nur nicht mehr, wie gut.»

«Ich auch nicht», murmelte sie, kam noch einmal zurück auf die Behauptung mit der verschlossenen Tür. «Und ich frage mich, ob ich sie jemals richtig gekannt habe. Was hat sie sich davon versprochen, dir so etwas zu erzählen? Wollte sie mich so gegen sich aufbringen, dass ich ihr Haus nicht mehr betrete? Was hat sie bezweckt, wenn sie uns vormachte, sie wäre betrunken? Was wollte sie erreichen mit ihrer Drohung, Jan in den Knast zu bringen?»

«Das ist noch einfach zu beantworten», sagte ich. «Sie wollte sich von ihm trennen.»

«Irrtum», widersprach Greta. «Er sich von ihr.»

Ich hob die Achseln. «So stellt er es dar. Tess hat es mir anders geschildert. Aber es läuft aufs Gleiche hinaus. Sie wollte das Haus und fünftausend Mark im Monat. Sie hat versucht, ihn zu erpressen. Sie muss etwas herausgefunden haben, Greta. Und es muss gravierend genug gewesen sein, ihn damit unter Druck zu setzen. Sie hat ihn mit diesem zweiten Telefongespräch in die Enge getrieben. Er hat die Nerven verloren und sie umgebracht. Dann hat er dich angerufen. So war es doch.»

«Nein», sagte sie. «Wie oft muss ich das noch wiederholen? Ich bin zu ihnen gefahren und war kurz vor vier –»

Ich unterbrach sie mit bedächtigem Kopfschütteln. «Wenn es hart auf hart kommt, kann ich dich in drei Sekunden widerlegen. Denk noch einmal in Ruhe über alles nach. Ich bin sicher, du wirst begreifen, was du jetzt tun musst.»

Das musste sie nicht erst begreifen. Das wusste sie schon. Und obwohl ich noch nicht wusste, was an diesem Abend tatsächlich geschehen war, war auch mir klar, was ich jetzt zu tun hatte: zunächst herausfinden, wie Barringer tatsächlich geheißen hatte, ihn ausfindig machen und in Erfahrung bringen, wer Barby gewesen und wie sie gestorben war.

Als ich endlich ging, was es fast sechs Uhr morgens. Es behagte mir nicht, Greta mit Jan allein zu lassen. Aber eine unmittelbare Gefahr für sie sah ich nicht. Er mochte eine wandelnde Zeitbombe sein, doch kurz nach einer Explosion gibt es immer genügend Zeit, die Trümmer zu beseitigen. So sah ich es.

Wenn ich auch nur eine Ahnung gehabt hätte, welchen Albtraum er Greta in den nächsten Stunden bescherte, ich hätte ihre Wohnung auf keinen Fall verlassen.

*

Es war bereits hell, als Greta die Tür hinter mir schloss. Es wurde Zeit, die Fenster zu schließen, damit die Tageshitze draußen blieb. Greta war völlig erschöpft, schaute nur noch kurz ins Schlafzimmer. Jan lag auf der Seite, mit dem Laken zugedeckt. Seine Augen waren geschlossen, der Atem ging regelmäßig. Es war ein friedlicher Anblick.

Barby, dachte sie, war ein Unfall. Barringer war ein Freund, Tess war tot. Und sie war müde, in den Gliedern, in der Brust, im Kopf, so müde wie nie vorher. Sie zog die Schlafzimmertür leise hinter sich zu, ging zurück ins Wohnzimmer und legte sich – so wie sie war – auf die Couch. Nur die Schuhe zog sie aus und nahm die Kontaktlinsen heraus. Eine Decke brauchte sie nicht. Es war warm genug im Zimmer.

Trotz der Müdigkeit kam sie nicht zur Ruhe. Sie hielt

die Augen geschlossen, versuchte mit allen möglichen Tricks abzuschalten, nichts half. Es war alles noch so gegenwärtig. Der makellose Rücken auf der Liege, der herunterhängende Arm, das T-Shirt, das blutige Messer, Jans blutiges Hemd, sein Zusammenbruch, Felberts Notizbuch und Karreis' undurchdringliche Miene, ich mit meinen Zweifeln und den vier Seiten.

Ich hatte sie mitgenommen. Greta wusste, ich würde keine Ruhe geben. Sie grübelte, womit ich sie in drei Sekunden widerlegen könnte, taumelte von einem Bild zum anderen. Nicht schlafend und nicht wach.

Die Erinnerungen der letzten Stunden machten sich selbständig, sodass sie sogar die Geräusche hörte, die mit ihnen einhergingen. Das Wasserrauschen, als sie in Tess' Küche das Messer abwusch. Und als sie mit dem Tuch in der Hand das Glas von der Abtropffläche nahm, um es ebenfalls in den Geschirrspüler zu stellen, rutschte es ihr aus der Hand und zersprang auf den Bodenfliesen.

Das Klirren war leise, aber so real, dass sie sich aufrichtete. Sie hatte nicht geträumt, hatte es wirklich gehört. Es war aus der Küche gekommen. Jan, dachte sie, viel weiter dachte sie nicht. Nur an einen starken Kaffee und die nächsten Schritte, die sie unternehmen musste.

Mit der alten Frau Sander sprechen, unbedingt, so schnell wie möglich. Ihr einreden, dass sie einen dunkelblauen Mercedes gesehen hatte, am besten bei der Abfahrt, kurz nach vier. Greta am Steuer, Jan neben ihr. Danach konnte ich sagen und tun, was ich wollte.

Sie setzte die Kontaktlinsen ein. Ihr war ein wenig schwindlig, als sie in die Küche ging. Die Zeitschaltuhr am Herd zeigte zehn Minuten nach neun. An einem der Hängeschränke war die Tür offen. Im Schrank bewahrte sie ein Set einfacher Trinkgläser auf. Jan stand vor der Spüle, nur mit einem Slip bekleidet, Scherben verteilten sich um seine nackten Füße. Er hielt ein Glas unter den Wasserhahn.

Im ersten Augenblick konnte sie nur auf seine Beine starren. Sie sahen aus, als hätte jemand die Haut in Streifen geschnitten und mit groben Stichen wieder zusammengenäht. Eine Narbe neben der anderen. Es dauerte eine Ewigkeit, ehe es ihr gelang, den Blick zu heben und andere Dinge zu registrieren.

Vor Jan auf der Abtropffläche lagen etliche lose Medikamentenstreifen, ein leeres Schraubglas und eine kleine Flasche mit Hustentropfen. Ihre Hausapotheke! Jan hatte gesehen, wo sie die beiden Valium hergenommen hatte. Aus dem oberen Schubfach der Kommode in ihrem Schlafzimmer. Er hatte alles ausgeräumt, was darin gewesen war.

Das meiste war harmlos. Nur konnte er das nicht wissen. In seinem Haus gab es wahrscheinlich nicht einmal Aspirin, höchstens Wundpflaster für Mandys Knie und die Packung mit den Antibabypillen. Und Greta hatte die Angewohnheit, alles aus der Verpackung zu nehmen, was sie regelmäßig schluckte. Die Streifen hatten lose im Schubfach gelegen. Vitamin-E-Kapseln fürs Gehirn, Carotin für die Augen, Magnesium für Muskeln und Herz, Kieselerde-Calcium für Haut, Haar und Fingernägel.

Wie viel er davon bereits eingenommen hatte, als ihm das erste Glas aus der Hand fiel, war nicht zu erkennen. Aber großen Schaden konnte er damit nicht anrichten. Bei den Grippetabletten und den Hustentropfen hätte die Sache anders aussehen können. Nur war davon nicht mehr viel übrig gewesen. Auch die restlichen fünf Valium konnten ihm nicht wirklich gefährlich werden. Das konnten nur der Alustreifen mit ihren Migränezäpfchen, den er noch in der Hand hielt, und ihre Styptobion-tabletten.

Styptobion hatte Greta vor Jahren zum ersten Mal verschrieben bekommen, als sie ihre Zähne richten ließ, weil sie infolge einer Gerinnungsstörung zu starken Blutungen neigte. Seitdem nahm sie das Medikament auch bei anderen kleinen Verletzungen, immer in der empfohlenen Dosis. Sie wusste nicht, was passierte, wenn man die zwanzig- oder dreißigfache Menge schluckte. Und so viel musste Jan eingenommen haben.

Er grinste sie an. Es war nicht mehr das typische verlegene Grinsen, das sie so gut kannte. Es war böse, gleichgültig und gemein. «Was du alles in dich hineinstopfst, ist schon beachtenswert. Ich habe das Gefühl, mein Hals ist zu von dem Zeug. Eine Rasierklinge wäre mir lieber gewesen, aber so was gibt's in deinem Haushalt leider nicht. Na, was soll's, es wird reichen. Jetzt zeig mir, dass du wirklich mein Freund bist, Greta. Leg dich wieder auf die Couch und schlaf noch eine Runde. Ich verzieh mich mal lieber ins Bad hiermit.» Er wedelte mit den Zäpfchen.

«Gib sie her!»

Er schüttelte bedächtig den Kopf.

Greta stampfte mit dem Fuß auf. «Du sollst sie hergeben!»

«Wer sagt das?»

«Ich!», sagte sie.

Sein Grinsen wurde um eine Spur breiter. «Du hast für heute schon genug gesagt, Greta. Ich hab nicht geschlafen. Ich hab zwar auch nicht alles verstanden, aber was ich gehört hab, reicht mir. Du solltest auf Niklas hören, wirklich, das solltest du. Fahr zur Polizei, widerruf deine Aussage. Um mich brauchst du dir keine Sorgen zu machen, Greta. Kein Gefängnis. Keine stinkigen Kerle, die alle eine Frau wollen und sich an einem Neuen vergreifen. Und jetzt geh von der Tür weg. Ich muss ins Bad.»

Er stieß einen verächtlichen Laut aus. «Mein Gott,

konntest du dir für deine Kopfschmerzen nicht auch ein paar Tabletten verschreiben lassen?»

Sein Grinsen war wie ein Messer in ihrem Nacken.

«Wenn ich etwas hasse», sagte er, «sind es Zäpfchen. Sie wecken bestimmte Erinnerungen, aber das weißt du ja. Dafür muss ich mich übrigens bei dir bedanken. War nett, dass du Niklas nicht gleich alles erzählt hast. Tust du mir noch einen Gefallen? Fahr ins Haus, lösch den Roman von der Festplatte, tritt mal kräftig auf die Sicherungskopie. Und jetzt lass mich vorbei.»

Sie stand mitten in der Tür, stemmte die Arme zu beiden Seiten gegen den Rahmen. Er kam langsam auf sie zu, in der linken Hand den Streifen mit den Zäpfchen, in der rechten das gefüllte Wasserglas. Den Streifen ließ er achtlos auf den Boden fallen. Sie sah, dass er zwei Finger abspreizte. Er machte eine Bewegung mit der Hand, als wolle er eine Schleife in die Luft zeichnen.

Sie kannte diese Geste. Er hatte beschrieben, wie Barringer sie ausführte. Es war einer von den wenigen Schlägen, die angeblich nur ein paar Auserwählten bekannt waren und mit denen man einen Menschen praktisch im Vorbeigehen töten konnte.

Er schaute sie an, grinste immer noch, ein bisschen wehmütig und bedauernd jetzt. «Das bringe ich nicht mehr», sagte er. «Ich bin aus der Übung.» Und im selben Augenblick schnellte die rechte Hand mit dem Wasserglas hoch.

Durch seine Fuchtelei mit der Linken war Greta abgelenkt. Der Schwall traf sie ins Gesicht. Sie kniff noch reflexartig die Augen zusammen und riss einen Arm schützend davor, nur half das nicht mehr. Die rechte Kontaktlinse verschob sich, die linke wurde ausgespült. Jan ließ ihr keine Zeit, danach zu tasten. Das Glas klirrte und zerbrach auf dem Boden.

Etwas tauchte verschwommen und rasend schnell vor

ihrem Gesicht auf. Sie hörte ihn noch sagen: «Tut mir Leid, Greta, aber du willst es nicht anders.» Dann schlug er zu – mit der Faust. Den ersten Schlag spürte sie noch. Aber nur den.

Wie lange sie bewusstlos gewesen war, wusste sie später nicht. Sie war wie blind, als sie wieder zu sich kam. Ihr Kiefer schmerzte höllisch. Im Hinterkopf pochte es, als schlüge eine Spitzhacke auf sie ein. Sie war mit dem Kopf gegen den Türpfosten geprallt – beim ersten Hieb. Danach musste Jan noch mehrfach und mit aller Kraft zugeschlagen haben. Sie schmeckte Blut im Mund, ihr Gesicht brannte und spannte, schien aufgeblasen wie ein Ballon. Keine Stelle, die nicht betroffen war.

Im ersten Augenblick hatte sie nur Angst um ihre Zähne. Das passte zu ihr – nur nichts von dem wieder hergeben, was man mit Mühe, Schweiß und Energie erreicht hat. Ihre Zähne richten zu lassen hatte sie viel Zeit, viel Geld, viel Blut und viele Schmerzen gekostet. Sie fuhr sie mit der Zungenspitze ab. Es saßen alle noch fest an ihrem Platz. Das Blut kam von der Unterlippe.

Auch mit ihren Augen war so weit alles in Ordnung. Eine tüchtige Schwellung zog sich rund um das linke, sie konnte es nicht richtig öffnen und fühlte auch die verschobene Linse nicht mehr. Stattdessen fühlte sie klebrige Nässe an der Augenbraue. Die Haut war aufgeplatzt.

Sie tastete nach ihren Kontaktlinsen, fand sie auch. Eine klebte ihr vorne auf dem Kleid, die zweite lag unter ihrem Arm und war zum Glück nicht beschädigt. Sie steckte beide kurz in den Mund, dann konnte sie sie einsetzen. Und danach hatte sie Zeit für den Schmerz.

Ein paar Sekunden Benommenheit, in denen nichts weiter existierte als das Brennen und Spannen im Gesicht und das Hacken im Hinterkopf. Dann setzte die Erinnerung ein. Die Migränezäpfchen in Jans Hand!

Sie kam sehr schnell vom Boden hoch, musste sich jedoch gleich wieder am Türpfosten abstützen. Ihr war entsetzlich schwindlig. Von der Küchentür bis zum Bad war es nur ein kurzes Stück quer durch die Diele. Die Tür zum Bad war geschlossen. Jan musste hinter der Tür sein. Mit den Zäpfchen! Der Wirkstoff in Überdosierung war mit Sicherheit tödlich.

Ihr Kopf platzte fast unter der Spitzhacke, hinzu kam wahnsinnige Angst. Sie war nicht etwa wütend auf ihn, zu diesem Zeitpunkt empfand sie immer noch Liebe und Verständnis, da war kein Raum für andere Gefühle.

Jan hatte sie geschlagen! Na und? Er hatte doch allen Grund gehabt, wenn er uns zugehört hatte. Greta konnte nachvollziehen, wie er sich gefühlt haben musste, verraten und betrogen. Er hätte sie töten können. Mit bloßen Händen erwürgen oder sich ein Messer aus einem Schubfach nehmen und zustechen, als sie bewusstlos am Boden lag. Das hatte er nicht getan.

Er konnte das eben nicht. Bei niemandem. Er hatte auch seine Mutter nicht getötet! Ein vierjähriges Kind! Lächerlich, so etwas auch nur in Erwägung zu ziehen.

«Lass ihn nicht tot sein», murmelte sie. «Bitte, lass ihn nicht tot sein!» Sie wusste nicht einmal, wen sie anflehte. Gott? Nein, den nicht. Ihn zu bitten, hielt sie für aussichtslos. Gott kannte keine Gnade und kein Erbarmen, sonst hätte er nicht zugelassen, dass ein Kind von Grund auf zerstört wurde.

«Kannst du dir nicht vorstellen, was dabei herauskommt?» Natürlich konnte sie das, sie hatte schon mehrfach damit zu tun gehabt. Junge Männer vertreten, die erwachsen geworden, aber nicht aus der Wut herausgewachsen waren und nicht aus der Hilflosigkeit, der Schwäche und Sprachlosigkeit, dem gesamten Unvermögen eines friedlichen Miteinanders. Gutachter hatte sie beauftragt, um dem Staatsanwalt Paroli zu bieten. «Mein Mandant ist schuldunfähig!»

Jan war nicht ihr Mandant. Jan war die große Ausnahme. Man konnte sie nicht alle in einen Sack stecken, wie ich es tat, fand sie.

Der Gedanke an mich brachte sie auf das Naheliegende. Sie musste mich anrufen. Sie konnte nicht. Sie konnte auch nicht ins Bad gehen. Nicht noch eine Leiche! Nicht Jan, das hätte sie nicht verkraftet. Aber sie musste ins Bad. Sie musste ihm helfen. Die schmerzstillende Wirkung der Zäpfchen setzte erst nach zwanzig Minuten ein. Zum Sterben brauchte man erheblich länger.

8. Kapitel

Greta schaffte die paar Schritte durch die Diele und drückte die Klinke nieder. Die Tür ging nicht auf. Abgeschlossen konnte sie nicht sein. Sie hatte den Schlüssel vor einiger Zeit abgezogen. Tess hatte sie darum gebeten.

Im Februar und im März war Tess oft mit Mandy vorbeigekommen, am frühen Abend, nur für eine halbe Stunde. Sie saßen im Wohnraum, unterhielten sich. Mandy langweilte sich jedes Mal und nörgelte, bis Tess sie ins Bad schickte, wo Mandy sich dann am Waschbecken vergnügte.

«Zieh lieber den Schlüssel ab», riet Tess, «sonst schließt sie sich ein. Das hat sie bei mir auch schon getan. Und dann kann sie nicht wieder aufschließen, das gibt ein Mordsspektakel.»

Greta hatte den Schlüssel in den Schrank zu ihren Kosmetiksachen gelegt. Kaum anzunehmen, dass Jan danach gesucht hatte. Sie stemmte sich mit der Schulter gegen die Tür. Ihr Kopf zersprang fast dabei, aber die Tür gab ein wenig nach. Sie sah ein Stück Haut, Jans Rücken. «Lass ihn nicht tot sein, bitte, lass ihn nicht tot sein», bettelte sie erneut.

Wenn ihr Kopf nicht so wehgetan hätte, wäre es wohl schneller gegangen. Und wenn sie nicht so benommen gewesen wäre, hätte sie auch eher begriffen, dass so viel Widerstand nicht von einem Bewusstlosen oder gar von einem Toten kommen konnte, dass Jan sich seinerseits gegen die Tür stemmte. Aber er lag auf dem glatten Fliesenboden, hatte keinen Halt für Hände und Füße, seine Kraft ließ nach. Irgendwann war die Tür so weit offen, dass Greta sich durchzwängen und über ihn hinwegsteigen konnte. Das Blut hatte sie schon vorher gesehen.

Jan blutete aus dem linken Handgelenk. Und ihrer Überzeugung nach war es keiner von den halbherzigen oder vorgetäuschten Selbstmorden, bei denen der Schnitt quer über das Gelenk führte. Es war ihm wirklich ernst gewesen. Die Wunde war sechs, sieben Zentimeter lang und verlief von unten nach oben. Wie tief sie war, ließ er sie nicht feststellen.

Er schlug mit dem rechten Arm nach ihr, kaum dass sie über ihn hinweg gestiegen war. Er zog die Beine an, richtete sich in eine sitzende Position auf, mit dem Rücken gegen die Tür gelehnt und sie ins Schloss drückend. Den blutenden Arm schob er hinter seinen Rücken. Er sprach nicht, schaute sie auch nicht an, suchte stattdessen mit den Augen den Boden nach etwas ab.

Greta bemerkte es nicht sofort, weil sie erneut wie hypnotisiert auf seine vernarbten und nun auch noch mit Blut besudelten Beine starren musste. Als sie begriff, was er vorhatte, hielt er das Messer bereits in der Faust und schlug damit vor sich hin und her. Es war ein Messer mit gezahnter Klinge. Sie benutzte es meist zum Gemüseschneiden und wusste, wie scharf es war. Er musste es sich während ihrer Bewusstlosigkeit aus der Küche geholt haben.

Sie kam nicht an ihn heran. Er hätte sie verletzt. Dabei hatte sie keine Angst vor einem Schnitt. Nur davor, dass er sie noch einmal außer Gefecht setzte. Sie versuchte es mit Reden, er grinste nur. Saß mit dem Rücken gegen die Tür, sperrte sie beide ein und verurteilte sie, sich anzuschauen, wie er starb. Etwas Schlimmeres hätte er ihr nicht antun können.

Jedes an ihn gerichtete Wort prallte von seinem Grinsen ab. Seine Haut war aschfahl. Das Telefon stand für sie unerreichbar im Wohnzimmer. Ihr Gesicht brannte, ihr Kopf zerplatzte beinahe. Gibt es eine Steigerung für Verzweiflung? Ich denke schon. In der Zeit im Bad hat Greta sie erlebt.

Das Kleiderbündel, mit dem sie sich am Abend zuvor beschäftigt hatte, lag unter dem Waschbecken. Das ehemals graue, nun blaue Häufchen Stoff mit dem weißen Fleck der Bluse dazwischen. Der Streifen mit den Zäpfchen lag vor der Wanne auf dem Boden. Jan hatte sie nicht angerührt, hatte das Messer vorgezogen.

Greta hob die Zäpfchen auf. Wenigstens einen klaren Kopf wollte sie bekommen. Wenn man vor Schmerz kaum denken kann, wie soll man da die richtigen Argumente finden? Jan, ich bitte dich, tot sein ist endgültig. Du hast noch dein halbes Leben vor dir. Es kann nicht schlimmer werden, nur besser. Vertrau mir. Ich weiß, du hast es nicht gelernt, zu vertrauen. Aber man kann alles lernen. Ich tu für dich, was ich kann. Eher gehe ich selbst ins Gefängnis, als dass ich zulasse, dass sie dich einsperren. Glaub mir! Wenn alle Stricke reißen, werde ich aussagen: Ich habe Tess getötet. Natürlich werden sie mir nicht glauben. Aber ich kann die Stiche beschreiben, ich kann ihnen ein Motiv nennen, dass ich dich liebe. Ich kann eine Menge tun.

Sie wusste später nicht mehr, ob sie es ausgesprochen oder nur gedacht hatte. Sie erinnerte sich nur noch, dass seine Augen die ganze Zeit an ihrem Gesicht hingen, auch dann noch, als sie sich auf die Toilette setzte. Sie grinste ebenfalls. Mit Bitten und Flehen war nichts auszurichten. Man konnte ihn nur mit seinen eigenen Waffen schlagen.

«Ich habe nichts gegen Zäpfchen», sagte sie. «Aber ich habe auch nicht deine Erfahrungen. Für mich ist Sex wunderbar. Keine Ahnung, wie es ist, vergewaltigt zu werden. Viele Frauen zerbrechen daran. Für Männer ist es noch schlimmer, denke ich. Wenn es häufig passiert, glauben sie am Ende, sie wären schwul. Und wenn sie es dann nicht schaffen, mit einer Frau zu schlafen ... Aber das kann andere Gründe haben. Dass die Frau sie nicht reizt. Oder dass sie sie für ein gerissenes Luder halten.»

Sie blieb auf der Toilette sitzen, zog nur den Slip wieder hoch und klappte den Deckel herunter. «Ich bin ein gerissenes Luder», sagte sie. «Was ich will, bekomme ich. Ich will, dass du lebst. Und ich bin nicht nur gerissen, ich bin auch geduldig. Du hast fünf Valium im Leib! Spürst du schon etwas? Es ist ein Gefühl wie Watte im Kopf. Du wirst schlafen wie ein Baby. Dann binde ich dir den Arm ab, ziehe dich von der Tür weg und rufe einen Arzt. Sie werden dich wieder aufpäppeln. Wenn du das verhindern willst, musst du mich umbringen. Das schaffst du nicht! Du kommst nicht mehr vom Boden hoch. Versuch es! Steh auf und stich mich nieder.»

Das Grinsen musste längst auf seinem Gesicht eingefroren sein, das Wedeln hatte er eingestellt. Die Hand mit dem Messer lag zitternd auf seinem nackten Oberschenkel. Sein ganzer Körper zitterte. Er fror, trug nur den dünnen Slip und saß auf dem kalten Fliesenboden. Aber im Bad waren es um die fünfundzwanzig Grad. Es musste der Blutverlust sein. Rechts und links von ihm kroch es millimeterweise vor. Die rote Lache wurde größer und größer, ein Teil davon färbte seinen Slip ein.

Greta bemühte sich, nicht hinzusehen. «Wenn du wirklich sterben willst, lass mich raus», sagte sie. «Dann rufe ich Niklas an. Er schlägt dich tot. Du kannst dir nicht vorstellen, wie wütend er ist. Er war immer scharf auf Tess, das siehst du richtig. Er war schon hinter ihr her, als wir dich noch nicht kannten. Nie hat er etwas erreicht bei ihr. Und immer hat er sich Hoffnungen ge-macht. Als sie Mandy bekam, war er überzeugt, dass sie sich jetzt für ihn entscheidet. Auf der Silvesterparty, erin-nerst du dich? Den ganzen Abend war er mit ihr zusam-men. Dann bist du ihm in die Quere gekommen. Und jetzt wollte sie sich von dir trennen. Da durfte er neue Hoffnung schöpfen.»

Seine Augenlider senkten sich. Sein Kopf bewegte sich abwärts in Richtung Schulter, als könne er ihn nicht mehr gerade halten. Fünf Valium, es konnte nicht mehr lange dauern. Sie musste ihn nur davon abhalten, sich noch mehr anzutun, zwang sich, nicht immerzu auf seinen Hals zu schauen. Wenn er dieses verfluchte Messer nach oben führte ...

Sie wollte nicht daran denken, nur reden, ihn ablen-ken. «Dass du sie bekommen hast, wird Niklas dir nie verzeihen. Er hat von Anfang an versucht, dir etwas an-zuhängen. Du hättest ihn erleben müssen, als er die alten Prozessakten sah. Für Niklas war dein Vater unschuldig. Seine geliebte Tess war an einen Muttermörder geraten. Er traut dir alles zu.»

Seine Augen waren seit mindestens dreißig Sekunden geschlossen. Die Hand mit dem Messer war vom Schen-kel gerutscht, lag auf dem Boden in der Blutlache. Bis auf zwei Schritte kam sie an ihn heran, da fuhr die Hand wie-der in die Höhe.

«Bleib, wo du bist, Greta», murmelte er. «Es macht mir nichts aus, dich mitzunehmen. Es hat mir nie etwas aus-gemacht, im Gegenteil. Ich mag es, wenn sie Schmerzen haben und Angst, wenn sie wimmern und um ihr Leben winseln. Darum hat Tess mich beschissen. Aber du hät-test Barby hören müssen damals.»

Er kicherte leise vor sich hin. Als er weitersprach, ver-stand sie ihn kaum noch. «Vorher hatte sie eine große

Klappe. Als sie begriff, dass es Ernst war, wurde sie ganz klein. Im Roman habe ich sie Josephine genannt. Such nach Josy, Greta. Ihr richtiger Name war Barbara McKinney. Sie ist neunzehn Jahre alt geworden und ganz langsam gestorben. Du hast es so oft gelesen und nie begriffen, was ich dir zeigte.»

Er brachte die Lippen kaum noch auseinander und schaffte es nicht mehr, die Augen zu öffnen. Die Messerspitze tanzte vor Greta wie in einem Krampf. Es war nicht mehr schwer, ihm das Messer wegzunehmen. Nur ein Griff nach dem Handgelenk.

Das Messer warf Greta nach hinten in den Raum. Dann riss sie ihn von der Tür weg. Der Kasten mit dem Verbandszeug war im Auto. Sie hatte keine Zeit, ihn zu holen. Ein paar Küchentücher mussten reichen. Jan war zäh und immer noch bei Bewusstsein. Er versuchte, sie abzuwehren. Aber es steckte keine Kraft mehr dahinter. Dann lag er endlich still und ließ zu, dass sie sich seinen Arm anschaute.

Es war ein hässlicher Schnitt – sehr lang. Aber nicht tief genug! Er hatte die Arterie nicht getroffen, nur Venen. Die Blutung war stark, aber gleichmäßig, es spritzte nicht mit jedem Herzschlag aus der Wunde. Sie rollte zwei Tücher zusammen, drückte beide auf den Schnitt, band sie mit zwei anderen Tüchern fest.

Dann rannte sie ins Wohnzimmer. Ihr zitterten die Hände so sehr, dass ihr der Telefonhörer zweimal aus der Hand fiel.

*

Ich hatte nicht geschlafen, war von Gretas Wohnung zur Kanzlei gefahren. Ihr Diktiergerät lag noch auf ihrem Schreibtisch, zusammen mit zwei komplett besprochenen

Bandkassetten. Ich fuhr zu meiner Wohnung und hörte mir den Schriftsatz an. Er war ausgefeilt wie alles, was Greta anpackte. Leider sagte das nicht viel über die Zeit, die sie gebraucht hatte. Greta konnte das Gerät für zwei Sekunden oder eine Viertelstunde ausgeschaltet haben, um den nächsten Absatz im Kopf zu formulieren. Doch auch bei zwei Sekunden war auszuschließen, dass sie die Kanzlei um halb vier verlassen hatte. Frühestens um halb fünf!

Seit dieser Feststellung saß ich neben dem Telefon und grübelte, wen ich um einen Gefallen bitten könnte. Sämtliche Freunde und Bekannte ging ich im Geiste durch. Doch es war niemand darunter, der irgendeinen Einfluss bei der Bundeswehr gehabt hätte.

Nur mein älterer Bruder Horst hatte seine Pflicht gegenüber dem Vaterland erfüllt und den Wehrdienst abgeleistet. Horst war seit einem Jahr verheiratet mit der Japanerin, eine Geologin wie er. Ich hatte meine Schwägerin noch nie zu Gesicht bekommen, konnte nicht einmal ihren Namen richtig aussprechen, weil ich ihn in voller Länge gar nicht kannte. Mutter nannte sie Ani.

Horst und Ani bohrten am Südpol gemeinsam Löcher ins ewige Eis, lebten nicht, wie von Mutter befürchtet, in einem Iglu, sondern in einem Basislager. Und sie dort zu erreichen war theoretisch ausgeschlossen. Praktisch hätte es vielleicht eine Möglichkeit gegeben, über die Auftraggeber des Forschungsprojektes eine Funkfrequenz in Erfahrung zu bringen. Ein Riesenaufwand nur für die Frage: «Erinnerst du dich an jemanden, der zusammen mit dir beim Bund war und dort Karriere gemacht haben könnte?» Das erschien mir als zu viel Mühe.

Dass ich es überhaupt in Erwägung zog, zeigt, in welcher Verfassung ich war. Ich konnte über Japan zum Südpol denken, nur nicht an Tess und noch weniger an das, was sich jetzt in Gretas Wohnung abspielen mochte.

Es war so still um mich herum. Meine Eltern saßen vermutlich längst am Frühstückstisch, in meiner Wohnung war davon nichts zu hören. Draußen regte sich nichts. Wenn ich aufmerksam lauschte, hörte ich ein wenig Vogelgezwitscher. Es war unerträglich friedlich.

Das Telefon machte der Unerträglichkeit ein Ende. Schon beim ersten Klingeln hatte ich den Hörer am Ohr. Greta konnte nur flüstern, umriss in kurzen Sätzen die Lage und erklärte ihr Begehren. Wir brauchten einen zuverlässigen Arzt, der nur tat, was getan werden musste. Es kam nur einer in Frage, mein jüngerer Bruder Armin. Er absolvierte an der Universitätsklinik inzwischen seine Ausbildung zum Facharzt. Chirurg wollte er werden.

Ich könnte nicht sagen, dass mich die Nachricht, Jan habe sich umbringen wollen, in Sorge versetzte. Irgendwie beruhigte sie mich sogar.

«Ich weiß nicht, ob Armin Dienst hat», sagte ich. «Wenn ja, kann er nicht einfach aus der Klinik verschwinden.»

«Es ist ein Notfall, verdammt! Du wirst ihm doch etwas erzählen können. Jetzt mach schon! Jan hat eine Menge Blut verloren.»

Eine Menge war mir nicht genug. Alles, damit wäre ich zufrieden gewesen. Ihn neben Tess zu beerdigen hätte mich von dem Gefühl der Hilflosigkeit befreit.

Trotzdem machte ich mich auf den Weg und brauchte nur knapp eine Viertelstunde bis zu Gretas Wohnung, obwohl der typische Samstagsverkehr auf der Rheinuferstraße herrschte.

Als ich eintraf, hatte sie Jan bereits den blutigen Slip aus- und einen frischen angezogen, ihn ins Schlafzimmer geschleift, aufs Bett gehievt und in zwei Wolldecken gepackt. Ob er noch bei Bewusstsein war, konnte ich nicht feststellen. Es interessierte mich auch nicht.

Greta sah entsetzlich aus mit ihrem zerschlagenen Gesicht. Und dafür hätte ich gerne zu Ende gebracht, was er begonnen hatte. Ich nötigte sie, sich zu waschen und umzuziehen, machte mich daran, die Blutlache im Bad aufzuwischen. Der Einfachheit halber nahm ich dazu das nasse Kostüm und die Bluse. Ich wollte verhindern, dass mein Bruder abschätzte, wie viel Blut Jan verloren hatte, und darauf bestand, ihn mitzunehmen, wie der Psychiatrieprofessor in der Nacht.

Greta schaute ungläubig und nervös zu, wie ich Wasser in die Wanne ließ. «Was machst du?»

«Deine Sachen auswaschen», sagte ich. «Du kannst sie nicht so blutverschmiert in die Reinigung bringen.»

«Vergiss es. Das Kostüm hatte ich mir gestern schon ruiniert. – Wann kommt Armin?»

«Ich rufe ihn an, sobald wir hier klar Schiff gemacht haben.»

Sie war völlig außer sich. «Du hast ihn noch gar nicht angerufen? Aber ich habe dir doch gesagt …»

«Beruhige dich», sagte ich. «Jan wird nicht sterben.»

Ich brachte sie ins Wohnzimmer, drückte sie auf die Couch und rief endlich meinen Bruder an. Armin kam nur zehn Minuten später. Er hatte keinen Dienst und kümmerte sich zuerst um Greta, warf einen prüfenden Blick in ihr Gesicht, tastete mit den Fingerspitzen die Schwellungen ab. Bevor ich ihm etwas erklären konnte, stellte er fest: «Gebrochen ist nichts.»

«Dein Patient liegt im Schlafzimmer», sagte ich.

Zuerst weigerte sich Armin, Jans Wunde an Ort und Stelle zu vernähen. «Er muss in eine Klinik, braucht wahrscheinlich eine Transfusion. Das kann ich so nicht feststellen.»

«Miss seinen Blutdruck, das wirst du ja wohl können. Es kann nicht so schlimm sein, wie es aussieht! Greta ist doch gleich dazugekommen und hat ihn verbunden. Und vorher hat er Unmengen von Styptobion geschluckt.»

Darüber lachte Armin nur. «Das ist Vitamin K. Das kannst du bei kleinen Wunden nehmen. Wenn du fest daran glaubst, hilft es vielleicht. Bei ernsthaften Verletzungen wirfst du es besser in den Müll. Und noch etwas, ich flicke ihn zusammen, und bei nächster Gelegenheit tut er es wieder und dann gründlicher. Nein, die Verantwortung kann ich nicht übernehmen.»

«Die übernehme ich», sagte ich. «Er wird es garantiert nicht noch einmal tun. Wenn es ihm wirklich ernst gewesen wäre, hätte er nicht vorher diese Tabletten geschluckt. Dass sie bei größeren Verletzungen nichts bewirken, steht ja nicht auf der Packung. Außerdem hätte er tiefer geschnitten und dafür gesorgt, dass Greta nicht nach fünf Minuten wieder auf den Beinen ist. Also mach keinen Aufstand. Näh die Wunde. Einen Klinikaufenthalt kann er sich nicht leisten. Er ist nicht versichert.»

«Das glaube ich nicht», sagte Armin.

«Es ist aber so», erklärte ich. «Jan ist Freiberufler, war in einer von diesen privaten Kassen und konnte die Beiträge nicht mehr zahlen. Sie haben ihn rausgeworfen. Vor zwei Monaten schon.»

«Das gibt's doch nicht», murmelte Armin. Ob er damit meine freche Lüge oder das Geschäftsgebaren der Privatkasse meinte, blieb dahingestellt. Er öffnete endlich seine Tasche, holte die Blutdruckmanschette heraus. Hilfe brauchte er nicht, nur ein paar saugfähige Tücher, um Greta nicht das Bett zu verderben. Ich brachte ihm das Gewünschte, dann schickte er uns hinaus.

Wir gingen in die Küche. Ich brauchte dringend einen starken Kaffee. Auch Greta sah aus, als könne sie einige

Tassen vertragen. Während ich den Kaffee aufbrühte, erkundigte ich mich überflüssigerweise: «Hat er dich so zugerichtet?»

«Nein, ich bin gegen die Tür gelaufen», sagte sie. «Als ich es mit der Schulter nicht schaffte, sie aufzudrücken, dachte ich, ich probiere es mal mit dem Gesicht.»

«Spar dir deinen Sarkasmus», riet ich. «Du solltest es kühlen. So kannst du nicht unter Leute gehen. Karreis wird sich freuen, wenn du ihm so vor Augen kommst. Und ich glaube nicht, dass es bis Montag heilt.»

«Ich kann es überschminken», behauptete sie.

«Sei dir nicht so sicher. Hast du schon in den Spiegel geschaut?»

Sie schüttelte den Kopf. Dann saßen wir uns am Tisch gegenüber. Ich griff nach ihrer Hand, hielt sie fest. «Da er dich auch mit den Fäusten nicht zur Vernunft gebracht hat, nehme ich an, dass wir zum letzten Mal so in deiner Küche sitzen.»

«Rede keinen Unsinn», murmelte sie.

Ich lachte leise. «Du hast Recht. Ein vor Wut schäumender Selbstmordkandidat ist eigentlich keine Konkurrenz für mich.»

Sie schwieg und starrte in ihre Tasse.

«Hast du eine Ahnung, warum er das getan hat?», fragte ich.

«Er hat gehört, dass wir über seine Vergangenheit sprachen.»

«Das war alles?»

Sie nickte.

«Du gestattest mir ein paar Zweifel, Greta», sagte ich. «Wenn ich ein reines Gewissen habe, sehe ich keinen Grund, mir die Pulsader aufzuschneiden, nur weil sich jemand mit meiner Vergangenheit beschäftigt.»

Aber die Pulsader hatte Jan sich auch nicht aufgeschnitten, nur eine große Vene. Ich zweifelte am Motiv ebenso wie an der Absicht. Auf der Abtropffläche neben dem Ausguss lagen noch die zahlreichen Medikamentenstreifen, die er geleert hatte. Vitamintabletten, es war trotz der zerstörten Folien noch zu erkennen, worum es sich handelte. Und bei einem Autor sollte man voraussetzen, dass er lesen konnte.

Zusätzlich Unmengen von einem Mittel, das die Blutgerinnung förderte. Auch wenn das nicht auf der Packung stand, Greta hatte ihm vermutlich irgendwann erzählt, aus welchen Gründen sie Styptobion einnahm. Ein gerissener Hund, der uns alle an der Nase herumführte. So hatte ich ihn dreieinhalb Jahre lang gesehen, nun sah ich ihn erst recht so.

Und Greta dachte unentwegt: Barbara McKinney starb ganz langsam. Natürlich sprach sie nicht aus, was ihr durch den Kopf ging. Sie wollte es auch nicht glauben. Jan konnte das nur gesagt haben, weil er verbittert war, maßlos enttäuscht von ihr.

Ich sah, dass sie mit ihren Gedanken weit weg war. Und ich hätte zu gerne gewusst, womit sie sich beschäftigte. Aber auf meine leichthin gestellten Fragen bekam ich keine Antwort. Greta war nicht in der Verfassung, sich mit mir auseinander zu setzen. So saßen wir schließlich schweigend da und warteten auf Armin.

Endlich kam er in die Küche, setzte sich zu uns an den Tisch. «Bekomme ich auch einen Kaffee? Dafür verzichte ich auf die Rechnung.»

«Nicht unverschämt werden, Bruderherz.» Ich lachte, obwohl mir nicht nach Scherzen zumute war. «Für die paar Stiche eine Rechnung. Du bekommst ein Freiexemplar von seinem Roman, wenn der jemals fertig werden sollte. – Wie geht es ihm?»

Armin berichtete in kurzen Sätzen. Er hielt Jans Zustand fü r kritisch, aber mehr in psychischer als in physischer Hinsicht. Eine unmittelbare Gefahr für sein Leben bestand nicht, solange man ihn daran hinderte, diese Aktion zu wiederholen. Armin ließ Greta aufzählen, was Jan außer dem Styptobion noch alles eingenommen hatte. Er winkte ab. Kleinkram. Die fünf Valium und der Blutverlust würden ihn erst einmal schlafen lassen. Wenn er aufwachte, war ihm möglicherweise übel vor lauter Kieselerde-Calcium, Magnesium, Carotin und Vitamin E.

Armin schrieb ein Rezept über ein starkes Beruhigungsmittel und ein Eisenpräparat aus. Dann wollte er wissen: «Was ist mit seinen Beinen geschehen? Das sieht ja grausam aus.»

«Er hat als Kind einen Kessel mit kochendem Wasser vom Herd gerissen», antwortete Greta.

«Ach», meinte Armin erstaunt. «Da hat er aber Glück gehabt. In solchen Fällen sind normalerweise Kopf und Oberkörper betroffen.»

Ich wollte zur nächsten Apotheke und bat meinen Bruder, solange in der Wohnung zu bleiben. «Wenn Jan zu sich kommt, wer weiß, wie er sich fühlt. Ich möchte nicht, dass Greta mit ihm allein ist.»

Zu diesem Zeitpunkt wollte Greta auch nicht mit ihm allein bleiben. Sie hatte Angst und viel zu erledigen, musste mit Frau Sander reden, Handschellen suchen und nachschauen, ob noch mehr herumlag, was dumme Fragen aufwerfen konnte. Und sie musste unbedingt den Roman lesen.

Barbara McKinney! Eine Amerikanerin? Vielleicht ein Urlaub mit Freund Barringer? Aber es waren auch amerikanische Soldaten hier stationiert. Und in der US-Army gab es Frauen.

Mich daran hindern, zu schnüffeln, konnte sie nicht,

das wusste sie. Sie wollte wissen, was ich herausfinden könnte.

Ich bekam eine vage Vorstellung ihrer Absicht, als sie darauf drängte, mich zur Apotheke zu begleiten und nach Lindenthal zu fahren.

«Das dürfte nicht viel Sinn haben», sagte ich. «Das Haus wird versiegelt sein.»

«Aber ich muss hinein, den Computer und die Disketten holen. Ich kann Jan nicht tagelang mit Tabletten voll stopfen. Es wird ihn ablenken, wenn er sich beschäftigt. Außerdem muss er am Dienstag ein Drehbuch abliefern. Er ist für einen Kollegen eingesprungen, der einen Unfall hatte.»

«Dann muss jetzt eben jemand für ihn einspringen», sagte ich. «Du glaubst doch nicht, dass er in dieser Verfassung arbeiten kann.»

Ich glaubte das auf keinen Fall, war jedoch bereit, mit Karreis zu telefonieren und auf einen dringenden Abgabetermin hinzuweisen. Mit etwas Glück erfuhr ich auf diese Weise, was Greta verschwieg. Wenn es ihr tatsächlich um den Computer ging, lag darin höchstwahrscheinlich eine Antwort. Wenn andere Dinge ihr wichtiger waren … Ich wollte ihr nicht von der Seite weichen. Aber wie ich vermutete, war das Haus noch nicht freigegeben.

Karreis gestattete allerdings, dass wir Jans Arbeitsgerät holten. Seine Leute seien ohnehin vor Ort, sagte er. Für die Polizei war der Computer nicht von Bedeutung. Wie hätten sie auf den Gedanken kommen sollen, dass darin etliche Morde gespeichert waren, von denen ich annahm, dass sie nicht der Phantasie des Autors entsprungen waren?

«Dann wollen wir mal», sagte ich zu Greta. «Karreis sagt seinen Leuten Bescheid, dass wir kommen.»

Es war halb elf vorbei, als wir Gretas Wohnung verließen. Armin war bereit, bei Jan zu bleiben. Während
der Fahrt sprachen wir nicht viel. Greta starrte vor sich
hin, manchmal streifte sie mich mit einem kurzen Seitenblick. Mir schien, sie wollte mich um etwas bitten,
wagte jedoch nicht, es auszusprechen. Das musste sie
auch nicht.

Sie hatte lange für ihr Make-up gebraucht. Aber sie
war keine Maskenbildnerin. Die Schwellungen und den
Riss an der Augenbraue zu überschminken war unmöglich. Und die Wunde an ihrer Lippe war auch mit einem
kräftigen Dunkelrot nicht abgedeckt. Wenn Karreis fragte, wer sie so zugerichtet hatte …

Es mag gemein klingen, aber ich empfand eine gewisse
Befriedigung bei der Vorstellung, wie sie Rede und Antwort stehen wollte, ohne Jan in den Verdacht der Gewalttätigkeit zu bringen. Genau das konnte sie sich nicht leisten, wenn sie ihn weiterhin decken wollte. Ein Mann wie
Karreis würde aus den Faustschlägen schon die richtigen
Schlüsse ziehen, hoffte ich.

Leider war Karreis im Präsidium, nur seine Männer
waren in der Straße und befragten die Nachbarschaft. In
der Nacht hatte man die Leute nicht mehr stören mögen.
Wer aus dem Bett geklingelt wird, erinnert sich erst einmal an gar nichts. Samstagvormittag elf Uhr war eine zi-
vile Zeit.

Greta befürchtete, dass sie zu spät kam und die alte
Frau Sander ihre Aussage schon gemacht. Diese später zu
ergänzen … Nun ja, manches fiel einem erst später ein.
Es passierte häufig, dass ein Zeuge sich erst bei der zweiten, dritten oder vierten Befragung an bestimmte Details
erinnerte.

Einer neugierigen alten Frau, die sich gerne wichtig
machte, auf die Sprünge zu helfen, darin sah sie ihr ge-

ringstes Problem. Und Barbara McKinney? Auch in dem Punkt hatte sie sich ein wenig beruhigt. Was sollte ich über eine Frau herausfinden, wenn ich nicht einmal ihren Namen kannte? Greta ging davon aus, dass die Armee einem Zivilisten keine Auskünfte gab.

Ich hatte immer noch keine Ahnung, was in ihr vorging, als sie schweigend neben mir im Wagen saß. Es sollten auch noch etliche Tage vergehen, ehe ich es erfuhr.

Ich hielt unterwegs bei einer Apotheke, löste das Rezept ein und fuhr weiter. Erst in den letzten fünf Minuten machte ich einen erneuten Versuch, etwas von dem zu erfahren, was ihr durch den Kopf zog: «Machst du dir Sorgen um Jan? Das musst du nicht. Er ist bei Armin in guten Händen. Oder hast du nur Angst, dass er Armin etwas erzählt?»

Greta schüttelte sich leicht, als ich sie ansprach. «Nein, Niklas, fang nicht wieder an! Er hat mich geschlagen!»

Na endlich, dachte ich und sagte: «Richtig, und nicht nur einmal. Den ersten Schlag kann man vielleicht noch begründen. Er wollte ins Bad, und du warst ihm im Weg. Aber er hat weiter auf dich eingeprügelt, Greta. Wie oft haben wir das gelesen? Er kann nicht aufhören, wenn er einmal angefangen hat. Wie viele Seiten hat er dir in die Hand gedrückt, auf denen es genauso war? Die Frauen wurden immer brutal zusammengeschlagen, bevor sie sterben mussten. Hat er gedacht, du wärst tot, als er von dir abließ?»

«Hör auf», murmelte sie.

«Nein», sagte ich. «Ich höre erst auf, wenn du zur Vernunft kommst. Greta, bitte. Er kann nicht in deiner Wohnung bleiben. Beim nächsten Mal nimmt er vielleicht ein Messer. Du hast ihn erlebt in der Nacht, dieses Schwanken. In einem Moment ansprechbar, im nächsten abgetaucht. Er ist unberechenbar. Im Haus sind Polizisten, sag

242

ihnen die Wahrheit. Du hilfst ihm nicht, wenn du ihn deckst.»

«Lass mich in Ruhe, Niklas.»

«Und wenn er redet?», fragte ich.

Sie gab einen unwilligen Laut von sich, winkte ab und grübelte weiter. Mein Bruder neben Jans Bett. Wenn Jan Armin dasselbe erzählte wie ihr? Barbara McKinney! Sie hatte nicht die Zeit, darüber nachzudenken, und beschwichtigte sich mit dem Gedanken, dass Jan so rasch bestimmt nicht aufwachte. Und wenn doch: Für Armin fiele ihr schon etwas ein.

Jan ist voller Schuldgefühl. Er meint, verantwortlich zu sein für den Tod seiner Frau, weil er zusammen mit mir das Haus verlassen hat. Was denn? Er hat gesagt, er wäre im Haus gewesen? Das ist Unsinn, Armin, er war bei mir. Er wünscht sich wahrscheinlich, er wäre daheim geblieben. So oder so ähnlich könnte sie es meinem Bruder erklären. Aber alles zu seiner Zeit, jetzt waren andere Dinge wichtig.

Sie konnte das Haus nicht auf den Kopf stellen mit einem Polizeibeamten an der Seite. Sie konnte auch nicht sagen: Tu mir einen Gefallen, Niklas, lenk den Wachhund ab, ich muss etwas suchen.

Ich redete weiter auf sie ein. Sie hörte mir nicht zu.

Es war sehr heiß, noch nicht Mittag und schon dreißig Grad. Im Wagen spürte man dank der Klimaanlage nicht viel davon. Aber als wir ausstiegen, fiel es mir schwer, richtig durchzuatmen.

«Irgendwann», murmelte Greta, als wir auf das Haus zugingen, «wenn Mandy erwachsen ist, werde ich ihr davon erzählen. Es war der Sommer, in denen uns allen die Gehirne ausdörrten. Es war so furchtbar heiß, dass man sich dreimal am Tag umziehen musste und nicht mehr klar denken konnte. Deine Mutter lag auf der Terrasse, sie trug nur ein Bikinihöschen, als sie erstochen wurde. Irgendjemand hat die Nerven verloren, aber nicht Jan. Er war es nicht. Er hätte so etwas nie tun können.»

In dem Moment empfand ich dasselbe, was sie am vergangenen Abend bei Jans Anblick gefühlt haben musste. Ich hatte Angst um ihren Verstand. Das Hirn in zwei Hälften gerissen, vom Herzen ganz zu schweigen. Dreieinhalb Jahre in ihn investiert und dreißig Jahre mit Tess verbracht, einen verlorenen Traum und eine gestohlene Liebe hingenommen.

Ich wünschte mir plötzlich, Jan hätte ihr nachgegeben, einmal mit ihr geschlafen, von mir aus auch zehnmal. Nicht in den letzten Wochen und Monaten, zu Anfang. Sie hätte es begriffen, da war ich sicher. Sie hätte ihn durchschaut und als das erkannt, was er war: ein Mann ohne Gefühle. Sie hätte selbst gespürt, was Tess ihm an dem Augustsonntag auf der Terrasse vorgehalten hatte. Er lebte von den Gefühlen anderer, saugte ihnen alles aus dem Leib, was sie aufbieten konnten!

*

Sie waren zu dritt im Haus. Felbert und zwei andere, die sich unter seiner Aufsicht durch die Schrankfächer im Wohnzimmer, durch Handtaschen und Kommoden in der Diele wühlten. Felbert war erzfreundlich und mehr an Gretas Gesicht als am Grund unseres Erscheinens interessiert.

Er sprach sie nicht darauf an, betrachtete sie nur und erkundigte sich, ob es Herrn Tinner inzwischen etwas besser gehe. Es war der blanke Hohn.

Er begleitete uns persönlich hinauf in Jans Arbeitszimmer. Dort war die Luft noch schlimmer als in den unteren Räumen, abgestanden, stickig, mit dem beißenden Gestank unzähliger Zigaretten. Greta machte Computer und Monitor transportfertig, nahm auch die Diskettenbox mit den Sicherungskopien vom Regal. Dann zog sie die Fächer am Schreibtisch auf.

Im oberen Schubfach lagen Unmengen von Stiften, ein Locher, Heftklammern, Notizbücher, zwei Einwegfeuerzeuge und etliche Packungen von Jans Zigarettenmarke. Im unteren Schubfach lag nur ein Stapel Papier. Keine Handschellen mehr, die lagen in meinem Wagen. Und die anderen Spielsachen für Folterknechte lagen sicher in meiner Wohnung.

Damit es nicht so aussah, als suche sie etwas Bestimmtes, nahm Greta den Papierstapel, zwei Notizbücher, ein Feuerzeug und fünf Zigarettenpackungen. Felbert stand bei der Tür und passte auf, dass wir nichts für die Ermittlungen Wesentliches einsteckten. Daran hätten sie besser in der Nacht gedacht.

Er fühlte sich verpflichtet, uns über den Stand der Ermittlungen zu informieren. Wenn Polizisten auf etwas Bestimmtes hinauswollen, werden sie oft gesprächig. Die Nachbarschaft hatte sich bisher als unergiebig erwiesen. Zwei Familien waren in Urlaub. Zwei andere hatten den Freitagnachmittag für Wochenendeinkäufe genutzt und waren auch nicht in der Nähe gewesen. Nur die gute, alte Frau Sander hatte eine Aussage gemacht.

Gesehen hatte Frau Sander nicht viel. Jan, als er um halb vier heimkam. Danach war sie in ihrem Wohnzimmer gewesen, hatte sich eine Fernsehsendung angeschaut. Von einem Streit im Nachbarhaus hatte sie nichts mitbekommen, obwohl ihre Terrassentür offen gewesen war.

«Sie können nicht sehr laut gestritten haben», stellte Felbert fest. «Die Nachbarin dürfte zwar abgelenkt gewesen sein durch den Fernsehton. Aber wenn hier jemand gebrüllt hätte, das hätte sie hören müssen. Wir haben es ausprobiert.»

«Man muss ja nicht brüllen», sagte ich, warf einen raschen Blick auf Gretas geschwollenes Gesicht, lächelte entschuldigend und fügte an: «Es gibt Situationen, da fällt einem nichts ein, was man brüllen könnte. Dann schlägt man zu. Zum Beispiel, wenn man sich betrogen fühlt oder befürchtet, verlassen zu werden.»

Felbert zog irritiert die Augenbrauen hoch und betrachtete mich skeptisch. Es kümmerte mich nicht, ob er meinen letzten Satz so interpretierte, dass ich für Gretas Verletzungen verantwortlich war. Er nickte andeutungsweise.

«Sicher», meinte er nachdenklich in Gretas Richtung, «kommt es auch in besseren Kreisen manchmal zu Tätlichkeiten. Aber Frau Tinner sah nicht nach Handgreiflichkeiten aus. Herr Tinner hatte Kratzer am Unterarm. Die müssen Ihnen doch aufgefallen sein, Frau Baresi, wenn Sie stundenlang mit ihm zusammen waren.»

Er lächelte Greta freundlich an. «Die Nachbarin kann übrigens nicht bestätigen, dass Sie kurz vor vier Uhr hierher kamen. Nun, da war sie ja auch nicht in ihrer Küche. Allerdings ...» Er machte eine kunstvolle Pause. «... hat sie gegen halb fünf ein Auto vorbeifahren hören, kann jedoch nicht sagen, in welche Richtung, nur dass da außer dem üblichen Fahrgeräusch noch ein anderes Geräusch war. Daran erinnert sie sich genau.»

Aus Felberts Lächeln wurde ein überhebliches Grinsen. «Kann es sein, dass Sie sich in der Zeit geirrt haben, Frau Baresi? Dass Sie und Herr Tinner das Haus später verließen, nicht kurz nach vier, sondern erst um halb fünf? Sie sagten doch, Sie hätten nicht auf die Uhr geschaut.»

«Kann sein», murmelte Greta.

Felbert hakte nach: «War Ihr Wagen nicht in Ordnung?»

«Ich habe beim Anfahren den dritten Gang erwischt und bin von der Kupplung gerutscht. Da ist der Motor ausgegangen, wenn Sie das meinen.»

Anscheinend meinte er das nicht. Ich ließ ihn nicht aus den Augen. Sein selbstgefälliges Grinsen verstärkte sich in gleichem Maße wie Gretas Nervosität.

«Ich bin wohl auch ein wenig heftig angefahren», gestand sie. «Wer wird schon gerne in einen Ehestreit hineingezogen? Es kann sein, dass ich etwas zu viel Gas gegeben habe. Ich hatte Angst, dass mir der Motor erneut abstirbt. Verstehen Sie?»

Felbert gab sich mit dieser Erklärung zufrieden. Sein Grinsen erlosch. Er nickte kurz. «Gut, dann haben wir das geklärt.»

Greta ging ins Schlafzimmer, Felbert blieb ihr dicht auf den Fersen. Er war ihr sogar behilflich, Jans Sachen zu packen, faltete die Hemden, die sie aufs Bett legte, und suchte nach einem Koffer. Sie wurde ihn nicht los. Es beruhigte mich. Die Gefahr, dass sie etwas von Bedeutung verschwinden ließ, bestand kaum. Sie konnte es sich in seiner Gegenwart nicht einmal leisten, gezielt nach etwas zu suchen.

Ich brachte Computer und Monitor hinunter zum Wagen. Als ich zurückkam, war Felbert immer noch damit beschäftigt, Hemden zu falten. Einen Koffer hatte er nicht gefunden. Greta nahm den Wäschestapel auf den Arm. Wir gingen zur Treppe.

Sie stockte, als wir die Stufe passierten, auf der Jan in der Nacht gekniet hatte. Für einen Moment entstand der Eindruck, als wolle sie sich hinsetzen und aufgeben. Dann strafften sich ihre Schultern, und als wir die Diele erreichten, als sie die beiden verschwitzten und lustlosen Männer im Wohnzimmer sah, gewann sie langsam ihre mir bestens vertraute Form zurück.

Sie hatten etwas Interessantes in einer Handtasche gefunden, einen kleinen Terminkalender. Es wimmelte darin von Eintragungen. Im Adressteil gab es an die sechzig Vornamen mit einer Telefonnummer dahinter. Knapp die Hälfte gehörte zu Männern. Hinzu kamen fünf bis sechs Termine pro Woche. In der Regel nachmittags. Alle nur als Kürzel notiert. Es gab auch Eintragungen über Mittag. «Paps» mit einer Uhrzeit, ein paar Zahlen oder Buchstaben dahinter. PL und KP.

Ich sah es flüchtig, während Felbert den Kalender durchblätterte. Er bat Greta, ihm, wenn möglich, die Kürzel zu erklären. Bei den meisten war es kein Problem. FS gleich Fitnessstudio. Laut Kalender war Tess dort nur mittwochs gewesen. Uns hatte sie immer von drei Besuchen pro Woche erzählt, Dienstag, Mittwoch und Freitag. S gleich Sonnenbank fiel regelmäßig auf den Donnerstag, K waren Termine bei der Kosmetikerin.

«Mit Paps», meinte Felbert, «dürfte der Vater von Frau Tinner gemeint sein.»

«Nein», widersprach Greta. «Tess hat ihren Vater immer nur Vati genannt. Und sie hat sich garantiert nicht in ihren Kalender geschrieben, wann sie ihre Eltern besuchte. Da war sie in den letzten Wochen fast täglich, meist am Vormittag, um sich mit ihrer kleinen Tochter zu beschäftigen.»

Dass Tess ihren Vater darüber hinaus noch über Mittag in der Stadt getroffen hatte, war auszuschließen. Herr Damner wurde im Herbst zweiundsiebzig. Ein eigenes Auto fuhr er längst nicht mehr, und bei den Temperaturen die Straßenbahn zu benutzen wäre ihm nie in den Sinn gekommen. Wozu auch, wenn Tess jeden Tag kam?

«Ist die Familie Damner schon verständigt?», erkundigte ich mich.

Das war sie nicht. Felbert und Karreis wollten am

Nachmittag zu ihnen, aber nur, um die üblichen Fragen zu stellen. Offenbar ging Felbert davon aus, wir hätten die Familie bereits informiert. Daran hatte keiner von uns gedacht.

Es jetzt nachzuholen, konnte man Greta nicht zumuten. Sie waren so nette, alte Leute, naiv und gutgläubig. Nicht sonderlich religiös, nur an Tess hatten sie immer geglaubt. Joachim mühte sich ab, mit dem elterlichen Geschäft die gesamte Familie zu ernähren. Er schuftete sich halb tot, sah mit seinen siebenundvierzig Jahren aus wie ein alter Mann. Tess war immer die gewesen, die es besser haben sollte.

Und Greta war die, die doch sicher auch ein Eis mochte, für die Vater Damner die allerletzte Mark aus der Hosentasche fischte.

Niemand konnte von ihr verlangen, dass sie den Damners sagte: «Tess ist tot.»

«Ich übernehme das», sagte ich und drängte zum Aufbruch.

Felbert hielt uns zurück. Wenn mit dieser Bezeichnung nicht Herr Damner gemeint sein konnte, wer war Paps dann? Im Adressteil des Kalenders tauchte er nicht auf.

Greta war zu sehr mit anderen Dingen beschäftigt, sonst hätte sie eher darauf kommen müssen. Es hatte immerhin zwei Väter in Tess' Leben gegeben. Ihr eigener und Mandys Vater. Der Mann ohne Namen! Der einflussreiche Mann ohne Skrupel, der angeblich so viel zu verlieren hatte und auch vor Gewalttätigkeit nicht zurückschreckte. Die Verletzungen, die er Tess vor zweieinhalb Jahren zugefügt hatte, als sie sich mit ihm im Parkhaus der Ladenstadt traf, hatte Greta mit eigenen Augen gesehen. PL! Parkhaus der Ladenstadt!

Greta geriet mehrfach ins Stocken, als sie Felbert ihren Verdacht erklärte. Es kam für sie selbst überraschend, schätze ich. Aber die Verletzungen an den Brüsten, die Tess sich angeblich im Fitnessstudio zugezogen hatte! Damals waren es auch die Brüste gewesen. Der Anruf um halb vier, die Null im Telefondisplay. Tess hatte doch immer alles getan, um keinen Hinweis auf diesen Mann zu geben.

Sie schaute mich an, nicht triumphierend, nur fassungslos. «Tess hat sich doch wieder mit ihm getroffen. Ich wusste es. Ich habe es dir gleich gesagt. Es war Mandys Vater.»

Völlig von der Hand weisen mochte ich es nicht. Ich fragte Felbert, für welche Tage Paps im Kalender eingetragen war. Er zeigte mir nur den Freitag der Vorwoche.

«Sie hat ihn um halb vier angerufen», sagte Greta. «Da bin ich mir sicher. Sie hat ihn Niklas genannt, um Jan zu täuschen.»

Vermutlich hatte sie Recht – soweit es den Anruf und erneute Treffen mit Mandys Vater betraf. Der Tiger und das Schaf, dachte ich. So ein kleiner Hammel bockt meist nur! Greta hatte an dem Sonntagnachmittag, als diese Worte fielen, gehört, worüber ich mit Tess verhandelte. Ich tat ihr den Gefallen und sagte, was ich wusste. Dass ich erst kürzlich mit Tess über die Kopie dieser ominösen Vaterschaftserklärung gesprochen und ihr geraten hatte, ihr Recht einzuklagen. Dass sie mir erklärt hatte, sie habe Angst.

«Angst um ihr Leben?», wollte Felbert wissen.

Ich zuckte mit den Achseln. Sollte er seine Schlüsse doch selbst ziehen. Er bedankte sich. Für ihn war es die heiße Spur, mit der sie sich beschäftigen konnten, bis ihnen die Lust daran verging. Das verschaffte mir die Zeit, Greta zur Einsicht zu bringen – glaubte ich jedenfalls.

*

Wir hatten die Wagentüren noch nicht zugezogen, da sagte ich: «Nun haben wir ihnen etwas zum Fraß vorgeworfen, daran können sie sich erst einmal die Zähne ausbeißen. Warten wir ab, wie lange sie brauchen, um zu resignieren und sich wieder auf das nähere Umfeld zu besinnen. Du hast dir immerhin eine Gnadenfrist verschafft, um Freund Jan seelisch zu stabilisieren.»

Ich drehte den Zündschlüssel, sprach weiter. «Dann kann er bestimmt auch konzentriert arbeiten. Du hast ja eine Menge Arbeit für ihn mitgenommen, den Computer und zusätzlich Disketten.»

«Es sind nur Sicherungskopien», erklärte sie. «Jan macht immer sofort eine Kopie, weil ihm einmal das Programm abgestürzt ist.»

«So etwas passiert ja nicht regelmäßig», sagte ich. «Zum Arbeiten braucht er nur den Computer. Du hast sicher nichts dagegen, wenn ich mir die Kopien einmal in Ruhe anschaue.»

Sie schüttelte gönnerhaft den Kopf, ging davon aus, dass ich mit Jans Disketten nichts anfangen konnte. Wir arbeiteten in der Kanzlei zwar auch mit Windows, allerdings mit einem speziellen Schreibprogramm. Und ich hatte von Computern so viel Ahnung wie ein Hilfsarbeiter von Physik. Aber meine Sekretärin konnte mir bestimmt weiterhelfen. Der Punkt ging an mich, ohne dass Greta es registrierte.

Sie war noch vollauf beschäftigt mit Mandys Vater und den Möglichkeiten, die sich daraus ergaben. Ich wollte sie nicht zu lange in ihrer vermeintlichen Sicherheit wiegen und erkundigte mich, ob sie auch genug Zigaretten für Jan mitgenommen habe. Sie hatte fünf Schachteln eingesteckt.

«Meinst du, damit kommt er übers Wochenende?», fragte ich.

«Ihm dürfte zu elend sein, um viel zu rauchen.»

Sie erkannte nicht, worauf ich hinauswollte. Ich ließ den Motor aufheulen, nahm den Fuß von der Kupplung, noch ehe ich den ersten Gang richtig eingelegt hatte. Es krachte fürchterlich, Greta zuckte zusammen. «Das ist Punkt eins», sagte ich. «Ein fast schon nebensächlicher Punkt im großen Ganzen. Ein teures Auto muss man behandeln wie ein rohes Ei. Greta und ihr Dreihundertfünfziger SL. Nur wer aus einfachen Verhältnissen stammt, weiß so ein Luxusgefährt zu schätzen.»

Ich lächelte sie an. «Ich habe noch nie erlebt, dass du den falschen Gang erwischt hast oder mit Vollgas losgebraust bist. Aber gut, wenn man nervös ist, kann das passieren. Kommen wir lieber zu Punkt zwei. Du wolltest unbedingt ins Haus, aber nicht um Jans Computer zu holen. In seinem Zustand wird er nicht arbeiten können, das weißt du. Etwas Kleidung und sein Waschzeug hatte ich in der Nacht schon eingepackt. Was hast du gesucht, Greta? Das hier?»

Ich nahm eine Hand vom Steuer, griff unter meinen Sitz, bekam die Handschellen zu fassen und warf sie ihr in den Schoß. «Ich nehme an, das ist das Armband, mit dem Tess in der Waschmaschine hängen blieb.»

Greta starrte auf die Handschellen. Ich erzählte ihr, wann, wo und was ich sonst noch in dem Schubfach mit den Zigaretten gefunden hatte. Kleine Metallklammern mit scharfen Spitzen zum Beispiel. «Hast du eine Ahnung, was man damit macht?»

Der Gerichtsmediziner hatte mich darauf hingewiesen. Er hatte kleine Hautrisse an den Brustwarzen entdeckt, für die er keine Erklärung fand. Sie waren mit Creme abgedeckt gewesen. Zuerst hatte er gedacht, es sei ein Sonnenschutzmittel. Aber da Tess auf dem Bauch gelegen hatte, war ein Teil davon verschmiert gewesen. Da hatte er sich die Sache näher angeschaut.

Greta legte eine Hand vor den Mund und gab einen Ton von sich, der verdächtig nach einem Würgen klang. Ich kam zu Punkt drei. Zigaretten. Ebenfalls nur ein harmloser Punkt, trotzdem ein Beweis. Jan war ein sehr starker Raucher. Ich hatte – mit Ausnahme der vergangenen Nacht – noch nie erlebt, dass er es eine Viertelstunde ohne Zigarette aushielt. Ich war noch nie in einen Raum, in dem er sich vorher eine Weile aufgehalten hatte, gekommen, ohne dass mir der Gestank in die Nase stach.

Wenn er gestern stundenlang in Gretas Wohnung gewesen wäre, hätte ich es gerochen, auch wenn sie gründlich durchgelüftet hätte. Und da hätte ein voller Aschenbecher stehen müssen. Aber der stand auf seinem Schreibtisch.

«Wann hat er den denn gefüllt?» Ich ließ ihr keine Zeit für eine Antwort. «Am Vormittag, wirst du jetzt sagen. Da war er daheim. Und er hat das Ding nicht ausgeleert, als er aufbrach. Es ist ein Risiko, wenn man die Kippen gleich in den Mülleimer wirft. Wenn noch eine glimmt, kommt es leicht zu einem Feuer.»

Und aus genau diesem Grund hätte auch Greta den Aschenbecher stehen lassen. Sie hätte ihn in die Küche getragen und auf die Spüle gestellt. Das tat sie immer. Aber da war nichts gewesen in der Nacht. Ich hatte sogar im Mülleimer nachgeschaut, weil ich dachte, sie hätte den Aschenbecher ausnahmsweise doch einmal sofort ausgeleert.

«Vergiss nicht», sagte ich, «ich war als Erster oben. Ich habe das sofort kontrolliert.»

«Was willst du?», fragte sie tonlos.

«Was kann ich schon wollen? Wir hatten zwei gute Jahre und waren auch vorher zufrieden. Wir hatten nicht unser Traumziel erreicht. Aber eine Notgemeinschaft kann sehr befriedigend sein.»

Sie reagierte nicht, also sprach ich weiter. «Ich will unbedingt an unserem Arrangement festhalten, Greta, es nach Möglichkeit noch vertiefen. Nur befürchte ich, du stehst dem zur Zeit eher ablehnend gegenüber. Deshalb schlage ich dir ein Geschäft vor. Gefragt habe ich dich schon mehrfach, bisher konntest du dich nicht entschließen. Vielleicht denkst du jetzt anders darüber. Du willst Jans Haut retten, gut, von mir aus. Ich helfe dir sogar dabei. Aber deine Haut lassen wir aus dem Spiel.»

«Wie meinst du das?»

«Du weißt genau, wie ich es meine. Dir wird er nicht zu nahe kommen mit diesen ekligen Klammern, dir wird er auch keine Handschellen anlegen. Wenn du meinst, du müsstest das einmal ausprobieren, das übernehme ich gerne. Ich lasse mir nicht die Butter vom Brot nehmen, bestimmt nicht von Jan. Du kannst ihn von mir aus hätscheln, so lange es dir Spaß macht. Aber das kannst du auch als Frau Brand. Da kann er sogar in deiner Wohnung bleiben. Ich habe genug Geduld bewiesen und genug Hoffnung investiert, dass dieser Zirkus mal ein Ende hat. Jetzt reicht es mir. Wir spielen ab sofort nach meinen Regeln, mit Trauschein. Wir werden heiraten, Greta! So schnell wie möglich.»

«Nein!»

«Ist das dein letztes Wort?»

«Ja!»

«Gut», sagte ich. «Dann fahren wir jetzt zu Damners, anschließend bringe ich dich heim. Danach fahre ich ins Präsidium und gebe meine Aussage zu Protokoll. Du bekommst ihn nicht, Greta. Und er bekommt dich nicht. Dafür sorge ich. Du wirst danach ein paar Wochen lang nicht mit mir reden. Das nehme ich in Kauf. Du besinnst dich schon wieder auf meine Qualitäten.»

Sie betrachtete mich mit einem langen, nachdenklichen

Blick von der Seite. «Du lässt dir nicht die Butter vom Brot nehmen? Dann pass auf, Niklas, dass du dein gebuttertes Brot nicht selbst wegwirfst. Genau das wird passieren, wenn du deine Aussage machst. Du irrst dich, wenn du annimmst, dass ich Jan decke.»

Liebe ist … Kämpfen, mit allen Mitteln. Sie zog es durch bis zum bitteren Ende, war ruhig, mir so haushoch überlegen in diesen Minuten. Mit kühler, beherrschter Stimme, in genau dem Ton, den ich mir am frühen Morgen von ihrem Diktiergerät angehört hatte, erklärte sie, sie hätte am vergangenen Nachmittag die Kanzlei kurz nach mir verlassen.

«Nach unserem Streit konnte ich mich nicht mehr konzentrieren und bin zu Tess gefahren. Ich wusste von Jans Termin im Sender und dachte, ich könnte ungestört mit Tess reden, unter anderem über deinen Vorschlag, sie finanziell zu unterstützen. Sie lachte mich aus, fand es köstlich, dass wir ihr unter die Arme greifen wollten, wenn sie sich von Jan trennte. Nur konnte sie sich nicht vorstellen, dass es deine Idee war. Sie riet mir, das Geld in einen Vibrator zu investieren, wenn ich mit dir nicht mehr zufrieden wäre. So ein Ding würde sich länger bewegen als Jan, meinte sie. Sie wurde so vulgär, benutzte Ausdrücke, die ich noch nie von ihr gehört hatte und nicht wiederholen möchte.»

Ich streifte sie mehrfach mit raschen Blicken von der Seite. Mit konzentriert nach vorne gerichtetem Blick erklärte sie, ihr Gespräch mit Tess sei in einen heftigen Streit ausgeartet, als sie Tess auf den Kopf zusagte, sie träfe sich wieder mit Mandys Vater. Tess habe das vehement bestritten und behauptet, ihr ehemaliger Liebhaber sei zur Zeit nicht im Lande. Ebenso heftig habe sie allerdings bestritten, von Jan verletzt worden zu sein. Das sei im Fitnessstudio passiert, und damit basta.

Greta wiederholte wörtlich, was Tess angeblich gesagt hatte. «Zu so was ist Jan nicht fähig. Er ist eine Niete, Greta, ein Versager auf der ganzen Linie, speziell im Bett. Ich habe einiges ausprobiert, sogar ein paar ausgefallene Spielchen. Aber er bringt's nur auf dem Papier.»

Die Handschellen lagen immer noch in ihrem Schoß. Ihre Finger schlossen sich darum, zuckten zurück, als wäre das Metall heiß. Ihre Stimme war immer noch fest. «Und während der ganzen Zeit hat Tess mit keinem Wort erwähnt, wo Jan sich aufhielt. Sie erklärte, dass sie sich von ihm trennen wolle und er zahlen solle. Für zwei Jahre Langeweile an seiner Seite könne der Preis nicht hoch genug sein, sagte sie. Wenn er freiwillig ihre Forderungen erfülle, würde sie ihm ein großzügiges Besuchsrecht einräumen. Dann dürfe er alle zwei Wochen mit Mandy in den Zoo. Wenn er sich weigere, werde sie ihn gnadenlos an die Wand nageln. Genauso hat sie es ausgedrückt.»

Ich wusste längst, worauf sie hinauswollte. Aber ich machte nicht den Versuch, sie zu unterbrechen oder aufzuhalten. Und sie erzählte mir, dass Tess sie ins Haus schickte, um ihr etwas zu trinken zu holen. Dass Tess ihr noch nachrief: «Vergiss das Eis nicht!»

«Für das Eis musste ich in die Küche. Dort lag das Messer auf der Abtropffläche. Ich hatte es plötzlich in der Hand. Es ging alles wahnsinnig schnell.»

Ich schüttelte sachte den Kopf. «So nicht, Greta. Von den drei Stichen waren mindestens zwei eine sehr bewusste Sache.»

Der Gerichtsmediziner hatte mir mit einer Sonde gezeigt, wie der Stichkanal verlief. Der Arzt war sicher gewesen, dass die Obduktion den ersten Eindruck bestätigt.

«Und weißt du, wo man so etwas lernt?», fragte ich. «Das ist nicht meine Weisheit, sondern die des Gerichtsmediziners: beim Militär, bei der Nahkampfausbildung in Spezialeinheiten.»

Sie zuckte nur mit den Schultern. «Dann wird Jan es wohl daher kennen. Ich kenne es aus seinem Roman. Ich wusste, wie ich das Messer ansetzen musste. Unter den Rippen und schräg nach oben führen.»

Ich grinste, eine andere Reaktion auf diese Auskunft hatte ich nicht. «Lesen bildet also tatsächlich. Da frage ich mich, warum sie sich beim Militär so viel Mühe mit der Ausbildung geben. Sie könnten doch jedem Rekruten ein Buch in die Finger drücken. Der Etat für den Verteidigungshaushalt ließe sich drastisch senken.»

Greta beachtete meinen Einwand nicht. «Der erste Stich», sagte sie, «war keine Absicht. Es war nur eine unglückliche Bewegung. Ich nehme an, Tess erschrak, als ich mit dem Messer auftauchte. Sie richtete sich plötzlich auf, sodass der Schnitt in den Hals traf. Ich sah das Blut und geriet in Panik.»

«Deshalb weißt du das alles auch noch so genau», meinte ich ironisch. «Panik stützt das Erinnerungsvermögen ja ungemein. Wie ging es denn weiter?»

«Ich wollte verhindern, dass sie schrie, und habe mit dem zweiten Stich auf den Kehlkopf gezielt. Sie schaute mich so verwundert an. Ich glaube, sie hat gar nicht begriffen, was geschah. Ich stach noch einmal zu. Dann habe ich sie auf den Bauch gedreht und das Messer abgespült. Und dann stand Jan plötzlich in der Küche. Ich dachte, er verliert den Verstand. Ich weiß nicht mehr, wie lange ich auf ihn eingeredet habe. Irgendwann hatte ich ihn so weit, dass er mit mir zum Wagen ging. An Zigaretten haben wir beide nicht gedacht. In meiner Wohnung habe ich versucht, ihm alles zu erklären. Dass ich die Nerven verloren habe, als ich Tess so reden hörte. Er hat wohl verstanden, dass ich es nur für ihn getan habe. Er hat auch versprochen zu schweigen. Aber er steht das nicht durch. Er sagte gleich, er sei kein guter Lügner. Wenn Karreis und Felbert ihn sich richtig vornehmen, bricht er zusammen. Und ich kann sie nicht ewig von ihm fern halten.»

Ich schwieg.

«Vielleicht ist es besser, wenn du ins Präsidium fährst», schlug sie vor. «Ich werde ein Geständnis ablegen. Jan wollte sich umbringen, um mich zu schützen. Wenn das noch einmal passiert, ich würde es nicht ertragen.»

Das Grinsen war mir vergangen. Ich lachte rau. «Himmel, muss es schön sein, von dir geliebt zu werden. Es tut mir wirklich Leid, was damals passiert ist, Greta. Wenn ich jemals etwas bereut habe, dann meine Verliebtheit in Tess. Aber nach all den Jahren müsstest du doch wissen ...»

«Hast du mich nicht verstanden?», unterbrach sie mich. «Jan hat Tess nicht getötet. Ich war es.»

Natürlich hatte ich sie verstanden, und wenn das Diktiergerät in ihrem Büro nicht gewesen wäre, hätte ich ihr vielleicht – Nein, ich hätte ihr auch dann nicht geglaubt. Aber andere würden ihr glauben, Karreis und Felbert, weil sie die Stiche genau beschreiben und sogar ein Motiv bieten konnte.

«Ich hoffe, dass es sich irgendwann für dich auszahlt», sagte ich und schlug mit einer Faust auf das Lenkrad. «Nein, verflucht, ich hoffe es nicht. Irgendwann müssen dir doch die Augen aufgehen. Bleiben wir bis dahin bei unserer Vereinbarung?»

Als sie mir nicht antwortete, versuchte ich es noch einmal mit Humor. «Welch ein Glück, dass wir nicht zusammengezogen sind. Hin und wieder eine kleine Besprechung nach Feierabend in meiner Wohnung. Mit einmal in der Woche bin ich zufrieden. Wenn Jan tatsächlich eine absolute Null im Bett ist, abstinent zu leben liegt dir nicht. Und einen Vibrator wirst du dir nicht zulegen, wie ich dich kenne. Was ist? Oder ist das jetzt auch gestrichen?»

Sie schüttelte nur den Kopf.

9. Kapitel

Ein paar Minuten später hielt ich den Wagen vor dem Haus der Damners, betrachtete Greta und schlug vor: «Ich gehe erst mal alleine hinein. Du siehst aus wie Jans Anklageschrift.»

Fünf grausame Minuten, länger brauchte ich nicht, um Tess' Eltern, ihren Bruder und ihre Schwägerin in Kenntnis zu setzen. Ich wollte es ihnen so schonend wie möglich beibringen. Aber bei aller Schonung führte kein Weg vorbei an den beiden Sätzen: «Tess ist tot. Sie wurde gestern Nachmittag erstochen.»

Danach kam nichts, der Schock über die Nachricht war wohl zuerst größer als Schmerz und Trauer. Als ich Greta ins Haus holte, saßen Herr und Frau Damner im Wohnzimmer auf der Couch und hielten sich aneinander fest. Sandra Damner saß in einem Sessel und hielt Mandy auf dem Schoß. Hin und wieder hob sie eine Hand, strich über Mandys Haar und murmelte monoton: «Armes Häschen.»

Joachim lief vor dem Schrank auf und ab. Er stockte, als Greta hinter mir ins Zimmer kam, starrte sie entsetzt an. Und ich sagte etwas, wovon ich selbst nicht für möglich gehalten hatte, dass ich es über die Lippen bringen könnte. «Der arme Jan. Er hat versucht, sich umzubringen. Als Greta ihn daran hindern wollte, hat er sie geschlagen.»

Joachim nickte nur. Greta stand reglos da, die Augen auf die beiden alten Leute auf der Couch gerichtet, mit Mühe und Not gegen die Tränen ankämpfend.

Ich erklärte, dass die Polizei einen Verdacht hatte. Mandys Vater. Joachim nickte wieder, grimmig diesmal, als habe er seit langem mit einer Katastrophe gerechnet und sehe nur seine schlimmste Befürchtung bestätigt. «Dieser Schweinehund», presste er zwischen den Zähnen durch. «Hoffentlich kriegen sie ihn bald.»

«Die Chancen stehen nicht gut», sagte ich. «Wir konnten der Polizei leider nicht mit einem Namen dienen.»

Ich hoffte, dass Joachim einen Namen nannte oder sonst einen Anhaltspunkt lieferte. Ich hoffte auch, dass sich bei einer Überprüfung herausstellte: Mandys Vater war ein harmloser Zeitgenosse, der nur einmal die Nerven verloren hatte, als Tess ihn unter Druck setzte. Für die Tatzeit jedoch besaß er ein lückenloses Alibi.

Joachim nickte zum dritten Mal. «Wie oft habe ich Tess danach gefragt. Wie oft habe ich zu ihr gesagt: Lass die Finger von dem Kerl. Komm endlich zur Vernunft. Er amüsiert sich ein paar Jahre mit dir, und wenn du ihm zu alt wirst, kriegst du einen Tritt. Dann stehst du mit vierzig vor dem Nichts. Aber nein, sie war überzeugt, dass er es ernst meint. Bis Mandy kam, war sie überzeugt.»

Sandra murmelte noch einmal: «Armes Häschen.» Frau Damner schluchzte auf. Ihr Mann zog sie an sich und strich über ihr Haar, wie Sandra es bei dem Kind tat.

«Hat sie sich in letzter Zeit mit dem Mann getroffen?», fragte ich.

Joachim lachte bitter. «Hat der Teufel einen Schwanz? Da fragen Sie den Richtigen. Wenn dieser Schweinehund in letzter Zeit gepfiffen hat, ist Tess gesprungen. Und ich wäre der Letzte gewesen, der es erfahren hätte. Ich hätte ihr auch was anderes erzählt. Es ging ihr gut bei Jan. Wenn sie ihre Ansprüche nicht gar so hoch geschraubt hätte, den Himmel auf Erden hätte sie bei ihm gehabt. Aber nein, immer nur meckern und jammern.»

Joachim warf einen düsteren Blick zur Couch, wo sein Vater nicht begreifend den Kopf schüttelte. «Sie wusste, wo sie die Hand aufhalten konnte. Und sie hat nie gefragt, wie lange einer für das Geld schwitzen musste.»

Sandra mahnte leise: «Jo.»

Er winkte unwillig ab. «Ist doch wahr! Ich wünsch mir von ganzem Herzen, dass sie den elenden Hund kriegen. Dass sie ihn bis an sein Lebensende hinter Gitter bringen für das, was er ihr angetan hat. Aber dass es irgendwann schief gehen musste, brauche ich dir doch nicht zu erzählen. Du weißt, wie sie war, verkorkst. Hin und wieder ein paar auf die Finger in jungen Jahren, das hätte ihr nicht geschadet. Dann wäre vielleicht einiges anders gekommen. Sie war ein durchtriebenes Biest. Hat sie je gefragt, wie dem armen Jan zumute war?»

Die Richtung, die das Gespräch nahm, war erstaunlich. Ich hatte mit vielem gerechnet, aber nicht damit, dass Joachim Damner den Stab über seine Schwester brach, nachdem er gerade erst von ihrem Tod erfahren hatte. Normalerweise lässt ein gewaltsamer Tod selbst den schlimmsten Widerling noch in gutem Licht erscheinen. Erst später sind ein paar Eingeweihte bereit, negative Eigenschaften zu erwähnen.

Aber wusste ich denn, was Tess ihrer Familie zugemutet, was sie daheim erzählt hatte? Was immer es gewesen sein mochte, bei ihrem Bruder schien sie damit an die falsche Adresse geraten zu sein. Ich wollte nicht, dass ihre Eltern sich – wenn auch indirekt – von Joachim eine Mitschuld zuweisen lassen mussten. Ebenso wenig wollte ich mir anhören, welch ein netter und lieber Mensch Jan doch war.

Ich wechselte das Thema, hoffte, über einen Umweg etwas zu erfahren, was eher in mein Bild passte. Ich erkundigte mich, warum Mandy seit ein paar Wochen bei ihnen lebte.

Diesmal antwortete Sandra, und auch das warf kein gutes Licht auf Tess. «Das habe ich sie so oft gefragt. Immer hieß es, Jan muss in Ruhe arbeiten. Das hat er vorher auch tun müssen, und Mandy hat ihn nie gestört. Ich vermute, es hat Tess nicht gefallen, dass Mandy so an Jan hing. Es war Eifersucht. Tess gab das nicht zu; aber es war ihr Kind, und sie wollte nicht, dass Jan die Hauptrolle in Mandys Leben spielte. Das hat er getan. Mandy hat in den ersten Tagen hier so oft nach ihm gefragt. Stundenlang stand sie auf einem Stuhl am Fenster und schaute auf die Straße. Muss auf Papi warten, sagte sie. Papi holt mich. Ich habe zu Tess gesagt, dass es nicht richtig ist, was sie tut. Das Kind litt darunter. Wenn du verhindern willst, dass Jan ihr wichtiger ist als du, dann bleib mit deinem Hintern daheim, habe ich gesagt. Du musst doch nicht ständig unterwegs sein. Darauf gab sie mir keine Antwort.»

Ich hatte genug gehört und brachte Greta wieder hinaus. Uns war beiden nicht mehr nach einer Unterhaltung, als wir zurück zu ihrer Wohnung fuhren.

Jan schlief, mein Bruder saß in der Küche bei einem Kaffee und langweilte sich. Er gab Greta noch ein paar gute Ratschläge, wie sie jetzt mit Jan umgehen sollte. Ihn in Ruhe lassen, ihm zustimmen, was immer er behauptete. Dann verabschiedete Armin sich mit dem Hinweis, sie könne ihn jederzeit anrufen, wenn Probleme auftauchten.

Ich brachte ihn zur Tür, bedankte mich für seine Hilfe, ging wieder in die Küche, wo Greta am Tisch Platz genommen hatte. Ihre Haltung drängte mir den Vergleich mit einem porösen Stein auf. Es brauchte nur einige Hammerschläge, ihn zu zerbröseln. Es war der reine Irrsinn. Mir blieb tatsächlich nichts anderes übrig, als einen Mann zu schützen, der nach meiner festen Überzeugung nicht bloß ins Gefängnis, sondern in Sicherheitsverwahrung gehörte.

«Mir ist eben etwas eingefallen», sagte ich und versuchte, einen scherzhaften Ton anzuschlagen. «Du bist jetzt prädestiniert für jede Art von Erpressung. Hatte ich gesagt, mit einmal in der Woche wäre ich zufrieden? Ich werde meine Forderungen drastisch erhöhen. Zweimal in der Woche mindestens.»

«Mir steht nicht der Sinn nach deinen Späßen», murmelte sie.

Ich lehnte mich gegen den Türrahmen. «Mir auch nicht. Habe ich dir mal von meinem Großvater erzählt? Er starb, als ich zehn war, fiel einfach um. Er hatte mir das Schwimmen beigebracht, die Eisenbahn mit mir aufgebaut, fast den gesamten Karl May mit mir gelesen. Vater hatte damals für mich nicht viel Zeit. Er war damit beschäftigt, Horst seine Vorliebe für alte Steine auszureden und ihm die Vorzüge von Paragraphen zu erklären. Was es bei mir zu erklären gab, übernahm Großvater. Für mich war er unentbehrlich. Dann war er plötzlich nicht mehr da. Und ich begriff nicht, was im Haus vorging. In den ersten Stunden gab es ein paar Tränen. Doch schon kurz darauf waren alle fürchterlich beschäftigt. Mutter saß bis zum Abend am Telefon, stellte Listen zusammen von Leuten, die benachrichtigt oder zur Beerdigung eingeladen werden mussten. Eine geschlagene Stunde diskutierte sie mit Vater, welchen Anzug sie zum Beerdigungsinstitut bringen sollten. Unser Haus füllte sich mit Verwandtschaft, alle waren hektisch und irgendwie sogar fröhlich. Für mich ging die Welt unter, und sie lachten. Jetzt begreife ich, warum. Solange man noch hektisch und fröhlich sein kann, solange man noch irgendetwas zu tun hat, muss man der Leere nicht ins Auge schauen.»

Ich stieß mich vom Türrahmen ab. «Also, tun wir etwas. Ich hole dir die Technik rauf, dann kannst du dich beschäftigen, während ich überlege, wie wir Mandys Vater als falsche Spur auf ein solides Fundament stellen können.»

«Wie kannst du nur so verbissen behaupten, dass es eine falsche Spur ist?», fragte Greta. «Du hast gehört, was Joachim sagte. Tess muss sich in letzter Zeit mit ihm getroffen haben. Warum sonst hätte sie das in ihren Kalender schreiben sollen? Und wenn sie versucht hat, ihn ebenso unter Druck zu setzen wie Jan ...»

Ich winkte ab. «Lass gut sein, Greta. Dass es im Kalender steht, ist für mich genug falsche Spur. Wenn du zur fraglichen Zeit hier mit Jan zusammen warst, was sollte dann dein Geständnis?»

Sie antwortete nicht, schaute mich nur an mit einem völlig ausdruckslosen Blick. Ich hob die Schultern und grinste flüchtig: «Aber es ist eine gute Spur, also sehen wir zu, dass wir einen Hinweis auf seine Identität finden und ihn Karreis und Felbert als Täter schmackhaft machen. Dann müssen wir nur noch hoffen, dass er kein wasserdichtes Alibi für die Tatzeit hat.»

Ehe ich Gretas Wohnung verließ, warf ich noch einen Blick auf Jan. Er lag auf der Seite und schlief fest. Seine Haut war blass, er atmete flach, aber gleichmäßig. Auch sein Puls war nicht so schwach, wie ich es erwartet hatte.

Gerne ließ ich Greta nicht mit ihm allein, obwohl ich nicht glaubte, dass er sie erneut angriff. Und wenn doch, er war ohne Zweifel geschwächt und sie nach den trüben Erfahrungen gewiss vorsichtiger. Als ich die Wohnungstür hinter mir zuzog, saß sie bereits in ihrem Arbeitszimmer an seinem Computer. Ihre Miene machte deutlich, dass ich nur noch störte.

In den folgenden Stunden fand in Greta ein Prozess statt, den ich im kühnsten Traum nicht erwartet hatte. Es erwachten die ersten Zweifel, dass sie in den vergangenen dreieinhalb Jahren den richtigen Jan gesehen hatte. Dabei geschah nichts Außergewöhnliches, sie tat nur, was sie schon Hunderte von Malen getan hatte. Sie las seinen Roman.

*

Die Kapitel waren fortlaufend nummeriert, zusätzlich gab es eine Datei mit der Bezeichnung «Reg». Der schenkte Greta keine Beachtung. Sie suchte nach Josy, rief Kapitel um Kapitel auf, gab den Namen in eine Suchoption. Hin und wieder las sie eine Zeile. Misshandlungen in den Heimen. Vergewaltigungen durch ältere Jungs und Erzieher. Die Verbrecherorganisation.

Im vierten Kapitel wurde sie fündig, fuhr ein paar Zeilen zurück und hatte die Szene vor sich, die Jan in der Anfangsphase unzählige Male entworfen, nach deren Lektüre sie ihn einmal gefragt hatte: «Fällt dir eigentlich nichts Besseres ein?»

Die Szene war noch einmal stark überarbeitet worden und hatte dabei jeden Sinn und jede Logik verloren. Es gab nicht einmal mehr den Ansatz einer Erklärung, warum die Hauptfigur Axel Berle sich plötzlich in einen Berserker verwandelte.

Die Autofahrt war erhalten geblieben. Barringer saß am Steuer. Josy saß neben ihm und befriedigte ihn mit der Hand. Ob freiwillig oder gezwungenermaßen ging aus dem kurzen Textstück nicht hervor. Axel Berle beschäftigte sich währenddessen im Wagenfond mit einer Flasche Rum.

Als er registrierte, was sich auf den Vordersitzen abspielte, zerrte er Josy unvermittelt zu sich nach hinten. Sie wehrte sich verzweifelt, schrie und stöhnte, als er ihr genüsslich einen Finger nach dem anderen brach. Dann zwang er ihr mit einer Hand an der Kehle gewaltsam den Rest aus seiner Flasche ein. Barringer amüsierte sich köstlich und meinte: «Mach sie nicht alle. Ich wollte sie mir noch mal richtig vornehmen.»

Ein paar Zeilen weiter stand der Wagen in einem Waldstück, man vergnügte sich draußen weiter. Im Wagen war es zu eng für einen flotten Dreier. Josy, halb bewusstlos vom Alkohol und der Tortur, schaffte es irgendwann, auf die Beine zu kommen. Sie stolperte ein paar Schritte auf die Straße zu. Axel Berle torkelte hinter ihr her, holte sie ein, riss sie zurück. Josy stürzte und fiel mit dem Kopf auf einen Stein.

Billig und einfallslos, fand Greta zu diesem Zeitpunkt noch. Etwas mehr Konsequenz wäre glaubwürdiger gewesen. Der Rest war auch kein Geniestreich. Barringer bekam es mit der Angst. An dieser Stelle war erstmals erwähnt, wer Josy war. Die Tochter eines Profikillers aus den USA, den die Organisation angeheuert hatte, um den eigenen Leuten eine spezielle Ausbildung angedeihen zu lassen.

Josy wurde zurück in den Wagen geschleppt, bewusstlos und schwer verletzt, aber nicht tot, wie Barringer feststellte. Nur durfte sie nach all dem Spaß nicht am Leben bleiben. Sie hätte ihnen unter Garantie ihren Killervater auf den Hals gehetzt. Und Barringer stand nicht der Sinn danach, als Hackfleisch zu enden.

Von Barringers üblichem Machogehabe war in dieser Szene nichts zu lesen. Er jammerte und machte sich fast in die Hose, während Axel Berle zur Tat schritt, einen Benzinkanister leerte, sein Feuerzeug zückte und warnte: «Geh ein paar Schritte zurück, das wird hier jetzt mächtig heiß.»

Dann schauten sie zu, wie das Auto und Josy brannten. Wie Josy sich in den Flammen bewegte, noch einmal das Bewusstsein wiedererlangte, mit letzter Kraft um ihr Leben kämpfte und dem Inferno doch nicht entkommen konnte.

Greta fasste es nicht und fragte sich, was Jan sich gedacht haben mochte, als er diese Szene schrieb. Ein brutales Faktum an die nächste Unmenschlichkeit gereiht. Als habe Jan sagen wollen: So war es, finde dich damit ab oder lass es bleiben.

Am späten Nachmittag hörte sie Jan ins Bad schlurfen. Er würgte sich fast die Seele aus dem Leib. Sie hatte die widerwärtige Szene längst gelöscht und die Lücke mit einen Discobesuch gefüllt.

Barringer, Josy und Axel Berle amüsierten sich harmlos und im Rahmen dessen, was unter jungen Leuten üblich war. Weit nach Mitternacht machte man sich auf den Heimweg. Josy saß am Steuer, weil die beiden Männer zu betrunken waren. Axel Berle saß neben ihr, Barringer im Wagenfond. Auch Josy hatte zu tief ins Glas geschaut, verlor die Kontrolle über den Wagen, kam von der Straße ab. Der Wagen überschlug sich, die beiden Männer wurden hinausgeschleudert, Josy in den Trümmern eingeklemmt. Der Wagen fing Feuer. Axel Berle und Barringer versuchten, Josy zu helfen, aber die Hitze trieb sie jedes Mal zurück.

So weit war Greta mit ihrer Korrektur, als Jan aus dem Bad zurückkam. Er ging nicht wieder ins Schlafzimmer, kam bis zur Tür, wirkte benommen, blinzelte misstrauisch zu ihr hinüber, während sie die letzten Worte eintippte und den Punkt dahinter setzte.

Seine Stimme klang heiser. «Was machst du?»

«Ich habe die Szene mit Josy umgeschrieben», sagte sie und speicherte ab. «Ich habe dir so oft gesagt, diese Scheußlichkeiten will niemand lesen. Wenn es dir besser geht, kannst du dir anschauen, wie ich mir das vorstelle. Bist du hungrig?»

Er schüttelte müde den Kopf. «Durst habe ich.»

«Ich hole dir etwas.»

Der Text war vom Bildschirm verschwunden. Jan kümmerte sich nicht um den Computer, folgte ihr in die Küche, setzte sich an den Tisch. «Mach einen starken Kaffee», verlangte er. «Hat einer von euch an meine Zigaretten gedacht?»

«Du solltest jetzt nicht rauchen», sagte Greta.

Er überhörte ihren Einwand. «Ein Automat ist auch nicht in der Nähe. Ich glaube, bis zur nächsten Kneipe schaff ich es nicht.»

Sie holte ihm eine von den fünf Packungen. Er fummelte mit zittrigen Fingern am Zellophan, bekam den Ansatz nicht zu fassen. Er blinzelte unentwegt, kämpfte gegen Müdigkeit und Schwäche an. Greta machte Kaffee, setzte sich zu ihm an den Tisch, nahm ihm die Packung aus den Fingern und öffnete sie.

Nachdem er sich eine Zigarette angezündet hatte, versuchte sie, mit ihm über Handschellen und Klammern zu reden. Jan schaute sie an, ohne eine Miene zu verziehen. Er reagierte auch nicht, als sie sagte: «Der Arzt, der Tess untersucht hat, hat Verletzungen festgestellt, die darauf hindeuten, dass die Klammern benutzt wurden. Er wird auch feststellen können, ob Tess in jüngster Zeit Handschellen getragen hat. Nach Eintritt des Todes zeichnen sich solche Spuren rasch auf der Haut ab. Jan, wir sollten offen darüber reden. Wenn so etwas im gegenseitigen Einvernehmen geschieht, hat niemand etwas dagegen. Wir leben in einer aufgeklärten Zeit, jeder Polizist weiß, dass es verschiedene Spielarten der Liebe gibt. Diese Spielarten haben mit ihrem Tod nichts zu tun, also gibt es auch nichts zu verbergen.»

Er schaute zur Kaffeemaschine, rieb sich die Augen und drückte die Zigarette auf dem Unterteller von Armins Gedeck aus, das noch auf dem Tisch stand. «Denk, was du willst, Greta. Aber verschon mich damit. Ich will Kaffee und keine Diskussion.»

Er trank zwei Tassen Kaffee, rauchte noch zwei Zigaretten, schaute entweder in seine Tasse oder auf die Zigarette zwischen seinen zitternden Fingern. Greta legte ihm eine Eisentablette auf den Tisch. Er winkte ab: «Schluck das Zeug selbst.» Dann ging er zurück ins Schlafzimmer und schloss die Tür hinter sich.

Greta ließ ihn in Ruhe, wie mein Bruder ihr geraten hatte. Sie machte Ordnung in der Wohnung, beseitigte die Pizza und den Salat, leerte den Mülleimer und säuberte das Bad. Das ruinierte Kostüm samt der Bluse und Jans blutigen Slip stopfte sie in einen Müllbeutel, knotete ihn zu und trug ihn zum Müllschlucker. Dann ging sie zurück an den Computer.

Während sie sich mit Aufräumen beschäftigt hatte, waren ihr die vier Seiten eingefallen, die ich an mich genommen hatte. Sie wollte sie ebenso umschreiben wie die Szene mit Josy. Aber das hatte Jan schon getan.

Es gab nicht mehr die geringste Ähnlichkeit zwischen Tess und der Frau, die auf den ersten vier Romanseiten starb. Jan musste die Szene irgendwann zwischen dem Dienstagabend und Freitagmittag geändert haben. Zuletzt abgespeichert hatte er das erste Kapitel am Freitag um zwölf Uhr fünfundvierzig.

Greta suchte nach einem Namen. Auf den ersten Seiten war die Frau nur mit «sie» bezeichnet. Es folgten zwei Seiten über den Einsatz der Feuerwehr. Schließlich fand sie, was sie suchte, Ann Jamin. Auf weiteren fünf Seiten war beschrieben, wie die Nachbarschaft Ann Jamins Tod beurteilte.

Sie war als starke Raucherin bekannt gewesen. Darüber hinaus wusste man, dass sie zwar zwei Jahre lang mit ihrem Freund zusammengelebt, dass er sich jedoch kurz vor ihrem Tod von ihr getrennt hatte. Der Name des Freundes war Axel Berle, wie sollte es auch anders sein.

Dass Ann Jamin ihn hinausgeworfen hatte, dass Axel Berle zurückgekommen war, um sie zu töten, niemand hatte etwas davon bemerkt. Seine ehemaligen Nachbarn mochten Axel Berle. Er war ein höflicher junger Mann, immer freundlich. Ann Jamin war nicht so beliebt gewesen. Ein Trauerkloß, eine heimliche Trinkerin, stets eine düstere Miene aufgesetzt, nie einen Gruß erwidernd.

Für die Polizei im Roman war es Selbstverschulden. Eine junge Frau mit Alkohol im Blut und einer brennenden Zigarette in der Hand war in ihrem Bett eingeschlafen. Die Gerichtsmediziner arbeiteten nachlässig oder hatten keine Chance bei der stark verkohlten Leiche. Jedenfalls entgingen ihnen die Zeichen der Folter, die Ann Jamin kurz vor ihrem Tod erlitten hatte.

Zuerst fand Greta das nur seltsam, weil doch mit diesem Mord Axel Berle überführt werden sollte. Das jedenfalls hatte Jan am Dienstagabend gesagt. Aber bei diesem perfekten Szenario hatte die Polizei keine Chance.

Und plötzlich hatte Greta die alte Couch in Jans Wohnung vor Augen und den Brandgeruch in der Nase. Sie fragte sich, was passieren mochte, wenn ein Bett Feuer fing. Brannte die gesamte Wohnung aus? Nicht unbedingt. Wenn die Feuerwehr rechtzeitig zur Stelle war, ließ sich der Schaden vielleicht begrenzen. In den übrigen Räumen breitete sich nur der Rauch aus und setzte sich in Polstermöbeln fest. Wenn dann jemand, der zwei Jahre in dieser Wohnung gelebt und einen Teil der Einrichtung angeschafft hatte, Ansprüche auf den Rest erhob, warum sollte man ihm den verweigern?

Auf Seite zwölf erschien Axel Berle bei der Polizei, legte Kaufquittungen für Sitzgarnitur und Couchtisch vor und fragte höflich, ob er über diese Sachen verfügen dürfe, sie seien sein Eigentum, und es verbänden sich damit Erinnerungen an zärtliche Stunden mit einer Frau, die für ihn unwiederbringlich verloren war.

Jan hatte auch nicht vergessen, zu erwähnen, mit welch wonnigen Gefühlen der höflich bittende Axel Berle das ausgesprochene Mitgefühl der Polizisten entgegennahm, die ihn eigentlich hätten zur Strecke bringen sollen.

Greta war sehr sonderbar zumute. Nebenan lag der Verfasser dieser Szenen in ihrem Bett. Und ich hatte einmal die Frage aufgeworfen, ob sich mit der Couch liebe Erinnerungen verbanden. Sie war nahe daran, ins Schlafzimmer zu gehen und ihn zu fragen. Aber sie war vernünftig genug, zu wissen, dass sie einen größeren Fehler kaum machen konnte.

Am späten Abend rief sie mich an. Ich hörte sofort, dass etwas nicht in Ordnung war. Ihre Stimme klang wie gewohnt, aber die Worte kamen, als würge man sie.

«Womit hast du dir den Nachmittag vertrieben?»

Statt einer Antwort fragte ich knapp: «Was macht er?»

«Er schläft. Verrätst du mir, was du getrieben hast, oder willst du es als Geheimnis mit ins Grab nehmen?»

Es gab nichts zu verheimlichen. Ich hatte am Nachmittag in Braunsfeld Detektiv gespielt, leider ohne Erfolg. Es war zu lange her, dass Tess dort in einer eigenen Wohnung gelebt hatte. An sie erinnerten sich wohl noch zwei ihrer früheren Nachbarn. Doch an einen Mann, der sie regelmäßig besucht hatte … Es hatte nur Kopfschütteln gegeben.

Ich wollte am Montag mit der Hausverwaltung sprechen; es musste einen Mietvertrag gegeben haben. Und da Mieten normalerweise von einem Konto aufs andere überwiesen werden, fasste ich als nächsten Schritt eine Bank ins Auge. Dass wir Unterlagen im Haus finden könnten, die uns weiterhalfen, glaubte ich nicht. Zum einen war Tess übervorsichtig gewesen, was diesen Teil ihres Lebens betraf, zum anderen dürfte die Polizei alles, was von Bedeutung schien, sichergestellt haben, nachdem wir sie mit der Nase auf Mandys Vater gestoßen hatten.

«Es wäre auch nützlich, in Erfahrung zu bringen, ob es außer dem Freitag Termine mit Paps gab. Ich werde Karreis danach fragen. Obwohl …»

Ich brach ab, als mir auffiel, dass ich jeden Atemzug durchs Telefon hörte. «Ist wirklich alles in Ordnung, Greta?»

«Ja», sagte sie rasch. «Was wolltest du sagen, obwohl?»

«Ich halte die Eintragung in ihrem Kalender für eine Finte. Wenn Tess sich tatsächlich mit ihm getroffen hat, hat sie sich das garantiert nicht notiert. Aber wie auch immer, wir kommen ihm auf die Spur.»

«Sei nicht zu optimistisch», meinte Greta.

«Soll ich zu dir kommen?», fragte ich.

Ich hörte ein tiefes Durchatmen. «Das ist lieb gemeint, aber überflüssig. So viel Platz ist auf meiner Couch nicht. Du wirst dich kaum zu Jan ins Bett legen wollen.»

Natürlich nicht. Mir war auch nicht danach, in einem Sessel zu nächtigen. Nach der schlaflosen Nacht sehnte ich mich nach einem Platz, an dem ich mich bequem ausstrecken konnte. Ich ging kurz nach diesem Gespräch ins Bett und schlief rasch ein.

Greta legte sich auf ihre Couch und schlief ebenfalls ruhig bis zum nächsten Morgen. Das war der Sonntag, der Tag, an dem sie Jan von einer ganz anderen Seite kennen lernte.

*

Gegen zehn Uhr morgens rüttelte er sie wach. Er stand neben der Couch, nur mit einem dünnen Slip bekleidet. «Wie steht's mit Frühstück? Oder ist das im Preis nicht inbegriffen?»

Greta brauchte ein paar Sekunden, um zu erfassen, was er gesagt hatte und in welchem Ton. Sein Gesicht sah sie nur unscharf, war überzeugt, dass er grinste, und erkundigte sich: «Willst du jetzt den Macho spielen? Die Rolle passt nicht zu dir. Setz den Kaffee auf, du kennst dich ja aus in meiner Küche. Ich muss zuerst ins Bad.»

«Setz den Kaffee auf?», wiederholte er und schüttelte den Kopf. Das sah sie auch ohne Kontaktlinsen. «Gewöhn dir gar nicht erst an, mich zu kommandieren, Greta. Die Zeiten, in denen man das mit mir machen konnte, sind lange vorbei. Es waren auch nur ein paar Monate. Danach hab ich kommandiert. Also: Heb deinen Hintern. Geh von mir aus pinkeln, aber wasch dir die Hände danach. Und dann verzieh dich in die Küche. Drei Tassen für mich. Und zwei Eier, nicht zu hart, nicht zu weich. Ich kann's nicht leiden, wenn das Eiweiß wabbelt. Da werde ich ungemütlich.»

Er lachte glucksend. «Schade, dass du Tess nicht mehr danach fragen kannst. Obwohl ich bei ihr den Eindruck hatte, sie machte das mit Absicht. Danach gab es immer was hintendrauf. Das hatte sie bei Vati vermisst. Da kriegte nur Joachim Prügel. Und Tess fand, dass Vati sie nicht lieb genug hatte, sonst hätte er ihr auch mal den Arsch versohlt. Wenn du keinen Nachholbedarf in dieser Richtung hast, solltest du jetzt deine Haxen schwingen.»

Sie hatte noch keine Anstalten gemacht, sich von der Couch zu erheben. Schaute zu ihm auf, bemühte sich, sein Gesicht ein wenig schärfer zu sehen, grinste ebenfalls, obwohl es schmerzte und spannte mit all den Schwellungen im Gesicht. Nur keine Furcht zeigen! Die

Aura der starken Frau ist der beste Schild gegen gewalttätige Übergriffe. Dieser Ansicht einiger Psychologen hatte Greta sich angeschlossen.

Obwohl der Samstagmorgen sie schon eines Besseren belehrt hatte, hielt sie noch daran fest. «Was spielen wir?», fragte sie. «Ich lasse jetzt die Maske fallen, Greta? Wenn du mir die Spielregeln erklärst, spiele ich mit.»

Sie tastete zum Tisch hinüber nach dem kleinen Behälter, in dem ihre Kontaktlinsen in der Reinigungslösung lagen. Seine Faust sah sie nur wie einen Schattenriss auf sich zukommen. Er schlug sie nicht, packte sie an der Bluse und zerrte sie hoch. Sie hörte zuerst, wie der Stoff zerriss, dann sein Zischen.

«Eins lernst du am besten gleich, sonst fehlen dir später ein paar Zähne. Ich hab lange genug den Hampelmann für euch gespielt. Ich könnt mich heute noch in den Hintern treten, dass ich dich damals angesprochen hab. Ich hatte das Schild an deiner Tür gelesen und dachte: Kann nicht schaden, so eine zu kennen. Strafverteidigerin. Wer weiß, wann man sie mal braucht. Wenn ich geahnt hätte, dass du dich wie eine Klette ranhängst, hätte ich mir das überlegt. Weiber wie du hingen mir nämlich damals schon zum Hals raus. Ich war gerade so eine losgeworden und hatte eigentlich vor, meine Freiheit zu genießen.»

Sein Gesicht war so dicht vor ihrem, dass sie nur einen hellen Fleck sah und seinen Atem auf der Haut fühlte. Er roch nach Zigaretten. Die Faust an ihrer Bluse schüttelte sie bei jedem Satz durch. Und bei jedem Schütteln riss der Stoff weiter ein. Schließlich hielt er den Fetzen in der Hand. Sie fiel zurück, er riss sie wieder hoch. Diesmal mit der Faust an ihrer Kehle. Er drückte fest zu. Sie bekam kaum Luft.

«Hör auf, Jan. Hör auf, du tust mir weh.»

«Das ist der Sinn der Sache», zischte er. «Und ich tu dir noch mehr weh, wenn du nicht endlich kapierst. Du wolltest mich hier haben. Gut, hier bin ich. Aber das heißt nicht, dass ich nach deiner Pfeife tanze. Das läuft jetzt umgekehrt. Solange wir zwei unter uns sind, muss ich doch nicht auf trauernden Witwer machen, oder? Weißt du, wenn's gerade passiert ist, überkommt mich immer das heulende Elend. Da kann ich's gar nicht begreifen und bin steif vor Entsetzen über mich selbst.»

Sehen konnte sie sein Grinsen nicht. Aber es klang durch seine Stimme. «Hab ich das nicht hübsch formuliert? Steif vor Entsetzen. Also, mir gefällt's. Aber vielleicht ist es kein Entsetzen. Vielleicht ist es nur Angst, dass es einmal schief gehen muss, dass sie mich diesmal erwischen. Ist ja egal, was es ist. Es hält jedenfalls nic lange vor. Wenn ich sehe, dass sich die Dinge in meinem Sinn entwickeln, fühle ich mich wieder großartig und bin bereit, mein Leben in vollen Zügen zu genießen. Also: drei Tassen Kaffee für mich, zwei Eier, zwei Scheiben Roggenbrot! Ich hoffe für dich, du hast welches hier.»

Er ließ sie los, wischte sich die Hand am nackten Oberschenkel ab, als hätte er sie an ihrer Bluse oder ihrem Hals beschmutzt. Dann griff er zum Tisch hinüber und drückte ihr den Behälter mit den Kontaktlinsen in die Finger. «Setz die Dinger ein, du brauchst sie für die Eieruhr. Fünfeinhalb Minuten!»

Greta sah so gut wie nichts, sonst wäre ihr aufgefallen, dass die Flüssigkeit im Behälter nicht so aussah, wie sie aussehen sollte. Jeden Abend füllte sie die kleine Dose mit Wasserstoffperoxid, um die Linsen zu säubern. Sie gab auch gleich eine Tablette zum Neutralisieren der Lösung dazu. Die Tablette brauchte zwei bis drei Stunden, ehe sie sich auflöste. Die Zeit reichte für eine gründliche Reinigung.

Das hatte sie Jan vor drei Jahren einmal erklärt. An einem Abend, als es so spät wurde, dass ihre Augen zu tränen begannen und sie die Linsen gegen die Brille tauschen musste. Er hatte zugeschaut, wie sie den Behälter vorbereitete, sich erkundigt, wozu die Tablette gut sei und was passierte, wenn man die Linsen aus der Wasserstoffperoxid-Lösung in die Augen setzte.

Zum Glück tat Greta das nicht beidhändig. Sie fing mit dem linken Auge an. Es stach wie mit tausend Nadeln in den Augapfel. Jan musste die Lösung ausgetauscht haben, während sie schlief. Sie schrie nicht, sie brüllte vor Schmerz. Und trotzdem hörte sie ihn lachen, ein kurzes, hässliches, gemeines Lachen.

«Tut verdammt weh, was? Augen sind sehr empfindlich. Na, spül es mal gründlich aus und such deine Brille. Ich hoffe, du hast noch eine. Dann machst du mir Frühstück, und dann suchst du die Tabletten, die in die Brühe gehören. Dann kommt das bis Mittag auf die Reihe.»

«Du elender Hund! Warum tust du das?»

«Weil's Spaß macht», sagte er. «Wenn ich dich nicht noch brauchen würde, hätte ich ganz andere Dinge getan. Gejuckt hat es mich in den Fingern, als ich dich so liegen sah. Aber dann dachte ich mir, heben wir uns den richtigen Spaß für später auf und lassen es für den Anfang bei einer kleinen Kostprobe bewenden. Es sollte nur eine Warnung sein. Ich hoffe, du hast verstanden.»

Er ging auf die Tür zu. Ehe er sie erreichte, drehte er sich nocheinmal um. «Ach, und noch was. Komm nicht auf die Idee, nochmal am Computer rumzufummeln. Wenn du unbedingt was schreiben willst, geh zur Polizei und unterschreib deine Aussage. Du weißt ja wohl noch, was wir abgesprochen haben.»

Das wusste sie. Und in dem Moment glaubte sie auch zu wissen, was er mit seinem Verhalten bezweckte. Sie hatte verhindert, dass er starb, also versuchte er sein Schicksal auf andere Weise zu besiegeln. Wenn er ihr nur deutlich genug demonstrierte, was für ein elender Hund er tatsächlich war, ließ sie ihn schon fallen in seinen Schmerz um Tess und seine Resignation.

Gretas Zweifel kippten noch einmal ins Gegenteil. Sie hatte zum Telefon greifen und mich anrufen wollen, als er das Wohnzimmer verließ. Das tat sie dann leider nicht.

*

Ihre Brille lag in einem Schubfach der Anrichte. Sie musste nicht lange suchen, setzte sie auf und fragte sich, was sie fühlte, abgesehen von dem Stechen im Auge, dem Kratzen im Hals, und dem Spannen im Gesicht. Sie wusste später noch genau, dass sie im Bad dachte, Kinder muss man toben lassen. Dabei sah sie ihn vermutlich als Vierjährigen – verstört im Blut seiner Mutter hocken. Und daran lag es wohl, dass sie einfach nicht in der Lage war, ihn zu hassen für das, was er ihr bereits angetan hatte.

Für die Dusche nahm sie sich Zeit, für ihr Gesicht ebenfalls. Es sah scheußlich aus, fleckig und blaurot verquollen. An den Rändern färbten sich die Schwellungen bereits gelblich grün. Aber das ließ sich mit Make-up leidlich überdecken.

Sie rechnete fest damit, dass Jan sich bemerkbar machte. Wenn er an seiner Rolle festhalten wollte, musste er etwas unternehmen. Doch sie hörte und sah nichts von ihm, solange sie im Bad war. Und als sie herauskam …

Sie hatte versäumt, frische Unterwäsche und Oberbekleidung aus dem Schlafzimmer zu holen, ehe sie ins Bad ging. Es war keine Absicht. Es war nur der Blick gewesen, mit dem er sie gemustert hatte, als sie mit Brille in die

Diele kam. Das abfällige Kräuseln der Lippen. Man wartet unwillkürlich auf eine höhnische Bemerkung, wenn man so etwas sieht. Und sie wollte ihn nicht unnötig provozieren.

Sie wollte ihn auch nicht reizen, in keiner Weise. Mit ihm schlafen war so ziemlich das Allerletzte, was sie an dem Morgen wollte. Sie wickelte sich ein Badetuch um den Leib und ging hinüber. Die Tür zum Schlafzimmer stand offen. Er lag auf dem Bett, die vernarbten Beine lässig übereinander geschlagen, den verletzten Arm quer über dem Bauch, mit der Hand einen Aschenbecher festhaltend. In der anderen Hand eine Zigarette.

«Ich mag keinen Rauch im Schlafzimmer», sagte sie.

«Daran wirst du dich aber gewöhnen müssen.»

«Jan, hör auf, das Ekel zu spielen», bat sie in der Annahme, ihm mit normalem Tonfall klarzumachen, dass er sich vergebens anstrengte. «Geh in die Küche, wenn du rauchen willst. Ich ziehe mir nur rasch etwas an, dann mache ich uns Frühstück.»

«Lass dir Zeit, auf ein paar Minuten kommt es nicht an. Im Moment ist mir gar nicht nach Frühstück. Eher nach Frühsport. Nimm den Lappen runter.»

Sie dachte nicht daran, nahm ein Kleid aus dem Schrank. Ihre Unterwäsche lag in der Kommode. Und die Kommode stand neben dem Bett. Das wollte sie nicht riskieren. Der Blick, mit dem er sie betrachtete, gefiel ihr nicht. Er hatte etwas Abschätzendes, und er war kalt dabei. Aber das war es nicht allein. Wie er auf dem Bett lag; der verbundene Arm quer über dem Bauch konnte die Erektion nicht verbergen. Im Gegenteil, er hob sie hervor.

«Nimm den Lappen runter, hab ich gesagt, und komm her. Ich kann mich noch gut an die Zeit erinnern, wo du scharf darauf warst. Ist dir nie der Gedanke gekommen, dass du es damals nur zur falschen Tageszeit versucht hast?»

Nein, der Gedanke war ihr nie gekommen. Und augenblicklich interessierte sie weder die richtige noch die falsche Tageszeit. Sie verzichtete auf die Unterwäsche. Statt endlich zum Telefon ging sie zurück ins Bad und schloss die Tür hinter sich. Der Schlüssel lag nach wie vor im Schrank. Sie dachte auch nicht an den Schlüssel, nur daran, sich rasch anzuziehen und mich anzurufen. Hätte sie nur die Reihenfolge geändert!

Sie ließ das Badetuch fallen, in dem Augenblick riss er die Tür auf. Und in der nächsten Sekunde hatte er sie mit einer Faust im Nacken gepackt und zwang sie auf die Knie. Er drückte ihren Kopf mit solcher Wucht nach unten, dass sie mit der Stirn auf den Boden schlug und befürchtete, dass ihre Brille zerbrach. Für mehr Angst ließ er ihr keine Zeit.

Sie schrie ihn an. «Hör auf! Ich will das nicht! Nicht so!»

«Aber ich will es», sagte er. «Genau so. So bin ich es gewöhnt. Und es kann nicht schaden, wenn ich dir mal zeige, wie das ist. Man kann immer nur das beurteilen, was man selbst erlebt hat. Mach kein Theater, halt einfach still. Das hat Tess auch getan. Sie hat rasch begriffen, dass es nur unangenehm wird, wenn sie sich wehrt. Dann konnte sie ein paar Tage nicht sitzen.»

Selbst als es geschah, konnte Greta noch nicht fassen, dass er sie in der Art vergewaltigte. Er dachte nicht daran, vorsichtig mit ihr umzugehen, war wie ein Tier. Sie glaubte zu zerreißen. Wenn ich nur daran denke, dreht sich mir der Magen um. Warum war ich nicht da? Warum hatte ich mich in der Nacht besänftigen lassen? Bequemlichkeit! Das ist das Schlimme, eine erholsame Nacht, ein üppiges Frühstück mit meinen Eltern, eine

Erörterung der Geschehnisse bei Kaffee, Toast und einem 5½-Minuten-Ei, während er sie quälte und demütigte.

Sie wünschte sich, dass ich käme, ihn zurückriss und auf ihn einprügelte. Zwei endlos lange Minuten wünschte sie es sich. Und in den beiden Minuten war sie entschlossen, die goldene Brücke zu betreten, die Karreis ihr gebaut hatte.

Dann spürte sie, dass er Schwierigkeiten hatte. Er wurde kleiner und kleiner in ihr. Auch wenn er sich Mühe gab, es sie nicht fühlen zu lassen, sie weiterhin mit den Händen an den Hüften vor und zurück bewegte. Aber der Schmerz ließ nach. Und Greta fühlte sich wieder stark genug, für den Rest die Zähne zusammenzubeißen.

Völlig verstehen werde ich es nie. Sie hatte den Abend mit Ann Jamin verbracht, mit Barbara McKinney, dem Brandgeruch der alten Couch und dem Ansatz des Begreifens, dass ich Jan nicht zu Unrecht die ganze Zeit verdächtigt hatte. Und weder die vertauschte Flüssigkeit im Reinigungsbehälter noch das Szenario im Bad brachten sie dazu, mich auf der Stelle zu informieren und um Hilfe zu bitten, als er ihr die Möglichkeit dazu einräumte.

Irgendwann ließ er von ihr ab, erhob sich und ging in die Küche. Als sie ihm wenig später folgte, saß er am Tisch und rauchte wieder. «War nicht nach deinem Geschmack, was?»

«Nach deinem doch auch nicht», sagte sie. «Komisch, man hört immer nur, dass Frauen den Orgasmus vortäuschen. Dass Männer es auch tun, wusste ich nicht. Können wir jetzt wie vernünftige Menschen miteinander reden?»

«Worüber?», höhnte er. «Über deine erotische Ausstrahlung? Wie schnell einem die Lust vergeht, wenn man erst mal drin ist?»

«Die Lust ist dir wahrscheinlich nur vergangen, weil du es an der falschen Stelle probiert hast.»

«Quatsch, damit bin ich groß geworden. Aber bei dir hilft auch die raffinierteste Phantasie nicht über die Runden. Wie macht Niklas das eigentlich? Ich wusste immer, dass ich es bei dir nicht bringe. Du hast so viel von einer Frau an dir wie ein Mehlsack. Gehst du nie in die Sonne?»

«Sonne macht Falten.»

Er lachte. «Aber auch schön, Greta. Wenn ich da an Tess denke, sah doch knackig aus. So ein goldbrauner Hintern, das hat was. Da komme ich in Fahrt. Und Falten … Man muss nur im richtigen Alter abkratzen, um Falten zu verhindern.»

Was er sagte, nahm dem Intermezzo im Bad jedes Gewicht. Je mehr er sie zu beleidigen und zu verletzen versuchte, umso ruhiger wurde sie. Sollte er toben und sich sein Elend von der Seele schreien, wenn es ihm half. In ihrem Kopf mochte sich bereits eine Menge verändert haben, ihren Gefühlen tat das vorerst noch keinen Abbruch. Liebe ist … etwas, was niemand begreift, der es nicht selbst in dieser Intensität empfunden hat.

«Jetzt weiß ich auch, warum Niklas immer hinter Tess her war», sagte er. «Irgendwo will man ja auf seine Kosten kommen.»

Sie hörte ihm nicht mehr zu, kümmerte sich um das Frühstück. Eier hatte sie nicht in der Wohnung. Aber Roggenbrot war vorrätig. Und das hatte er wahrscheinlich auch gewusst. Sie deckte den Tisch, nahm den Aschenbecher fort.

«Lass das Ding stehen.»

Also stellte sie ihn wieder hin und erinnerte sich, wie Tess ihr von Mandys Trotzphase erzählte. «Am besten ist, man gibt ihr nach. Ich halte nichts davon, ihren Willen zu brechen. Ich sage zu ihr: Es ist kalt draußen. Aber heute ziehst du keine Mütze an. Sie stampft mit dem Fuß auf und sagt: Doch! Ich will eine Mütze anziehen. Dann haben wir beide, was wir wollen.»

Für einen Moment schlug es ihr über dem Kopf zusammen. Tess lag jetzt in einem Kühlfach. Und dort war es kälter als auf dem Fußboden in ihrem Bad. Viel kälter als in ihrer Küche, wo Jan sich abmühte, den Beweis zu erbringen, dass es nicht lohnte, für ihn den Kopf hinzuhalten.

Greta ignorierte ihn einfach, schenkte Kaffee ein, schob ihm den Brotkorb, den Teller mit Wurstaufschnitt und noch einmal eine Eisentablette zu. Als sie sich setzen wollte, spürte sie den Schmerz. Sie stand wieder auf und dachte noch einmal an Tess und den angeblichen Wespenstich.

«Hatte ich nicht gesagt, zwei Eier?», erkundigte er sich und fügte an: «Du lebst wohl gerne gefährlich, was?»

«Halt die Klappe!», sagte Greta. «Nimm eine Scheibe Schinken, da ist genug Eiweiß drin. Und nimm diese Tablette, damit du wieder zu Kräften kommst! Ich könnte mir vorstellen, dass mit dem Hämoglobingehalt im Blut noch andere Dinge steigen. Dann klappt es wahrscheinlich wieder mit der Potenz.»

Als er Anstalten machte, sich zu erheben, sagte sie: «Bleib ruhig, mein Freund. Zwing mich nicht, meine Aussage zu ergänzen. Oder möchtest du deine Großmutter in die Protokolle bringen? Ein paar Worte über heißes Wachs auf Kinderhände und andere böse Stellen oder über die Nächte im Schweinestall? Ich könnte auch ein paar Sätze über Vergewaltigung einfließen lassen. Und ich meine nicht das, was du eben mit mir veranstaltet hast. Deine kleine Morgengymnastik kann man nicht so bezeichnen. Ich habe ja kaum etwas davon gespürt. Aber wenn sich ein so genannter Erzieher an einem hilflosen Jungen vergeht ...»

Weiter kam sie nicht. Jan sprang vom Stuhl auf, kippte mit einer unbeherrschten Geste seine Tasse um. Der Kaffee ergoss sich über die gesamte Tischplatte und spritzte ihr aufs Kleid. Er rannte ins Wohnzimmer, warf sich auf die Couch. Und dort blieb er für den Rest des Vormittags.

*

Zu Mittag bemühte Greta noch einmal den Italiener. Besondere Wünsche für sein Menü hatte Jan nicht. Er antwortete ihr nicht einmal, als sie ihn fragte, was er essen wolle. Sie bestellte, wie am Freitagabend, eine Pizza Tonno, einen Salat Capricciosa. Als die Sachen geliefert wurden, drehte Jan sich auf der Couch demonstrativ mit dem Gesicht zur Wand. Greta aß die Pizza und stellte den Salat für ihn in den Kühlschrank.

Kurz nach Mittag erschien ich dann endlich – und erfuhr kein Wort von dem, was in der Zwischenzeit vorgefallen war. Jan lag, nur mit einem Slip bekleidet, auf der Couch. Seine vernarbten Beine zogen automatisch jeden Blick an. Ich musste mich zwingen, mir einen anderen Fixpunkt zu suchen – Gretas Gesicht.

Dass sie ihre Brille trug statt der Kontaktlinsen, die Schwellungen rund um ihre Augen schienen mir Erklärung genug zu sein. Auch dass sie im Raum hin und her lief, jedes Mal gleich wieder aufsprang, wenn sie Platz genommen hatte – sie war eben nervös.

Nachdem ich ihn mehrfach aufgefordert hatte, setzte Jan sich wenigstens aufrecht und starrte vor sich hin wie ein Kind, dem man verboten hatte, im Regen zu spielen.

Ich hatte den halben Vormittag im Präsidium verbracht, mit Karreis über den Terminkalender gesprochen und in Erfahrung zu bringen versucht, ob es bereits etwas von Bedeutung gab. Ich hatte die Gelegenheit auch genutzt, Karreis über Jans Selbstmordversuch zu informieren. Verschweigen ließ sich das nicht. Meiner Meinung nach hatte es Eindruck auf Karreis gemacht. Er stand Mandys Vater nicht so abgeneigt gegenüber, wie zu erwarten gewesen wäre. Felbert war geradezu fasziniert vom großen Unbekannten.

Ich erklärte Greta die Eintragungen in Tess' Kalender. Für den Todestag gab es zwei, eine am Vormittag: «K» für elf Uhr am Vormittag. Die zweite für dreizehn Uhr bestand aus Zahlen – «232». Greta meinte, mit K sei die Kosmetikerin gemeint. Das konnten wir am Montag klären.

Ich wollte von Jan wissen, ob er etwas bemerkt hatte, was uns weiterbrachte. War ihm einmal die Kopie der Vaterschaftserklärung unter die Augen gekommen? Hatte es Zahlungen gegeben? Oder vielleicht eine unvorsichtige Bemerkung von Tess? War das Telefongespräch am Freitagnachmittag das erste dieser Art gewesen? Oder hatte es vorher schon Telefonate gegeben, bei denen Tess ihren Gesprächspartner Niklas nannte? Waren auf seinen Telefonrechnungen Einzelnachweise aufgelistet? Damit hätten wir am schnellsten herausgefunden, ob und wen Tess um halb vier angerufen hatte. Aber zu Einzelnachweisen schüttelte Jan den Kopf. Und was den Rest betraf, meinte er mit verschlossener Miene: «Was soll der Scheiß? Dir kann ich doch erzählen, was ich will. Du glaubst mir kein Wort.»

«Es kommt nicht darauf an, was ich glaube», sagte ich. «Hauptsache, die Polizei glaubt dir. Für mich ist nur von Bedeutung, was ich Greta glauben kann. Und so gut kenne ich sie nach all den Jahren. Ich weiß, wann es ihr ernst ist. Sie würde ein Geständnis ablegen, ehe sie zulässt, dass es dir an den Kragen geht.»

Er starrte mich an, als hätte er kein Wort verstanden. Dann schaute er Greta ins Gesicht und erkundigte sich ungläubig: «Ein Geständnis?»

«Du hast richtig verstanden», erklärte ich und wiederholte fast wörtlich, was sie mir samstags im Auto aufgetischt hatte. Während ich sprach, ließ Jan keinen Blick von ihr. Als ich zum Ende kam, legte er den Kopf in den Nacken und prustete los. Er lachte, als wollte er nie wieder damit aufhören. Dann sprang er, immer noch lachend, von der Couch, lief in die Diele, weiter ins Bad, schloss die Tür und lachte weiter.

Im ersten Augenblick war Greta ebenso verblüfft wie ich. Es dauerte eine Weile, ehe wir begriffen, dass es kein Lachen war. Es war das jämmerlich hysterische Weinen eines Kindes, das von Gott und der Welt verlassen war.

Ich muss zugeben, dass es mir Beklemmungen verursachte. Es passte nicht zu dem Bild, das ich von ihm hatte. Ich versuchte, die widersprüchlichen Empfindungen, die die Laute aus dem Bad in mir auslösten, mit Sarkasmus abzuschütteln. «Mit so viel Entgegenkommen hat er wohl nicht gerechnet.»

Greta stand mitten im Raum und schwieg. Wir horchten beide in Richtung Bad. Es nahm kein Ende.

«Mit dem Messer in der Hand erwischt hat er dich aber nicht», sagte ich. «Sonst wäre er jetzt nicht aus allen Wolken gefallen. Du solltest die Einzelheiten nochmal mit ihm durchsprechen.»

Greta biss sich auf die Lippen und fragte: «Willst du einen Kaffee?» Wir gingen in die Küche. Dort waren die Schluchzer noch deutlicher zu hören.

Greta brühte Kaffee auf. Wir nahmen die Kanne mit ins Wohnzimmer, tranken die ersten Tassen. Die zweiten waren noch gut zur Hälfte gefüllt, als ich es nicht länger ertrug. Ich sprang auf, Greta war noch vor mir in der Diele.

«Es reicht, Jan», meinte ich, als ich hinter ihr das Bad betrat. «Wir sind unter uns. Allmählich darfst du deine Fassung zurückgewinnen.»

Aber danach sah es nicht aus. Er saß neben dem Waschtisch auf dem Boden, hatte die Beine angezogen und den Kopf auf die Knie gelegt. Beide Arme hatte er über Nacken und Hinterkopf gelegt, als erwarte er Schläge. Minutenlang sprachen wir abwechselnd auf ihn ein, zuerst ohne sichtbaren Erfolg. Erst nach einer endlosen Zeit hob er den Kopf, blinzelte zu Greta hoch. «Du würdest das wirklich tun? Du würdest ein Geständnis ablegen?»

Greta nickte nur. Ich hatte keine andere Wahl, als diesen Irrsinn zu unterstützen, hätte ich es versucht, sie hätte mich auf der Stelle vor die Tür gesetzt.

«So weit müssen wir es nicht kommen lassen», sagte ich. «Abgesehen davon, dass es mir nicht ins Konzept passt, haben wir gute Karten. So wie die Dinge zur Zeit stehen, reicht es, wenn Greta bei ihrer Aussage bleibt. Jetzt reiß dich zusammen. Steh auf, zieh dir etwas an. Dann reden wir in Ruhe.»

Es verging noch eine Viertelstunde, ehe Jan, nun endlich mit Hemd und Hose bekleidet, zu uns ins Wohnzimmer kam und in einem Sessel Platz nahm wie ein Häufchen Elend. Ich begann noch einmal von neuem mit meinen Erklärungen, betonte, wie wichtig es war, verschiedene Punkte zu besprechen, wiederholte die Fragen zu Tess' Terminkalender, der Kopie der Vaterschaftserklärung und Telefongesprächen. Jan antwortete anfangs stockend und einsilbig.

Er habe keine Ahnung, wer Mandys Vater sei. Er habe

nie ein Schriftstück, auch keine Kopie, zu Gesicht bekommen und nie darauf geachtet, mit wem Tess telefonierte. Er hätte sich auch am Freitag nicht darum gekümmert, wenn er nicht beim Betreten des Hauses gehört hätte, welchen Unsinn sie von sich gab. Was sie im Einzelnen gesagt habe, wisse er nicht mehr.

Ob er sich tatsächlich nicht erinnerte, konnte ich nicht beurteilen. Aber nach seinem Zusammenbruch war ich mit meinen Beurteilungen ein wenig vorsichtiger. Nur dass Tess ihn in den Knast bringen wollte, wenn er nicht spurte, hatte sich ihm eingeprägt. Ich entschloss mich, ihm das zu glauben.

Von Zahlungen, die Mandys Vater möglicherweise nach der Hochzeit noch geleistet hatte, wusste er auch nichts. Ihm gegenüber hatte Tess sich stets benommen, als sei sie in finanzieller Hinsicht auf seine Gnade angewiesen.

«Sie konnte einem ganz schön zusetzen. Man kam sich vor wie der letzte Dreck, wenn sie anfing: Dann muss ich Vati fragen. Dabei übersah sie geflissentlich, dass ihr Vater auch nur das hatte, was Joachim verdiente, und davon mussten zwei Familien leben. Ich wollte nicht, dass sie ihren Vater anbettelt. Es wäre doch auch nicht nötig gewesen.»

Seinen Worten zufolge hatte er zu Anfang mit Tess vereinbart, dass sie jede Woche fünfhundert Mark vom Konto holte. Dreihundert für den Haushalt und zweihundert für sich. Montags holte sie das Geld, mittwochs hatte sie nichts mehr. Dafür hatte sie ein neues Kleid oder ein Parfüm. Und er sollte sich freuen, dass sie schick gekleidet war und duftete, wenn sie donnerstags wieder zur Bank musste.

Nach einigen Monaten hatte er ihr die Kontovollmacht entzogen, sich selbst um die Einkäufe für den

Haushalt gekümmert und ihr einmal im Monat Geld für ihren persönlichen Bedarf gegeben. Die Gebühren für ihre Kurse wurden abgebucht. Für die Kosten, die ihr Auto verursachte, war er ebenfalls aufgekommen, sogar das Tanken hatte er übernommen.

Das klang nicht, als hätte es mit der Hochzeit eine Abfindung gegeben. An die ersten Monate erinnerte ich mich lebhaft. Das war die Zeit, in der noch ein Einkaufsbummel pro Woche an der Tagesordnung gewesen war. Ich war oft genug bei Greta gewesen, wenn Tess bepackt mit Tüten und Päckchen auftauchte. Es deckte sich jedenfalls mit Jans Angaben.

«Aber es war nicht nur das Geld», murmelte er so leise, dass ich ihn ermahnen musste. Mit einem Blick unter halb gesenkten Lidern betrachtete er mich und hob die Stimme wie ein gehorsames Kind nach einer Rüge des Lehrers.

«Dass ich in ihren Augen ein Geizhals war oder einer, der seine Zeit mit einer blödsinnigen Idee verplempert, wenn sie die Platte auflegte, hab ich weggehört. Bei anderen Dingen war das nicht so leicht.»

Greta stand neben der Tür zur Diele, als wolle sie eine erneute Flucht verhindern. Sie hörte zu, ohne eine Miene zu verziehen. Er erzählte, sie seien erst ein paar Wochen verheiratet gewesen, da habe Tess abends den Gürtel aus ihrem Bademantel gezogen und von ihm verlangt, er solle sie ans Bett binden. Es sei nichts dabei, nur ein Spiel.

«Spiel oder nicht», sagte er, «es war nicht nach meinem Geschmack. Ich hab's getan, weil sie meinte, auf die Weise käme sie vielleicht auch mal auf ihre Kosten. Sie habe eine andere Vorstellung von einer erfüllten Beziehung. Sie habe sich als Kind immer benachteiligt gefühlt, wenn Joachim für jede Kleinigkeit bestraft und sie für den größten Blödsinn nicht mal ermahnt wurde.»

Greta nickte versonnen. Sie hörte wohl Tess fragen: «Haust du mich jetzt, Vati?» Furcht oder Verlangen? Letzteres erschien mir absurd. Ich war als Kind auch nicht geschlagen worden. Vermisst hatte ich das nicht.

«Sie brauche das Gefühl, einen ganzen Kerl im Bett zu haben», fuhr Jan fort. «Er dürfe ruhig mal fester zupacken. Und man könne ja nicht wissen, vielleicht käme ich auf den Geschmack, wenn ich es erst einmal ausprobiert hätte.»

«War das ihre Idee mit den Handschellen?», erkundigte ich mich.

Er nickte nur.

«Und woher stammen sie? Es ist kein Spielzeug aus einem Sexshop. Sie sind echt.»

«Keine Ahnung, wo sie die aufgetrieben hat», murmelte Jan.

«Du hast sie also nicht besorgt?»

Er schüttelte nachdrücklich den Kopf.

«Und warum lagen sie in deinem Schreibtisch?»

«Weil ich sie reingelegt habe. Tess ließ sie überall herumliegen. Und Greta war so oft da. Ich wollte nicht, dass Greta dachte …» Er brach ab, schielte zu ihr hinüber und senkte den Kopf.

«Und der Rest?», fragte ich. «Diese Klammern?»

Jan machte eine hilflose Bewegung mit der Hand. «Ich fand es widerlich. Für mich hatte das nichts mit Liebe zu tun.»

«Das hat es für mich auch nicht», sagte ich. «Wann habt ihr das letzte Mal auf diese Art miteinander Verkehr gehabt?»

«Keine Ahnung. Ich habe nicht Buch darüber geführt.»

«Denk nach», forderte ich. «Die Polizei wird morgen früh über sämtliche Verletzungen informiert sein und dir die gleichen Fragen stellen. Am Donnerstag? Am Mittwoch? Länger kann es nicht her sein. Die Wunden waren frisch, sonst hätte Tess nicht diese Salbe aufgetragen.»

Jan presste kurz die Kiefer aufeinander, dass es knirschte. «Ich habe ihr diese Verletzungen nicht zugefügt. Ich habe nur in den ersten Monaten ein paar Mal getan, was sie verlangte. Ich dachte, vielleicht reicht ein Klaps auf den Hintern. Aber sie wollte die ganz harte Tour und schleppte immer mehr von dem Zeug an. Ich habe ihr gesagt, dass es mich anwidert und sie sich für ihre perversen Spielchen einen anderen suchen muss. Ich habe es nicht wörtlich gemeint, aber sie hat es wörtlich genommen.»

Er machte noch so eine hilflose Geste mit der Hand. «Sie hat sich das, was sie von mir nicht bekam, bei anderen geholt, hat sich nicht einmal bemüht, es vor mir zu verbergen.»

Ich glaubte ihm kein Wort. «Die Psychologie kennt das Phänomen nur in der gegenteiligen Form», sagte ich. «Das Prinzip Lust durch Schmerz funktioniert, wenn man es in der Kindheit erlebt ...»

«Seit wann bist du Psychologe?», fiel er mir ins Wort.

«Ich kannte Tess ein paar Jährchen länger als du. Und ich kannte sie sehr gut. Ich habe nie masochistische Neigungen bemerkt.»

Er verzog die Lippen. Es sah nach Spott aus. «Hat sie dich mal richtig rangelassen? Ich meine so, dass du dir die Sache aus der Nähe anschauen konntest?»

Als ich ihm nicht antwortete, fuhr er fort: «Hat sie nicht, soweit ich informiert bin. Kann natürlich sein, dass sie mich auch in dem Punkt belogen hat. Aber ehrlich gesagt, das glaube ich nicht. Sonst müsstest du mir nicht so dämliche Fragen stellen. Dann wüsstest du aus eigener Erfahrung, was mit ihr los war. Mir sind schon beim ersten Mal Verletzungen an ihr aufgefallen. Blutergüsse oben am Bein. Ich wollte ihr nicht wehtun. Sie sagte, es tue nicht weh.»

Das erste Mal. Das war im April vor zwei Jahren gewesen, drei Monate nach der brutalen Behandlung durch Mandys Vater. Ich sah, dass Greta mit sich kämpfte, etwas sagen wollte, es dann aber vorzog, zu schweigen.

10. Kapitel

Ihre Strümpfe waren in Ordnung, die Knöpfe ihrer Bluse alle vorhanden gewesen, als Tess damals in Gretas Büro erschien, nachdem Mandys Vater sie angeblich misshandelt und danach im Parkhaus der Ladenstadt aus dem Auto geworfen hatte. Kein Riss im Stoff, keine Laufmasche. Greta erinnerte sich deutlich. Und es war kaum anzunehmen, dass ein Mann, der mit brutaler Gewalt über eine Frau herfiel, ihr die Zeit ließ, vorher ihre Sachen ordnungsgemäß auszuziehen.

Jan sprach weiter, ausschließlich zu mir. Es war nicht zu übersehen, dass er es genoss. Angeblich hatte Tess gesagt, mit mir habe sie es nie zu probieren brauchen. Ich hätte ihr nur ein paar Paragraphen aufgezählt, ihr einen Vortrag über Körperverletzung und Schmerzensgeldforderungen gehalten. Sie sei durch Greta schon vor Jahren gründlich über meine Spezialitäten informiert worden. Ein Softie, der sich für jeden zufriedenen Seufzer der Partnerin einen Strich in seinen Kalender machte und für jedes lustvolle Stöhnen ein Kreuzchen. Und am Ende der Woche zählte er zusammen, wie oft er sie mit Streicheleinheiten zum Orgasmus gebracht hatte. Bei mehr als dreimal durfte er sich auf die Schulter klopfen.

Ob Tess es wirklich so gesagt hatte oder er nur versuchte, mich zu reizen, wollte ich gar nicht wissen. Etwas in dieser Art musste Tess gesagt haben. Dass Greta ihn über meine Spezialitäten informiert hatte, konnte ich mir nur schwer vorstellen.

Ich kam auf die speziellen Verletzungen zurück. Keine Blutergüsse an den Beinen diesmal, nur die Hautrisse an den Brüsten. Jan war sicher, dass der Gerichtsmediziner diese Art von Hautrissen auch an anderen Stellen fand. Und nicht nur solche Wunden, auch Verbrennungen. Er sprach das aus, als ginge es um einen Schnitt in den Finger.

Greta biss sich auf die Lippen. Mir verschlug es den Atem. Und Jan meinte gereizt: «Du hast richtig gehört, Verbrennungen. Heißes Wachs. Darüber hatte sie bei mir was gelesen. Sie fand es wahnsinnig scharf. Natürlich musste sie es sofort ausprobieren. Nicht mit mir, also schau mich nicht so an. Sie hat mir davon vorgeschwärmt, daher weiß ich es.»

«Nicht mit dir!», sagte ich. «Es wird uns schwer fallen, das zu beweisen.»

«Wird es nicht», sagte Greta endlich. «Mandys Vater hat sie damals nicht –»

«Jetzt verschone mich mit Mandys Vater», schnitt ich ihr das Wort ab. «Was er mit Tess veranstaltet hat, war ein simpler Akt von Gewalt. Wir reden hier von Sadismus. Ich glaube das nicht! Tess war nicht so. Verbrennungen!»

«Du hast eine bestimmte Vorstellung von Tess», meinte Jan mit sanftem Lächeln. «Die hatte ich auch – bevor ich sie geheiratet habe. Danach nicht mehr lange. Aber ihr ist es mit mir genauso ergangen. Sie hatte ein paar Seiten gelesen und dachte, sie wäre bei mir an der richtigen Adresse. Sie war bitter enttäuscht, als sie ihren Irrtum erkannte. Eine Zeit lang hat sie versucht mir einzureden, ich müsse das aus Liebe für sie tun.»

Er lachte kurz auf und erkundigte sich: «Wie hättest du an meiner Stelle reagiert? Hättest du das geschafft, aus Liebe? Ich hab's nicht geschafft. Und dann hatte ich eben kein Gefühl. Daran erinnerst du dich doch sicher.»

Er schaute Greta an und lachte noch einmal, es klang bitter. «An dem Nachmittag hätte ich sie besser gebeten, ihren Rock anzuheben. Samstags war sie unterwegs gewesen. Als sie heimkam, hat sie zuerst ein Sitzbad genommen. Schau dir mal die Flaschen an, die im Bad stehen. Da sind ein paar Duftwässerchen, aber da stehen auch ein Kamillekonzentrat und Alkohol zum Desinfizieren. Darauf legte sie großen Wert. Es sollte sich nichts entzünden, da wäre sie beim nächsten Mal nicht voll einsatzfähig gewesen.»

Meinem Blick hielt er stand, ohne mit einer Wimper zu zucken. «Ihre Handgelenke hast du gesehen. Und ich konnte von deiner Stirn ablesen, was du denkst, Niklas. Am liebsten hätte ich gesagt, nimm sie mit, wenn du sie willst. Nimm sie um Gottes willen mit, ehe sie mich völlig kaputtmacht.»

Er senkte den Kopf, seine Stimme brach, als er weitersprach: «Aber der Witz an der Sache war, ich habe sie geliebt, wirklich geliebt. Ich dachte, irgendwann hat sie die Nase voll von diesen Sauereien, irgendwann muss sie doch merken, dass Schmerz und Liebe nichts miteinander zu tun haben. Ich dachte, ich könnte sie mit Geduld an das gewöhnen, was ich unter Liebe verstehe. Sie schlief auch mit mir, auf normale Weise. Und eine Weile hatte ich sogar das Gefühl, es macht ihr Spaß. Bis ich dahinter kam, dass sie nur dann mit mir schlief, wenn sie sich vorher ausgetobt hatte. Dann tat es nämlich weh, verstehst du? Dann ließ es sich gar nicht vermeiden, dass sie Schmerzen hatte.»

Nachdem Jan zum Ende gekommen war, brauchte ich eine Weile, um alles zu verarbeiten. Die Erinnerung an die Silvesternacht bekam diesen unangenehmen Nachgeschmack, das sichere Empfinden, dass Tess nur soziale Absicherung gesucht hatte. Mir war, als klopfe Luis Abeler mir noch einmal auf die Schulter. «Viel Spaß noch, aber such dir das richtige Bett aus.» Luis war immer ein exzellenter Menschenkenner gewesen. Er musste ihre Absicht ebenso durchschaut haben wie ich. Dass Jan ihr auf den Leim gegangen war, dass ich es nicht für notwendig erachtet hatte, ihn vor ihr zu warnen. Es kam eine Menge zusammen, und alles gipfelte in meinem Schuldgefühl.

Wenn ich vor dreizehn Jahren meinen Verstand beisammengehalten hätte, wäre Greta niemals in eine Mietwohnung gezogen, ihm nie begegnet und er Tess nicht. Aber kein Wenn, kein Wäre oder Hätte änderte etwas an ihrem Tod und den Fakten.

Als ich zu sprechen begann, war jedes Wort sorgfältig überlegt. Ich sprach nicht als vermeintlicher Freund, nicht einmal als guter Bekannter, nur als Anwalt, der einem Mandanten in hoffnungsloser Situation den Rat gibt, wenigstens das zuzugeben, was die Polizei ohnehin beweisen kann.

Sadistische Spiele! Niemand ließ sich gerne betrügen. Dass ein Ehemann sich über lange Zeit auf solch eine Weise betrügen ließ und nichts unternahm, glaubte uns kein Mensch. Über kurz oder lang würde auch der einfältigste Polizist denken: Der Mann hatte die Nase voll. Er hat sie umgebracht.

Wenn jedoch zwei Menschen auf einer ungewöhnlichen Ebene harmonierten, waren sie voneinander abhängig. Sie wussten beide, wie schwer es war, einen geeigneten Partner für eine besondere Passion zu finden. Mit anderen Worten: Der Verursacher dieser speziellen Verletzungen hatte keine Veranlassung gehabt, Tess zu töten. Im Gegenteil, dem Verursacher musste daran gelegen sein, sich die Partnerin zu erhalten. Es kam noch hinzu, dass diese Praktiken eine gehörige Portion Selbstbeherrschung vom ausübenden Teil erforderten. Der Verursacher durfte in keiner Situation die Kontrolle über sich verlieren.

An dieser Stelle unterbrach Jan mich mit einem müden Grinsen. «Es sei denn, sie wollte sich von ihm trennen. Dann sieht die Sache anders aus. Dann könnte der Mann gedacht haben, was ich nicht mehr haben kann, bekommt auch kein anderer. Gib dir keine Mühe, Niklas. Ich werde das nicht zugeben. Das nicht! Und auch sonst nichts. Ich muss auch nichts zugeben, ich habe Tess nicht umgebracht. Ich war bei Greta.»

«Das warst du nicht.»

«Beweise es.»

«Ich habe deine Disketten zu Hause», sagte ich. «Eine ist mit ‹Glücksspiel› beschriftet. Auf deinem Schreibtisch lagen ein paar Seiten mit dem Titel ‹Gemischtes Doppel›, so hieß das Treatment deines Kollegen, der den Unfall hatte. Mit dem Titel war der Sender nicht einverstanden. Du kannst dir die Antwort sparen, ich habe das bereits recherchiert. Dein Kollege heißt Eckert und liegt zur Zeit in der Uniklinik.»

Jan hörte mit unbewegter Miene zu. Greta runzelte die Stirn.

«Er freute sich zu hören, dass du das Drehbuch für ihn schreiben wirst», fuhr ich fort. «Damit hast du am Freitag nach der Besprechung angefangen. Du musst eine Menge geschrieben haben, für eine halbe Seite hättest du bestimmt keine Kopie gemacht. Und du musst daran gedacht haben, eine Sicherungskopie zu machen. Das hättest du nicht, wenn dein Streit mit Tess so ausgeufert und Greta dazugekommen wäre. Du warst daheim, Jan, und hattest genug Ruhe, eine Weile arbeiten zu können.»

Ich atmete tief durch. «Aber nicht ich muss dir das beweisen, sondern Karreis. Und er wird es tun. Er kommt auf dich zurück, das garantiere ich dir. Denk in Ruhe über das nach, was ich dir jetzt sage.»

Ich erklärte ihm die Situation. Wir hatten der Polizei einen Unbekannten serviert und ein glaubwürdiges Motiv dazu geliefert. Erpressung! Wenn wir versuchten, Mandys Vater auch noch sadistische Spiele unterzuschieben, machten wir uns lächerlich. Keine Frau mit ein bisschen Verstand lieferte sich einem Mann auf diese Weise aus, wenn sie ihn gleichzeitig erpresste. Und wenn sie ihn nicht erpresste, sich nur ihr besonderes Vergnügen bei ihm holte, hatte Mandys Vater keinen Grund, sie zu töten. Das hieß, wir brauchten für diese spezielle Sache einen zweiten Unbekannten. Ich konnte mir die Mienen von Karreis und Felbert lebhaft vorstellen, wenn wir ihnen den unterjubelten.

«Du hast nichts zu befürchten, Jan, wenn du es zugibst», sagte ich. «Erst wenn du es abstreitest, wird es kritisch.»

Er schüttelte den Kopf. «Für mich nicht, nur für Greta.»

Ich hätte mich ohrfeigen mögen, ihm das gesagt zu haben. Stattdessen lächelte ich. «Findest du? Karreis wird das anders sehen. Zu einem Mord gehört ein Motiv, Greta hatte keins. Nach dreißig Jahren bringt eine Frau nicht einfach ihre Freundin um. Gretas Geständnis hat keinen Wert. Davon abgesehen hat Greta es nicht vor der Polizei abgelegt und einen guten Anwalt, der ihre Beweggründe für diese absurde Behauptung in fünf Sekunden klarstellen kann, falls du dich darauf berufen solltest.»

Bevor er reagieren konnte, stellte ich vorsichtshalber sicher, dass auch er einen guten Anwalt hatte, vorausgesetzt, er hielt sich an die Regeln. «Wir können es drehen und wenden, wie wir wollen, Jan, über kurz oder lang kommt die Polizei auf dich zurück. Sie werden dein gesamtes Leben zerpflücken. Als dein Anwalt wüsste ich gerne, worüber sie stolpern könnten. Was ist mit Barby?»

Er erklärte mir, wer Barby gewesen und wie sie gestorben war. Barbara McKinney. Tochter eines Colonels der US-Armee, neunzehn Jahre alt. Ein lebenslustiges Mädchen, das an einem Samstagabend mit zwei Männern zu einer Diskothek fuhr, um sich zu amüsieren. Und so weiter. Er erzählte exakt die Version, die Greta erst am vergangenen Nachmittag in seinen Computer getippt hatte.

Ein Unfall auf der Rückfahrt von der Diskothek. Barbara McKinney am Steuer, nicht so betrunken wie die beiden Männer, aber auch nicht nüchtern. Sie hatte die Kontrolle über den Wagen verloren. Ein paar Überschläge. Die Männer wurden ins Freie geschleudert, Barby in den Trümmern eingeklemmt. Dann fing das Auto Feuer.

In Gretas Miene regte sich nichts.

«Ich war bewusstlos», behauptete Jan. «Barringer hat versucht, sie rauszuholen. Er zog sich dabei schwere Brandverletzungen zu. Sein Gesicht, Arme, Oberkörper, furchtbar sah er aus. Monatelang hat er in der Klinik gelegen. Als er entlassen wurde, war er nicht mehr diensttauglich.»

Dennis Barringer. Gefreiter bei einer Panzerdivision in Norddeutschland. Stationiert in Braunschweig-Rautheim, geboren in Bayern. Barringer träumte von einer Karriere als Berufssoldat, aber er war ihnen zu wild, nicht zuverlässig genug. Sie nutzten seine Verletzungen nach dem Autounfall als Vorwand, ihn loszuwerden. So sah Jan die Sache.

Nach seiner Entlassung aus der Bundeswehr ging Barringer zurück nach Bayern und kam ein Jahr später bei einem Verkehrsunfall ums Leben. Aus diesem Grund war

Jan der Ansicht gewesen, dass er keine Persönlichkeitsrechte verletze, wenn er den Namen benutzte.

«Und sonst», fragte ich.

Greta schaute ihn an, als wolle sie ihn hypnotisieren. Er schüttelte den Kopf und erklärte: «Sonst war nichts.»

*

Bis kurz nach zehn saßen wir zusammen. Ich war verstimmt über Jans beharrliche Weigerung, zumindest die besonderen sexuellen Praktiken einzuräumen, gab dennoch Verhaltensmaßregeln für den nächsten Vormittag. Jeder Schritt, jede Bewegung, alles, was Greta und er an dem Freitagnachmittag und Abend angeblich getan und nicht getan hatten, wurde bis auf den letzten Punkt durchgesprochen.

Als ich mich verabschiedete, war Jan völlig erschöpft. Er ging zu Bett, wollte nichts essen, nichts trinken, nicht einmal mehr eine Zigarette rauchen. Auch Greta legte sich hin, wieder auf die Couch, nachdem sie im Bad die Spuren der Vergewaltigung begutachtet hatte. Mit zahlreichen Hautrissen schien sie noch einmal glimpflich davongekommen zu sein. Sie hoffte inständig, dass keiner der Risse sich entzündete, nahm eine von den Beruhigungstabletten, die mein Bruder Jan verordnet hatte, und schlief damit rasch ein.

Gegen drei in der Nacht erwachte sie einmal, hörte ein Rumoren aus dem Bad. Aber es kam wie aus einer anderen Welt. Sie war zu benommen, sich darum zu kümmern. Um halb sieben weckte die Stimme eines Rundfunk-Moderators sie mit dem Hinweis auf, dass uns wieder ein heißer Tag bevorstehe. Die Stimme schien von sehr weit her zu kommen. Es dauerte eine Weile, ehe sie begriff, dass in der Küche das Radio lief. Sie konnte sich

300

das nicht erklären. Auf das Naheliegende, dass Jan das Radio eingeschaltet hatte, kam sie nicht sofort.

Obwohl sie in ihrem eigenen Wohnzimmer lag, wo ihr jeder Winkel und jeder Gegenstand vertraut war, hatte sie Mühe, sich zu orientieren. Alles war fremd und verzerrt. Ihr Kopf fühlte sich an wie mit Watte voll gestopft. Es waren die Nachwirkungen der Tablette. Mein Bruder hatte ein schweres Kaliber für notwendig erachtet, um einen potentiellen Selbstmörder von weiteren Aktionen abzuhalten. Dass Greta sich ebenfalls bediente, hatte Armin nicht einkalkuliert, sonst hätte er sie gewarnt, sagte er später.

Ihre Finger fühlten sich steif an und dick wie aufgeblasen. Ihr Gesicht schmerzte und spannte immer noch. Jan war bereits im Bad. Sie hörte die Dusche rauschen, dachte an Kaffee, Unmengen von starkem Kaffee, um den Kopf frei zu bekommen. Aber sie konnte sich nicht aufraffen, einen Fuß auf den Boden zu setzen.

Sie schaffte es erst, sich aufzurichten, als Jan in der Diele erschien. Er kam bis zur Tür, rubbelte mit einem Frotteetuch seinen Bart trocken, ein zweites Tuch hatte er sich um die Hüften geschlungen. Der verbundene Arm steckte bis zum Ellbogen in einer Mülltüte, die er mit Klebeband auf der Haut befestigt hatte, damit der Verband nicht feucht wurde. «Du kannst ins Bad, wenn du möchtest. Ich mache uns Frühstück.»

Er war sanft wie ein Lamm. Und Greta konnte kaum die Augen offen halten. Er bemerkte es und erkundigte sich, ob er den Kaffee etwas stärker machen solle.

Als sie ihm eine halbe Stunde später am Tisch gegenübersaß, ging es ihr nur wenig besser. Sie hatte sich die Dusche so kalt wie eben noch erträglich auf den Kopf gehalten, aber nicht viel damit erreicht. Jan versicherte, sie müsse sich keine Sorgen machen. Er werde sich an die

Absprache halten. Nur auf meinen Vorschlag könne er nicht eingehen.

«Du verstehst, dass ich das nicht zugeben kann.»

«Ja», sagte sie nur, jedes weitere Wort wäre zu anstrengend gewesen. Sie trank die erste Tasse Kaffee, ohne abzusetzen. Jan hatte ihn sehr stark gemacht. Er klebte auf der Zunge, verteilte sich in ihrem Magen wie warmes Öl. Aber ihrem Kopf tat er gut.

Jan lächelte sie an. «Ich wusste, dass du es verstehst. Und ich frage mich, was Niklas sich dabei gedacht hat. Könnte es sein, dass er mich in die Pfanne hauen will? Ich habe das Gefühl, es passt ihm nicht, dass du dich um mich kümmerst. Vielleicht hat er Angst, ich käme ihm bei dir in die Quere. Wenn ich aus dem Weg bin, muss er sich keine Sorgen machen. Ist es das?»

Greta schüttelte mit Mühe den Kopf. Er protestierte mit sanfter, belehrender Stimme. «Natürlich ist es das, Greta. Warum hat er mir diesen Vorschlag gemacht, wenn er mich nicht für schuldig hält? Ich halte Niklas für zu gerissen, als dass ihm so ein Fehler unterlaufen dürfte.»

Er lächelte immer noch, sanft, scheinbar hilflos. Und in den Augen tanzten winzige Teufel der Überheblichkeit. «Ich meine», sagte er, «wie kann ich das zugeben, nachdem ich erklärt habe, ich hätte Tess die Trennung vorgeschlagen? Dass sie das Haus wollte und eine Menge Geld jeden Monat. Da kann ich doch jetzt nicht behaupten: Meine Frau und ich hatten ein erfülltes Sexualleben. Wir liebten uns regelmäßig auf eine besondere Art, die normal empfindende Menschen nicht nachvollziehen können, die uns beide jedoch in jeder Hinsicht zufrieden stellte. Das vereinbart sich nicht mit dem Trennungsvorschlag. Oder siehst du das anders?»

«Nein», sagte Greta. Sein Lächeln störte sie. Und die

pedantische Sprechweise, die übertriebene Sanftheit in seiner Stimme, es war so falsch. Das spürte sie trotz ihres elenden Zustands.

Er goss sich Kaffee nach, hielt den Blick auf seine Tasse gerichtet. Als er ihn wieder hob, empfand sie seine Augen als kalt und sezierend und seine Stimme süß und lockend wie die eines Psychopathen, der sich bei seinem Opfer erkundigt, ob es das Messer lieber in den Bauch oder in den Rücken haben will.

«Du hast meine Frage nicht beantwortet», stellte er fest. «Könnte es sein, dass Niklas mich in die Scheiße reiten will?»

«Das will er bestimmt nicht.»

Er war ihr haushoch überlegen, das fühlte sie ebenso deutlich wie den Nebel im Hirn. Nur wusste sie nicht, was er mit seinem Verhalten bezweckte.

«Du bist dir deiner Sache wieder mal verdammt sicher», meinte er. «Was macht dich so sicher? Dein Geständnis, das ihm nicht ins Konzept passt? In mein Konzept passt es hervorragend. Und dein fehlendes Motiv, da fällt mir schon was ein. Tess könnte etwas gesagt haben, was dich auf die Palme brachte. Etwas über Niklas zum Beispiel. Dass sie dir bei ihm einmal dazwischengefunkt hat, hast du verkraftet. Aber wenn sie es zum zweiten Mal versucht hätte. Ich habe mir schon überlegt, ob ich nicht gleich sagen soll: Lieber Herr Karreis, ich war zur Tatzeit nicht in der Wohnung von Frau Baresi. Ich war daheim und saß am Computer. Ich hatte mir nach dem Streit mit meiner Frau den Kopfhörer aufgesetzt und habe nicht gehört, dass jemand kam. Irgendwann wurde ich hungrig und ging nach unten. Ich kam in die Küche und sah Frau Baresi das blutige Messer abwaschen. Das könnte ich sagen.»

«Könntest du.»

«Würdest du es leugnen?»

«Ich muss es nicht leugnen, Jan», sagte sie. «Nur die Wahrheit kann man leugnen.» Sie hatte immer noch Watte im Hirn. Aber da er nun direkt sein Ziel ansteuerte, konnte sie ihm klarmachen, dass er auf dem falschen Weg war.

Er neigte den Kopf ein wenig zur Seite, als müsse er über ihre Worte erst nachdenken. Nach ein paar Sekunden räumte er ein: «Abgewaschen hast du das Messer, das ist Wahrheit. Dass ich dir dabei zugeschaut habe, stimmt auch. Ich müsste es nur ein bisschen in der Zeit verschieben. Und jetzt nehmen wir an, ich tu das, und sie glauben mir. Was würde dein guter Anwalt tun?»

«Er würde den Pizzaboten als Zeugen benennen, dass ich zur fraglichen Zeit in meiner Wohnung war.»

Jan zog die Augenbrauen hoch, sein Gesicht drückte Überraschung aus. Er tippte sich mit einem Finger gegen die Schläfe. Es war nicht mehr nur die freundlich süße Stimme eines Psychopathen, sein Verhalten war exakt auf den Tonfall abgestimmt.

«Richtig, der Pizzabote. Den hatte ich völlig vergessen. Wie war das noch?» Bevor sie ihm antworten konnte, hob er die Hand. «Moment mal! Nur dass uns gleich kein Fehler unterläuft. Wir sind kurz nach vier von meinem Haus weg.»

«Um halb fünf.»

«Auch gut, halb fünf. Wir waren noch in der Hohen Straße, weil du Einkäufe machen wolltest. Aber du hast nicht das Richtige gefunden. In deiner Wohnung waren wir ab sechs Uhr. Hast du nicht gesagt, der Pizzabote sei erst nach acht gekommen?»

Greta nickte, und er lächelte bedauernd. «Da wird Niklas nicht viel machen können. Du hast kein Alibi für die Tatzeit, Greta.»

Er strahlte sie an wie ein Kind, nur waren Kinderaugen nicht so kalt. Und sie hatte gedacht, er sei geistig weggetreten, als sie ihm das alles erklärte.

«Was soll das, Jan?», fragte sie. «Was willst du?»

Er wiegte unentschlossen den Kopf. «Weiß ich noch nicht. Ich überlege, was für mich günstiger ist. Was bekommt man für eine Falschaussage?»

Wieder kam sie nicht dazu, etwas zu sagen. Er meinte fröhlich: «Du bist morgens etwas lahm, ein kleiner Morgenmuffel. Siehst du, allein aus dem Grund passen wir nicht zueinander. Ich bin Frühaufsteher, immer gleich hellwach und aktiv. Aber lass gut sein, quäl dein müdes Hirn nicht. Die Antwort kann ich mir selbst geben. Nicht so viel wie für einen Mord. Und wie steht's mit Meineid? Ich müsste doch bestimmt schwören, dass wir beide zur fraglichen Zeit zusammen waren.»

Den Schmerz in der Unterlippe spürte sie erst, als sie das Blut auf der Zunge schmeckte. Und im selben Augenblick sagte Jan: «Du hast dir auf die Lippe gebissen, Greta.» Gleichzeitig schnippste er mit Finger und Daumen vor. «Ach, da fällt mir ein, was ich dich noch fragen wollte. Siehst du, Blut war das Stichwort. Wo hast du eigentlich das blaue Kostüm und die weiße Bluse gelassen? Die Sachen lagen im Bad auf dem Boden. Ich hab in der Nacht danach gesucht, da waren sie weg.»

«Niklas hat dein Blut damit aufgewischt und sie völlig ruiniert. Ich habe sie weggeworfen.»

«Na», meinte er zweifelnd, «ob das eine gute Idee war? Wenn du die Sachen am Freitag getragen hast, könnte jemand denken, Niklas hätte sie aus einem anderen Grund beseitigt. Dann wäre es nämlich nicht nur mein Blut gewesen. Hast du sie am Freitag getragen?»

Für einen Moment war ihr nach Schreien. Sie leckte das Blut von ihrer Lippe, dachte an die ursprüngliche Farbe des Kostüms und schaffte es, einen Hauch von Bedauern in die Stimme zu bringen. «Tut mir Leid für dich. Das Kostüm, das ich am Freitag getragen habe, war grau. Was im Bad auf dem Boden lag, war von Donnerstag. Ich hatte Kaffee verschüttet und die Flecken provisorisch ausgewaschen. Ich wollte mich am Freitag darum kümmern, sie gründlich zu entfernen. Dazu bin ich, dank deines Anrufs, nicht mehr gekommen.»

Er nickte. «Klingt gut. Ich nehme an, es gibt ein Dutzend Leute, die dich am Freitag im grauen Kostüm gesehen haben.»

«So viele nicht», sagte sie. «Aber einer von den wenigen ist Luis Abeler.»

Jan lachte kurz und gehässig auf. «Ich bin in die richtige Gesellschaft geraten. Ein Oberstaatsanwalt, zwei Rechtsanwälte und ein Weib, das den Hals nicht voll kriegen konnte. Und alle waren sie gute Freunde. Aber eins sage ich dir, Greta. Ich lasse mich nicht verheizen.»

«Das hat auch niemand vor», erklärte sie.

Er zuckte mit den Achseln. «Warten wir es ab.»

*

Wir hatten vereinbart, uns kurz vor neun am Waidmarkt zu treffen. Ich wartete bereits, als sie ankamen. Greta sah trotz des aufwendigen Make-ups blass aus. Wir gingen hinauf in Karreis' Büro. Nur Karreis und Felbert waren anwesend, niemand von der Staatsanwaltschaft. Ich hielt es für ein gutes Zeichen. Bei simplen Zeugenbefragungen saß der Staatsanwalt nicht dabei.

Karreis verlor keine Zeit. Er begann mit Greta, erkundigte sich, ob sie ihrer Aussage von Freitag etwas hinzufügen möchte. Mir war nicht wohl in meiner Haut. Dass Jan im Bad über sie hergefallen war, wusste ich noch nicht, ebenso hatte ich keine Ahnung von der Unterhaltung, die sie beim Frühstück geführt hatten. Aber es war nicht zu übersehen, dass etwas zwischen ihnen vorging. Und es war in keiner Weise das, was ich anfänglich befürchtet hatte.

Greta wirkte keinesfalls wie eine Frau am Ziel ihrer Träume. Zwar hatte sie ihre Verstörtheit ausgezeichnet unter Kontrolle, aber ich kannte sie lange genug, um die Zeichen zu deuten. Die raschen Griffe ins Haar, das verstohlene Streicheln der Oberlippe, das flüchtige Tasten an die Nasenwurzel. Auf Außenstehende wie Karreis und Felbert mochte es wie Nachdenklichkeit und Konzentration wirken, die typischen Gesten einer Frau, die sich bemüht, eine möglichst genaue Schilderung der Ereignisse zu geben. Ich kannte es als Überbleibsel der Vergangenheit. Krause Haare, vorstehende Zähne, schwache Augen. Greta war völlig verunsichert und vergewisserte sich, dass sie nicht mehr zwanzig war. Ihre Brille hatte sie nicht aufsetzen müssen an dem Morgen.

Jan saß da mit undurchdringlicher Miene. Ich beobachtete ihn verstohlen. Auf Karreis' Frage schüttelte Greta den Kopf. Ihre Aussage wurde protokolliert. Felbert verglich sie mit seinen Notizen. Zwischenfragen gab es kaum. Und damit auch keinen Hinweis auf Misstrauen.

Ich nehme an, Jan fühlte sich dadurch sicher. Als die Reihe an ihn kam, hielt er sich an die Absprache. Mit müder, gequält klingender Stimme wiederholte er fast wörtlich, was Greta zu Protokoll gegeben hatte. Er ist ein Chamäleon, dachte sie. Und nun war aktenkundig, dass dieses Chamäleon den Freitagnachmittag und -abend bei ihr verbracht haben sollte.

Dann sprach Karreis. Die Aussage des Pizzaboten hatten sie bereits. Eine Lieferung ausreichend für zwei Personen, die Greta in einem alten Badeanzug und mit einer

Pflegemaske im Gesicht entgegengenommen hatte. Karreis nannte es den Beweis großer Vertrautheit, um nicht zu sagen, Intimität, dass Greta in dieser Aufmachung die Gesellschaft eines Freundes genoss. Er fand es allerdings ungewöhnlich, dass sie dem Pizzaboten in dieser Aufmachung selbst geöffnet hatte. Wenn Jan bei ihr war, hätte sie doch ihn an die Tür schicken können.

«Ich glaube, er war gerade im Bad», sagte Greta.

Karreis warf Jan einen fragenden Blick zu. Jan hob nur vage die Achseln. Karreis lächelte Greta an, ob freundlich zustimmend oder lauernd, hätte ich nicht sagen können. Er wollte wissen, ob sie miteinander gesprochen hatten, als es an der Tür klingelte.

«Bestimmt», sagte sie. «Wir haben die ganze Zeit miteinander gesprochen. Aber was ich gerade in dem Moment sagte ...»

Musste sie nicht mehr wissen. Der Pizzabote wusste es. Er hatte eine Männer- und eine Frauenstimme gehört, während er darauf wartete, dass ihm geöffnet wurde. Die Männerstimme hatte gerufen: «Warte einen Moment. Ich geh ran.» Die Frau hatte geantwortet: «Schon gut.» Er musste das junge Paar in der Nachbarwohnung gehört haben, vielleicht hatte dort das Telefon geklingelt. Es war nebensächlich, die Uhrzeit zählte. Kurz nach acht. Leider half uns das nicht viel.

Der Obduktionsbericht lag der Staatsanwaltschaft bereits vor. Karreis hatte eine Kopie. Der Gerichtsmediziner hatte den Eintritt des Todes auf frühestens siebzehn Uhr festgesetzt, eher siebzehn Uhr dreißig. In den zweieinhalb Stunden bis zur Pizzalieferung hätten sie mehrfach zwischen Lindenthal und Gretas Wohnung hin- und herfahren können. Karreis machte eine Andeutung in diese Richtung, lächelte dabei und ließ niemandem Zeit für Protest.

Er sprach kurz über die drei Stichverletzungen, nannte es eine Sekundenaktion. Dann kam er zu den weiteren Verletzungen. Er schaute verstohlen auf Jans verbundenen Arm, während er sich erkundigte, ob es in der ehelichen Sexualität zu ungewöhnlichen Praktiken gekommen sei.

Jan erklärte mit gefasster Stimme: «Ich verabscheue ungewöhnliche Praktiken. Meine Frau schätzte sie. Das war der wichtigste Streitpunkt in unserer Ehe, wichtiger noch als das Geld.»

Karreis ging nicht darauf ein. Es schien, als wechsle er das Thema, als er sich von Jan die Besprechung im Sender noch einmal erklären ließ. Das hatten sie nachgeprüft. Und fest stand, selbst wenn Jan zügig von Lindenthal in die Innenstadt gelangt war, musste er sein Haus mittags spätestens um dreizehn Uhr dreißig verlassen haben.

«Ich bin früher losgefahren, dreizehn Uhr fünfzehn», sagte Jan.

Karreis nickte, als sei ihm das bekannt. «Wo war Ihre Frau zu diesem Zeitpunkt, Herr Tinner?»

Jan wusste es nicht. Tess war am frühen Vormittag zum üblichen Besuch bei ihren Eltern aufgebrochen und über Mittag nicht heimgekommen. Karreis nickte erneut. Es sah nach Zustimmung aus. Später hörte ich, dass Tess von neun bis halb elf bei ihren Eltern und danach noch für eine Stunde bei ihrer Kosmetikerin gewesen war. Das K in ihrem Kalender, wie Greta vermutet hatte.

Karreis holte vernehmlich Luft, bevor er zum nächsten Punkt kam: Der Dreizehn-Uhr-Termin, beziffert als 232. Tess hatte kurz vor ihrem Tod – laut gerichtsmedizinischem Befund im Höchstfall drei Stunden vorher –, Verkehr gehabt. Nicht mit Jan! Selbst wenn man vom späteren Todeszeitpunkt siebzehn Uhr dreißig ausging, bedeutete es: Um vierzehn Uhr dreißig hatte Tess mit einem Mann geschlafen. Und zu der Zeit war Jan in der Besprechung gewesen.

Ich fasste es nicht. Halb drei! Genau um die Zeit hatte sie mich angerufen. Für einen Moment war ich nahe daran, zu protestieren. Tess konnte mir doch unmöglich erzählt haben, sie vermute, dass Greta und Jan hinter verschlossener Tür alles andere betrieben als Manuskriptarbeit, wenn sie selbst im Bett eines anderen Mannes lag oder diesem Bett gerade entstiegen war.

Aber genau so musste es gewesen sein. Karreis erklärte, dass Tess sich dem Befund zufolge mit einem Liebhaber getroffen hatte. Nur schien Liebhaber ein so unpassender Ausdruck. Karreis sprach von speziellen, frischen Verletzungen. Und im Gegensatz zu mir schien er nicht der Ansicht, dass wir einen zweiten Unbekannten brauchten. Für ihn war Mandys Vater als Sadist glaubwürdig.

Leider hatten sie bisher nicht den geringsten Hinweis auf seine Identität gefunden, auch nicht über die Telekom. Wenn das Telefongespräch um halb vier keine Finte gewesen war, musste Tess angerufen worden sein, von wem auch immer. Es gab nur den Beweis der Existenz eines Liebhabers. Mandy! Das Kind hatte die gleiche Blutgruppe wie der Mann, der seine Spuren in und an Tess' Körper hinterlassen hatte.

Furchtbare Spuren. Karreis sprach mit betont neutraler Miene. Die Blutgruppe allein erlaubte noch keine endgültige Aussage, zigtausend Männer hatten dieselbe. Der zuständige Staatsanwalt hatte eine DNA-Analyse in Auftrag gegeben. Karreis hatte schon jetzt keinen Zweifel, dass wir es mit ein und derselben Person zu tun hatten und nicht mit einem zweiten Liebhaber.

Plötzlich fiel der Ausdruck Knast, den Jan geflüstert hatte, als wir in der Nacht zu dritt auf der Treppe saßen und Felbert unten in der Diele aufmerksam zuhörte. Doch wie es schien, gingen sie davon aus, dass die Worte ins Telefon gesprochen worden waren. Etwas Besseres hätte uns nicht passieren können. Ich sah, wie Jan sich entspannte.

Karreis sprach weiter über perverse Spiele und Grenzen, die in diesen Kreisen gesetzt und meist im Voraus vereinbart wurden. Diese Grenzen waren seiner Meinung nach am Freitag bei Tess eindeutig überschritten worden. Darin könnte sich die Drohung «Ich bringe dich in den Knast» begründet haben.

Er fühlte sich verpflichtet, uns die Grenzüberschreitungen näher zu erläutern. Allein das Zuhören tat weh. Ich fühlte, wie sich in mir alles verkrampfte, begann den Kopf zu schütteln, was Karreis zu einer weiteren Erklärung veranlasste.

Sie hatten sich am Samstagnachmittag mit den Damners unterhalten, in der Hauptsache mit Joachim und Sandra. Und beide hatten Details preisgegeben, die nur einen Schluss zuließen. Tess hatte sich schon in sehr jungen Jahren gerne dieser besonderen Spielart hingegeben.

Ich sah Greta an, wie entsetzt sie war. Dreißig Jahre! Und sie hatte nie etwas bemerkt, niemals Verdacht geschöpft. «Wenn ihr Bruder und ihre Schwägerin davon wussten, warum haben sie nichts gesagt, als wir mit ihnen sprachen?»

Das wusste Karreis nicht. Aber es waren einfache Leute, bieder, und er meinte das nicht herablassend. Solche Leute hatten Hemmungen, natürliche Barrieren. Dass ein junges Mädchen sich mit Wäscheklammern, Stecknadeln und einer Zange an empfindlichen Körperteilen traktierte, Sandra Damner hatte es beobachtet, als Tess gerade siebzehn war, und es war so ungeheuerlich, dass Sandra es nicht wahrhaben wollte. Erst jetzt, mit frischen Verletzungen konfrontiert, hatte sie darüber gesprochen.

Als Nächstes wollte Karreis wissen, warum Jan nie den Versuch unternommen hatte, herauszufinden, mit wem er betrogen wurde.

Jan lächelte schmerzlich. «Wenn meine Frau ein normales Verhältnis mit einem anderen Mann gehabt hätte, hätte ich sie zur Rede gestellt. Aber so. Ich wusste, was sie bei mir vermisste, was hätte ich sie fragen sollen?»

Für Karreis schien diese Erklärung plausibel zu sein. Er erläuterte uns, wie er das Verhältnis zwischen Tess und ihrem Liebhaber einschätzte. Eine junge Frau, die vor Jahren den geeigneten Partner für ihre Passion fand. Ein verheirateter Mann, der ebenfalls glücklich über die Fügung gewesen sein musste. Kaum anzunehmen, dass er seine Neigungen im Ehebett ausleben durfte. Er zeigte sich überaus großzügig. Zwei Jahre lang lebten beide in bestem Einvernehmen, nach außen abgeschottet. Dann wurde die Frau schwanger und der Mann wütend. Er fühlte sich hereingelegt und trennte sich von ihr. Aber nicht für lange. Schon bald wurden sie erneut voneinander angezogen. Doch diesmal gingen sie auf Nummer sicher. Sie suchten einen Dummen, dem sie im Notfall eine zweite Schwangerschaft unterjubeln konnten.

Und nun fragte sich Karreis, wie der Dumme sich gefühlt haben mochte, als er begriff, welcher Stellenwert ihm im Leben seiner Frau zukam. Ein auf infame Weise betrogener Ehemann, dem, als er die Trennung vorschlug, auch noch eine horrende Unterhaltszahlung abverlangt wurde und das Haus und das Kind. Die kleine Stieftochter, an welcher der Mann mit Herz und Seele hing. Die man ihm bereits seit Wochen vorenthielt. Die er im Falle einer Trennung nie mehr zu Gesicht bekommen hätte.

Jeder von uns hatte verstanden. Ich machte mich bereit zu einer Erklärung. Doch Jan kam mir zuvor. Mit fester Stimme hielt er Karreis entgegen: «Ich habe meine Frau nicht getötet.»

«Nicht?», fragte Karreis und seufzte nachhaltig. «Aber es ist sonst weit und breit niemand zu sehen, der ein Motiv hatte, Herr Tinner. Der Liebhaber Ihrer Frau hatte keines. Niemand beseitigt, worauf er angewiesen ist.»

«Das sehe ich anders», widersprach ich. «Wenn Tess ihrem Liebhaber mit Knast gedroht hat. Ein Mann, der bemüht ist, seine Passion vor aller Welt zu verbergen, hat eine Menge zu verlieren. Da kann es leicht zu einer Kurzschlussreaktion kommen.»

Karreis schmunzelte. «Ach, zu verlieren hatte er nur eine Menge Geld. Ich nehme an, bei dem Telefongespräch ging es darum.»

«Sie nehmen an», sagte ich. «Dann sage ich Ihnen jetzt, was ich annehme. Sie finden keinen Hinweis auf die Identität dieses Mannes, und bevor Sie zugeben, dass Sie nicht weiterkommen, konstruieren Sie ein Motiv für den Ehemann. Dabei übersehen Sie jedoch etwas. Der Ehemann hat lange Zeit geschwiegen und geduldet. Er hätte im Fall einer Trennung keinen Pfennig zahlen müssen. Nicht bei einem so infamen Betrug und nach nur zweijähriger Ehe. Er hätte kein Messer gebraucht, nur einen guten Scheidungsanwalt. Den hätte ich mit Freuden vermittelt.»

Karreis nickte gedankenverloren. «Das kann ich mir vorstellen. Die Frage ist nur, für welche Seite.» Das klang noch nachdenklich. Der nächste Satz kam scharf wie aus einer Pistole geschossen. «Was wollte Frau Tinner eigentlich von Ihnen? Sie hat Sie doch angerufen am Freitagnachmittag.»

Felbert hatte weit mehr verstanden als nur das Wort Knast. So ziemlich alles hatte er verstanden, was in der

313

Nacht zum Samstag auf der Treppe gesprochen worden war.

«Nichts Besonderes», sagte ich. «Sie wollte nur wissen, ob wir am Wochenende schon etwas vorhatten.»

Karreis grinste. «Und die Frage kam ihr ausgerechnet um halb drei in den Sinn? Schon merkwürdig, was manchen Leuten in gewissen Situationen durch den Kopf geht. Und Sie haben um halb vier nicht zurückgerufen, Herr Brand?»

«Nein», sagte ich bestimmt.

Karreis strich sich nachdenklich übers Kinn. «Wo waren Sie denn um halb vier?» Ehe ich darauf antworten konnte, forderte er: «Ach, wissen Sie was. Notieren Sie mir der Einfachheit halber Ihre Termine, sagen wir – ab zwölf.»

Damit waren wir vorerst verabschiedet. Karreis begleitete uns hinaus, ging sofort zurück. Während er die Tür hinter sich schloss, hörte ich ihn zu Felbert sagen: «Pack zusammen, bringen wir den Kram zum Staatsanwalt. Soll sich Bevering mit Brand auseinandersetzen.»

*

Wir gingen zu dritt den Flur entlang. Greta war sichtlich schockiert und schwieg. Sie musste mir auch nicht erklären, dass sie aus Karreis' letzten Worten dieselben Schlüsse gezogen hatte wie ich. Nun hatten sie mich im Verdacht. Aber ich hatte mit Hella Abeler ein Alibi für den Freitagnachmittag.

«Mit Bevering werden wir fertig», sagte ich halblaut. Greta sah das ebenso. Bevering war einer von den Altgedienten und bekam meist die unliebsamen Fälle zugeschoben. Er wirkte wie eine Bulldogge und war der klassische Verlierer, obwohl er sich redlich Mühe gab, ebenso

314

gewissenhaft und qualifiziert war wie seine erfolgreichen Kollegen.

Jan hielt den Kopf gesenkt. Er hob ihn auch nicht, als wir Gretas Wagen erreichten. Ob er Karreis' letzten Satz noch gehört hatte, wagte ich nicht zu beurteilen. Ich betrachtete ihn, war unschlüssig, ob ich noch ein paar Worte mit ihm wechseln sollte. Es hätte vermutlich gut geklungen. «Mach dir keine Sorgen!» Dazu ein freundschaftliches Schulterklopfen. Aber danach war mir nicht. Halb drei! Das war ungeheuerlich!

Ich deutete auf Jan und sagte zu Greta: «Bring ihn zurück. Und beeil dich. Es gibt eine Menge zu tun. Wir sehen uns in einer halben Stunde in der Kanzlei.»

Ich sah nicht mehr, dass Jan weinte, als er in ihren Wagen stieg. Als Greta losfuhr, stammelte er: «Ich habe mich benommen wie ein Schwein. Es tut mir so furchtbar Leid. Ich wollte dir nicht wehtun. Du musst mir glauben, ich wollte es wirklich nicht. Aber ich dachte ... Ich konnte nicht glauben, dass du das alles nur tust, um mir zu helfen. Verstehst du, was ich meine? Ich wollte –»

«Ist schon in Ordnung», unterbrach sie ihn. «Du hattest Angst, da tut und sagt man viel, was man später bereut. Ich habe es nicht ernst genommen. Beruhige dich.»

«Nein!» Er schlug sich mit der Faust aufs Bein, weinte heftiger. «Nichts ist in Ordnung. Wenn es da drin schief gegangen wäre, ich hätte nicht gezögert, dich ans Messer zu liefern. Sie hätten sich schon ihre Gedanken gemacht, wenn ich ihnen erzählt hätte, dass du mich überredet hast, auszusagen, wir wären zusammen gewesen.»

«Du hast es nicht getan», sagte sie. «Das zählt.»

Er zuckte mit den Achseln, wischte sich mit den Handrücken gleichzeitig über beide Wangen. «Du hättest mich verrecken lassen sollen, Greta. Wirklich! Du hättest dir selbst nur einen großen Gefallen getan. Ich weiß, wie du über mich denkst. Aber du irrst dich. Ich bin ein Schwein.»

Sie ließ ihn vor dem Haus aussteigen, wollte weiter zur Kanzlei fahren. Doch als sie ihn auf die Haustür zugehen sah … Er ging nicht, er schlich mit hängenden, zuckenden Schultern und gesenktem Kopf, weinte immer noch. Sie mochte ihn nicht allein lassen. Am Ende hätte er sich wieder etwas angetan, also folgte sie ihm.

Als sie die Wohnung betrat, war er im Bad. Die Tür hatte er geschlossen. Greta öffnete sie und sah ihn vor dem Waschbecken stehen. Fast wie Freitagabend: beide Hände um den Beckenrand verkrampft, den Kopf so tief, dass sein Kinn beinahe die Brust berührte. Sie sprach ihn an. Er reagierte auch nicht, als sie ihm eine Hand auf die Schulter legte.

Sie holte zwei Beruhigungstabletten und ein Glas, füllte es mit kaltem Wasser und schob ihm die erste Tablette gewaltsam zwischen die zusammengepressten Lippen. Dann griff sie unter sein Kinn, bog seinen Kopf hoch, hielt ihm die Nase zu und das Glas an den Mund.

«Schlucken», befahl sie. Er gehorchte, ließ sich auch die zweite Tablette in den Mund schieben, trank das Glas zur Hälfte leer.

Seine Hände vom Beckenrand zu lösen war fast unmöglich. Sie schaffte es erst, als sie einen Schuh auszog und ihm mit dem spitzen Absatz auf die hervortretenden Knöchel schlug. Dann führte sie ihn ins Schlafzimmer, drückte ihn aufs Bett.

Als er endlich lag, schloss er die Augen. «Keine Angst, Greta», flüsterte er. Sie verstand ihn kaum, musste sich tief über sein Gesicht beugen. Er griff mit einer Hand in ihren Nacken, zog ihren Kopf noch tiefer, bis sie mit der Wange dicht an seinen Lippen lag.

«Keine Angst», wiederholte er. «Ich reiße dich nicht

mit rein. Wenn es hart auf hart kommt, werde ich gestehen. Ich werde auch sagen, dass ich dich erst angerufen
habe, als alles vorbei war. Dass du mir nur helfen wolltest, weil du wusstest, wie übel Tess mir mitgespielt hat.
Das verspreche ich dir.»

Sie fühlte seine Lippen auf der Haut. Sekundenlang
war er still, dann flüsterte er weiter: «Du bist in Ordnung,
Greta. Du bist nicht wie meine Mutter, wie Barby, Janine
und Tess. Warum gerate ich immer an solche Weiber? Ich
will doch nur in Ruhe mit einer Frau leben. Warum schaffe ich das nie?»

Sie setzte sich aufs Bett. Ihren Nacken hielt er immer
noch. Wer ist Janine, dachte sie und sagte: «Vielleicht
suchst du dir die falschen Frauen aus.»

«Wer kann sich die Mutter aussuchen?», murmelte er.
«Ich werd das Bild nicht los, Greta. Wie sie auf dem Boden hockt und das Bier aufwischt. Ich dachte, wenn ich
darüber schreibe, verliert es sich. Das hat es nicht getan.
Ich höre sie heute noch brüllen. Du elender Dreckskerl,
du versoffenes Schwein.»

Er erzählte ihr mit stockender Stimme, wie seine Mutter dann ihn angeschaut und gefaucht hatte: «Hör auf zu
flennen, du Bastard.» Wie sie angefügt hatte: «Dich sollte
man auf der Stelle erschlagen, damit du einer Frau später
nicht das letzte Geld wegsaufen kannst. Du bist genau
wie er.» Und dann hatte sie verlangt: «Komm her!»

Und er hatte gewusst, dass sie ihn verprügeln wollte.
Sie verprügelte ihn immer, wenn sie sich über seinen Vater geärgert hatte. Und sie sagte immer: «Komm her!»

«Es machte ihr Spaß, wenn ich zu ihr kam», erzählte
er. «Wenn ich mich vorher duckte und die Arme über den
Kopf hob, weil ich genau wusste, dass sie mich zuerst auf
den Kopf schlug und ins Gesicht. Diesmal nicht. Sie war
sich ihrer Sache zu sicher.»

Eine winzige Pause entstand, als wolle er Greta Gelegenheit für einen tiefen Atemzug einräumen. Nur konnte sie nicht durchatmen. Sie ahnte, was er ihr offenbaren wollte, und hatte wahnsinnige Angst, dass er aussprach, was ich so oft behauptet hatte.

Genau das tat er: «Sie wischte auf dem Boden herum, dachte wohl, dass ich wie üblich neben ihr stehen bleibe und abwarte, bis sie Zeit findet, mich zu verprügeln. Aber diesmal hatte ich ein Messer. Ich wollte ihr auch einmal wehtun. Dann haben sie meinen Vater dafür eingesperrt. Und er hat sich aufgehängt.»

Greta wusste nicht, was sie sagen sollte, fühlte seine Finger über ihren Hals streichen, seine Lippen an ihrer Wange und sein Flüstern am Ohr.

«Jetzt wird dir anders, was? Das kannst du dir nicht vorstellen, aber es war so. Ich habe es getan. Mit vier Jahren. Ich war ziemlich groß und kräftig für mein Alter. Das steht nicht in den Akten, wie groß und kräftig ich war. Und ich habe alles, was ich an Kraft hatte, in meinen Arm gelegt beim Zustechen.»

Seine Mutter sei so verblüfft gewesen, dass sie nicht reagiert habe, erzählte er. Sie habe sich nicht einmal an den Hals gegriffen, ihn nur angeschaut. Nicht entsetzt, erschreckt oder ängstlich, nur erstaunt. Er kicherte wie unter einer witzigen Erinnerung. «Und ich zog das Messer aus ihrem Hals und stieß wieder zu. Ich sah das Blut und konnte nicht aufhören. Ich wollte auch nicht aufhören. Wenn ich aufgehört hätte, bevor sie tot war, hätte sie mich totgeschlagen.»

Ein tiefer Atemzug strich über Gretas Gesicht. Er sprach weiter wie zu sich selbst, in der Stimme einen verwunderten Unterton, als könne er heute noch nicht glauben, wie leicht es gewesen war.

Sie hätten ihn wieder und wieder gefragt. Er meinte

wohl die Polizei. Immer wieder habe er ihnen erzählen sollen, wie es gewesen war. Und er habe ihnen immer wieder gesagt, was sie hören wollten. Wie sein Vater auf die Mutter eingestochen hätte, dass er selbst später nur das Messer aus ihrem Hals gezogen hätte. Er sei voller Blut gewesen, und auf dem Messer hätten sich natürlich seine Fingerabdrücke befunden. Außer seinen habe es auf dem Griff nur noch ein paar verwischte gegeben, mit denen sie nichts hätten anfangen können. Aber ihm hätten sie das nicht zugetraut. Wer verdächtigte schon ein kleines Kind, wenn ein erwachsener Mann in der Wohnung war und die ganze Nachbarschaft gehört hatte, wie seine Frau den Mann beschimpfte?

«Natürlich hab ich den Mund gehalten», flüsterte er. «Ich hatte Angst, dass einer von der Polizei mich totschlägt, wenn ich die Wahrheit sagte. Er war immer ein feiges Schwein, Greta. Aber meine Großmutter wusste Bescheid. Sie war seine Mutter und wusste, er hätte keinem Menschen ein Haar krümmen können. Hundertmal hat sie es mir ins Gesicht gesagt, tausendmal. Du warst es, du Bastard. Dann kam sie mit den Kerzen und fragte, mit welcher Hand ich getötet hätte. Und weil ich es ihr nicht sagen wollte, verbrannte sie beide. Danach musste ich durch den Garten laufen und anschließend in den Schweinestall.»

Er kicherte wieder, hob Gretas Kopf an und schaute ihr ins Gesicht. «Und weißt du, was das Komische war? Da habe ich mich wohl gefühlt. Ein Schwein unter Schweinen. Die Tiere taten mir nichts. Wenn mir zu kalt war, konnte ich mich an ihnen wärmen. Nur der Mist machte mir zu schaffen, wegen all der Blasen von den Nesseln. Die habe ich immer aufgekratzt. Manchmal hatte ich die Beine von oben bis unten vereitert. Ich habe keine Haare an den Beinen, Greta. Ist es dir aufgefallen?»

«Ja, natürlich», sagte sie.

Seine Finger glitten spielerisch über ihren Hals. «Und du hast dich nicht gefragt, was mit meinen Beinen los ist?»

«Nein», sagte sie. «Ich dachte mir, dass es eine Folge der Misshandlung war.»

Er seufzte: «Du dachtest dir. Ja, du bist besser als Tess. Du denkst dir eine Menge. Dir zeigt man den kleinen Finger, und du denkst dir einen kompletten Arm. Das konnte Tess nicht. Sie hat nur geraten. Sie ist schnell dahinter gekommen, dass etwas mit mir nicht stimmt. Aber sie war nie völlig sicher. Und ich hab mich gehütet, ihr die Wahrheit zu sagen. Sie hätte mich damit ebenso gnadenlos an die Wand genagelt wie du.»

«Ich nagle dich doch nicht gnadenlos an die Wand», sagte Greta.

Mit der Hand in ihrem Nacken zog er ihren Kopf noch etwas höher, zwei Fingerspitzen drückten gegen ihre Schlagader. Ihr wurde schwindlig.

«Nein?», erkundigte er sich und runzelte erstaunt die Stirn. «Wie war das denn mit den stinkenden Kerlen im Gefängnis? Weißt du, dass ich dir vertraut habe, Greta? Bis zu dem Moment habe ich dir vertraut, sonst hätte ich dich nicht angerufen. Und du verlangst von mir, ich soll rausgehen und meine Hände nochmal mit ihrem Blut beschmieren. Und dann drohst du mir mit stinkenden Kerlen.»

Der Druck seiner Finger ließ nach, die Kuppen streichelten wieder. Seine Lider begannen zu flattern, er blinzelte mehrfach und bewegte den Kopf leicht, als wolle er Benommenheit abschütteln. Endlich setzte die Wirkung der beiden Tabletten ein. Greta hatte sich schon gewundert, dass es so lange dauerte. Bei ihr war es mit nur einer Tablette viel schneller gegangen.

Seine Stimme wurde träge und schleppend. «Du hast am Freitag gesagt, du wirst mich nicht belügen. Mich nicht, nur die anderen, für mich. Gilt das noch?»

«Ja», murmelte sie. Mehr hätte sie nicht über die Lippen gebracht. Der Griff um ihren Nacken lockerte sich, seine Fingerspitzen auf ihrer Haut verhielten mitten in der Bewegung.

Als sie sich aufrichtete, waren seine Augen bereits geschlossen. Aber er schlief noch nicht. «Versprich mir, dass du im Bett bleibst und keine Dummheiten machst», verlangte sie.

«Versprochen», nuschelte er und drehte den Kopf zur Seite. «Mir ist im Moment nicht nach Dummheiten, nur nach Schlafen. Ich bin froh, dass ich es dir gesagt habe. Jetzt ist mir wohler. Wir sind ab sofort ganz offen zueinander, ja?»

«Ja», sagte sie.

Bei der Schlafzimmertür drehte sie sich noch einmal nach ihm um. Er schien eingeschlafen zu sein. Mit den beiden Tabletten im Blut würde er so schnell nicht wieder aufwachen, dachte sie und verließ die Wohnung.

Während der Fahrt zur Kanzlei dachte sie unentwegt: Seine Mutter! Er hat tatsächlich seine Mutter erstochen. Viel weiter konnte sie nicht denken. Sie fragte sich nur, wie ich reagierte, wenn sie mir erklärte, dass ich mit meinen Verdächtigungen in diesem Punkt Tatsachen ausgesprochen hatte. Und wer war Janine? Barbara McKinney war Josy. Janine musste die Ann Jamin aus dem Roman sein.

Plötzlich hatte Greta wieder den Brandgeruch in der Nase und Jans Stimme im Hinterkopf. «Einmal steht man das durch, auch zweimal.»

Ihr war furchtbar übel vor Entsetzen und Angst, fast schon Panik. Dreieinhalb Jahre hatte sie in Jan einen

Mann gesehen, der von Frauen gedemütigt und verletzt worden war, der sich nicht wehren konnte, den man einfach lieben und schützen musste. Nun schien es, als habe sie sich niemals vorher so sehr in einem Menschen geirrt.

11. Kapitel

Das Präsidium hatte uns viel Zeit gekostet. Und ich hatte noch eine Menge vor, wartete schon ungeduldig, als Greta in der Kanzlei eintraf, wollte nur rasch das Wichtigste mit ihr besprechen. Was in ihr vorging, bemerkte ich nicht.

Wir brauchten nicht nur den Namen von Mandys Vater. Wir brauchten vor allem ein plausibles Motiv. Sadistische Neigungen reichten nicht für eine Erpressung, wenn Tess freiwillig mitgemacht hatte. Das hatte sie ohne Zweifel.

An eine Grenzüberschreitung, wie Karreis es ausgedrückt hatte, glaubte ich nicht. Wenn es für Tess härter als üblich gewesen wäre, hätte ihr kaum der Sinn nach dem Telefongespräch mit mir gestanden. Dass sie ausgerechnet zu dem Zeitpunkt über die Trennung von Jan sprechen wollte, ließ nur einen Schluss zu: Es war verdammt hart gewesen. Und sie hatte es genossen.

Im Geist hörte ich sie noch reden. Dass Greta und Jan die Tür des Arbeitszimmers hinter sich abschlossen ... Ich glaubte nicht einmal mehr, dass Tess eine Affäre zwischen beiden vermutet hatte. Warum sie es mir erzählte ... Vielleicht, um den Bruch herbeizuführen, um zu verhindern, dass Greta sich einmal an ihre Fersen heftete und herausfand, wie die Maschine mit den vorstehenden Schrauben tatsächlich aussah.

Während ich auf Greta wartete, hatte ich bereits mit der Hausverwaltung in Braunsfeld telefoniert und hart verhandeln müssen, ehe man mir zusagte, die Unterlagen über Tess' frühere Wohnung herauszusuchen. Auskunft geben wollte man mir nur im persönlichen Gespräch und nur, wenn ich mich als Anwalt auswies.

Bei der Bank, die Tess' Konto geführt hatte, würde mir mein Beruf keinesfalls helfen. Ich wollte mit meinen Informationen zu Karreis. Damit schlug ich zwei Fliegen mit einer Klappe. Für einen Kriminalbeamten stellte das Bankgeheimnis kein allzu großes Hindernis dar, und ich suggerierte Karreis unser Interesse an einer Zusammenarbeit.

Greta nickte mehrfach, aber das galt nicht meinen Erklärungen. Sie war mit ihren Gedanken noch auf der Bettkante, hörte Jan flüstern, sah seine vernarbten Beine und die Brandblase auf Tess' Oberschenkel, spürte den Druck seiner Finger gegen ihre Halsschlagader und den Schwindel im Kopf. Sie hörte Karreis über die Verletzungen reden, die der Gerichtsmediziner bei Tess festgestellt hatte. Verbrennungen im Genitalbereich! Geprügelte Kinder prügeln als Erwachsene. Verbrannte Kinder …

Frische Verletzungen hatte Karreis gesagt. Aber konnten sie tatsächlich auf die Stunde genau bestimmen, wie frisch sie waren? War der Unterschied zwischen früher Nachmittag und früher Morgen so groß? «Ich bin ein Frühaufsteher!», hatte Jan gesagt.

Ich verließ die Kanzlei, fuhr nach Braunsfeld. Und Greta saß in ihrem Büro dem Mann gegenüber, den Luis Abeler wegen Kindesmisshandlung vor Gericht bringen wollte. Sie konnte ihrem Mandanten nichts Neues erzählen. Luis hatte sich noch nicht bei ihr gemeldet, wahrscheinlich noch keinen Blick in die Unterlagen geworfen. Es war ihr nicht mehr wichtig.

Ihre Gedanken schweiften immer wieder ab zu dem heißen Wachs auf den Händen eines Vierjährigen, zu kleinen, nackten Beinen, die durch brennende Nesseln getrieben wurden, zu der Wärme, die ein hilfloser Junge bei Schweinen suchen musste. Sie dachte an all die Schmerzen, Demütigungen und Verletzungen, die Jan erlitten hatte, und fand allmählich zu sich selbst zurück – und zu ihren Gefühlen für ihn. Ein vierjähriger Muttermörder? Nein, nur ein verzweifeltes Kind, das zurückgestochen hatte. Es war kein Muttermord gewesen, sondern Notwehr.

Sie sah ihn schlafend in ihrem Bett liegen, hilflos und schutzbedürftig, hörte ihn fragen: «Warum gerate ich immer an solche Weiber?» Barby, Janine. Vielleicht hatte er sich nur seine Wut auf diese beiden von der Seele geschrieben, indem er am Computer tat, wozu er in Wirklichkeit nicht fähig sein konnte. Und Tess, die es vorzog, sich quälen statt lieben zu lassen, aber von wem?

Am frühen Nachmittag kam ich zurück. Ich hatte Erfolg gehabt, den sicheren Beweis gefunden, dass Mandys Vater auch in letzter Zeit noch aktuell gewesen war. Aber das hatte Karreis auch nicht angezweifelt, nur hatte er diese Spur übers Wochenende nicht verfolgen können.

Bei der Hausverwaltung in Braunsfeld hatte man mir Tess' Kontonummer gegeben. Karreis hatte das Konto überprüft und keine Einwände erhoben, dass ich ihm dabei über die Schulter schaute.

«Mit dem Motiv Erpressung stehen wir auf wackligen Beinen», begann ich. «Wenn Tess Geld von Mandys Vater verlangt hätte, dann hätte sie es bekommen. An Geld kann es ihm nicht mangeln.»

Mandys Vater hatte Tess überaus reichlich bedacht. Doch er hatte ihr das Geld anscheinend in die Finger gedrückt. Ihr Girokonto war bereits kurz nach der Hochzeit aufgelöst worden. Sie hatte stattdessen ein Sparkonto eröffnet. Und darauf hatte sie auch in den letzten beiden Jahren noch regelmäßig eingezahlt.

Zweitausend Mark jeden Monat! Vor der Hochzeit waren es dreitausend gewesen, die hatte Tess im Laufe des Monats wieder abgehoben. Seit der Hochzeit wurde das Geld nicht mehr angerührt.

«Du wirst es nicht glauben, wenn ich dir den aktuellen Kontostand nenne», sagte ich. «Um mein Honorar brauche ich mir keine Gedanken zu machen. Und Jan sich keine Sorgen um die Beerdigungskosten. Er kann sie mit allem Pomp unter die Erde bringen lassen und behält noch ein nettes Sümmchen übrig.»

Der Kontostand hatte mich außer Fassung gebracht. Auch Greta mochte im ersten Augenblick kaum glauben, dass es fast fünfzigtausend Mark waren. «Das gibt's doch nicht! Sie hat dir doch vor kurzem noch geklagt, dass Mandys Schuhe –»

«Ich weiß, Greta, ich weiß», unterbrach ich sie. «Tess war das ärmste Geschöpf unter der Sonne. Sie musste ihren alten Vater und ihren Bruder, der sich abrackert, um sechs Leute zu ernähren, anbetteln, weil ihr Mann ein Geizkragen und ein Versager war. Ich weiß nicht mehr, was ich denken soll. Vor allem weiß ich nicht, was Tess sich gedacht hat. Vor ein paar Wochen ...»

Ich erzählte ihr von einem Sonntag, an dem Tess mir mit einem Seufzer anvertraut hatte, wie sehr sie Greta beneidete – um alles. Die finanzielle Unabhängigkeit, die persönliche Freiheit vor allem in Gelddingen. Wie sehr sie es bereute, es Greta nach dem Abitur nicht gleichgetan zu haben, Studium und einen einträglichen Beruf, Erfolg und eigenes Geld.

Es lag nur fünf Wochen zurück. Jan und Greta waren hinauf ins Arbeitszimmer gegangen, um irgendetwas nachzuschauen. Und Tess nutzte die Gelegenheit, Bilanz zu ziehen.

Mit siebenunddreißig Jahren abhängig zu sein von der

Gnade und Barmherzigkeit eines Mannes, dessen Einkommen nicht von Geschicklichkeit oder Routine, sondern von seiner Kreativität und der inneren Ausgeglichenheit abhing, manchmal sei es ein Albtraum, hatte sie gesagt. Niemals eine Mark zur freien Verfügung, über jeden Pfennig Rechenschaft ablegen zu müssen. Und das bei knapp fünfzigtausend auf der Bank.

Ich hatte nie mit Mark und Pfennig rechnen müssen, hatte immer aus dem Vollen schöpfen können, aber der Wert des Geldes war mir trotzdem bewusst. Und dass eine Frau, die ein kleines Vermögen auf der Bank hatte, für das sie keinen Finger hatte krümmen müssen, ihre Freundin um den Lohn harter Arbeit beneidete, war ein starkes Stück.

Karreis hatte den Kontostand ohne Anzeichen von Überraschung hingenommen. Er sah sich bestätigt in seinem Vortrag über den Fortbestand der besonderen Partnerschaft und den Zweck der Ehe. Und er meinte, Tess habe vorsorgen wollen. Sie habe einkalkuliert, dass ihre Ehe kein Dauerzustand war. Sie habe sich wohl auch denken können, dass sie aus Jan nicht so viel herauspressen konnte, wie ihr vorschwebte. Aber was Tess gewollt, gedacht und einkalkuliert hatte, stand nicht mehr zur Debatte. Fest stand nur noch: Sie hatte mit Jan ein verdammt dreckiges Spiel gespielt.

Es erging mir an dem Montag mit Tess, wie es Greta seit dem Samstag mit Jan erging. Das Bild, das ich lange Jahre von ihr gehabt hatte, war zerstört worden. Und das nicht allein durch den Kontostand. Neben dem Sparbuch hatte Tess bei der Bank auch ein Schließfach gehabt. Darin hatten wir eine Kassette mit Schmuckstücken gefunden. Karreis wollte mit jedem Stück die Juweliere der Umgebung abklappern. Jan sollte sich die Sachen auch ansehen, um auszuschließen, dass eines von ihm stammte.

«Er hat ihr keinen Schmuck geschenkt», sagte Greta. «Woher weißt du das, von ihm oder von ihr?»

Sie wusste es von Tess! Und darüber konnte ich nur noch lachen. Was wir von Tess wussten, hatte für mich jeden Wert verloren. Aber dass der Inhalt der Kassette von Jan stammen könnte, glaubte ich auch nicht. Es waren ein paar sehr hübsche Sachen dabei, ausgefallene Stücke. Wir hatten sie nie an Tess gesehen. Auch nicht vor Jahren, obwohl es da noch keinen Grund gegeben hatte, ein Schmuckstück vor uns zu verbergen.

Karreis meinte, es könnten Geschenke aus jüngster Zeit sein. Sonst hätte Tess sie nicht bei der Bank deponiert. Zu Hause konnte sie die Kassette nicht aufbewahren. Da hätte Jan sie entdecken und dumme Fragen stellen können.

Ich atmete tief durch. «So», sagte ich, nachdem ich Greta von meinem Gespräch mit Karreis berichtet hatte. «Damit sind wir beim Thema. Ich will nicht behaupten, wir seien einen Schritt weiter. Ich will nur hören, wie es am Freitag tatsächlich war. Dass Jan nicht bei dir war, müssen wir nicht mehr erörtern. Wir wollen nicht über Tatsachen streiten, Greta. Du hast die Kanzlei nicht kurz nach mir verlassen, das kann ich beweisen. Und du hättest dir niemals eine Pflegemaske ins Gesicht geschmiert, wenn er in deiner Nähe gewesen wäre. Ich habe eine bestimmte Vorstellung, was dich zu diesem Theater veranlasst hat. Lass mich die zuerst erklären. Dann kannst du mir immer noch sagen, ob ich mich in diesem oder jenem Punkt irre.»

Ich kam mit meiner Vorstellung den Tatsachen ziemlich nahe. Sie korrigierte mich nur in der Annahme: «Du glaubst, Jan könne es gewesen sein.»

Sie schüttelte den Kopf, nicht zu heftig und nicht zu energisch, nur ruhig und bestimmt.

«Na schön», sagte ich. «Für dich war er immer ein Unschuldslamm. Und nach allem, was ich heute gehört habe, möchte ich nicht ausschließen, dass er tatsächlich eins ist. Lass uns seine Version einmal durchspielen. Sie hatten Streit. Er ging nach oben und setzte sich den Kopfhörer auf.»

Ich hatte den Kopfhörer wie Greta auf dem Stuhl beim Schreibtisch liegen sehen. Nur wusste ich nicht, wie viel man noch hörte, wenn man ihn aufsetzte. Aber vielleicht hatte auch niemand an der Tür geklingelt.

Wenn wir davon ausgingen, dass es um halb vier kein fingierter Anruf gewesen war, dann wusste derjenige, mit dem Tess gesprochen hatte, dass Jan sich im Haus aufhielt. Er musste ihren Streit durchs Telefon gehört haben. Und wenn es Mandys Vater gewesen war, kam ihm das vielleicht gerade recht.

Ich spekulierte mit dem Motiv Erpressung. Was könnte Tess Mandys Vater abverlangt haben, dass er sich entschloss, sie sich vom Hals zu schaffen? Wir zählten die wenigen uns bekannten Fakten an den Fingern ab. Jan wollte sich von Tess trennen. Oder sie sich von ihm. Und Tess wollte einen neuen Ehemann.

Als sie um halb drei mit mir telefonierte, musste Mandys Vater noch in ihrer unmittelbaren Nähe gewesen sein. Und sie machte ihm mit ihrem Anruf deutlich, welche Pläne sie für die Zukunft hatte. Wahrscheinlich lachte er sie aus und verabschiedete sich. Eine Stunde später rief er sie an, um das ein für alle Mal zu klären. Sie verlieh ihrer Forderung noch einmal Nachdruck ...

Greta widersprach nicht. Dass Tess besessen war von der Liebe zu ihrem Herrn und Meister, so nennt man das doch in den Kreisen, wusste sie zur Genüge. Der Göttliche hatte damals nicht an Hochzeit gedacht. Und jetzt ... Greta hörte schweigend zu, wie ich die Sache sah.

Jan kam unerwartet früher heim, während Tess telefonierte. Eine günstige Gelegenheit für den großen Unbekannten. Ein heftiger Streit, gut durchs Telefon zu verstehen. Der Ehemann im Haus, ein Tatverdächtiger wie auf dem Silbertablett. Trotzdem war es für Paps ein großes Risiko, Tess zu Hause aufzusuchen. Dass Jan sich nach dem Streit in seinem Arbeitszimmer verbarrikadierte, konnte niemand wissen. Die Gefahr, überrascht zu werden, war groß. Aber wer unter Druck geriet, nahm einiges in Kauf – unter Umständen sogar einen zweiten Mord. Mandys Vater hatte Glück gehabt, war nicht überrascht worden, hatte sogar die Zeit gefunden, seine Spuren zu beseitigen.

Als ich es aussprach, war ich halbwegs überzeugt, dass es so gewesen sein könnte. Und ich zog zum ersten Mal ernsthaft in Betracht, dass Jan unschuldig war. Greta muss sich sehr schäbig gefühlt haben. Aber eher hätte sie sich die Zunge abgebissen, als jetzt über Janine zu sprechen.

Ich nahm sie in die Arme. «Wir schaffen es, Greta. Wenn sie nicht mehr gegen Jan in der Hand haben als das Motiv betrogener Ehemann, dann schaffen wir es.»

Aber sie hatten mehr, sehr viel mehr. Wir wussten es nur noch nicht.

*

Greta verließ die Kanzlei an dem Montag früher als üblich. Einerseits erleichtert über meine Zweifel an Jans Schuld, andererseits unruhig und verunsichert. Während der Fahrt zu ihrer Wohnung kamen der frühe Morgen und der Vormittag wieder hoch. Jan hatte seine Mutter getötet! Er wollte mit seinem Roman ein Geständnis ablegen, sich die Schuld von der Seele schreiben. So viel war nun sicher. Aber was war tatsächlich mit Barbara McKinney geschehen und was mit Janine?

Zuerst einen Kaffee, dachte sie im Aufzug, dann eine lauwarme Dusche. Dabei in Ruhe überlegen, wie sie es formulieren sollte. «Jan, du hast am Vormittag einen Namen genannt, den ich noch nie von dir gehört hatte. Ich habe ihn auch noch nie gelesen. Aber ich wüsste gerne, wer Janine war und wo sie jetzt ist.» Und irgendwo in ihr sagte eine Stimme: «Im Bett verbrannt, du blinde Nuss.»

Sie erwartete, ihn schlafend auf dem Bett zu finden. Stattdessen saß er am Computer, wirkte weder müde noch sonst wie benommen. Wenn sie da an sich dachte, wie es ihr nach nur einer Tablette ergangen war. Er konnte die beiden Tabletten nicht geschluckt haben. Hatte sie wohl nur unter die Zunge gesteckt und ausgespuckt, nachdem sie die Wohnung verlassen hatte.

Wenn er das hatte tun können, in seinem scheinbar apathischen, versteinerten Zustand, in derselben Verfassung, in der Karreis ihn am Freitag aus dem Bad geholt hatte … War es nur Show gewesen am Freitag? Wenn ja, dann hätte Jan sogar einen Psychiatrieprofessor hinters Licht geführt. Greta wusste, dass nur ein Psychopath mit entsprechender Erfahrung so etwas schaffte. Sie hatte persönlich noch mit keinem zu tun gehabt, aber eine Menge gelesen über Männer, die ihren Nachbarn, Arbeitskollegen, Bekannten, aller Welt Harmlosigkeit, Freundlichkeit und einiges mehr vorgaukelten und sich von Zeit zu Zeit in Bestien verwandelten.

Jan las ein Stück Text. Als sie die Tür zum Arbeitszimmer erreichte, lächelte er – ein wenig frostig. «Ich habe es noch ein bisschen verändert», sagte er. «Nicht die Szene an sich, die ist dir gut gelungen. Aber sprachlich war es ein Unterschied. Wer schon etliche Seiten von mir gelesen hat wie Niklas, hätte rasch bemerkt, dass nicht ich das geschrieben habe. Ich dachte, wo Niklas sich so für meine Vergangenheit interessiert und ohnehin vermutet, dass der Roman autobiographisches Material enthält, wird er sicher alles lesen wollen.»

Sie deutete ein Nicken an. Jan lächelte weiterhin. «Leider hat er die Diskette, darauf ist natürlich die ursprüngliche Fassung.»

«Und welches ist die richtige Fassung?», fragte sie.

Er tippte gegen den Bildschirm. «Diese kommt den Tatsachen ziemlich nahe. Die feinen Unterschiede sind nicht von Bedeutung. Wen interessiert es heute noch, dass nicht Barby, sondern Barringer den Wagen fuhr? Ich saß neben ihm, Barby hinter mir. Es war ein Zweitürer mit Heckklappe. Keiner von uns war angeschnallt. Ich schlief und kann dir nicht sagen, wie es passiert ist. Barringer und ich, wir flogen raus, und Barby saß fest. Sie muss nach vorne geschleudert worden sein. Man hat sie auf dem Fahrersitz gefunden. Zu dem Zeitpunkt hatte Barringer schon gesagt, sie sei gefahren. Ich habe dann das gleiche behauptet. Wir wollten beide unseren Führerschein behalten. Und für Barby spielte es keine Rolle mehr.»

«Und der Wagen brannte aus?», fragte Greta.

Er nickte schwermütig. «Barringer wäre auch fast an seinen Verbrennungen gestorben. Er war wie verrückt. Ich sehe das noch vor mir. Immer wieder stürzte er sich rein in die Flammen. Ich hab gesehen, dass da nichts mehr zu retten war. Was willst du machen bei einem Feuerball? Aber Barringer ließ sich nicht aufhalten. Als die Rettung kam, lief er herum wie eine lebende Fackel. Sie haben sich gewundert, dass er überhaupt noch auf den Beinen war. Dreimal hatte ich ihn zu Fall gebracht und versucht, die Flammen zu ersticken. Jedes Mal warf er mich ab und schoss wieder hoch. Es war grauenhaft, Greta!»

Dass er sich selbst widersprach, schien ihm nicht aufzufallen. Wenn Barringer wie eine lebende Fackel herumgelaufen und er selbst noch in der Lage gewesen war, die Vergeblichkeit eines Rettungsversuchs einzuschätzen, wer hätte dann wohl als Erster eine Aussage machen können? Sie sprach ihn nicht darauf an, fragte nur: «Zu wem gehörte Barby, zu dir oder zu Barringer?»

«Zu keinem», sagte er, «und zu allen. Wenn man unter Druck stand, ging man zu Barby. Sie war eine kleine Nutte, Greta, aber ein niedliches Ding, wirklich niedlich.»

«Wer war Janine?», fragte sie.

Er lächelte. «Das ist nur eine erfundene Figur.»

«Du hast nicht von ihr gesprochen wie von einer Romanfigur», widersprach sie und bemühte sich, ruhig zu wirken dabei. «Jan, du hast ein paar Frauen aufgezählt, Barby am Anfang, Tess am Schluss, Janine in der Mitte. Ich weiß, was ich gehört habe. Ist Janine identisch mit Ann Jamin?»

«Nein, Greta», beteuerte er. «Du hast da etwas missverstanden. Vielleicht habe ich auch etwas durcheinander geworfen, ich war ein bisschen benommen heute Morgen. Es sind zwei Romanfiguren. Ann Jamin in der Einstiegsszene und Janine in der Mitte.»

Er lehnte sich auf dem Stuhl zurück und schaute sie treuherzig an. «Weißt du, manchmal, wenn ich festgestellt habe, wie leicht sich der Text verändern lässt, habe ich mir gewünscht, ich könnte auch mein Leben so verändern. Ich habe mir mit Janine meine Traumfrau geschaffen. Aber bei dem Stoff muss auch die Traumfrau ein paar Haken haben. Du hast noch nichts von Janine gelesen. Ich kann dir die Stelle zeigen, wenn du willst.»

«Jetzt nicht», sagte sie, «später.»

Er speicherte ab. Der Text verschwand vom Bildschirm. Er beendete auch gleich das Schreibprogramm. Der Dateimanager erschien. Das Verzeichnis Roman war geöffnet. Greta sah die Kapitelnummern in der rechten Spalte. Nur die Nummern. Die Datei mit der Bezeichnung «Reg» war nicht mehr vorhanden.

Sie fragte sich, was diese Datei enthalten haben mochten und warum er sie gelöscht hatte. Es fröstelte sie. Reg. Register? Welches Register? Personenregister? Wer ist wer im Text? Das Tagebuch eines Mörders?

Offen zueinander sein, dachte sie. Na schön, mache ich den Anfang mit der Offenheit. Damit er sieht, dass er mir vertrauen kann.

«Wir haben neue Erkenntnisse.»

Er schaute sie erwartungsvoll an und schaltete den Computer aus. Sie gingen in die Küche. Greta machte Kaffee und berichtete dabei, was ich herausgefunden hatte. Mit unbewegter Miene hörte er ihr zu. Eine fünfstellige Summe auf einem Sparkonto und Schmuckstücke in einem Schließfach.

Er hatte für Tess nie etwas anderes gekauft als den Trauring. Und er hatte nie etwas anderes an ihr gesehen als diesen Ring, ihre Armbanduhr und ein paar Mal das Armband, das sie an dem Augustsonntag auf der Terrasse getragen hatte. Aber vier Monate nach der Hochzeit hatte Tess ihm einen Ring gezeigt. Ein wunderschönes Stück mit drei Perlen, jede fast erbsengroß.

Als Jan den Ring beschrieb, erinnerte Greta sich. Tess hatte ihn oft getragen, ehe sie mit Mandy schwanger wurde, wenn sie sich irgendwo in der Stadt trafen, weil Greta sie nicht in ihrer Wohnung besuchen durfte.

Tess hatte Jan erzählt, der Ring sei eigens für sie angefertigt worden bei einem Goldschmied in Düsseldorf. Ein Loblied auf den edlen Spender hatte sie gesungen und bitterlich geklagt, dass sie sich nun von ihrem Schatz trennen musste. Sie wollte ihn verkaufen, um ein wenig Geld für persönliche Wünsche zu haben.

«Ich rufe sofort Karreis an», sagte Greta. «Damit sie sich zuerst um den Goldschmied in Düsseldorf kümmern. Das klingt viel versprechend, eigens angefertigt. Hoffen wir, dass es die Wahrheit ist. Und dass Tess es nicht selbst in Auftrag gegeben hat.»

Karreis war nicht im Büro. Greta musste kurz warten, dann hatte sie Felbert in der Leitung. Er hörte sich an, was sie zu sagen hatte, und zeigte keine Spur von Begeisterung. Er klang um einiges kühler als am Vormittag, fragte, was Greta mit einem Ring beweisen wolle, den Tess nach der Hochzeit verkauft hatte.

«Vielleicht hat sie das nur gesagt», meinte Greta. «Sie war nicht darauf angewiesen, ein Schmuckstück zu verkaufen.»

Felbert ging nicht darauf ein. Mit distanzierter Stimme teilte er mit, dass Jan sich am nächsten Morgen im Büro des zuständigen Staatsanwalts einzufinden habe. Punkt neun, bitte schön!

Greta hatte immer ein feines Ohr für Zwischentöne. Jetzt ging es los. «Warum dort?», fragte sie. «Wer ist überhaupt der zuständige Staatsanwalt?» Dass wir Karreis' letzten Satz noch gehört hatten, musste sie Felbert nicht unbedingt auf die Nase binden.

«Doktor Abeler», sagte er knapp.

Und Greta hatte plötzlich Schwierigkeiten, richtig durchzuatmen. Ausgerechnet Luis! Wenn er Bevering den Fall aus den Händen gerissen hatte, musste er sich große Chancen ausrechnen. «Was will Doktor Abeler von Herrn Tinner?»

«Tut mir Leid», erklärte Felbert, und jetzt wurde seine Stimme kalt. «Ich kann Ihnen nichts dazu sagen. Morgen früh um neun. Und Doktor Abeler möchte Herrn Tinner alleine sprechen.»

Niemand musste Greta erklären, was das bedeutete. Sie versuchte auf der Stelle, mich anzurufen. Mehrfach hintereinander probierte sie es, meine Leitung war ständig besetzt.

Jan war ihr in den Wohnraum gefolgt, beobachtete ihre unvermittelt einsetzende Hektik mit Verwunderung und deutete zaghaft an, er sei hungrig. «Aber nicht wieder was vom Italiener, Greta. Ich hab's nicht mit Pizza und Salat. Koch mir lieber was Leckeres.»

Das konnte nicht sein Ernst sein. Er musste sehen, dass es Probleme gab. Er zuckte mit den Achseln, kam ihr vor wie ein Kind, das nicht begreifen wollte, wie gefährlich es ist, mit einer Nadel in der Steckdose zu stochern.

«Jetzt reg dich doch nicht auf, Greta. Lass das blöde Telefon. Koch mir was. Niklas muss mich nicht begleiten. Mir ist es egal, ob ich mit Abeler rede oder mit Karreis. Hast du etwa Angst vor Abeler? Oder hast du Angst vor mir, Greta? Das musst du nicht. Ich hab dir versprochen, dich rauszuhalten, egal was kommt.»

«Du kannst mich nicht raushalten», erklärte sie. «Nicht bei Luis. Ich habe meine Aussage unterschrieben. Hast du das vergessen?»

Nein. Er hatte es nicht vergessen. Er verstand ihre Aufregung trotzdem nicht. Eine falsche Aussage, na schön. Ich würde das für sie hinbiegen. Ich würde schon die passenden Argumente finden. Wenn man einen Mann liebt, tut man viel, man lügt auch für ihn. Und für eine Lüge aus Liebe gab es bestimmt mildernde Umstände. Darüber konnte Greta sich zusammen mit mir den Kopf zerbrechen, wenn es so weit war. Jan wollte sich seinen Kopf nicht zerbrechen. Er wollte jetzt etwas essen.

Während er sprach, glaubte sie in seinen Augen wieder

die kleinen Teufel tanzen zu sehen. Spott! Sekundenlang war er stark und gerissen. Und im nächsten Augenblick war er wieder hilflos, ratlos, nur ein hungriges Kind, das seit Tagen nichts Vernünftiges in den Bauch bekommen hatte.

In ihrem Eisschrank lagen ein paar Fertiggerichte. Jedes war innerhalb weniger Minuten in der Mikrowelle zubereitet. Das konnte er selbst übernehmen. Sie schickte ihn in die Küche, wählte erneut meine Nummer. Immer noch besetzt.

Jan kam mit drei Packungen in der Hand zurück ins Wohnzimmer, schaute sich die Serviervorschläge an, stellte fest, dass auf den Abbildungen alles sehr lecker aussehe und er gar nicht wisse, wofür er sich nun entscheiden solle. Dass sie wohl selten die Zeit finde zum Kochen, aber vielleicht könne sie ihm eines der Gerichte empfehlen.

«Geflügel», sagte Greta. «Geflügel ist immer gut.»

Wenig später saß er vor einem Teller mit Hähnchenbrust und Gemüsereis. Sie hatte mich immer noch nicht erreicht, goss sich einen Kaffee ein und zwang sich, ein paar Minuten zu warten. Das ständige Besetztzeichen machte sie nur nervöser, als sie ohnehin war.

Jan lobte das Menü. Damit hatte er nicht gerechnet, dass Fertiggerichte so schmackhaft waren. Nur war die Portion leider zu knapp bemessen. Er hätte glatt das Doppelte verdrücken können.

«Jan, was soll das?», fragte sie. Sein Verhalten machte sie völlig konfus. Dieses Rauf und Runter, Hin und Her, Sanft und Böse, Schutzbedürftig und Stark.

Er lachte. «Was soll sein? Wenn du dir fast in die Hosen scheißt, nur weil Luis Abeler persönlich mit mir reden will und allein, dürfte meine Zeit in Freiheit ablaufen. Lass mich die letzten Stunden genießen, Greta.

Schieb das Schweinemenü in die Mikrowelle und nimm eine Tablette, wenn dir die Nerven durchgehen. Mir hat das Zeug gut getan.»

«Du hast es doch gar nicht genommen!»

Er grinste. «Nein, aber gelutscht habe ich dran. Das hat für mich gereicht.»

*

Als sie die Mikrowelle einschaltete, klingelte im Wohnzimmer das Telefon. Greta rannte hinüber, riss den Hörer hoch. Ich überfiel sie mit der Frage: «Mit wem telefonierst du denn die ganze Zeit?»

«Ich habe versucht, dich zu erreichen. Vorher habe ich kurz mit Felbert gesprochen.»

Und ich hatte versucht, sie zu erreichen und vorher länger mit Luis Abeler gesprochen. «Hat Felbert dir ausgerichtet, dass Jan sich morgen früh bei Luis einzufinden hat?»

«Ja.»

«Jetzt wird es haarig», erklärte ich. «Seit dem frühen Nachmittag liegen die Protokolle bei Luis. Hast du von Jan jemals den Namen Janine Breste gehört?»

«Nein», behauptete Greta.

«Dann hast du auch keine Ahnung, was mit ihr passiert ist?»

«Nein!», sagte sie und dachte, im Bett verbrannt.

Ich glaubte ihr und fluchte leise. «Wir werden es sicher morgen erfahren. Luis hat etwas ausgegraben. Er hat mir nur die Namen an den Kopf geworfen. Beide Namen, Janine Breste und Barbara McKinney.»

«Wo hat Luis die Namen denn so schnell her? Er kann doch unmöglich in der kurzen Zeit –»

Weiter ließ ich sie nicht kommen. «Er hat sie, das

zählt!» Ich war ziemlich aufgebracht und machte daraus keinen Hehl. «Ich hatte Jan gewarnt, Greta. Wenn ich etwas hasse, sind es Leute, die meinen, sie können die Hälfte unter den Tisch kehren. Ich komme sofort. Du kannst ihn schon einmal darauf vorbereiten.»

«Bring die Kopien mit», sagte sie noch. Dann legte sie auf. Sie hörte aus der Küche das Klingeln der Mikrowelle und wartete darauf, dass Jan sich das Gericht holte. Aber in der Küche rührte sich nichts.

Als sie zur Tür ging, sah sie ihn am Tisch sitzen. In der einen Faust die Gabel, in der anderen das Messer, beides hochgerichtet. Er grinste sie an. «Habt ihr den Wisch endlich gefunden?» Er war so siegesbewusst, so selbstsicher in dem Moment.

Sie wusste nicht, was er meinte. «Welchen Wisch?»

«Na, den Zettel von Mandys Vater. Tess hatte doch Kopien davon. Da muss ja sein Name drauf sein.»

«Nein», sagte Greta. «Nein, den Zettel haben wir nicht. Wir haben nur einen Namen. Janine Breste.»

Er schluckte trocken, sein Gesicht wechselte die Farbe, das Grinsen gefror. Dann schlug er mit der rechten Faust auf den Tisch und fluchte: «Scheiße, verdammte!»

Er beruhigte sich sofort wieder, entschuldigte sich sogar für die kleine Notlüge. Er habe Greta nur nicht zusätzlich beunruhigen wollen. Nun erzählte er ihr, dass er zwei Jahre mit Janine Breste zusammengelebt hatte. Dass sie bei einem Wohnungsbrand umgekommen war, gut ein halbes Jahr bevor er Gretas Nachbar wurde. Dass er Janine geliebt hatte, ebenso abgöttisch geliebt wie Tess. Dass sie ihn betrogen hatte, ebenso schamlos betrogen wie Tess und Barby, die sich von jedem Hanswurst in der Kaserne unter den Rock greifen ließ.

Es war, als würde er innerlich zusammenbrechen. Er sprach stockend und so leise, dass Greta sich anstrengen musste, jedes Wort zu verstehen. Anfangs dachte sie noch, dass er beim nächsten Satz anfangen würde zu weinen. Doch je länger er sprach, umso mehr verlor sich das, umso mehr machte er den Eindruck eines Mannes, der endgültig kapituliert hatte und sich in sein Schicksal ergab. Nur wusste sie nicht mehr, ob sein Verhalten echt war, ob sie glauben durfte, was sie sah und er sagte.

Mit Barby hatte es angefangen. Zweiundzwanzig war er gewesen, ein schwermütiger, junger Mann, der sich für einen Weichling, einen Schwächling hielt, der nur in der Gemeinschaft starker Männer einen Halt zu finden glaubte. Der sich nicht vorzustellen vermochte, dass es ein zufriedenes, glückliches und erfülltes Leben an der Seite einer Frau geben könne. Weil er nur eine Sorte Frau kannte. Die verbitterte, brüllende, prügelnde, quälende Mutter. Aber Barby war so anders.

Ein lustiger Vogel, anschmiegsam und zärtlich. Monatelang lebte er wie im Himmel mit ihr, restlos glücklich, rundherum zufrieden. Er dachte an Hochzeit, obwohl sich die Anzeichen mehrten, dass er nicht der einzige Mann in Barbys Leben war. Er wollte nichts hören von den Gerüchten, versuchte das Tuscheln und die bezeichnenden Blicke hinter seinem Rücken zu ignorieren.

Eines Tages fühlte Barringer sich verpflichtet, ihm die Augen gewaltsam zu öffnen. Jan und Barby verbrachten diesen Abend in einer Diskothek. Barringer stieß scheinbar zufällig zu ihnen und bat, auf der Rückfahrt mitgenommen zu werden. Angeblich streikte sein Golf. Dann begann Barringer mit Barby zu flirten, tanzte mit ihr, betatschte sie und knutschte mit ihr.

Statt einzugreifen und seinen Freund oder Barby zur Rede zu stellen, betrank Jan sich und ließ sich um zwei Uhr nachts von Barringer in den Wagenfond verfrachten.

Barringer übernahm das Lenkrad, Barby setzte sich neben ihn.

Barringer fuhr ins Grüne und zeigte Jan, dass Barby nicht einmal Hemmungen hatte, zum Äußersten zu gehen, wenn sich der Mann, dem sie von Ehe und Kindern vorschwärmte, in unmittelbarer Nähe aufhielt. Noch während der Fahrt ging es auf den Vordersitzen zur Sache.

Dass Jan zu betrunken war, um genau zu verfolgen, was sich zwischen Barby und seinem einzigen wahren Freund abspielte, war nebensächlich. Barringer hielt schließlich an, nahm Barby auf den Schoß und brachte zu Ende, was er sie mit den Händen hatte beginnen lassen.

Dann fuhr er weiter. Und nach ein paar Minuten drehte er sich zu Jan um und sagte: «Hast du endlich kapiert, was mit ihr los ist?»

Barby begriff, dass es nur darum gegangen war, ihren offenherzigen Charakter bloßzulegen. Sie ging mit den Fäusten auf Barringer los. Er verlor die Kontrolle über den Wagen. Die beiden Männer wurden ins Freie geschleudert.

Den Rest hatte er Greta ja bereits ausführlich geschildert, einschließlich der verzweifelten Rettungsversuche, die sich wohl in Barringers schlechtem Gewissen begründeten. Wer wollte das heute noch beurteilen? In jedem Fall hatte Barringer alles Menschenmögliche getan, das Mädchen zu retten. Und Jan hatte das Gleiche bei seinem Freund versucht, mit etwas mehr Erfolg.

Die dritte Fassung, dachte Greta nur. Wenn Luis Abeler sie am nächsten Tag widerlegen konnte, bot Jan vermutlich eine vierte Version. Aber erst einmal erzählte er, wie es angeblich weitergegangen war.

Nach Barbys Tod hatte er sich lange Zeit gehütet, in die Nähe einer Frau zu kommen. Für ihn waren sie alle

gleich schlecht. Alle nur darauf aus, einen Mann zu demütigen und zu zerbrechen, wie seine Mutter seinen Vater zerbrochen hatte. Bis der sich nicht mehr anders zu
helfen wusste und sie erstach.

Jan schaute sie treuherzig an und hob die Hand zum
Schwur. Das war die Wahrheit. Greta hatte doch nicht
etwa im Ernst geglaubt, Jan hätte seine Mutter ... Aber
nein! Das hatte er nur behauptet, um zu sehen, wie Greta
reagierte.

Ihr lag auf der Zunge zu sagen, er habe zu lange mit
Tess gelebt. Dass zu viel von ihrem Wesen auf ihn abge-
färbt habe. Das sprach sie nicht aus, hörte weiter zu.

Die einsamen Jahre. Die ersten Kontakte zum Fernsehen, als ein Kamerateam das Militärgelände als Kulisse
benötigte und Jan als Berater oder Aufpasser abgestellt
wurde, damit die Fernsehleute sich auf den genehmigten
Wegen hielten.

Sein erstes Drehbuch, noch als Berufssoldat. Es wurde
abgelehnt, jedoch nur, weil der Stoff höchstens für einen
Kurzfilm gereicht hätte. Man offerierte ihm, für Serien zu
schreiben. Das tat er, quittierte den Militärdienst, als seine Zeit dort abgelaufen war, und verdiente sein Geld mit
Schreiben.

Hin und wieder ging er zu einer Prostituierten, hatte
Angst vor Enttäuschungen, Verletzungen, vor jeder festen
Beziehung. Bis Janine Breste in sein Leben trat. Zehn Jah-
re nach Barby.

Er hatte Janine nicht getötet. «Soll ich das auch noch
schwören, Greta?» Er hatte doch gar nicht gewusst, dass
sie ihn betrog. Er war oft unterwegs, Besprechungen mit
Redakteuren, Regisseuren, Produzenten, endlose Mee-
tings mit Kollegen, Schauplatzrecherche und so weiter.

Manchmal machte jemand aus der Nachbarschaft
eine Andeutung, dass es in der Wohnung, die er mit Ja-

nine teilte, zugehe wie in einem Taubenschlag, wenn er den Rücken kehrte. Aber er nahm das nie ernst. Er dachte, es sei der blanke Neid, weil man ihm diese Frau nicht gönnte.

Hübsch war sie gewesen und ein bisschen wie er, schwermütig und antriebsschwach auf eine Art, die man als Trägheit auslegen konnte. Aber wenn Janine in Fahrt kam, war sie hinreißend. Er sprach von Heirat, Janine wollte noch warten. Er sprach von Kindern, Janine wollte erst ihr Leben genießen.

Manchmal gab es Streit deswegen. Dann warf Janine ihn aus dem Schlafzimmer. Und er betrank sich, an dem schrecklichen Abend auch. Er schlief ein auf der Couch im Wohnzimmer, erwachte irgendwann in der Nacht hustend und röchelnd im dichten Rauch. Sich zu Janine ins Schlafzimmer durchzukämpfen erwies sich als unmöglich. Er versuchte es natürlich, sogar mehrfach, so oft, dass er beinahe selbst draufgegangen wäre. Nur mit knapper Not hatte er es über den Balkon ins Freie geschafft.

So war es gewesen. Und wieder die Verzweiflung. Befragungen durch die Polizei. Nein, sie hatten ihn nicht verdächtigt. Das konnte er auch beschwören. Und wieder die Einsamkeit. Ein Umzug aus dem Norden ins Rheinland, um Abstand zu gewinnen.

Dann kam Greta, aber sie war rein äußerlich seiner Mutter so ähnlich. Es hatte ihm einen Schock versetzt, als er sie das erste Mal sah. Es hatte ihn ungeheure Überwindung gekostet, sie anzusprechen. Dass er es schaffte, dass er es danach sogar wagte, sie um einen Gefallen zu bitten, hatte er für ein gutes Zeichen gehalten.

Und etwas in ihm sagte, dass er mit einer Frau wie Greta nicht nur leben, sondern auch all die inneren Ängste und Schuldgefühle überwinden könne. Auf dem Umweg über den Roman versuchte er festzustellen, wie sie zu Gewalt und Demütigungen stand. Als er es endlich wusste, fiel ihm auf, dass zwischen ihr und mir mehr war als berufliches Einvernehmen. Und er wollte sich nie wieder auf ein Verhältnis einlassen, wenn nicht hundertprozentig sicher war, dass er die Frau für sich alleine hatte.

Bei Tess war er sicher gewesen, nachdem sie ihm von Mandys Vater und ihren schlechten Erfahrungen erzählt hatte. Eine Frau, die am eigenen Leib erleben musste, wie weh es tut, verraten und gequält zu werden, so eine Frau sei die Richtige für ihn, hatte er gedacht. Dann entpuppte sich Tess als der größte Reinfall von allen. Und jetzt waren es drei tote Frauen.

«Hilf mir, Greta.»

Natürlich! Was hätte sie auch sonst noch tun können? Sie glaubte ihm nicht einmal die Hälfte, hatte das Gefühl, auf einer Tretmine zu tanzen. Sie wusste nicht, was sie noch denken sollte, sehnte sich plötzlich nach mir. Jeden Augenblick wusste sie, was ich dachte und was sie in der nächsten Minute, Stunde oder am nächsten Morgen von mir zu erwarten hatte.

Hilf mir, Greta! Ja, natürlich! Zurück konnte sie nicht mehr, wenn ihre Aussage bei Luis lag. Bei Bevering hätte sie es probiert. Bei Luis musste schon der Versuch in den Untergang führen.

*

Ich ahnte immer noch nichts von ihrer Angst, als ich eintraf. Aber mir war auch klar, dass es kein Zurück mehr gab. Ich hörte mir Jans Version an, wies darauf hin, dass ich von Janine Breste früher hätte erfahren müssen. Dann hätte ich vor Luis nicht wie ein Idiot dagestanden. Es war nicht mehr zu ändern.

Jan bettelte um Verständnis. «Ich konnte es dir nicht sagen, Niklas, auch Greta nicht. Was hättet ihr von mir gedacht? Dreimal stirbt eine Frau. Dreimal war ich in unmittelbarer Nähe.»

«Viermal», sagte ich.

Jan zuckte zusammen. «Na schön, viermal. Was hätte ich denn da noch sagen sollen? Ich bin ein Mann, der viel Pech hat?»

«Für mein Empfinden hatten die Frauen entschieden mehr Pech», sagte ich.

Jan nickte. Und Greta fand, es sei an der Zeit, das Thema zu wechseln, bevor ich mich wieder auf meine ursprünglichen Ansichten besann. Sie hätte mir nicht mehr widersprechen können, das war das Schlimme. Aber das sagte sie erst später. Noch ließ sie mich im Glauben ihrer unerschütterlichen Liebe.

Ich merkte wohl, dass sie ein Ablenkungsmanöver startete, als sie noch einmal die Frage aufwarf, die sie schon am Telefon gestellt hatte. Wie war Luis Abeler so schnell an die Namen der beiden Frauen gekommen? Aber Ablenkungsmanöver hin oder her: Es war eine interessante Frage. Es gab auch eine Antwort. Nur klang sie unwahrscheinlich.

Sollte Luis die Namen von Tess gehört haben? Unseres Wissens hatten sie sich nach der ersten Party in Lindenthal nicht mehr gesehen. Tess hatte Luis und Hella noch mehrfach eingeladen, sich jedoch nur Absagen eingehandelt. Für Hella waren Drehbuchautoren und gelangweilte Hausfrauen nicht der gesellschaftliche Umgang, den sie normalerweise pflegte.

Und auch wenn Luis sich gerne mit Tess unterhalten hatte, so eng war die Bekanntschaft nie gewesen, dass Tess ihn zwischendurch hätte anrufen können, um ihm ein paar Szenen aus Jans Meisterwerk zu erzählen. Wenn sie allerdings in diesen Szenen mehr gesehen hatte als ein Phantasiegebilde …

«Ist es mehr?», wollte ich wissen.

Jan schüttelte energisch den Kopf.

Ich wartete eine volle Minute darauf, ob er sich das eventuell noch einmal überlegte. Dann sagte ich: «Es ist eine unangenehme Situation, wenn man nicht mehr weiß, was man glauben darf. Im Allgemeinen halte ich es so, dass ich einen Fall ablehne oder niederlege, wenn ich Zweifel an der Glaubwürdigkeit eines Mandanten habe. Wenn ich diesmal mit meinem Prinzip breche, tue ich es nur Greta zuliebe.»

«Das kann ich mir denken», meinte er.

Ich nickte. «Gut. Dann sei jetzt so nett und lass uns allein. Geh ins Bett, es ist spät genug. Du wirst morgen einen harten Tag haben. Und ich habe eine Menge mit Greta zu besprechen.»

Er starrte mich an, so viel Wut in den Augen, dass ich dachte, jetzt schlägt er zu. Aber er verzog nur die Lippen, ob spöttisch oder schmerzlich, hätte ich nicht sagen können. Er erhob sich und ging auf die Tür zu. Dort blieb er noch einmal stehen, drehte sich zu uns um, murmelte: «Gute Nacht», und schlurfte durch die Diele zum Schlafzimmer.

«Schließ die Tür», rief ich ihm nach. Er gehorchte.

«Du solltest ihn nicht demütigen», sagte Greta leise.

«Warum nicht? Hast du Angst, dass er dir dafür die Kehle durchschneidet? Keine Sorge, diese Nacht bleibe ich hier. Ich habe ein paar Sachen zum Umziehen mitgebracht.»

Ein paar Sekunden später sagte ich: «Ich sollte ihm den Rat geben, sich einen anderen Anwalt zu suchen. Er wird ihn bitter nötig haben, wenn Luis ihn in die Mangel nimmt. Mein Gott, ich habe Luis noch nie so wütend erlebt. Er brüllte ins Telefon, dass ich dachte, mir fliegt gleich der Hörer um die Ohren.»

Übertrieben war das nicht. Dass ich mir nicht einbilden solle, ich könne Gretas Schoßhündchen mit einem billigen Trick vor dem Abdecker retten, hatte Luis gebrüllt. Wo mein Verstand geblieben sei? Und ob mir noch nicht aufgefallen sei, dass Greta den ihren längst eingebüßt habe. Ich solle sie fragen, ob sie nicht Angst habe, eines Tages so zu enden wie Barbara McKinney, Janine Breste und Tess!

Greta rutschte unruhig im Sessel hin und her. Ich betrachtete sie zweifelnd. «Meinst du, du schaffst es für eine Viertelstunde, deine Liebe ins Herz zu verbannen und dein Hirn wie eine Anwältin zu benutzen? Luis hätte sich nicht so aufgeführt, wenn er die Namen nur von Tess gehört oder in einem Romanmanuskript gelesen hätte. Und zwei Frauen, die beide als Unfalltote in die Polizeiakten eingegangen sind, wie Jan uns weismachen will, hätten ihn auch nicht so aus der Fassung gebracht. Wenn es, wie Jan behauptet, keine Ermittlungen gegen ihn gegeben hat, worüber regt Luis sich auf? Was kann schlimmstenfalls in den Polizeiakten stehen?»

Sie sprach leise, um im Schlafzimmer nicht gehört zu werden. «Hast du die Disketten mitgebracht?»

Ich hatte die komplette Box in meinem Aktenkoffer. Die nächsten Stunden verbrachten wir in ihrem Arbeitszimmer vor Jans Computer. Zuerst ein Blick in die Datei «Reg». Es handelte sich tatsächlich um ein Register. Und darin stand es schwarz auf weiß.

Ann Jamin – Janine Breste.

Es folgten gut zwei Dutzend weiterer Namen. Darunter auch Dennis Barringer, nur hinter seinem Namen stand «bleibt». Bei anderen, ausschließlich jungen Frauen, gab es mehrere Zeilen mit Geburtsdaten, Aufenthaltsorten, Todesdaten und dem Vermerk «ungeklärt». Und zuletzt lasen wir: «Ich – Axel Berle».

Ich betrachtete den Bildschirm und fasste es nicht. Hinter mir hörte ich Greta zischend die Luft einziehen. Ich saß auf dem Stuhl, sie schaute über meine Schulter auf den Monitor. Ich drehte mich zu ihr um, sah die Fassungslosigkeit in ihrem Gesicht und sagte: «Ich habe schon mit einer Menge Idioten zu tun gehabt. Aber das ist der Gipfel. Reicht sein Gedächtnis nicht so weit, dass er sich merken konnte, welche Rolle er spielt? Oder musste er sich auf diese Weise vor Augen halten, was für ein toller Kerl er ist?»

«Er kann jederzeit behaupten, das sei eine Romanversion», widersprach sie lahm.

«Das ist mein Argument für morgen, Greta. Worauf Luis mir antworten wird, es habe schon mehr als einen Psychopathen gegeben, der Tagebuch führte. Schauen wir uns sein Tagebuch an.»

Das taten wir. Bis weit nach Mitternacht lasen wir uns durch Scheußlichkeiten, die kaum zu überbieten waren. Eine Orgie von Blut und Gewalt. Manchmal verzog Greta angewidert das Gesicht. Vieles war auch ihr neu. Mehrere Textstücke überflogen wir nur kurz, weil es mit der Zeit eintönig wurde.

Es gab insgesamt sieben Morde, den Muttermord nicht mitgerechnet. Sieben tote Frauen, die alle eines gemeinsam hatten. Sie waren jung, hübsch und lebenslustig gewesen – und auf bestialische Weise getötet worden. Alles, was Jan Greta zu Anfang geboten hatte, war im Vergleich dazu harmlos gewesen. Er hatte mit Axel Berle einen Serienmörder konstruiert, der sich an herausquellenden Innereien ergötzte, einen Wahnsinnigen, gegen den Jack the Ripper ein Waisenknabe gewesen war. Und obwohl Axel Berle wie ein Berserker wütete, er machte keine Fehler, geriet nie in Verdacht.

Wir stellten rasch fest, dass es mit der ursprünglichen Romanidee nichts mehr gemein hatte. Irgendwann schaute ich mit brennenden Augen auf die Uhr. «Machen wir Schluss, Greta. Ich habe genug gelesen. Wenn Luis uns morgen damit kommen will, weiß ich, was ich ihm antworte.»

«Ja», murmelte sie. Es klang so bedrückt und mutlos.

«Oder ist es dir lieber, wenn ich ihm nicht antworte? Es sind sieben Frauen. Wenn du auch nur den Verdacht hast, daran könnte ein Fünkchen Wahrheit sein, wäre es besser, Luis freie Hand zu lassen. Und ich bin sicher, dass Luis über einiges hinwegsieht, wenn du deine Aussage zurückziehst.»

Sie schüttelte den Kopf, starrte an mir vorbei auf einen unbestimmten Punkt an der Wand. Dann legte sie beide Hände vors Gesicht und schluchzte auf. «Ich kann das nicht, Niklas. Er hat Tess nicht getötet. Du hast mir nicht geglaubt, als ich es dir … Du hältst es für unvorstellbar, dass ich nach dreißig Jahren …»

Sie geriet ins Stottern. «Es war nicht ganz so, wie ich es dir während der Fahrt zu ihren Eltern … Ich war länger in der Kanzlei, habe den Schriftsatz zu Ende … Ich weiß nicht genau, wann ich losgefahren bin, gegen halb fünf ungefähr. Tess hat mir nicht geöffnet, wie so oft. Sie lag auf der Terrasse. Ich hatte keine Ahnung, dass Jan im Haus war. Ich habe ihr deinen Vorschlag … Das habe ich wirklich, und sie hat auch wirklich darüber gelacht und dieses vulgäre Zeug von sich gegeben.»

Ihre Schultern zitterten wie in einem Krampf, die Stimme so leise, dass ich sie kaum noch verstand, es war nur noch ein Wispern: «Sie hat ihn beschuldigt. Er wäre ein Sadist, bekäme nur einen hoch, wenn er sie … Ich konnte mir das nicht anhören, Niklas. Ich hatte es zu oft von dir gehört. Ich habe verlangt, sie soll den Mund halten. Aber sie war erst still, als ich sie …»

Das krampfartige Zittern ließ nach, sie beruhigte sich ein wenig. «Ich habe Jan nicht gesehen, aber er mich vielleicht, so wie er sich benimmt. Vielleicht hat er aus dem Fenster geschaut und mein Auto … Ich habe das Gefühl er weiß etwas, aber er ist nicht völlig sicher und will mich dazu bringen, dass ich … Ich wollte nicht, dass sie stirbt, Niklas, ich wollte es wirklich nicht. Ich wollte nur nichts mehr davon hören. In all den Jahren wusste ich, dass sie lügt. Aber als sie sagte, sie säuft nur, damit sie es aushält, wusste ich nicht mehr, was ich glauben sollte, weil du doch auch ständig …»

Ich konnte ihr nicht antworten, beim besten Willen nicht. Ich zog sie nur an mich und sah mich mit ihr und der Familie Damner in einem kleinen Wohnzimmer sitzen, in dem Tess mir die Luft zum Atmen nahm. Dann sah ich uns in der Ausstellungshalle stehen. Gretas Freude beim Anblick einer runden Badewanne und von drei Dutzend Wasserhähnen, ihr Begreifen. Ich hörte sie sagen: «Ich kann alleine aufstehen.» Und ich dachte, jetzt nicht mehr.

Ich hatte mich nie zuvor so schuldig gefühlt wie in diesen Minuten. Ich war der Besessene gewesen, ich hatte ihr das Messer in die Hand gedrückt und sie zerbrochen, die starke, unbeugsame Greta Baresi. Und wenn Jan sie jetzt erpressen konnte – mit einem Verdacht, wenn er aus meiner gestrigen Erklärung ihres Geständnisses erst die richtigen Schlüsse zog …

Ich hatte Angst, zum ersten Mal in meinem Leben richtige, grausame Angst, Greta endgültig zu verlieren.

12. Kapitel

Am Dienstagmorgen Punkt neun schloss sich die Tür zu Luis Abelers Büro hinter uns. Luis machte nicht den Versuch, seine Anweisung durchzusetzen und sich Jan alleine vorzunehmen. Und da Greta nun einmal mitgekommen war, durfte sie ebenfalls dabei sein. Immerhin ging es, wie Luis betonte, auch um ihren Hals. Aber den sollte er nicht anrühren, dafür wollte ich sorgen.

Von der Wut, die Luis am Vorabend ins Telefon gebrüllt hatte, war noch kein Quäntchen verraucht. Im Gegenteil, sie schien über Nacht gewachsen, türmte sich auf seinem Schreibtisch wie eine massive Wand zwischen ihm und uns.

Karreis und Felbert waren bereits anwesend, als wir hereinkamen. Es gab nicht genug Sitzgelegenheiten. Ich holte einen Stuhl für Greta vom Korridor. Dann ging es los.

Zu Anfang gab Luis sich noch ein wenig Mühe, seinen Zorn zu kontrollieren. Er hatte drei Bündel Papier vor sich auf dem Schreibtisch. Zwei davon waren Akten, das dritte ein halber Roman. Und zuerst ging es nur darum.

Luis holte etwas weiter aus. Was wir für unwahrscheinlich gehalten hatten, war geschehen. Tess hatte sich vor einiger Zeit – ein genaues Datum konnte Luis nicht mehr nennen, es mochte Ende April, Anfang Mai gewesen sein – mit einer ungewöhnlichen Bitte an ihn gewandt. Ob es für ihn die Möglichkeit gebe, in zwei Todesfällen zu recherchieren, die vor Jahren in Norddeutschland geschehen seien.

Tess hatte ihm die Namen McKinney und Breste genannt und erklärt, sie hege einen grauenhaften Verdacht. Sie könne damit unmöglich zu Niklas oder Greta gehen. Beide würden sie auslachen. Aber wenn auch nur ein Körnchen Tatsache an dem sei, was ihr Mann seit drei Jahren als Roman verarbeite ...

Wie Luis es schilderte, hatte er die Angelegenheit auf die leichte Schulter genommen. Er kannte Tess und ihren Hang zu Übertreibung, Ausschmückung oder freier Erfindung. Das warf er sich nun vor. Gefreut hatte er sich, nach so langer Zeit wieder einmal von ihr zu hören. Den Gefallen tat er ihr gerne. Er telefonierte für sie, hörte von zwei Unfalltoten und wollte die Sache damit abhaken. Aber als er ihr telefonisch mitteilte, es sei alles in Ordnung, sei sie sehr bedrückt gewesen und habe ihn um ein Gespräch unter vier Augen gebeten. Zwei Tage später sei sie zu ihm ins Büro gekommen und habe ihm zweihundert Seiten bedrucktes Papier, einschließlich des Personenregisters, vorgelegt. Nur habe er immer noch keinen Grund zur Besorgnis gesehen.

Es war grässlich zu lesen, aber es gab scheußlichere Sachen. Man erinnere sich nur an den Marquis de Sade oder den neuzeitlichen Abklatsch, wo es statt einer eingenähten Maus eine Ratte sein musste. Luis kannte nicht nur den Titel des neuzeitlichen Abklatsches, er wusste auch, dass darin neben der Ratte solides Werkzeug für den gestandenen Heimwerker zum Einsatz kam.

Ich fragte mich, warum er uns das so ausführlich erklärte. Er wollte uns gewiss nicht mit seinen Literaturkenntnissen imponieren. Zu Tess habe er gesagt, das sei wohl jetzt so Mode bei der schreibenden Zunft.

Mit dem letzten Satz änderte sich sein Verhalten. Er

wurde nicht lauter, nicht schärfer im Ton. Er wurde eisig. Karreis und Felbert schienen zu wissen, was als Nächstes kam. Sie hingen wie gebannt an seinen Lippen, fast so, als warteten sie auf die Verkündung eines neuen Evangeliums. Greta saß da mit angespannter Miene. Und Jan – seit wir den Raum betreten hatten, war sein Gesicht wie mit Wachs überzogen.

Er fühlte sich unsicher und war bemüht, es nicht zu zeigen. Aber ich hatte es schon beim Frühstück gespürt. Es war ein Fehler gewesen, ihn ins Bett zu schicken wie einen kleinen Jungen. Es war ein noch größerer Fehler, dass ich, als wir Gretas Wohnung verließen, zu ihm sagte: «Egal, was kommt, du hältst den Mund. Das Reden überlässt du mir.»

Er traute uns nicht mehr. Wie sollte er auch, wir hatten die halbe Nacht über ihn und sein Schicksal verhandelt, ohne uns zu überzeugen, ob er tatsächlich schlief. Die Tür des Schlafzimmers war zwar geschlossen gewesen. Aber wer lauschen will – nur der Himmel wusste, ob und wie viel er mitgehört hatte.

Luis kam endlich zum Kernpunkt. Ich – Axel Berle! Das war mein Stichwort. Doch bevor ich auch nur Luft für den Ansatz holen konnte, bot Jan eine so umwerfend logische Erklärung für sein Machwerk, dass keinem noch so versierten Psychologen Zweifel an seiner Aufrichtigkeit gekommen wären.

Die Ursprungsidee zum Roman begründete sich in seinen Schuldgefühlen und dem Gedankenspiel, was wäre geschehen, wenn. Er hätte das Leben seines Vaters retten können, wenn er damals die Schuld auf sich genommen hätte. Niemand hätte ein vierjähriges Kind für den Tod der Mutter zur Verantwortung gezogen. In dem Alter wäre wohl nicht einmal eine Heimeinweisung erfolgt. Jan hätte mit einem Geständnis also nicht nur seinen Vater vor dem Gefängnis und dem Freitod bewahrt, er hätte auch sich selbst eine Menge schlimmer Erfahrungen erspart.

Er wollte noch mehr sagen. Luis unterbrach ihn mit einer unwilligen Handbewegung. «Niemand hätte Ihnen geglaubt, Herr Tinner. Ein vierjähriges Kind greift nicht aus Angst zu einem Messer. Ein vierjähriges Kind weiß auch nicht, dass der Hals die verwundbarste Stelle ist.»

Jan konterte mit einem Lied, das seine Mutter oft gesungen habe. Das Lied vom Wolf und dem Schaf, in dem es an einer Stelle hieß: «Beißt das Schäfchen in den Hals, beißt das Schäfchen tot.»

Damit hakte Luis die Mutter und das Vorgeplänkel ab. Er musste die Stimme nicht heben, um die Atmosphäre im Raum bedrohlich zu verdichten. Er sprach nur die beiden Namen aus. Barbara McKinney und Janine Breste!

«Es gab bei der Obduktion beider Frauen zahlreiche Ungereimtheiten. Ich habe die Akten hier.» Luis zeigte auf den zweiten und dritten Papierstapel. «Und ich verstehe nicht, dass die Kollegen dem nicht die notwendige Beachtung geschenkt haben. Da ist zum Beispiel ein Schädelbruch bei McKinney, der untypisch für einen Verkehrsunfall ist. Ein Lochbruch, wie man ihn häufig nach Schlageinwirkung mit spitzen Gegenständen sieht. Darüber hinaus waren McKinneys Finger gebrochen. An beiden Händen, Herr Tinner, das sind insgesamt acht Finger. Das sieht nicht nach einem Unfall aus, Herr Tinner, das war Rache. Und es gibt eine Romanszene, in der Josy Barringer mit der Hand befriedigt, anschließend zerrt Axel Berle sie nach hinten.»

In dem Moment hatte Greta das Gefühl, zu ersticken. Ich sah, wie sie sich an den Hals fasste. Luis beobachtete sie ebenfalls, während er weitersprach.

«Im Fall Breste war es kaum anders. Sie waren in der

Wohnung, als Janine Breste starb. Es gab auch bei ihr Verletzungen, die nicht ins Gesamtbild passten. Gebrochene Rippen, wie soll das passiert sein bei einer Frau, die im Bett einschlief?»

Jan hob die Schultern: «Woher soll ich das wissen? Ich bin kein Mediziner.»

«Dann will ich es Ihnen erklären», sagte Luis. «So etwas passiert, wenn ein Mann einer Frau vor oder nach einem erzwungenen Verkehr das Knie in die Rippen stößt. Dass Sie kurz vor Janine Brestes Tod Verkehr mit ihr hatten, wurde zweifelsfrei nachgewiesen. Ihrer damaligen Aussage zufolge verließen sie anschließend das Schlafzimmer, weil Sie sich noch einen Film anschauen wollten. Darüber seien Sie eingeschlafen und aufgewacht in dichtem Rauch.»

Luis ließ Greta nicht aus den Augen, als wolle er sich vergewissern, dass sie aufmerksam zuhörte. Er fuhr fort. «Ich will Ihnen sagen, was mich an dieser Aussage stört. Ein schlafender Mann wird von Rauch in den seltensten Fällen aufgeweckt. Und ehe der Rauch dicht ist, ist der Mann erstickt. Wenn er dagegen wach ist und über eine Gasmaske verfügt, was man bei einem ehemaligen Bundeswehrangehörigen nicht ausschließen darf, kann er abwarten, bis die Lage für ihn selbst kritisch wird.»

Luis hob einen Finger wie ein Dozent an der Uni. «Was mit Janine Breste geschehen ist, war ein Mord! In Ihrem Manuskript hatten Sie die Einzelheiten, speziell den Tritt in die Rippen, beschrieben. Sie hatten sogar angeführt, dass Janine Breste Sie zwei Tage zuvor aus der Wohnung geworfen hatte. Eine Freundin von Janine Breste erinnerte sich damals an ein Telefongespräch, in dem Janine ihr diesen Rauswurf geschildert hatte. Leider hat niemand dieser Aussage eine Bedeutung beigemessen, weil sie von der Nachbarschaft nicht bestätigt werden konnte.»

Luis holte tief Luft. «Darüber hinaus haben Sie fünf weitere Morde an jungen Frauen beschrieben. Ich werde die Namen ans BKA geben, vielleicht bringt uns das weiter.»

«Die Mühe können Sie sich sparen», erklärte Jan ruhig. «Es handelt sich um ungeklärte Morde. Ich habe in diesen Fällen bei der Polizei recherchiert. Die Beamten waren sehr hilfsbereit. Ich habe sogar Einblick in die Akten bekommen. Natürlich nur unter der Zusicherung, Namen und Fakten zu ändern.»

«Kann ich die Obduktionsbefunde sehen?», fragte ich.

«Nein», sagte Luis knapp. «Die stehen hier nicht zur Diskussion.»

«Da habe ich einen anderen Eindruck», widersprach ich.

«Ich wollte es nur erwähnen», sagte Luis. «Ich wollte aufzeigen, dass sich die Befunde mit dem Manuskript decken. Ich habe nicht vor, damit vor Gericht zu argumentieren. Da werde ich nur den aktuellen Befund vorlegen. Und dazu gab es ja auch eine Szene im Roman. Es soll eine sehr detaillierte Schilderung der Stichführung gewesen sein. Leider wurde sie aus dem Text entfernt.»

Jetzt sprach Luis Greta an: «Hast du ihm dazu geraten? Du warst doch seine juristische Ratgeberin für dieses Machwerk.»

Er verzog die Lippen. Es sollte wohl ein abfälliges Lächeln werden, aber es war nur zornig und ohnmächtig. Er wusste, dass er nichts in der Hand hatte, er stocherte nur blindwütig im Dreck.

«Du hast rasch Karriere gemacht», sagte er. «Von der juristischen Ratgeberin für einen Krimi zur Alibizeugin in einem Mordfall. Ich habe deine Aussage mit Interesse gelesen und frage mich, ob du dabei warst, als Tess starb. Hast du ihm zugeschaut?»

Greta wollte antworten, ich kam ihr zuvor. «Du kannst dir viel Arbeit und Frust ersparen, wenn du dich um den Mann kümmerst, mit dem Tess den frühen Freitagnachmittag verbracht und um halb vier noch einmal telefoniert hat.»

Luis grinste nur abfällig. Ich sprach unbeirrt weiter, machte ihn aufmerksam auf das, was Karreis als Grenzüberschreitung bezeichnet hatte. Luis' Grinsen erlosch und damit der Rest an Beherrschung. Er kam sogar ein wenig hinter dem Schreibtisch in die Höhe. Seine Stimme war ein Gemisch aus Wut und Spott.

«Woher willst du wissen, was in diesen Kreisen üblich ist? Hast du persönliche Erfahrungen? Nein? Das dachte ich mir. Dann kannst du dir auch kein Urteil erlauben, wann eine Grenze überschritten wurde. Das eine hat mit dem anderen nichts zu tun. Ich habe nicht vor, ein Phantom jagen zu lassen, wenn die Situation so klar ist wie in diesem Fall, wo nur ein Sündenbock gesucht wird.»

Seine Hand schoss mit abgespreiztem Zeigefinger vor. «Mir sitzt der Mörder gegenüber. Greta kann einem biederen Kriminalbeamten Sand in die Augen streuen, mir nicht.»

Karreis warf mir einen neugierigen Blick zu. Es schien ihn zu wundern, dass ich Luis toben ließ. Den biederen Kriminalbeamten steckte er ein, ohne mit der Wimper zu zucken. Felbert saß ohnehin nur da, als hätte er mit dem Fall nichts zu tun. Greta setzte zu einer Erwiderung an. Doch in genau dem Augenblick sprang Jan auf.

«Mir reicht's. Ich hab die Schnauze voll von dem Theater. Mich muss niemand mit einem falschen Alibi decken.» Sein Daumen zeigte über die Schulter auf Greta. «Sie hat es so dargestellt, als wollte sie mir einen Gefallen tun. Aber es ging gar nicht um mich.»

«Waren Sie zur fraglichen Zeit nicht mit Greta zusammen?», erkundigte Luis sich plötzlich überaus freundlich.

«Nein!» Jan schüttelte heftig den Kopf. «Ich war in meinem Zimmer und habe gearbeitet.»

Luis' freundliche Miene war der reinste Hohn. Er hörte aufmerksam zu, wie Jan ihm den Ablauf des Freitags und die Absprache mit Greta schilderte, wie er sich verhaspelte, den Faden verlor. Von der Überlegenheit, mit der er seine Romanidee vorgebracht hatte, war nichts mehr übrig.

«Das lasse ich nicht mit mir machen», erklärte er schluchzend. «Hier stecken doch alle unter einer Decke. Alles nur gute Freunde. Wer interessiert sich denn hier für die Wahrheit? Kein Schwein! Aber wir werden ja sehen, was der Richter dazu sagt. Bringen Sie mich ruhig vor Gericht, Abeler. Der Erste, der weg ist vom Fenster, sind Sie.»

Mit dem Zeigefinger wies er auf Luis. «Darauf freue ich mich schon. Mal sehen, was der Richter sagt, wenn er hört, dass der Oberstaatsanwalt ein persönlicher Freund des Opfers war und mit dem Hauptverdächtigen eng befreundet ist. Da gibt's ja noch die Sache mit der Befangenheit.»

Luis zeigte ein Lächeln, das nur aus Zähnen und Falten bestand. «Nun», meinte er gedehnt. «Ich war zwar einmal Gast in Ihrem Haus und schätzte Ihre Frau. Aber als eng befreundet möchte ich das nicht bezeichnen, gewiss nicht, was uns beide betrifft.»

«Hören Sie auf, mich zu verarschen.» Jan weinte heftiger. «Ich rede doch nicht von mir.» Er drehte sich zu mir um. «Niklas war es, und Greta weiß das genau. Die halbe Nacht hat sie geheult, dass ich vielleicht sein Auto gesehen hätte und sie es nicht durchhält, dass sie eine Scheißangst hat.»

Er hatte gelauscht und durch die geschlossene Tür nicht genau verstanden, worüber wir tatsächlich sprachen. Aber für ein Aufatmen war es noch viel zu früh.

*

Luis betrachtete mich mit gerunzelter Stirn. Ich gab Rechenschaft über meinen Freitagnachmittag. Er winkte genervt ab. Was hätte er sonst tun sollen, wo seine eigene Frau als Alibizeugin angeführt wurde? Felbert betrachtete den Teppich, als sei ihm peinlich, sich das alles anhören zu müssen. Karreis streifte mich mit einem undefinierbaren Seitenblick und wandte sich Jan zu.

Ich weiß nicht, ob es Mitleid war. Ob Karreis sich doch über den biederen Kriminalbeamten geärgert hatte, ob ihm Luis' Ansichten nicht passten, ob er sich erinnerte, dass Greta und ich denselben Wagentyp fuhren oder ob es ihm einfach zu bunt wurde. Er erhob sich, ging zu Jan und legte ihm eine Hand auf die Schulter. «Schon gut, Herr Tinner. Wir reden gleich nochmal unter vier Augen. Nun beruhigen Sie sich.»

Dann wandte er sich an Luis. «Ich habe nicht den Eindruck, dass wir ein Phantom jagen, Doktor Abeler. Wir suchen auch nicht nach einem Sündenbock. Ich will nur wissen, wer der Mann ist, und mit ihm reden. Immerhin war er einer der Letzten, die Frau Tinner lebend gesehen haben. Wenn er ein Alibi für die fragliche Zeit hat, sehen wir weiter. Aber jetzt sollten wir zusehen, dass wir hier fertig werden. Schauen wir uns den Schmuck an.»

Ich rechnete fest damit, dass Luis ihm eine derartige Einmischung verbot. Aber er schwieg, öffnete eine Tür an seinem Schreibtisch, nahm eine Kassette heraus und stellte sie vor sich hin. Es war eine solide Stahlkassette. Auf dem Deckel gab es einen Griff in einer Mulde, darin lag ein kleiner Schlüssel.

Luis steckte den Schlüssel ins Schloss, drehte ihn und klappte den Deckel hoch. Er nahm die ersten Stücke heraus, schob sie über den Tisch zu Jan hinüber, jedes Teil von zwei Fragen begleitet. Und allein mit seinem Ton machte Luis deutlich, dass er die Aktion für Zeitverschwendung hielt. «Kennen Sie das?» Und: «Haben Sie es Ihrer Frau geschenkt?»

Jan beruhigte sich ein wenig. Auf die erste Frage antwortete er mal ja, mal nein. Bei der zweiten Frage war die Antwort stets gleich. «Nein.» Nachdem Luis auch das letzte Schmuckstück aus der Kassette genommen und Jan seine Antworten gegeben hatte, betrachtete Jan die Ansammlung mit wehmütigem Blick. «Dann hat sie den Ring mit den Perlen tatsächlich verkauft. Ich dachte immer, sie wollte mir damit nur ein schlechtes Gewissen machen.»

Ich stutzte, betrachtete die ausgebreiteten Schmuckstücke und wandte mich an Karreis. «Gestern war ein Ring mit drei Perlen in der Kassette. Es waren große Perlen. Ich bin sicher, dass ich ihn gesehen habe. Sie müssen ihn doch auch bemerkt haben.»

Karreis ließ den Blick desinteressiert über die einzelnen Stücke gleiten und zuckte mit den Achseln. Er meinte sich zwar ebenfalls an etwas mit Perlen zu erinnern. Aber sicher war er nicht. Ihm waren beim Öffnen der Kassette in der Bank besonders ein Armband mit Smaragden, ein Paar Ohrstecker in Form von Katzenköpfen mit Augen aus Smaragden und ein mit Brillanten besetztes Collier aus Weißgold aufgefallen.

Luis wollte die Sache mit einer lässigen Handbewegung abtun. «Dann wird Tess den Ring wohl verkauft haben.»

«Nein», protestierte ich. «Ich weiß, was ich gesehen habe. Wo wurde die Kassette aufbewahrt, nachdem wir sie aus dem Schließfach genommen haben? Hat sie die Nacht über hier im Schreibtisch gestanden? Mit dem Schlüssel obenauf? Oder hatten Sie sie in Verwahrung?» Der letzte Satz ging an Karreis.

Karreis lief dunkelrot an und protestierte lautstark. «Ich verbitte mir solche Verdächtigungen.»

«Ich verdächtige Sie nicht», stellte ich richtig. «Ich frage nur.»

Luis antwortete an Karreis' Stelle. «Sie war hier. Herr Karreis brachte sie gestern am späten Nachmittag. Wir haben sie in das Fach gestellt. Ich habe das Fach verschlossen. Den Schlüssel zum Fach hatte ich bei mir. Das Schloss an meinem Schreibtisch ist unversehrt. Willst du es dir anschauen? Oder willst du jetzt mich fragen, ob ich mich am Inhalt der Kassette vergriffen habe?»

Ich ließ ein paar Sekunden verstreichen, ehe ich den Kopf schüttelte. Luis schien genug zu haben. Er starrte auf den Schmuck, strich sich mit einer Hand durchs Gesicht. Dann hob er die Stimme. «Macht, dass ihr rauskommt, alle miteinander.»

«Moment noch», bat Jan. «Ich wüsste gerne, wann ich wieder in mein Haus kann.»

Luis warf Karreis einen fragenden Blick zu. Karreis nickte, und Luis sagte: «Jederzeit.» Dann fixierte er Greta. «Mit dir will ich noch unter vier Augen reden.»

«Ich wüsste nicht, worüber», antwortete sie.

«Es reicht, wenn ich es weiß», hielt Luis dagegen.

Jan verließ den Raum. Auch Felbert und Karreis gingen auf die Tür zu. Ich folgte ihnen zögernd, wohl war mir nicht, Greta mit Luis allein zu lassen.

Als sie nach ein paar Minuten heraus auf den Korridor trat, war ich mit Karreis allein. Felbert hatte sich erboten,

Jan nach Lindenthal zu fahren – und vorher zu Gretas Wohnung, um Jans Sachen zu holen. Ich hatte Felbert meinen Wohnungsschlüssel überlassen und glaubte kaum, dass Greta Einwände dagegen erhob.

Wir sprachen über den fehlenden Ring, als sie dazukam. «Sie haben den Inhalt nicht gemeinsam kontrolliert und aufgelistet, bevor Sie Abeler die Kassette überließen?», fragte ich Karreis.

«Nein», brummte missmutig. «Abeler war in Eile. Und ich sah keine Veranlassung – beim Oberstaatsanwalt.»

«Oberstaatsanwalt oder nicht», sagte ich, «das war ein grobes Versäumnis. Und jetzt ist es eine dumme Situation für Sie, Herr Karreis. Ich bin mir hundertprozentig sicher, dass der Ring in der Kassette war, als wir sie in der Bank öffneten.»

Karreis' Gesicht verfärbte sich erneut. Er verabschiedete sich eilig von uns, auf Jans Erklärungen zum Freitag ging er mit keinem Wort ein. Er rannte förmlich zum Treppenhaus.

Wir blieben noch einen Augenblick stehen. Ich schaute nachdenklich zu Luis' Bürotür. «Was wollte er von dir?»

Greta lächelte kläglich. «Er pochte auf seine Papierstapel und sagte: Ich kriege ihn, Greta! Nicht für das hier. Das ist lange her und nicht mehr zu beweisen. Aber für Tess. Er hat sie auf dem Gewissen. Es kommt kein anderer in Frage. Wenn du weiter versuchst, ihn zu decken, hat dein Papa sich völlig umsonst abgerackert, dir das Studium zu finanzieren. Du kannst dir eine Putzstelle suchen, wenn du aus dem Knast kommst. Und ich sorge dafür, dass du keine Stelle in einer Kanzlei kriegst.»

Ich legte ihr eine Hand an den Arm. «Gehen wir.»

Auf der Treppe sagte ich: «Da war sonst nichts mit Perlen, sonst würde ich in Betracht ziehen, dass ich mich irre.»

«Wann hast du dich je geirrt?» Von Jans Erklärung, Tess habe ihm erzählt, der Ring sei eigens für sie bei einem Juwelier in Düsseldorf angefertigt worden, hatte sie mir noch nichts erzählt. Daran dachte sie auch nicht sofort in dieser Situation. Sie fand es nur seltsam, dass Karreis sich nicht an den Ring erinnern wollte. Er war nicht der Typ, der lange Finger machte, bestimmt nicht in einer Sache, wo nur er in Frage kam. Luis hatte es nicht nötig, sich auf diese Weise die Geschenke für Hella zu besorgen.

«Was machen wir nun?», fragte ich. «Wir können Karreis die Hölle heiß machen. Oder wir versuchen es bei Luis. Der Fall ginge dann an Bevering zurück. Aber dass wir mit ihm nach Lage der Dinge die besseren Karten haben, bezweifle ich. Lesen kann Bevering ebenso gut wie Luis. Unsere dritte Möglichkeit ist, wir lassen es auf sich beruhen, weil es uns ohnehin nichts einbringt.»

Endlich erwähnte Greta den Goldschmied in Düsseldorf, und damit sah plötzlich alles anders aus.

*

Wir fuhren in die Kanzlei, und bis zum Nachmittag waren wir beide durch unsere Spekulationen über den fehlenden Ring ein wenig abgelenkt. Nur ein wenig, es ließ sich nicht völlig beiseite schieben. Wir befürchteten beide, dass Jan seine nächtliche Lauscherei vor Felbert wiederholt hatte und der die richtigen Schlüsse zog.

Als wir Gretas Wohnung betraten, war es sieben vorbei. Mein Schlüssel lag auf dem Garderobenschrank in der Diele. Ich befestigte ihn wieder an meinem Bund. Jan war nicht mehr da, Computer und Disketten waren ebenfalls verschwunden. Waschzeug, Kleidung, alles weg, als wäre er nie bei ihr gewesen, als hätte es den Freitag nicht gegeben.

Greta wünschte sich, es wäre so. Sie wollte sich nicht fragen, was er jetzt machte, wollte nicht an Tess denken – und sprach den ganzen Abend über nichts anderes. Der erstaunte Blick, das Blut auf der makellosen Haut, das Messer in der eigenen Hand, die Ungläubigkeit, die wirren Gedanken. Es ist nicht wahr, nicht wirklich passiert, ich kann das nicht getan haben. Ich könnte doch Tess nichts antun. Es ist nur eine von Tess' Geschichten oder eine Szene aus Jans Roman. Unter den Rippen angesetzt und schräg nach oben. Acht gebrochene Finger bei Barbara McKinney. Zwei gebrochene Rippen bei Janine Breste.

«Niklas, was habe ich getan und für wen?»

Ich hätte darauf bestehen müssen, dass Luis mich einen Blick in die Akten McKinney und Breste werfen ließ, meinte sie. Wenn es kein Bluff gewesen war, wenn Luis die Finger und die Rippen nicht dem Manuskript entnommen hatte …

«Bleibst du hier?», fragte sie.

Ich nickte und half ihr, das Bett frisch zu beziehen. Später lag ich neben ihr. «Stell dir vor», sagte ich, «ich würde dich jetzt fragen. Keine Sorge, ich frage nicht, du sollst es dir nur vorstellen.»

«Was?»

«Ob du Lust hast, ein paar Mark Steuern zu sparen.»

«Das lohnt nicht», sagte sie. «Es gibt bessere Methoden, Steuern zu sparen. Und wenn Luis in Ruhe nachdenkt, wenn er begreift, dass nur ich in Frage komme …»

Sie griff zum Lichtschalter. Es wurde dunkel im Raum. Und ich sah Luis hinter seinem Schreibtisch mit unbewegter Miene die Schmuckstücke betrachten. Wenn in all den Lügen, die Tess um sich verbreitet hatte, ein Körnchen Wahrheit verborgen lag, ein Auftrag an einen Juwelier in Düsseldorf …

Der fehlende Ring war nur für eine Person wichtig gewesen. Für den Mann, der ihn in Auftrag gegeben hatte. Für Mandys Vater! Mit dem Gedanken schlief ich ein.

Der nächste Morgen hatte etwas Alltägliches, Vertrautes, Gewohntes. Das Gespräch beim Frühstück. Wie oft hatten wir so gesessen, einen Fall besprochen, über den Wert von Beweismaterial diskutiert. Bei der letzten Tasse Kaffee sagte ich: «Lass uns zusehen, dass wir etwas gegen den selbstherrlichen Macho in die Hände bekommen und du ihn mit der linken Hand zerpflücken kannst. Davon hast du doch immer geträumt.»

Und wenigstens einmal, fand ich, musste ein Traum für sie in Erfüllung gehen. Um halb neun verließen wir ihre Wohnung. Greta fuhr zur Kanzlei, ich zum Umziehen nach Marienburg. Als sie ihr Büro betrat, lag dort schon eine Nachricht. Von der Sekretärin notiert. Ich nehme an, dass Gretas Sekretärin sich nicht an den genauen Wortlaut gehalten hatte. «Doktor Abeler bittet um einen Besuch.» Luis dürfte nicht gebeten, sondern befohlen haben. Natürlich besuchte Greta ihn nicht.

Der Gedanke an den Ring ließ mich nicht los. Einen Juwelier in Düsseldorf ausfindig zu machen kostete Zeit, die wir ebenso wenig hatten wie das Beweisstück mit den großen Perlen. Aber ich erinnerte mich noch deutlich an Gretas Zorn vom Freitagmittag, als Luis einen Termin hatte, so wichtig, dass er sie dafür aus seinem Büro werfen musste.

Wir sprachen noch einmal ausführlich über alles, was am Freitag geschehen war. Ich begriff, dass Luis keinen Wert darauf legte, ein Phantom zu jagen oder einen Sündenbock zu suchen. Jeder weiß am besten, was er getan und was er nicht getan hat.

Am Nachmittag fuhr ich nach Lindenthal, allein, begleiten wollte Greta mich nicht. Ich klingelte an der

Haustür. Nichts rührte sich. Ich klingelte noch einmal, behielt den Daumen auf dem Drücker und hörte Jan in seinem Arbeitszimmer brüllen: «Was soll der Lärm?»

Eine volle Minute verging noch. Dann schaute er zumindest aus dem Fenster, grinste spöttisch zu mir herunter: «Ach, du bist es. Was willst du?»

«Ich muss mit dir reden.»

«Aber ich nicht mit dir. Ich habe auch keine Zeit.»

«Jan, mach die Tür auf, es ist wichtig.»

«Du wirst dich noch einen Moment gedulden müssen. Ich habe gerade ein wichtiges Gespräch in der Leitung.»

Geschlagene fünf Minuten ließ er mich vor der Tür stehen. Dann kam er endlich. «Tut mir Leid.» Er grinste breit. «Ich hatte den Produzenten am Telefon. Den konnte ich nicht einfach abfertigen. Ich konnte ja schlecht zu ihm sagen: Da steht der Mann vor der Tür, der meine Frau auf dem Gewissen und sein Betthäschen dazu gebracht hat, mir ein falsches Alibi zu geben.»

«Ich habe Tess nicht getötet», sagte ich ruhig. «Lässt du mich jetzt hinein oder nicht?»

Er machte keine Anstalten, die Tür freizugeben. «Ich auch nicht», erklärte er. «Ich habe auch Barby und Janine nicht umgebracht.»

«Lass mich hinein, Jan.»

Er schüttelte den Kopf. Trotzdem trat er von der Tür zurück und ließ mich an sich vorbei. Er schloss die Tür, lehnte sich mit dem Rücken dagegen. «Wenn du nur gekommen bist, um zu fragen, ob ich Felbert gestern noch etwas erzählt habe, kannst du gleich wieder verschwinden. Er war nicht an dir oder Greta interessiert. Ihm ging es nur um Mandys Vater.»

Plötzlich wirkte er müde. «Ich hätte ihr einen Tritt geben müssen», sagte er. «Gleich als ich das gemerkt habe, hätte ich sie zurück zu ihren Eltern schicken müssen.»

Mit einer fahrigen Geste strich er sich über die Stirn und fügte mit bitterem Lächeln an: «Aber ich habe sie geliebt. Sie und Mandy.»

Er schaute an mir vorbei, nickte wie unter einer schmerzlichen Erinnerung. «Ich wollte Mandy adoptieren. Tess hat mich ausgelacht. Und dann hat sie Mandy weggebracht. Sie wusste, dass sie mich damit ins Mark trifft. Sie war ein hundsgemeines Aas. Hundertmal hab ich mir vorgestellt, dass ich ihr sämtliche Knochen breche.»

Er lachte trocken. «Das wäre ein Witz gewesen, was? Ich breche ihr die Knochen, und sie stöhnt: Ja, mach weiter, so ist es gut. Du bist toll heute. Felbert fand auch, es wäre ein Witz gewesen. Ich hab mich gut unterhalten mit ihm. Er meinte, es macht keinen Unterschied, ob ich oben saß oder aus dem Haus war. Er hat sich meinen Kopfhörer aufgesetzt, dann wollte er, dass ich an der Tür klingele. Ich hab ihm den Gefallen getan, gebimmelt wie ein Versicherungsvertreter. Er hat nichts gehört.»

Ich ließ ihn reden. Mit jedem Satz überzeugte er mich ein wenig mehr. Er hatte vermutlich wirklich nichts mitbekommen von dem Drama, das sich auf der Terrasse abgespielt hatte. Er hatte wohl auch nicht aus dem Fenster geschaut und Gretas Wagen gesehen. Aber völlig sicher durfte ich mir nicht sein. Er war ein gerissener Hund, gut möglich, dass er sich plötzlich doch an etwas erinnerte oder sich zumindest einiges zusammenreimte.

Seine Stimme bekam einen Hauch von Schärfe, als er unvermittelt verlangte: «Ich will, dass du etwas für mich tust. Sprich mit Joachim und Sandra. Ich will Mandy. Ich will sie bei mir haben. Wirst du das tun?»

«Ich kann es versuchen», sagte ich.

Er begann wehmütig zu lächeln. «Schau dir die Couch

an. Was hat Tess geschrubbt, wenn Mandy sich mit ihren Schokoladenfingern daran ausgelassen hatte.»

Das Lächeln erlosch, seine Miene wurde hart. «Ich wollte eine Putzfrau einstellen. Aber sie wollte keine Fremde im Haus haben, die auch mal in ein Schubfach schaut und ihre Utensilien findet. Na, ist ja egal. Jetzt kann ich eine einstellen. Aber die Couch wird sie nicht anrühren. Ein bisschen Dreck gehört dazu, wenn man Kinder hat.»

Ich drehte mich zum Wohnzimmer um und warf einen Blick zur Couch. Nur einen kurzen Blick. Ich war nicht hier, um mir Mandys Spuren anzuschauen. Ich war nur gekommen, weil ich diesen Funken Hoffnung hatte.

Über der Couch hing das Hochzeitsgeschenk des ungenannten Gönners. Einen Fotoapparat hatte ich mitgebracht. Es war eine Sofortbildkamera, mit der mein jüngerer Bruder vor Jahren Schnappschüsse gemacht hatte. Sie funktionierte noch ausgezeichnet.

Während ich eine Aufnahme von dem Bild machte, schwärmte Jan von Mandy. Wie er mit ihr leben wollte, wenn ich sie ihm zurückgebracht hatte. Wie er mit seiner Arbeit kürzer treten und stattdessen mit ihr spielen wollte. Er hatte als Kind nicht gespielt. «Kannst du dir vorstellen, ein Kind zu haben?»

«Nein», sagte ich. «Wie soll Greta ein Kind mit ihrem Beruf vereinbaren? Man kann nicht alles haben im Leben.»

«Kinder sind Leben», sagte er, und seine verträumte Miene dabei machte deutlich, dass seine Gedanken abschweiften. «Ich wollte immer eins, wollte einem Kind das Leben bieten, das ich nicht hatte. Mit Barby hätte es wahrscheinlich schnell geklappt. Sie war nur darauf aus, sich einen Trottel zu angeln, da ist eine Schwangerschaft eine gute Methode. Aber Janine wollte keine. Als sie mit der Pille pausieren musste, hat sie mich nicht rangelassen. Ich musste auf der Couch schlafen. Ich wollte ein Kondom nehmen. Sie meinte, ich würde sie nur reinlegen damit.»

Er lachte leise. «Da dachte ich, lass sie mal eingeschlafen sein. Dann wird sie sehen, wie ich sie reinlege. Es war ihre Zeit. Ich hab mir immer gemerkt, wann sie ihre Periode hatte und wann ihre fruchtbaren Tage waren.»

Seine Stimme bekam etwas wehmütig Sehnsüchtiges, dem gleichzeitig ein Hauch von Schuldbewusstsein anhaftete. «Ich wollte nur ein Kind, Niklas. Kinder sind was Schönes, Unschuldiges. Sie tun dir nicht weh, sind nur dankbar, wenn du sie liebst. Dann lieben sie dich auch. Ihnen ist es egal, ob du im Bett eine Niete bist. Hauptsache, du hast starke Arme und kannst sie durch die Welt tragen, wenn sie zu müde sind, auf eigenen Füßen zu laufen. Mandy mochte mich vom ersten Tag an. Und dann ist Janine aufgewacht. Mein Gott, hat sie getobt. Ich dachte, sie brüllt das ganze Haus zusammen. Ich wollte ihr nur den Mund zuhalten. Ich wollte …»

Er brach ab, seine Schultern strafften sich, die Stimme ebenso. Es klang eher nach einem Kommando als nach einer Frage. «Holst du mir Mandy?»

«Ich werde sehen, was ich tun kann», sagte ich, und in meinem Hinterkopf sprach Luis über gebrochene Rippen. «… wenn ein Mann sein Knie …» Er hatte Janine Breste getötet, nicht ganz so, wie er es im Roman beschrieben hatte, aber das änderte nichts.

Ich konzentrierte mich auf die Kamera. Die erste Aufnahme war nicht gut. Ich machte eine weitere und trat dafür näher an das Bild heran. Dann ging ich noch näher und zog es von der Wand ab. Und dann sah ich den Aufkleber der Galerie.

Ich zog ihn ab, rollte ihn zusammen und warf ihn in

den Aschenbecher. Jan registrierte es nicht. Als er mich zur Tür brachte, sprach er wieder über Mandy, über den Sand, den sie ihm ins Arbeitszimmer getragen hatte, über die abendliche Prozedur der Fütterung, über ihre drollige Ausdrucksweise, wenn sie einen Satz von ihm aufgeschnappt hatte und wiederholte. Jan ist ein böser Junge.

*

Donnerstags hatte ich um neun eine Verhandlung vor dem Landgericht. Ich hatte drei Stunden bis zur Mittagspause einkalkuliert, es ging schneller als erwartet. Um halb elf stand ich bereits wieder auf der Straße. Und die Galerie lag in der Nähe.

Es war eine Sache von fünf Minuten. Eine kurze Erklärung, Ermittlung des Rechtsanwalts in einer Strafsache. Als ich eine der Polaroidaufnahmen auf den Glastisch legte, erinnerte der Galerist sich nicht auf Anhieb. Ich half ihm mit dem ungefähren Verkaufsdatum auf die Sprünge. Dann musste er nur noch in seinen Unterlagen nachschauen und konnte mir den Namen des Käufers nennen.

Und welche Veranlassung hätte ein Oberstaatsanwalt haben sollen, einer flüchtigen Bekanntschaft ein Kunstwerk im Wert von zwölftausend Mark zur Hochzeit zu schenken?

Greta hatte in der Zwischenzeit eine weitere Nachricht erhalten. Diesmal bat Herr Doktor Abeler dringend um einen Besuch. Ich fuhr sie hin. Während der kurzen Fahrt beschäftigten wir uns mit der Frage, wann es wohl angefangen hatte mit ihm und Tess. Greta erinnerte sich an den Abend in ihrer Wohnung, an dem die beiden sich das erste Mal begegnet waren. Es hatte nicht den geringsten

Hinweis gegeben, dass sie sich in irgendeiner Weise zueinander hingezogen fühlten.

Mir fiel der Vortrag über die Verfolgung und das blockierte Telefon ein, den Tess in der Silvesternacht zum Besten gegeben hatte. Und ihr anschließender Disput mit Luis. An dem Abend hatten wir uns eingebildet, als Einzige zu wissen, dass der entschiedene Satz, sie denke nicht daran, sich noch einmal auf irgendwelche Spielchen einzulassen, die frechste Lüge war, die Tess je über die Lippen gebracht hatte. Luis musste es noch besser gewusst haben als wir.

Spielchen! Es war widerlich, so grauenhaft abstoßend. Es war genau die richtige Einstimmung auf das Gespräch.

Eine knappe Viertelstunde später traten wir durch die gepolsterte Tür in sein Büro. Greta betrachtete ihn schweigend. Ich grüßte kurz, überließ die Einleitung ihm. Dass ich mitgekommen war, störte ihn nicht, er ignorierte mich anfangs. Er versuchte es mit Sanftmut, einem Appell an Gretas Vernunft, einem weiteren an ihr Gewissen. Ich ließ ihn reden. Es folgte eine Aufzählung aller Punkte, die für Jan als Täter sprachen. Für Greta sprach kein einziger – nicht nach dreißig Jahren Freundschaft.

Ich hatte genug, legte Luis die beste Aufnahme auf den Schreibtisch. Er kniff die Augen zusammen. «Was ist das?»

«Eine Aufnahme des Bildes, das du Tess zur Hochzeit geschenkt hast. Ich habe sie gestern Abend gemacht. Und heute Morgen war ich damit in der Galerie.»

Luis antwortete nicht, aber ich hatte ihm ja auch keine Frage gestellt. Nach ein paar Sekunden, in denen er die Augen nicht von dem Bildchen ließ, erkundigte er sich: «Ist etwas dagegen einzuwenden, dass ich einer Frau, die ich kannte und schätzte, ein Geschenk zu ihrer Hochzeit machte?»

«Dagegen nicht», sagte ich.

«Wogegen dann?»

«Gegen Diebstahl», erklärte Greta. «Du hast den Perlenring aus der Kassette genommen. Jeder Richter wird es ebenso sehen, dass du als Einziger die Gelegenheit dazu hattest – und ein berechtigtes Interesse. Und es ist auch eine Menge einzuwenden gegen die Unverschämtheit, einen Mann, der in seiner Jugend mehr Prügel, Qualen und Demütigungen hat einstecken müssen, als du dir bei aller Perversität vorstellen kannst, über volle zwei Jahre in so infamer Weise zu betrügen und ihm als krönenden Abschluss den Mord an seiner Frau anzulasten.»

Luis schnappte nach Luft, um zu einem energischen Protest anzusetzen. Greta ließ ihm keine Zeit, sie schlug sich großartig. «Und jetzt behaupte nicht, du hättest nie etwas mit Tess gehabt. Der Gerichtsmediziner hat genug aus ihr herausgeschabt. Du weißt, dass sie eine DNA-Analyse machen. Das hat Bevering noch in Auftrag gegeben, ehe du ihm den Fall aus den Händen gerissen hast. Hast du ihm den Fall nur abgenommen, um das Ergebnis ebenso verschwinden zu lassen wie den Ring?»

Ich hatte Luis noch nie blass werden sehen. Aber einmal ist immer das erste Mal. Da wir beide standen, zeigte er auf die Stühle vor seinem Schreibtisch und sagte mit belegter Stimme: «Jetzt setzt euch doch endlich.»

Wir nahmen Platz, ich lehnte mich entspannt zurück. Greta schaute ihn abwartend an. Er brauchte eine Weile, ehe er ihre Worte verdaut hatte und antworten konnte. «Ihr meint, ich hätte Tess getötet? Ihr irrt euch! Und außer mir kommt nur noch einer in Frage, Jan Tinner.»

Nun schaute er Greta abwartend an. Vielleicht erhoffte er sich eine bestimmte Wirkung. Als sie nicht reagierte, probierte er es bei mir. «Ich habe mir am Telefon anhören müssen, wie er sie beschimpfte, wie er ihr drohte, wie er sie fertig machte.»

«Das hattest du doch vorher schon besorgt», sagte Greta.

«Quatsch», murmelte Luis und senkte den Kopf. Aber er hob ihn sofort wieder und erklärte bestimmt: «Ich habe nichts getan, wozu Tess nicht ihr Einverständnis gegeben hätte. Es war immer abgesprochen, wie weit wir gehen wollten.»

«Damals auch? Als du deine Vaterschaftserklärung zurückhaben wolltest und sie so übel zugerichtet hast?», erkundigte ich mich.

Luis lachte trocken. «Es gab keine Vaterschaftserklärung. Ich war verrückt nach ihr, aber so verrückt nicht. Wir hatten ein Abkommen. Ich zahle, wenn sie den Mund hält. Das hat sie getan.»

«Bis Freitag», sagte ich. «Du musst doch noch bei ihr gewesen sein, als sie mich anrief.»

Er schüttelte den Kopf. «Ich bin kurz vor halb drei aus dem Zimmer.»

Zimmer, dachte ich. 232, eine Zimmernummer, irgendein Hotel. Dass Tess mich angerufen hatte, wusste Luis natürlich aus den Protokollen. Er kannte auch meine Aussage vom belanglosen Geplänkel. Und er hatte das für bare Münze genommen.

«Das kannst du mir nicht einreden», sagte ich. «Tess wollte sich scheiden lassen. Du musst ihr Hoffnungen gemacht haben, sonst hätte sie nicht zum Telefon gegriffen, kaum dass du die Tür hinter dir zugezogen hattest.»

Wieder schüttelte er den Kopf. «Ich habe ihr weder Hoffnungen noch sonst etwas gemacht. Es war alles wie immer.»

«Und warum hast du sie dann um halb vier angerufen?», fragte Greta. «Das hast du doch.»

Er nickte. «Wir haben häufig nochmal miteinander gesprochen, wenn wir zusammen gewesen waren. Sie wollte dann meist noch einmal ...» Er sprach nicht weiter, starrte sie aus zusammengekniffenen Augen an. «Was soll das, Greta? Was willst du?»

«Nur verhindern, dass ein Unschuldiger hinter Gitter kommt.»

Er lachte rau. «Der und unschuldig. Ich verstehe dich nicht, Greta. Bist du nicht ausgelastet mit Niklas?»

Er schaute mich an, als wolle er sich für seine folgenden Worte entschuldigen. «Tess machte vor einiger Zeit eine Andeutung in diese Richtung. Nur konnte ich mir das beim besten Willen nicht vorstellen. Greta und dieser ... dieser ...»

Er brach ab und räusperte sich. Den Satz sprach er nicht zu Ende. Sein Verhalten machte deutlich, er wusste genau, dass er auf verlorenem Posten kämpfte.

Wenn ich gewollt hätte ... Seine eifersüchtige Hella saß auf der Terrasse meiner Eltern. Luis hatte kein Alibi. Aber ich wollte ihn weder bloßstellen noch offiziell beschuldigen. Für mich zählte nur eines: Er hatte die Macht, Karreis und Felbert zu beschäftigen, bis ihnen die Lust von allein verging. Und falls sie ihm wider Erwarten doch einen Hinweis auf die Person brachten, die Tess getötet hatte, konnte er diesen Hinweis als nichtig erachten. Solange er die Ermittlungen leitete, konnte Greta nichts geschehen.

Ich wollte von ihm nur noch wissen, ob er Tess vor zweieinhalb Jahren geraten hatte, sich einen Dummen zu suchen.

Er zuckte mit den Achseln. «Ich habe ihr nur geraten, dich in Ruhe zu lassen. Dir muss ich doch nicht erklären, auf wen ihre Wahl gefallen war.»

Das musste er wirklich nicht. Trotzdem! «Warum?»,

fragte ich. «Hattest du Angst, dass ich dir auf die Schliche gekommen wäre? Da magst du Recht haben. Ich hätte mir das keine zwei Monate bieten lassen. Von zwei Jahren ganz zu schweigen.»

Ich erhob mich, Greta griff nach meinem Arm. «Moment noch, Niklas.» Zu Luis sagte sie: «Ich will die Akten McKinney und Breste sehen.»

Ich hatte ihr – im Hinblick auf das, was Jan am vergangenen Nachmittag von sich gegeben hatte – abgeraten, danach zu fragen. Obwohl ich verstand, wie wichtig es ihr war. Sie wollte wissen, für wen sie es getan hatte.

Es war keine Absicht gewesen, davon bin ich überzeugt. Sie hatte Tess unsere Hilfe angeboten, wollte wirklich nicht, dass Tess vor die Hunde ging. Und Tess wollte eben den Mund nicht halten, trieb ihr schäbiges Spiel auf die Spitze.

Es muss ihre Haltung gewesen sein und das, was sie sagte. Tess hatte viel gesagt in den dreißig Jahren. Und mehr als die Hälfte war frei erfunden. Wie die Sätze im Religionsheft, der Einbrecher, die Haie im Tyrrhenischen Meer, die Verfolgungsjagd am Silversterabend. Alles Dinge, von denen Greta genau wusste, dass sie nur in Tess' Phantasie existierten und der Unterhaltung dienen sollten. Und so war es auch, als sie zurück zu ihrem Wagen ging – nicht wahr.

Wir hatten so ausführlich darüber gesprochen, dass ich es vor mir sah. Drei sorgfältig platzierte Stiche, unzählige Male hatte sie davon gelesen. Dass sie diese Stiche exakt ausgeführt hatte, war ihr nicht bewusst. Sie hatte Flecken auf dem Kostüm und Tess' Worte noch im Ohr. «Schätzchen, du hast eine völlig falsche Vorstellung von Jan.» Das war die Wahrheit, nur wusste Greta das zu diesem Zeitpunkt noch nicht.

Sie hatte nur verhindern wollen, dass Tess ihn bluten

ließ, wie sie es ausdrückte. Wenn Tess rechtzeitig ihren Mund gehalten hätte. Wenn Greta am Freitagnachmittag schon gewusst hätte, was sie anschließend erfuhr. Wenn ich vor dreizehn Jahren nicht vorübergehend den Kopf verloren und mich in Tess verliebt hätte. Wenn! Manche Dinge geschehen und sind nicht rückgängig zu machen.

So etwas kann man nicht als Mord bezeichnen. Es war nur eine Geschichte zu viel. Aber Luis konnte nichts machen. Er hatte seine Spuren all die Jahre so gut verwischt, und jetzt saß er verloren hinter seinem Schreibtisch, hilflos, ein geschlagener Mann.

Gretas Bitte um Akteneinsicht lehnte er ab. «Vergiss es, Greta. Da steht nicht viel drin.»

«Acht gebrochene Finger bei Barbara McKinney», sagte sie. «Und ein Lochbruch wie nach einem Schlag. Könnte es auch ein Sturz auf einen Stein gewesen sein?»

«Könnte», sagte Luis, grinste müde und lustlos. «Ebenso gut kann es bei der Bergung passiert sein. McKinneys Leiche war völlig verkohlt. Sie haben sie nur stückweise aus dem Wrack bergen können. Und bei der schlampigen Obduktion …» Den Rest ließ er offen.

«Und was ist mit den gebrochenen Rippen bei Janine Breste?», fragte Greta.

Luis zuckte mit den Achseln. «Vielleicht eine Folge der Reanimation. Der Gerichtsmediziner wollte das nicht ausschließen. Einer der Feuerwehrleute hat es mit Herzmassage versucht, er dachte, sie sei noch zu retten.»

«Eine völlig verkohlte Leiche?», fragte Greta.

«Völlig verkohlt war sie nur im Roman», sagte Luis mit müdem Grinsen, das gleich wieder erlosch. «Willst du nicht noch einmal darüber nachdenken, Greta? Sonst geht die nächste Frau auf dein Konto.»

Sie schüttelte den Kopf. Es gab nichts mehr, worüber es sich nachzudenken lohnte. Auf ihr Konto ging bereits eine Frau. Und Greta konnte Jan nicht verurteilen lassen für etwas, was er nicht getan hatte. Sie konnte sich auch nicht auf den Standpunkt stellen, dass Barbara McKinney und Janine Breste, dass vielleicht sogar fünf weitere Frauen auf sein Konto gingen. Dass eine Verurteilung für nur einen Mord eine sehr geringe Strafe für sieben Tote war.

Luis hielt Jan für gerissen genug, in den ungeklärten Mordfällen direkten Kontakt zu den ermittelnden Beamten aufgenommen zu haben. Es wäre eine besondere Art von Nervenkitzel gewesen. Der Mörder erscheint persönlich, weist sich als Autor aus, recherchiert in seinen eigenen Verbrechen und weidet sich an der Ahnungslosigkeit der Beamten. Tess hatte bei Luis mehrfach in diese Richtung argumentiert.

«Dann sieh zu, dass du in diesen Fällen etwas gegen ihn in die Hand bekommst», riet Greta zum Abschied.

Bei der Beerdigung saß Jan neben ihr. Aber er nahm sie nicht wahr. Seine Augen gingen zwischen dem blumenüberladenen Sarg und Mandy hin und her. Solange wir noch in der Trauerhalle saßen, hielt Sandra Damner Mandy auf ihrem Schoß.

Ich hatte mein Versprechen nicht eingelöst, nicht mit Joachim oder Sandra über Jans Wunsch gesprochen, Mandy zu sich zu nehmen. Mehr konnte ich für das Kind nicht tun. Aber Jan hätte die Kleine wahrscheinlich auch nicht lange bei sich behalten können, wenn ich mich für ihn eingesetzt und die Damners ihm nachgegeben hätten. Die Ermittlungen in den ungeklärten Mordfällen waren wieder aufgenommen worden. Dafür hatte Luis gesorgt. Nach der Beerdigung sollte Jan verhört werden, er wusste davon noch nichts, träumte von einer Zukunft mit Mandy.

Ich konnte kaum hinschauen, wie er das Kind mit Blicken verzehrte. Die Sehnsucht in seinem Gesicht, dieser entsetzliche Hunger nach Liebe und Unschuld. Irgendwie tat er mir Leid.

Als wir ins Freie traten und Sandra nach Mandys Hand greifen wollte, war das Kind mit zwei Sätzen neben ihm, hing an seinem Hosenbein, strahlte ihn glücklich an. «Papi.»

Er nahm sie auf den Arm. In der freien Hand hielt er einen schwarzen Regenschirm. Es regnete in Strömen. Mandy schlang beide Ärmchen um seinen Hals, rieb ihre Wange an seinem Bart. Er drückte sie an sich, küsste das Kindergesicht.

Ich sah, dass er weinte. Und plötzlich musste ich mir vorstellen, dass Mandy erwachsen wird, sich verliebt, ihn verlassen will. Die Vorstellung verursachte mir mehr Grauen als das Bild, dass Tess den Sargdeckel von sich stieß und aller Welt die Geschichte ihres Sterbens erzählte.

Ich legte Greta einen Arm um die Schultern. Das hatte ich auch in der Trauerhalle getan. Nicht, um zu zeigen, dass wir zusammengehörten. Nur um zu verhindern, dass sie zusammenbrach oder plötzlich aufsprang und hinausschrie, was geschehen war.

Draußen im Regen verlor sich das Gefühl von Unwirklichkeit. Ich konnte wieder sachlich und nüchtern denken und war sicher, dass Joachim und Sandra Damner Mandy nicht in Jans Obhut gaben, für den Fall, dass ihm kein Mord zu beweisen war. Und wenn sie ihm doch nachgeben sollten, weil sie ihn für einen netten Menschen hielten, fand Mandys Vater bestimmt Mittel und Wege, diese Entscheidung rückgängig zu machen. Auch ein Mann, der mit Kindern nichts anzufangen wusste, mochte ein Verantwortungsgefühl bei sich entdecken, wenn es um die eigene Tochter ging.

Ein paar Mal drehte ich mich um. Ich konnte Luis in der Menge nicht entdecken. Karreis war da, er hielt sich im Hintergrund. Das tun sie oft, wenn sie in einem Fall nicht weiterkommen. Dann erscheinen sie zur Beerdigung in der Hoffnung, dass ihnen etwas oder jemand auffällt. Aber da war nichts Auffälliges, da war nur ein Sarg voller Lügen.

Foto: Hergen Schimpf

Petra Hammesfahr

«Spannung bis zum bitteren Ende» Stern
«Es gehört zu den raffinierten Konstruktionen von Petra Hammesfahr, dass dann doch alles ganz anders sein könnte» Marie Claire

Das Geheimnis der Puppe
Roman 3-499-22884-X

Der gläserne Himmel
Roman 3-499-22878-5

Der Puppengräber
Roman 3-499-22528-X

Der stille Herr Genardy
Roman 3-499-23030-X

Die Chefin
Roman 3-499-23132-8

Die Mutter
Roman 3-499-22992-7

Die Sünderin
Roman 3-499-22755-X

Lukkas Erbe
Roman 3-499-22742-8

Meineid
Roman 3-499-22941-2

Roberts Schwester
Roman 3-499-23156-5

Merkels Tochter
Roman
Merkel war Kriminalbeamter, als er den Liebhaber seiner Frau erschoss. Als er nach 15 Jahren Haft zu seiner Tochter Irene zieht, hat er seine eigenen Vorstellungen von Gerechtigkeit...

3-499-23225-1

Mörderisches Deutschland

Eisbein & Sauerkraut, Gartenzwerg & Reihenhaus, Mord & Totschlag

Boris Meyn
Die rote Stadt
Ein historischer Kriminalroman
3-499-23407-6

Elke Loewe
Herbstprinz
Valerie Blooms zweites Jahr in Augustenfleth. 3-499-23396-7

Petra Hammesfahr
Das letzte Opfer
Roman. 3-499-23454-8

Renate Kampmann
Die Macht der Bilder
Roman. 3-499-23413-0

Sandra Lüpkes
Fischer, wie tief ist das Wasser
Ein Küsten-Krimi. 3-499-23416-5

Leenders/Bay/Leenders
Augenzeugen
Roman. 3-499-23281-2

Petra Oelker
Der Klosterwald
Roman. 3-499-23431-9

Carlo Schäfer
Der Keltenkreis
Roman
Eine unheimliche Serie von Morden versetzt Heidelberg in Angst und Schrecken. Der zweite Fall für Kommissar Theuer und sein ungewöhnliches Team.

3-499-23414-9

Weitere Informationen in der Rowohlt Revue oder unter www.rororo.de

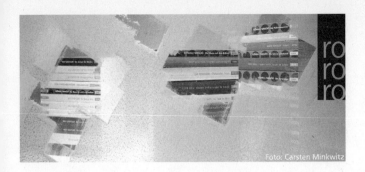

Eiskalte Morde:
Die ganze Welt der skandinavischen Kriminalliteratur bei rororo

Liza Marklund
Studio 6
Roman 3-499-22875-0
Auf einem Friedhof hat man eine Frauenleiche gefunden. Das Opfer war eine Tänzerin im Stripteaseclub «Studio 6». Die Journalistin Annika Bengtzon stellt wieder eigenmächtig Nachforschungen an …
«Schweden hat einen neuen Export-Schlager: Liza Marklund.» Brigitte

Liza Marklund
Olympisches Feuer
Roman 3-499-22733-9

Karin Alvtegen
Die Flüchtige
Roman 3-499-23251-0
Mit ihrem ersten Roman «Schuld» (rororo 22946) rückte die Großnichte Astrid Lindgrens in die Top-Riege schwedischer Krimiautoren.

Willy Josefsson
Denn ihrer ist das Himmelreich
Roman 3-499-23320-7
Josefssons neuer Erfolgsroman mit neuer Heldin: Eva Ström – der erste Fall der Pastorin von Ängelholm.

Leena Lehtolainen
Alle singen im Chor
Roman 3-499-23090-9
Maria Kallio muss sich bewähren. Ein heikler Fall für die finnische Ermittlerin.

Leena Lehtolainen
Zeit zu sterben
Roman

3-499-23100-X

B 5/1